国外图书情报知识图谱实证研究

肖明 ◎著

Empirical Study on the Mapping Knowledge Domains of Library and Information Science outside China

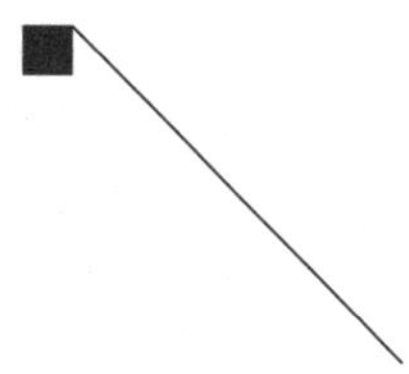

北 京

图书在版编目（CIP）数据

国外图书情报知识图谱实证研究 / 肖明著.

北京：中国经济出版社，2018.3（2024.1重印）

ISBN 978-7-5136-4952-0

Ⅰ.①国… Ⅱ.①肖… Ⅲ.①图书情报工作—研究—国外 Ⅳ.①G250

中国版本图书馆 CIP 数据核字（2017）第 266387 号

责任编辑　赵静宜
责任印制　巢新强
封面设计　久品轩

出版发行　中国经济出版社
印 刷 者　大连图腾彩色印刷有限公司
经 销 者　各地新华书店
开　　本　710mm×1000mm　1/16
印　　张　21
字　　数　302 千字
版　　次　2018 年 3 月第 1 版
印　　次　2024 年 1 月第 2 次
定　　价　88.00 元
广告经营许可证　京西工商广字第 8179 号

中国经济出版社 **网址** www.economyph.com **社址** 北京市东城区安定门外大街 58 号 **邮编** 100011

本版图书如存在印装质量问题，请与本社销售中心联系调换（联系电话：010-57512564）

国家社科基金项目“基于语义识别的引文分析理论、
方法与应用研究”（16BTQ073）阶段成果
国家社科基金项目“基于多方法融合的中外图书馆学情报学
知识图谱实证研究”（11BTQ019）阶段成果
北京师范大学 MOOC 课程建设项目“网络信息计量与评价”
（02200－3122121J1）阶段成果
北京师范大学政府管理学院学科建设基金项目阶段成果
资助出版
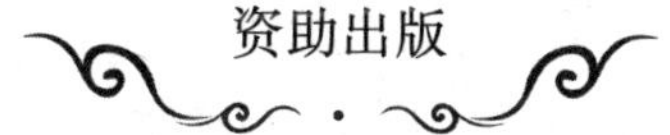

目　录

Contents

第1章 绪 论

1.1 研究背景与研究意义

1.1.1 研究背景

随着科学技术的迅猛发展，知识呈爆炸式增长，从而产生了海量的信息，也给研究人员带来了知识与信息选择上的诸多困难。传统方法主要依靠个人主观经验和简单数量统计的综述，忽视了学科体系内文献信息之间的相似性与继承性，因而难以客观、精确、快速地发现海量信息中最引人注目的前沿领域和学科制高点。

随着信息可视化等技术的不断进步，科学知识图谱（Mapping Knowledge Domain）研究逐渐兴起，现已发展成为各学科领域中广泛应用的一种重要工具[1]。科学知识图谱简称“知识图谱”，在图书情报界则被称为“知识域可视化”或者“知识领域映射地图”。概言之，它以图谱化的表达形式来对大量的数据信息和知识进行有效地组织和挖掘，直观形象地展示科学知识之间的关联与结构，发现其中存在的规律，进而揭示科学知识领域发展演进的背景、动力、概貌，达到辅助科研人员探测相关研究领域的前沿问题、热点问题及其趋势演变分析等目的。借助相关方法，知识图谱可以用来对科学计量结果进行导航和显示，帮助学者了解科学研究领域的科研群体及其复杂关联，还可以用来描述科学研究领域的扩散与传播，揭示知识的发展过程等。具体来说，知识图谱通过将应用数学、图形学、信息可视化技术、信息科学等学科的理论与方法与引文分析等方法结合起来，并且利用可视化的图谱来形象地展示学科的核心结构、发展历史、前沿领域以及整体知识架构，以达到多学科之间相互融合的目的。目前，知识图谱已成为科学计量学、文献计量学、信息计量学、情报计量学等学科共同关注的一个前沿学术领域[2]，是研究人员用于识别研究领域的学科结构和研究动态的重要方法和工具。

科学知识图谱理论起源于文献计量学、社会学、网络科学等一系列学科。早在1939年，英国科学家贝尔纳（J. D. Bernal）① 就发表了《科学的社会功能》一文，成为科学学进入常规科学和正式诞生的标志。1961年，普赖斯②出版了《巴比伦以来的科学》。1963年，普赖斯出版了《小科学，大科学》。同年，加菲尔德③创办了《科学引文索引》，由此开启了文献计量学分析的新时代。此后，不断丰富和壮大的引文分析、文献计量学理论，深化和扩展了多元统计等多种方法在文献计量学中的应用，它们成为科学知识图谱的重要理论基础。另一方面，瑞士著名数学家欧拉

① 约翰·德斯蒙德·贝尔纳（John Desmond Bernal，1901—1971）是英国著名的物理学家、剑桥大学教授，曾任“世界和平委员会主席”和“世界科学工作者联合会”的领导成员，是国际公认的杰出思想家和社会活动家。他在晶体学和生物化学领域享有盛名，对金属结构、激素、维生素、蛋白质、病毒等研究做出了卓越的学术贡献。他在1939年发表的《科学的社会功能》是科学学发展史上的一个重要里程碑。

② 德里克·约翰·德·索拉·普赖斯（Derek John de Solla Price，1922—1983）是美国科学家、科学计量学奠基人，曾任耶鲁大学教授、皮博迪博物馆的历史科技仪器馆馆长等职。其主要学术贡献是发现了科学文献指数增长规律，绘制了著名的普赖斯曲线。普赖斯发表了300余篇论文和17本专著。其中，对信息科学产生深远影响的主要有《巴比伦以来的科学》《科学论文网络》《小科学，大科学》等。

③ 尤金·加菲尔德（Eugene Garfield，1925—2017）是美国著名情报学家和科学计量学家、SCI（Science Citation Index，即科学引文索引）和ISI（Institute for Scientific Information，即美国科学信息研究所）的创始人，曾任汤森路透科技集团终身名誉董事长。1955年，加菲尔德第一次在《科学》杂志上提出了“引文索引”的设想，即提供一种文献计量学工具来帮助科学家识别感兴趣的文献。他提出了引文索引和引文技术概念，打破了分类法和主题法在检索方法中的垄断地位，开创了从引文角度来研究文献及科学发展动态的新领域。

(Leonhard Euler)① 在1736年使用图论对著名的哥尼斯堡七桥问题②进行解答，从而奠定了网络科学的理论基础。此后，经过Erdös、Watts、Albert[1]等众多科学家的不断努力和完善，网络科学目前已成为一门综合自然科学、工程技术与社会科学的交叉学科。自然界与社会生活中的众多复杂现象都可用网络科学来进行刻画和分析，它将自然界中真实存在的大型复杂系统抽象成由节点和边组成的网络，可以用来刻画和分析自然界和社会生活中的众多复杂现象，同时也为科学知识图谱的完善奠定了另一重要理论基础。

1.1.2 研究现状

1. 国内外研究现状述评

知识图谱是显示科学知识的发展进程与结构关系的一种图形，由于它是以科学知识为计量研究对象的，所以属于科学计量学（Scientometrics）的范畴。知识图谱的出现和发展，一方面是揭示科学知识及其活动规律的科学计量学从数学表达转向图形表达的产物；另一方面又是由显示科学知识地理分布的知识地图转向以图像展现知识结构关系与演进规律的结果。最初的知识图谱是建立在以数学方程式表达科学发展规律的基础上，进而以曲线形式将科学发展规律绘制成二维图形。从这个意义上说，用定量统计方法发现科学知识指数增长规律的普赖斯（D. Price）是科学知识图谱的早期开拓者[3][4]。随着科学计量学的发展，描绘科学知识和科学活动规律的数学模型，逐渐从二维空间模型发展为三维空间模型，知识图谱也相应地从简单

① 莱昂哈德·欧拉（Leonhard Euler，1707—1783）是瑞士著名数学家、自然科学家。欧拉是18世纪数学界最杰出的人物之一，他不但为数学界做出贡献，更是将整个数学推至物理学领域。他是数学史上最多产的数学家，平均每年写出800多页的论文，还编写了大量的力学、分析学、几何学、变分法等方面的课本，《无穷小分析引论》《微分学原理》《积分学原理》等都已成为数学界的经典著作。欧拉对数学的研究非常深入，所以在数学的许多分支中经常能见到以其名字命名的重要常数、公式和定理。此外，欧拉还涉及建筑学、弹道学、航海学等领域。瑞士教育与研究国务秘书Charles Kleiber曾表示："没有欧拉的众多科学发现，今天的我们将过着完全不一样的生活"。

② 哥尼斯堡七桥问题（Seven Bridges Problem）是18世纪著名的古典数学问题之一。在哥尼斯堡的一个公园里，有七座桥将普雷格尔河中两个岛以及岛与河岸连接起来，问是否可以从这四块陆地中的任一块出发，恰好通过每座桥一次，再回到起点？欧拉于1736年研究并解决了这个问题，证明上述走法是不可能的，由此开创了数学上的一个新的分支——图论与几何拓扑。

的二维曲线图发展为较复杂的三维立体图。克雷奇默（H. Kretschmer）①关于科学合作的三维空间模型研究，极大地推动了科学知识图谱的发展[3][5][6]。借助于知识图谱，人们可以透视庞大的人类知识体系中各个领域的结构，理顺当代知识爆炸所形成的复杂知识网络。知识图谱的应用，已经从单纯的科学计量学拓展到几乎所有的学科和领域。例如，Cottrill 等人用作者共被引图谱来分析不同的概念连接[7]，González 等人利用文献共被引图谱鉴别了在功能主义范式下管理学科的主要研究领域、理论和方法，并且确定了 5 个研究群体[8]。Francisco Jose 和 Carlos Casillas 通过绘制 1997—2000 年间在国际管理领域的 5 种最具影响力的期刊上所发表的 583 篇论文的知识图谱，确认了国际管理领域的主要研究范式[9][10]。A. R. Ramos-Rodríguez 和 J. Ruíz-Navarro 通过分析战略管理领域期刊论文的知识图谱，得出了 1980—2000 年战略管理研究理论及其学科演变[11]。Sanjeev Goyal 等人分析了 1970—2000 年这三十年间在期刊上发表论文的经济学家之间的社会距离的知识图谱，发现了证明经济学家群体正在逐步变小的重要证据，并且发现经济学中合著关系的结构具有既稳定而又不断变化的特征[12]。

在图书馆学、情报学领域，加菲尔德和普赖斯被认为是国外知识图谱的早期开拓者，他们分别在 1955 年[13]、1965 年[14]发表了本领域的开拓性文献。此后，知识图谱在图书馆学、情报学界获得了广泛关注。其中，霍华德·怀特（Howard D. White）② 和贝尔韦·格里菲斯（Belver C. Grif-

① 希德朗·克雷奇默（Hildrun Kretschmer，1947—）博士现为德国柏林自由大学教育与心理学系编外讲师，兼任中国新乡河南师范大学名誉教授、大连理工大学特聘教授，曾任国际科学计量学与信息计量学学会（ISSI）首任会长等职，其主要研究方向为引文网络社会结构、协作系统建模、网络计量学、社会心理学，已发表 100 多篇同行评议论文。

② 霍华德·怀特（Howard D. White，1936—）是美国著名科学计量学家，他在 1974 年从加利福尼亚大学伯克利分校获得图书馆学博士学位以后，加入德雷塞尔大学信息科学与技术学院，现为该学院的名誉教授，其主要研究方向是信息计量学和科学计量学。目前，他已发表有关文献计量学、共引分析、参考咨询服务评价、参考咨询专家系统、在线搜索、社会科学数据档案、图书馆宣传、美国图书馆审查制度、元数据检索以及跨学科研究等方面的论文数百篇，并因其专业杰出贡献而获得了多项大奖，包括美国情报科学与技术学会（ASIST）研究奖（1993）、JASIS 最佳论文奖（1998）、ASIST 职业成就最高荣誉奖（2004）、国际科学计量学与信息计量学学会普赖斯奖（2005）。

fith)①[15]在1981年对1972—1979年间的情报学论文进行了作者同被引分析。欧利·佩尔松（Olle Persson）②[16]在1994年对1986—1990年间JASIS期刊中的209篇精选文献进行了引文分析，阐述了研究前沿与知识基础之间的关系。怀特（White）和麦凯恩（McCain）[17]在1998年对1972—1995年间的情报学论文进行了作者同被引分析，该论文获得当年该期刊的最佳论文。赵党志（DangZhi Zhao）③ 和施特罗特曼（Strotmann）在2008年对1996—2005年间的情报学论文进行了作者同被引分析[18]和引文耦合分析[19]，不仅发现了五个主要的研究领域，还与怀特（White）和麦凯恩（McCain）的结论进行了比较。Åström[20]在2007年对1990—2004年间的图书馆学、情报学研究前沿情况进行了文献同被引分析，同样发现了怀特（White）提出的两大阵营结构。美国德雷赛尔大学（Drexel University）的陈超美④博士[21]在2010年将作者同被引分析和文献同被引分析结合起来，分析了1996—2008年间的情报学结构变化，发现了H指数等五个主要聚类。目前，陈超美将其CiteSpace Ⅰ推向CiteSpace 5.0版本[22]，并且得到了广泛关注。

国内在知识图谱方面以定量研究为主，主要利用国外知识图谱绘制软件来绘制不同领域的知识图谱。定性研究则主要侧重于对国外研究进展的介绍和宣传。在知识图谱的基础理论与技术手段等方面，基本上都是由国外学者提出并率先使用的，国内学者往往缺乏自己的独特研究方法、软件

---

① 贝尔韦·格里菲斯（Belver C. Griffith，1931—1999）在1969—1991年期间曾任美国德雷赛尔大学教授，兼任美国心理协会APA科学信息交流项目总监，发表学术论文200多篇，编辑两部书籍，获得化学遗产基金会奖、普赖斯奖、优秀教师奖等多个奖项。

② 欧利·佩尔松（Olle Persson）是瑞典科学家，他是科学计量学软件BibExcel的开发者，该软件具有文献计量分析、引文分析、共引分析、耦合分析、聚类分析、数据可视化等功能，可用于分析ISI的SCI、SSCI、A&HCI等文献数据库。

③ 赵党志（DangZhi Zhao，1965—）博士现为加拿大阿尔伯塔大学图书馆与信息研究学院副教授，其研究方向集中在信息系统、文献计量学、学术交流、知识网络分析与可视化等领域，发表过多篇论著。

④ 陈超美（ChaoMei Chen，1960—）是信息可视化和科学知识图谱绘制领域的权威专家之一，1960年9月生于中国北京，英籍华人，现为美国德雷赛尔大学（Drexel University）信息科学与技术学院教授、大连理工大学长江学者讲座教授、Drexel-DLUT知识可视化与科学发现联合研究所美方所长。他的研究方向为信息可视化、知识可视化、科学前沿图谱、科学发现理论。他开发了文献计量分析软件CiteSpace，对科学知识图谱理论与方法做出了奠基性贡献。

和算法。例如，刘则渊①、陈悦②、侯海燕③等人系统介绍了知识图谱的基本原理与主要方法，详细介绍了知识图谱的专门技术和应用软件，以及代表国际领先水平的信息可视化技术[23]。此外，他们还应用知识图谱方法来分析创新管理、战略管理等学科的前沿领域、现代工程科技前沿的一般发展趋势、科学技术合作问题的研究成果等。汤建民④提出了一套主要针对各类中文文献数据库[24]，集词频统计、社会网络分析、计算机数据挖掘、数据可视化技术等为一体的学科知识图谱绘制方法，实现了从数据获取、数据计算到数据挖掘、数据可视化分析为一体的研究流程。魏瑞斌则对国内的知识图谱期刊论文的外部特征和内容特征进行了可视化分析[25]。相关研究结果表明，国内知识图谱研究处于起步阶段，研究人员和研究机构相对集中，研究论文的合著率较高，研究主题鲜明。

陈祖香站在科学知识图谱使用者的角度，对已有知识图谱的内涵、构

---

① 刘则渊（1940—）曾任大连理工大学教授、博士生导师、人文社会科学学院学术委员会主任、科技伦理与科技管理研究中心主任，兼任中国科学学与科技政策研究会副理事长及科学学理论与学科建设专委会主任、大连市社科联副主席、东北大学等校兼职教授、中国未来研究会理事、中国自然辩证法研究会理事等职，主持并完成了 20 多项科研课题，发表学术论文 200 余篇，著有《技术开发原理与方法》《发展战略学》《论科学技术与发展》《现代科学技术与发展导论》《德国技术哲学研究》《科学知识图谱：方法与应用》等著作。

② 陈悦（1975—）现为大连理工大学教授、博士生导师，兼任中国科学学与科技政策研究会理事、科学学理论与学科建设委员会秘书长以及多家杂志的评审专家，主持或参加了各类项目 20 多项，发表论文近 80 篇，参加编写学术著作 10 余部。

③ 侯海燕（1971—）现为大连理工大学教授、博士生导师、美国 Drexel University 信息科学与技术学院博士后，研究方向为科学计量学与科学知识图谱方法与应用、高科技政策与战略、高科技发展特征研究与前沿探测，兼任多家杂志审稿专家、辽宁省数量经济学会理事等职，承担国家、省部及市级项目 20 多项，发表论文 90 余篇，出版学术专著 3 部。

④ 汤建民（1967—）现任浙江树人大学科学计量学研究中心主任、教授，浙江树人大学图书与信息中心副主任、浙江树人大学中国民办高等教育研究院副院长，同时兼任中国科学学与科技政策研究会理事、中国创造学会理事、浙江省创造学研究会副理事长。他近年来主要致力于科学计量学方面的研究，主要工作是依托科技文献数据库，利用计算机技术进行文献数据的计算和分析，以研究学科的发展动态、学科性质和学科分类、学科的产出模式、学科发展的基本规律等问题。目前，他在《科学学研究》《自然辩证法研究》《自然辩证法通讯》《情报学报》《中国高教研究》《中国工业经济》等核心期刊上发表论文 30 多篇，出版《基于中文数据库的知识图谱绘制方法及应用研究》《学术论文的创造性阅读》等学术专著，主持的项目有：教育部人文社会科学研究规划基金项目《基于国内文献数据库的学科知识图谱绘制方法研究：体系构建、软件开发与应用探索》、浙江省哲学社会科学规划项目《词频统计法应用于学科动态分析的综合研究》、浙江省教育厅项目《中西方创造力研究的热点差异分析》等。

建方法、可视化软件等相关理论进行了梳理，归纳了各类型知识图谱的特征和构建方法，进而提出了面向科学计量分析的知识图谱构建流程[26]。秦长江①以我国农业史学科作为研究对象，全方位地构建了该学科的知识图谱，并通过实证研究，探讨了将知识图谱运用到我国人文学科发展历史研究中的适用性和科学性[27]。黄维②和陈勇以《教育与经济》等刊物上所发表文章的关键词、作者、共被引文献作为分析对象[28][29][30][31][32]，进行了多元统计分析，运用知识图谱的可视化手段首次形象地展示出我国教育经济学的发展轨迹、合作网络和研究热点，并且发现中外教育经济学研究领域呈现出"融合—分化—融合"的趋势，目前正处于相对分化的阶段。

姜春林、杜维滨、李江波等人采用关键词共现分析方法，对CSSCI中收录的20种经济学期刊在1998—2006年间所发表的16406篇经济论文的关键词进行了统计，得到了高频关键词共词矩阵，进行了多维尺度分析和聚类分析，从而绘制出经济学知识图谱，形象地展示出中国经济学领域十年的研究热点[33]。王琪、胡志刚③根据美国科学信息所提供的SCI和SSCI数据，运用科学计量学中的共词分析方法以及可视化软件CiteSpace，绘制

① 秦长江（1968—）现任河南科技大学图书馆学硕士生导师、副馆长、副研究馆员，分管技术部、查新、教学咨询部以及图书馆学硕士点教学和学科建设工作，曾任河南科技大学管理学院副教授，主要研究方向为信息计量和评价、信息组织和信息分析、信息管理和知识管理。目前，他在《大学图书馆学报》等CSSCI源刊上发表学术论文20余篇，独立出版学术专著1部，参编著作5部，主持教育部和河南省软科学课题2项，主要参与国家社科以及教育部等省部级课题6项，主持和参与厅级课题10余项，获得厅级一等奖3项、二等奖10余项。

② 黄维（1974—）现为长沙理工大学经济与管理学院教授、硕士研究生导师、中国软科学研究会理事、中国教育经济学研究会理事、中国管理国际研究学会会员。2005年博士毕业后分配到长沙理工大学工作至今，主要从事教学和科研工作，主要研究方向为学生贷款、技术经济学理论，曾获得长沙高新技术产业区2007年度优秀博士后称号，被聘为常德市国有资产管理协会顾问、长沙理工大学院校研究中心特聘研究员。目前，他已发表数十篇论文，出版专著2部，主持或参加各级课题20多项。

③ 胡志刚（1984—）现为大连理工大学科学学与科技管理研究所讲师、博士后。2006年本科毕业于北京师范大学管理学院，2009年硕士毕业于中国科学院研究生院人文学院，2014年博士毕业于大连理工大学科学学与科技管理研究所并留校工作，2010—2012年在美国德雷赛尔大学做联合培养博士生。他承担的课程主要有《论文写作与学术规范》《科技史》《科学学原理》《自然辩证法》等，主要研究领域包括科学知识图谱、全文引文分析方法、科学计量学、科学技术学等。目前，他主持国家自然科学基金青年项目1项、中国博士后基金资助项目1项，参与科研项目10余项，著有《全文引文分析：理论、方法与应用》一书，参与编写或翻译出版学术专著3部，发表期刊论文30余篇。其中，SCI/SSCI论文4篇。

出2005—2009年间《锻炼与运动研究季刊》《探索》《运动科学杂志》等3种体育学期刊中高频关键词知识图谱，通过对该知识图谱进行分析，表明国际体育科学的研究前沿主要集中在7大领域，即运动成绩、运动心理、儿童与青少年体育锻炼与健康、运动疲劳、运动恢复、运动生物力学、橄榄球运动损伤[34]。陈立新以SCI所收录的我国力学各分支学科专业期刊论文作为研究对象，采用CiteSpace软件来进行分析和处理，最后以知识图谱的方式揭示了我国力学各学科的研究热点、前沿领域和发展态势[35]。潘黎和王素等人用CiteSpace软件绘制8种CSSCI来源教育学期刊在2000—2009年期间所刊载文献的关键词知识图谱，探测出中国教育研究热点领域和研究前沿[36]。蔡建东运用CiteSpace软件，以教育技术学CSSCI期刊9329篇来源文献（2000—2009年）作为数据，利用CiteSpace探索关键路径的Pathfinder算法，绘制了教育技术学主干理论知识图谱，并在此基础上梳理并分析了我国教育技术学主干理论演进的关键路径以及各发展阶段的特点[37]。

国内知识图谱的研究还可见于情报学、创新管理等领域。例如，宋丽萍在2004年对比分析了怀特（White）分别在1981年和1998年进行的两次作者同被引分析情况[38]；马瑞敏在2005年采用CSSCI数据对国内情报学进行了同被引分析，并将结果用聚类树图和多维尺度分析图进行了展示[39]；马费成①教授在2006年对1994—2005年的国内情报学领域进行了作者同被引分析[40]；赵蓉英②教授在2010年使用CiteSpace软件分析了文

① 马费成（1947—）是武汉大学信息管理学院教授、博士生导师、中国情报学界知名专家，曾任武汉大学信息管理学院院长，现任教育部人文社会科学重点基地武汉大学信息资源研究中心主任，长期从事情报学理论方法、信息资源管理等领域的教学科研工作，先后承担教育部哲学社会科学重大攻关项目、国家自然科学基金重点项目等国家及省部级科研项目20余项，出版《网络信息序化原理》《信息资源管理》等著作10余部，发表论文100余篇，获教育部人文社会科学研究优秀成果奖一等奖、国家教学成果奖等10余项，2007年被评为全国教学名师，获宝钢优秀教师特等奖，2012年12月当选为武汉大学人文社会科学资深教授。

② 赵蓉英（1966—）现为武汉大学教授、博士生导师、武汉大学中国科学评价研究中心副主任，兼任中国索引学会第四届理事会理事兼副秘书长，曾任甘肃省农科院图书馆馆长、清华同方光盘股份有限公司知识网络研究所副所长、CNKI工程研究中心副主任、中国期刊全文数据库产品经理、市场部执行经理、项目经理等职，研究方向为信息计量与科学评价、信息管理与信息资源管理、知识管理与竞争情报，主持或参加各类项目20多项，发表论文90多篇，参加编写学术著作20多部。

献计量学和组织行为领域的发展演进[41]；邱均平①教授等则以Scientometrics期刊数据为例，采用作者共被引分析方法和社会网络分析技术，对国际科学计量学领域进行了分析[42][43]。

总之，国内外目前有关知识图谱的应用大多停留在自然科学与工程科学领域，在人文社会科学领域的应用则以图书馆学、情报学、管理学等领域为主，并且停留在概念描述和直接应用的阶段，对于知识图谱理论和方法的最新进展却很少涉及。人文社会科学与自然科学有所不同，其研究成果多以学术文献（尤其是高水平学术论文）等形式来实现知识的传播与交流。

2. 存在的主要问题

以上简略的文献回顾表明，国内外学者对图书馆学、情报学领域的出版物数量、作者数量、引文数量等内容指标进行了计量研究，在一定程度上也使用了引文分析、词频分析、内容分析等科学计量方法，大大提高了图书馆学、情报学的科学性，同时也为实际工作提供了一定的理论指导。但是，这些研究还存在以下局限性：①统计方法略为简单，绝大多数研究局限于频数统计方法，因子分析、聚类分析等多元统计分析方法的使用较少；②科学计量学方法较为单一，以科学计量学中最具代表性的引文分析方法为例，引文分析大致可分为引文数量分析、引文网状分析、引文链状分析三种。目前，图书馆学、情报学领域的研究人员大多仅关注包括自引量、引文语种、文献类型、年代、国别等内容在内的引文数量分析方法，而忽视20世纪60年代后兴起的引文耦合分析、共被引分析等引文网络分析方法和链状分析方法，这两种方法恰恰是研究科学结构、科学发展特点、科技政策的有效方法；③尽管国内已有部分学者开始探索知识图谱方

① 邱均平（1947—）现任武汉大学信息管理学院教授、博士生导师、中国科学评价研究中心主任、《图书情报知识》杂志副主编，曾任国家科委武汉大学科技信息培训中心主任、武汉大学图书馆学情报学研究所所长、《评价与管理》杂志主编，兼任浙江大学等高校教授、中国科学学与科技政策研究会常务理事兼科学计量学委员会副主任、中国竞争情报研究会常务理事、中国科技情报学会理事、中国社科信息学会常务理事、中国索引学会常务理事、中国图书馆学会编译出版委员会委员以及《情报学报》等14种杂志编委，并被评为湖北省有突出贡献的中青年专家和享受国务院特殊津贴专家，主要从事图书馆学、情报学、信息管理学和评价学的教学与研究工作，主持并完成国家和省部级课题30多个，发表论文600多篇，出版著作60余部。

法在图书馆学、情报学领域的应用，但现有的图书馆学、情报学研究中很难看到同时应用多种不同的科学计量学软件和统计工具软件。国内研究人员目前大多使用 CiteSpace 等国外现成的可视化工具软件来研究知识图谱，但 CiteSpace 等工具软件存在着一定局限性（例如，不支持国内数据库格式，支持的知识图谱方法较少等）。

需要说明的是，尽管国内近年来有关图书馆学、情报学发展脉络的研究取得了一定进展，但相关研究仍存在着学科维度单一、主观定性为主、非可视化等缺陷。因此，廓清学科历史的发展事实是图书馆学、情报学亟待突破的瓶颈与关键所在。正如美国经济学家保罗·克鲁格曼①所说的："我们的世界中，真正短缺的不是资源，不是美德，而是对现实的理解和把握。通向繁荣世界的唯一重要的结构性障碍，正是那些盘踞在人们头脑当中的过时教条②"。

1.1.3 研究意义

基于科学史的意义，人们对学科发展历史评估价值已经提出过一些经典论断。例如，萨顿③就对一门科学学科史的价值进行过精辟总结：如果一个科学家不了解他所从事的科学分支的历史，就没有资格说对该学科有深刻和完备的知识[44]。戴维·林德伯格④在其所著的《西方科学的起源》序言中也曾指出："倘若我们希望理解科学事业的本质，人类对科学所涉

---

① 保罗·克鲁格曼（Paul R. Krugman，1953—）先后在耶鲁大学、斯坦福大学、普林斯顿大学、麻省理工学院任教，现为麻省理工学院经济系经济学教授。克鲁格曼的主要研究领域为国际贸易、国际金融、货币危机与汇率变化理论，他创建的新国际贸易理论分析解释了收入增长和不完善竞争对国际贸易的影响，被誉为当今世界上最令人瞩目的贸易理论家之一。目前，他担任许多国家和地区的经济政策咨询顾问，其代表作包括《期望减少的年代》《亚洲奇迹之谜》《萧条经济学的回归》等，曾获得过克拉克经济学奖（1991 年）、诺贝尔经济学奖（2008 年）等多项大奖。

② 保罗·克鲁格曼，等．萧条经济学的回归［M］．北京：中信出版社，2012。

③ 乔治·萨顿（George Sarton，1884—1956）是美国科学史专家，生于比利时的根特。在大学期间，他学习过哲学、化学、数学、结晶学等专业，于 1911 年获得博士学位。1912 年，他创办了国际科学史杂志《ISIS》，担任该杂志主编近 40 年，并发起成立了国际科学史学会。他为科学史研究作出了重要贡献，一生著述甚丰，出版著作 15 部，发表论文 800 余篇，代表作是《科学史导论》。

④ 戴维·林德伯格（David C. Lindberg，1935—）是美国著名科学史专家、威斯康辛大学科学史系教授，主要研究领域为中世纪和近代早期科学史以及宗教与科学的关系。他曾任科学史学会主席，1999 年获得科学史研究的最高奖萨顿奖章。

及内容的认知程度，深刻认识科学事业的文化背景，那么历史研究，包括对早期科学的研究，就是必不可少的”[45]。上述学者针对学科发展进行历史评估价值的论断使得本书针对国外图书馆学、情报学知识图谱研究的重要意义不言而喻。

对动态发展着的图书馆学、情报学进行反思的前提，是必须借助新的技术手段来理清其发展脉络。知识图谱则是根据科学学、科学计量学的相关原则，利用可视化技术来描述学科知识结构，分析学科热点和前沿领域，展示学科变化这样一种分析方法。由于该方法具有相关理论成熟、分析指标众多、可快速处理大量学术文献、清晰直观等众多优点，所以它常被学者们用于进行学科发展状况和发展轨迹的整体分析。

1. 可用可视化方式来展现图书馆学、情报学研究的内在发展逻辑

从理论意义上说，对学科发展进行历史评估有利于人们认识学科的特殊发展历程。美国著名科学史家托马斯·塞缪尔·库恩①曾经在第十七届国际科学史大会上指出，科学史目前的一项任务就是帮助那些对科学外行的人们了解科学[46]。W. I. B. 贝弗里奇②也表示，“科学家对科学史都应略有所知。科学史对学科的日趋专门化是最好的弥补，并能扩大视野，让人们更全面地认识科学”[47]。

随着图书馆学、情报学的发展，其理论体系日渐繁杂，人们对图书馆学、情报学的面貌和本质日渐难以精准把握。此外，随着信息可视化技术的迅速发展，人们开始习惯采用一种交互式、直观、典型的图谱来进行知识表达，对抽象数据进行研究，进而增强人类的认知能力，以便发现并吸收各种知识。作为研究结果的知识载体，知识图谱已被各个领域的研究人员所接受并且给予了高度评价，因为它能够以多元化的形式为研究人员提

① 托马斯·塞缪尔·库恩（Thomas Samuel Kuhn，1922—1996）是美国物理学家、科学哲学家、科学史专家，被誉为“二战后最具影响力的一位以英文写作的哲学家”。库恩于1949年获得物理学博士，后执教于加州大学、麻省理工学院等，任麻省理工学院语言学哲学劳伦斯·洛克菲勒名誉教授，主要著作有《哥白尼革命：西方思想发展中的行星天文学》《科学革命的结构》《必要的张力》《黑体理论和量子的不连续性》等。

② 威廉·伊恩·比得莫尔·贝弗里奇（William Ian Beardmore Beveridge，1908—2006）从1947年起任英国剑桥大学动物病理学教授，是一位卓有成效的科学家。其代表作是《科学研究的艺术》，该书理论鲜明，语言风趣。

供独特的视角。本书研究拟绘制多种图书馆学、情报学的知识图谱，它们既不是描述或者介绍众多的理论和学派，也不是简单地罗列海量相关文献，而是力求从这些海量文献中发现学科主题及其发展的内在逻辑，探究推动图书馆学、情报学的学科发展动力机制，并且以科学、精确的手段来梳理图书馆学、情报学的理论体系，以发现学科发展过程中存在的缺失环节和薄弱环节，从而进一步完善图书馆学、情报学知识体系，促进图书馆学、情报学的理论创新。

2. 可用图形化方式来探测图书馆学、情报学的研究前沿及其演变

图书馆学、情报学在其发展历程中，已经积累了较多的研究成果。时至今日，研究人员如果想要利用库恩所界定的“纵深性发展”方式来实现未来理论上的拓展，就必须了解如何从其历史发展过程中来探明学科研究前沿。研究人员如果对前人的研究茫然不知，就不能很好地把握学科的研究前沿及演变过程，很可能会重复前人的劳动，从而阻碍学科进步的深度和广度。因此，准确探测图书馆学、情报学的学科前沿，就需要及时地对学科以往的历史进行探究和评估。因此，只有熟悉图书馆学、情报学的学科发展史，才能将该学科引向更深的发展阶段。本书研究的一项重要基础性工作就是要尽可能详细地分析国外图书馆学、情报学发展历程中所积累的各种学术论文。因此，本书中涉及的前人研究成果以及研究前沿都对当前图书馆学、情报学的发展有一定的指导意义。

传统的研究方式对学科发展历史和研究前沿进行评估主要依赖本学科专家根据各自对该学科发展的了解程度来进行定性研究，这就要求学者们对其所研究的学科能有足够深刻的理解。但是，即便对于那些足够资深的学科专家来说，尽管他们曾经在某一科学领域进行过长期、系统的研究，能够把握学科发展的主要脉络，但人的记忆难免会有疏漏和遗忘的地方。

对于学科领域的新生力量，由于他们自身专业素质欠缺，如果想用传统方式来深入探究学科发展历程，就必须阅读学科领域内的大量文献，这是一件非常难以完成的任务。知识图谱则以图形化方式来显现相关重要文献及其相互关系，它能够科学、精确、客观地帮助研究人员对学科发展轨迹及未来走向等能够有大概的初步认识，如果再深入研究重要文献，借助

于相关知识图谱所反映的这些文献之间的继承关系，就可以帮助研究人员正确把握研究方向、找准研究切入点等，提供可靠的量化信息。

3. 可以进一步推动图书馆学、情报学的学科发展

尽管图书馆学、情报学研究已经取得一定的丰硕成果，但仍然有部分研究人员愿意以传统的、文字表述式的、简单数字统计式的方法来进行学科回顾和总结。本书借助知识图谱的理论与方法，展示图书馆学、情报学发展的总体图景、研究领域、研究前沿、合作网络，是对前人研究成果的再现和深层次的挖掘，既扩大了知识图谱的应用范围，又在图书馆学、情报学领域内尝试采用一种全新的方法来进行学科回顾与总结，这在一定程度上将有助于推动图书馆学、情报学的整体发展，因而具有重要的研究意义。

总之，以知识图谱的方式来考察图书馆学、情报学的发展历程具有不可替代的学术价值，是学科建设过程中不可缺少的一项基础性工作。从公开发表的图书馆学、情报学的学术论文中挖掘出该学科的发展轨迹、研究领域、研究前沿、合作网络，剖析图书馆学、情报学发展的普遍特征与一般特征，反思其发展过程中存在的诸多问题，同时探测研究前沿和优化学科合作网络，既具有重要的学术意义，又具有较高的实践价值。

1.2　研究内容与研究方法

1.2.1　研究内容

本书研究采取的逻辑主线是在明确国外图书馆学、情报学概念和范围的基础上，以 1976 年以来国外图书馆学、情报学研究的发展轨迹及其变革历程为背景，遵循“历史主线”和“动态演化”规律，以国外图书馆学、情报学期刊及其所刊载的论文及引文数据作为基础，综合运用科学计量学方法和信息可视化技术，不仅绘制了不同类型的国外图书馆学、情报学知

识图谱，而且进行了认真解读和详细分析。

概言之，本书主要包括以下研究内容。

1. 知识图谱理论

知识图谱将复杂的学科知识领域通过数据挖掘、信息处理、知识计量和图形绘制而显示出来，使人们得以了解某个学科、研究领域、期刊、甚至某位学者在科学知识版图中所处的位置。知识图谱是一个多学科交叉的领域，它的兴起主要与科学计量学领域的共词分析法、社会学领域的社会网络分析法、物理学和系统科学领域的复杂网络研究以及计算机科学领域的信息可视化技术等理论与方法的兴起和发展密切相关。但遗憾的是，国内在这些方面的研究目前还不够深入。本书拟在广泛调研的基础上对此展开系统研究。

本书除了对图书馆学、情报学知识图谱的相关理论进行梳理外，还对其中涉及的多种方法以及用到的不同数据来源、可视化工具软件进行介绍和评介。

2. 知识图谱方法

绘制学科知识图谱时主要使用词频分析、共词分析、共被引分析、因子分析、多维尺度分析、聚类分析、社会网络分析等多种方法。

①词频分析法。词频分析法是文献计量学的传统分析方法之一，其中的词频统计、关键词分析经常被用来描述某学科领域的研究状况，进而揭示该领域的研究热点和发展轨迹。

②共词分析法。共词分析法是一种内容分析技术，它利用文献集中的词汇对或是名词短语共同出现的情况，来确定该文献集所代表学科中各个主题之间的关系。一般认为词汇对在同一篇文献中出现的次数越多，则代表这两个主题的关系越紧密。因此，统计一组文献的主题词之间两两在同一篇文献中出现的频率，就可以形成一个由这些词对关联所组成的共词网络，网络内节点之间的远近便可反映主题内容之间的亲疏关系。共词分析正是以此为原理，将文献主题词作为分析对象，利用包容系数、聚类分析等多种统计分析方法，将众多分析对象之间错综复杂的共词网状关系简化为以数值、图形等形式直观表示出来的过程。共词分析同样也可以用来分

析作者合作等情况。

③引文分析法。引文分析法是指对大量的引文数据进行定量分析研究，即利用各种数学和统计学方法以及比较、归纳、抽象、概括等逻辑方法，对科学期刊、论文、著者等各种分析对象的引用与被引用频率等进行分析，以便揭示其数量特征和内在规律。概言之，引文分析追寻的是文献的引用和被引用之间重要的关联关系，通过找到一系列内容、主题相关的文献，就可以探测某些学科观点的演化发展脉络，以及学科发展的动态轨迹、走向和演化规律。

④共引分析法。共引分析法是指两篇或两篇以上的文献同时被其他文献引用。共引分析最大的优势是其客观性、分类原则的科学性以及数据的有效性。共引分析还可以进一步细分为文献共引分析、期刊共引分析、作者共引分析、学科共引分析等子类型。

⑤多元统计分析法。多元统计分析法是对若干（可能）相关的随机变量观测值的分析。“维度降低技术”是多元统计分析的一个重要特征，它主要包括因子分析（主成分分析）、多维尺度分析以及聚类分析。

⑥社会网络分析法。社会网络分析法也称为“结构分析”，并不是一种正式的理论，而是一个广义的研究社会结构的战略，起源于人类学家对复杂社群中人际关系的探讨，是对社会关系结构及其属性加以分析的一套理论和方法。在科学合作网络中，如果两位科学家共同发表了一篇合作文献，就可以界定他们之间存在着联系，能够组成一个适度规模的合作网络。例如，在本书研究中，笔者就以图书馆学、情报学论文的合著者作为分析对象，将他们之间的关系视为科研合作网络关系，并进行相应的社会网络分析。

3. 知识图谱应用

在本书研究中，笔者以国外图书馆学、情报学期刊及其所刊载的论文及引文数据作为基础，综合运用科学计量学方法和信息可视化技术，分别绘制包括国外图书馆学、情报学发展轨迹、研究领域、研究前沿、合作网络等在内的不同知识图谱，试图描述不同时段的国外图书馆学、情报学特点。

①国外图书馆学、情报学发展轨迹知识图谱。先将不同时段论文的关

键词进行规范化、标准化处理，然后运用词频分析、共词分析、多元统计分析等方法，以这些关键词之间关联关系的强弱来挖掘学科知识结构之间的亲疏程度，从而将海量的文献数据转换成可视化的知识图谱，客观、形象地展示出不同时期高频关键词所代表的研究热点的变迁，为考察国外图书馆学、情报学的学科演进全景提供一个新的视角。

②国外图书馆学、情报学研究领域知识图谱。首先在国外引文数据库中下载作者的引证数据，分析国外图书馆学、情报学高影响力作者及其影响力变化。然后，运用作者共被引分析法，绘制国外图书馆学、情报学研究领域的知识图谱，从而揭示国外图书馆学、情报学研究领域的演进，即通过国外图书馆学、情报学领域作者的共被引情况，分析和发现国外图书馆学、情报学的研究领域及其特点。

③国外图书馆学、情报学研究前沿知识图谱。通过对国外图书馆学、情报学文献的参考文献进行文献同被引分析，分别利用 CiteSpace 等软件来展示国外图书馆学、情报学文献共被引的群体网络结构及其变化，科学、直观地识别学科前沿的演进路径以及学科领域的经典基础文献，从而揭示国外图书馆学、情报学的研究前沿及演化过程。

④国外图书馆学、情报学合作网络知识图谱。利用社会网络分析方法，对论文的作者及其所属机构进行定量分析，以可视化的知识图谱来展示国外图书馆学、情报学的作者合作网络以及机构合作网络，展现出由核心合作者和典型机构等构成的国外图书馆学、情报学合作网络结构。

1.2.2 研究方法

在科学研究领域，研究方法是打开科学宝库的钥匙，是驶向真理彼岸的航船。

本书研究是在传统文献研究法和比较分析法的基础上，采用科学计量学方法与可视化方法相结合的知识图谱绘制方法，将定量分析结果与前人定性研究的结论进行比较，以验证结论的有效性，并结合定性分析的方法，深入诠释不同知识图谱的定量分析结果。

1. 文献研究法

文献研究方法主要是指搜集、鉴别、整理文献，通过对文献的加工形成对事实的科学认识这样一种方法。本书通过对已有资料进行阅读和分析，全面、系统地归纳国外图书馆学、情报学的学科要素、历史脉络和研究方法。同样，本书归纳了知识图谱的构建方法、可视化软件及其应用领域，这个归纳过程本身就是对已有知识再造的过程，同时也为本书的进一步研究提供了坚实的理论依据和方法基础。

2. 比较分析法

比较是人类认识事物的一种基本方法。马克思和恩格斯在《德意志意识形态》中指出，比较解剖学、比较植物学、比较语言学“这些科学正是由于比较和确定了被比较对象之间的差别而获得了巨大的成就，在这些科学中比较具有普遍意义①”。

本书拟运用比较分析的方法，绘制国外图书馆学、情报学在不同历史阶段的发展轨迹、研究领域、研究前沿、合作网络等知识图谱，分析其变迁特征，并用可视化手段来展示国外图书馆学、情报学的学科全景，为进行科学合理的学科布局、把握重点研究方向、选择前沿课题奠定实证基础。

3. 科学计量学方法

科学计量学方法是一种基于数学和统计学的定量分析方法。它以各种科学文献的外部特征作为研究对象，以输出量是量化的信息内容为主要特点，采用数学与统计方法来描述、评价和预测科学技术的现状与发展趋势。科学计量学方法研究的对象可以是一切与文献有关的媒介以及特征（例如，引文、所属学科、主题词、关键词、作者所属的机构、地区和国家等）。本书研究中应用的科学计量学方法主要包括词频分析法、共词分析法、共被引分析法等，这些方法需要与信息可视化方法进行融合，才能以人们容易辨识的知识图谱方式展现出来。

4. 信息可视化方法

信息可视化方法是指将抽象数据以可视化形式表示出来，以利于进行

① 马克思，恩格斯．德意志意识形态［M］．北京：人民出版社，2003：58。

数据分析、规律发现和决策制定，其内涵就是将数据通过图形形象直观地展现出来，并且找出数据背后蕴含的信息。该方法能够实现对海量信息数据的分析和提取，并将原始数据间的复杂关系、潜在信息以及发展趋势，以图形或图像等为人们所容易辨识的方式展现出来。本书应用的信息分析方法主要包括聚类分析①、因子分析②、多维尺度分析③、社会网络分析④等，这些信息分析方法之间需要进行有机的融合，才能绘制出主题研究等知识图谱。

1.3 研究思路与组织框架

1.3.1 研究思路

1. 研究思路

本书研究的基本思路概述如下：本书研究选题源于对国外图书馆学、情报学整体性的自我认识与反思，遵循历史与逻辑相统一的原则，以1976年以来国外图书馆学、情报学的发展历程为主线，以Web of Science中所收录的国外图书馆学、情报学论文及其引文数据作为基础数据，综合运用

---

① 聚类分析（Cluster Analysis）是指将物理或抽象对象的集合分组为由类似的对象组成的多个类的分析过程。聚类分析的目标就是在相似的基础上收集数据来进行分类。聚类源于很多领域，包括数学、计算机科学、统计学、生物学、经济学等。在不同应用领域中，很多聚类技术都得到了发展，这些技术方法被用作描述数据，衡量不同数据源间的相似性，以及将数据源分类到不同簇中。

② 因子分析（Factor Analysis）是指研究从变量群中提取共性因子这样一种统计技术。它最早是由英国心理学家C. E. 斯皮尔曼提出来的。斯皮尔曼发现，学生的各科成绩之间存在着一定的相关性，一科成绩好的学生，往往其他各科成绩也比较好，从而推想是否存在某些潜在的共性因子，或称某些一般智力条件影响着学生的学习成绩。一般来说，因子分析可以在许多变量中找出隐藏的具有代表性的因子。因此，将相同本质的变量归入到一个因子，就可以减少变量的数目，还可以检验变量间关系的假设。

③ 多维尺度分析（Multi Dimensional Scaling，MDS）是一种将多维空间的研究对象（样本或变量）简化到低维空间进行定位、分析和归类，同时又保留对象间原始关系的数据分析方法。

④ 社会网络分析（Social Network Analysis）是由数学方法、图论等发展起来的一种定量分析方法。社会网络分析是社会学领域比较成熟的一种分析方法。目前，社会学、经济学、管理学等领域的学者开始使用该方法来解决实际问题。

科学知识图谱的原理与方法，考察国外图书馆学、情报学的学术演进特点，揭示学科的发展轨迹、研究领域、研究前沿和合作网络。

2. 技术路线

本书研究拟采取的技术路线如下所述（如图 1-1 所示）：①从数据库中获得引文和文献数据。拟选用的数据库包括《科学引文索引》（Sciences Citation Index，SCI）、《社会科学引文索引》（Social Sciences Citation Index，SSCI）、《艺术与人文科学引文索引》（Arts & Humanities Citation Index，A&HCI）等；②先将来自不同数据源的原始数据进行格式转换和预处理，然后进行初步的数据探索并返回修正；③计算节点相似度，构建共现矩阵，将矩阵转换成节点边线图，并进行适当的修剪；针对文献数据不同属性的共现或共引关系生成若干聚类，选用中心度、模块性、突发性、新颖性等指标来评估聚类的效果；④解释聚类结果，构建不同的国外图书馆学、情报学知识图谱，包括引文时序分析网络、引文耦合分析网络、共引分析网络等多种知识图谱。

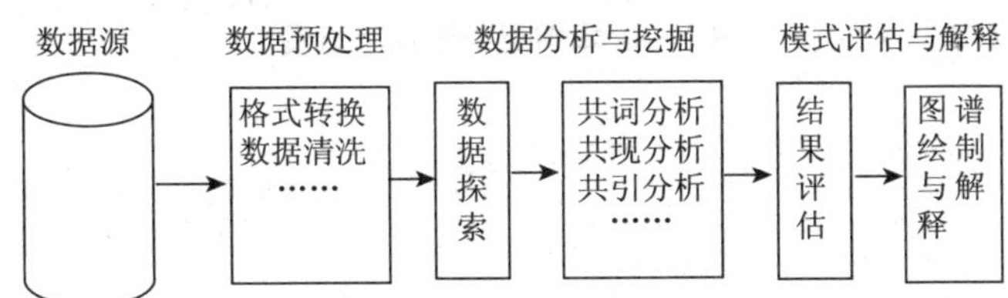

图 1-1 本书技术路线示意图

1.3.2 组织框架

本书以国外图书馆学、情报学为例，选择学科知识图谱这一关键命题，从理论、方法、实证等三个维度出发，探讨国外图书馆学、情报学学科知识图谱的创建及应用问题。在本书研究过程中，笔者主要使用了文献计量分析、社会网络分析、比较分析等多种研究方法，坚持理论与实践相结合、定量分析与定性分析相结合等原则，对国外图书馆学、情报学知识图谱进行了实证研究。本书的组织框架如图 1-2 所示。

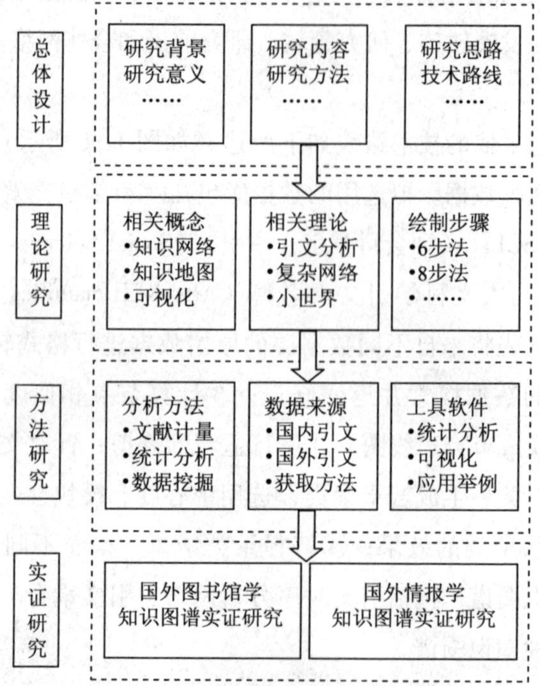

图 1–2　本书组织框架示意图

第2章

图书馆学情报学知识图谱理论基础

2.1 知识图谱相关概念

知识图谱与知识网络、知识地图、信息可视化等概念存在一定的相关性。

2.1.1 知识网络

1. 知识网络的含义

人类在知识活动实践中，不断进行着各种形式的知识生产和创新，编织和完善知识网络。知识网络（Knowledge Network，KN）这个概念最早是由现代认知心理学家加涅提出来的[49]。加涅认为，陈述性知识和程序性知识两大类型知识的关系是产生式镶嵌在命题网络之中，共同构成“知识网络”。他从知识网络的构成内容和知识网络的作用来描述其概念[50]。在管理学领域，瑞典工业界在20世纪90年代中期从知识管理的角度开始研究知识网络[49]。Beckmann提出知识网络的经济学模型，他认为知识网络是进行科学知识生产和传播的机构和活动[51]。美国国家科学基金会（National Science Foundation，NSF）① 则从自身开展工作的角度认为，知识

① 美国国家科学基金会（National Science Foundation，NSF）是美国独立的联邦机构，相当于中国国家自然科学基金委员会，成立于1950年。其主要任务是通过对基础研究计划的资助，改进科学教育，发展科学信息和增进国际科学合作等办法来促进美国科学的发展。

网络是一个社会网络，该网络提供知识、信息的利用等内容，聚焦于跨越时间、空间的知识整合，其构成要素有：硬件、软件、人、过程。

从国外的管理学界和情报学界对知识网络的研究形成的定义中可以看出，知识网络指的是一批人、资源和它们之间形成的网状系统，为了知识的积累和利用，通过知识创造、知识转移，促进新知识的利用。知识网络是一种复杂、动态、开放，以知识价值和物质价值的增值为目的的社会网络，这种复杂网络关联的观点可以在一定程度上解释知识的衍生、演化。

“知识网络”一词在国内学术界最早见于郭其旭在1989年发表的“漫谈知识网络——例举杜甫研究图书资料在《中图法》中的分布状况”一文[52]。但其定义并未引用国外的相关概念，而是作者在中文图书的分类和校对工作中自悟的，可见国内外研究者对于知识的网状结构存在，都有各自的认识。直到20世纪90年代末期，国内才开始有了与国际接轨的知识网络相关研究：

（1）李丹等人在分析组织存在知识缺口问题的基础上，指出了构建知识网络的实际意义，并进一步提出了知识网络构建过程中的构成要素、构建原则和构建方法[53]。最后通过春兰集团①的一个实际分析案例，说明了组织如何构建知识网络以及知识网络所体现的显著成效。

（2）李姝兰认为，知识网络的构建是为了实现以下目标：促进跨学科、跨语言和跨文化的交流；提高不同知识源、不同领域和非媒体类型的知识处理和集成；提高团队、组织或社区有效率、跨地区或跨时间的工作；理解这种新链接的伦理、法律和社会隐含意义[54]。

（3）马费成、刘向则建立了知识网络的增长模型，研究知识网络的演化问题，提出知识老化曲线形成的一种客观性的新解释[55]。所建模型揭示了知识产生的时点与知识增长老化之间的关系：在所属学科的扩展期产生的知识节点历时被链接数先上升后下降，而在衰退期产生的节点的历时被链接数一直是衰减的；知识的利用效率随其所属知识领域的扩张而增加，

① 春兰（集团）公司是集制造、科研、投资、贸易于一体的多元化、高科技、国际化的大型现代公司，是中国最大的企业集团之一，成立于1986年，下辖40多个独立子公司（其中，制造公司18家），并设有春兰研究院、春兰学院、博士后工作站和国家级技术开发中心。

随衰退而减少。

（4）姜永常从理论基础和基本原则揭示了知识网络链接的原理，知识网络链接是进行动态知识构建的本质要求，有助于泛在知识服务的实现[56]。

（5）王斌运用知识转移理论、创新理论和知识网络理论的分析方法，提出了知识网络创新路径的问题。认为按照知识转移存量和开放度两个维度，知识网络创新可沿着三条非线性路径展开[57]。

从国内知识网络研究中可以看出，国内研究人员主要从引介国外知识网络概念入手，对已有的概念进行扩充和改进，或是利用国外的相关理论和模型进行应用性研究，原创性研究相对较少。

2. 知识网络的类型

可以依据构成要素、网络层次、演化进程等不同标准，来对知识网络的类型进行不同的划分[49]。

从构成知识网络的结点形态来看，知识网络主要有以下三种情形：①人、企业等知识主体之间的网络，其实质是知识在不同的主体之间流动或传播的网络，研究得比较多的是科研工作者之间、科研团体之间、企业之间的知识合作网络；②知识与人之间的网络，即知识网络是将人和观念、知识、信仰等联结起来的网络；③知识与知识之间的网络，以知识为结点，以知识分类或语义分类为基础，建立知识之间的分类网络。

从知识网络层次来划分，根据 NSF 的观点，商业环境中知识网络存在于个体、群体、公司这三个层次，而社会学和交流学的研究表明这个概念可以延伸至公司外部更大的范围，企业联盟可以作为知识网络存在的第四个层次。另外，商业和职业协会组织跨越了复合的标准，代表了更高水平的进行知识积累传递的外部组织，属于知识网络的第五个层次。赵蓉英则将其归纳为三种类型：①个体知识网络，是指个体大脑中所构成的知识网络图；②组织知识网络，包括群体和公司这两个层次；③社会知识网络，包括企业联盟与商业和职业协会组织这两个层次[49]。

从知识网络演化的角度来看，Seufert 等人在 1999 年将其细分为两类[58]：①一类是自然形成的，对于这类知识网络所需要做的是怎么提供一定的外界环境对其加以培育，以提高其绩效；②另外一类则是人为形成的，这类知识网络被看作是人为构建的网络。但无论哪种网络，其参与者都需要以共同的语言、共同的价值观和共同目标作为基础。

Büchel 和 Raub 从管理支持以及收益水平角度将知识网络划分为爱好网络（Hobby Network）、职业学习网络（Professional Learning Network）、最佳实践网络（Best Practices Networks）、商业机会网络（Business Opportunity Network）四种类型[59]。其中，爱好网络关注个人兴趣，通常得不到管理者的支持；在职业学习网络中，知识的迁移一般能得到管理者的支持，但用户是否参与学习一般是自愿的，用户根据所迁移的知识的价值以及自身兴趣来决定学习什么以及是否学习；在最佳实践网络中，管理者扮演着协调者的作用，所有网络成员都要参与互相间的知识的迁移与学习；商业机会网络是商业目的驱动的网络，但其关注的视角是创新与成长方面。

2.1.2 知识地图

1. 知识地图的含义

“知识地图”一词最早是由布鲁克斯①提出来的[49]。他认为，人类的知识结构可以绘制成以各种单元为节点的“认知图”，反映的是人类的客观知识。美国捷运公司绘制的展示知识资源地理分布的美国地图，则是知识地图的雏形。还有目前广泛应用于知识管理领域的“知识地图”概念，有别于前两者，指的是运用可视化的直观手段使知识在组织成员中有效地传递和共享。刘则渊指出，在知识管理中应用的“具有知识导向的自组织知识地图”，基本上属于知识图谱和知识可视化范畴。随着知识地图的不断发展，其与知识图谱等概念上的交互也不断增多。知识地图更强调对客观知识的描绘和直观显示，它主要起到“地图”的作用，而对于知识发展的动态过程缺乏有效的描述。

---

① 贝特拉姆·克劳德·布鲁克斯（Bertram Claude Brookes，1910—1991）是英国著名情报学家，在情报学理论、定量化研究、文献计量学、统计学等方面都有一定研究和贡献。他先后任教于英国伦敦学院、伦敦帝国学院、美国密歇根大学、加拿大安大略西部大学、多伦多大学等高校。1965—1974 年，他任英国《文献工作杂志》编委会委员。1970—1980 年，他任国际文献联合会情报学理论委员会英国委员。1981—1986 年，他任荷兰出版的《情报科学杂志》副主编。1981 年，他在芬兰赫尔辛基开设文献计量学课程。

与之类似，国内外一些学者还使用“科学地图”（Science Map）的概念。美国印第安纳大学的 Katy Börner① 和国内学者陈云伟等指出[60]，科学地图是一种采用图形的方式来描述科学问题的研究方法，即基于科学数据对其所反映的科学信息进行可视化。可以看出，“科学地图”的概念同知识地图和知识图谱均有交叉部分，很多国外文献的研究内容并没有对这些概念严格加以区分，三者具有很多重合部分，有时则完全等同。这里也不做严格区分。

我国学者关于知识地图的理论与方法研究较为薄弱。早期的理论性文章主要是知识地图的介绍性、综述性文章，大多是对国外相关理论、先进算法等成果的展示。胡立勇、陈定权等介绍了引文分析可视化的理论基础和相关算法，并提出了引文分析可视化系统的设计方案。陈悦、刘则渊等人根据国外学者有关知识地图的研究情况，首次提出了“科学知识地图”的概念[61]，并对其在国外的发展情况进行了介绍。随后，知识地图的相关概念和理论逐渐受到国内学者的关注，廖胜姣等人也先后对知识地图的相关理论和概念进行了介绍[62]。有关知识地图绘制过程中的相关方法、算法和可视化技术的研究也较少，但近年来有所改观。康永兴构建了一套科研机构知识地图系统来促进科研机构的知识管理，在一定意义上属于知识地图的方法研究范畴。张婷在 DIVA 软件的基础上对原有软件进行了二次开发，绘制出科学传播研究前沿演进的时间线和地形式可视化图谱。

目前，国内有关知识地图的应用研究已经取得一些成果。总结起来，目前国内知识地图的应用研究主要分布在以下几个领域[49]：①管理学学科下的相关领域，如科学学、管理学、战略管理学、工商管理、科学哲学、情报学、科学计量学、信息管理、知识管理等方面的研究，揭示了这些学科的学科结构、发展历程、主流学术群体等；②前沿科技领域方面的研

---

① 凯蒂·伯尔纳（Katy Börner，1967—）在 1997 年获得德国凯撒斯劳滕大学计算机科学博士学位，现为美国印第安纳大学信息与计算学院图书情报系教授，同时兼任艺术与科学学院统计系、生物复杂性研究所、荷兰皇家艺术与科学学院兼职教授、印第安纳大学网络科学网络基础设施研究中心主任、信息可视化实验室主任、国际场地与空间馆馆长。同时，她还是美国计算机协会（ACM）、国际科学计量学与信息计量学学会（ISSI）、科学社会研究协会（4S）、国际社会网络分析网络（INSNA）、美国社会学学会（ASA）、美国科学促进协会（AAAS）的会员。其研究兴趣广泛，包括科学计量学、知识管理、信息可视化等。

究，如生物相关领域、纳米科技、能源技术、先进工业技术等；③有关创新理论与实践的研究，如创新系统、创新管理等；④教育领域的研究。对高校自然科学学科分布与合作网络知识地图进行了绘制，为推动高校自然科学教育的发展与改革提供参考。此外，还有一些经济学相关领域研究、新兴交叉学科的研究和针对个别期刊、机构的知识地图研究等。

2. 知识地图的绘制方法

知识地图绘制的方法很多，主要有以下几种[49]：

（1）引文分析。引文分析方法是知识地图绘制最主要的方法。可以说，引文分析方法是知识地图产生与发展的根基所在。所谓引文分析，就是利用各种数学及统计学的方法和比较、归纳、抽象、概括等逻辑方法对科学期刊、论文、著者等各种分析对象的引证与被引证现象进行分析，从而揭示其数量特征和内在规律的一种方法。具体方法包括引文时序分析、论文共被引分析、作者共被引分析、期刊共被引分析、论文耦合分析等。

（2）共词分析。共词分析是通过对一组词语两两统计其在同一文献中的出现次数来对词进行聚类分析，从而反映出词间的亲疏关系，进而分析这些词所代表的学科研究热点、主题结构变化和转移趋势[49]。较为常见的共词分析是关键词共现分析。关键词是文章内容的直接体现，常被用来进行前沿研究领域的研究热点和发展趋势的辨析。

（3）社会网络分析。前文提到，社会网络分析是人、集团、组织或者其他信息与知识处理实体的关系和流动的映射和测量。社会网络分析可以建立网络关系模型，并对网络中各成员的关系进行描述。在知识地图研究中，社会网络分析方法可以用来对学术群体的合作关系以及引文网络中的层次关系进行研究。

（4）多元统计分析。多元统计分析是指对若干相关的随机变量观测值进行分析。多元统计分析的核心思想是降维，即数据结构的简化。在知识地图研究中，多元统计分析可以将复杂的文献信息进行简化，从大量资料中提取有用的信息，一方面可以对图谱进行简化，另一方面又可以对图谱中所展示的复杂信息进行解释。使用较多的多元统计分析方法主要有因子分析法、聚类分析法和多维尺度分析法。

（5）词频分析。这种方法在知识地图的绘制中主要是同上述方法相结合，通过对论文标题、关键词等进行词频分析，就可以确定领域具体研究内容以及名称等。

2.1.3 信息可视化

信息可视化（InformationVisualization）以信息科学、计算机科学、地图学、认知科学、信息传播学与信息系统为基础，通过计算机技术、数字技术、多媒体技术，动态、直观、形象地表现、解释、传递信息并揭示其规律。信息可视化技术的核心是将各类信息及其不可见的内部语义关系转换成图形，展示在一个低维的可视化空间中，提供一种有效的信息反馈机制。

1. 信息可视化的发展历程

信息可视化起源于多个方面。可视化来源于英文单词“Visualization”，是指将文本、数字等信息转化为图形、图像等直观视觉表现形式的过程。从当前发展的可视化技术来看，主要包括科学可视化、数据可视化、信息可视化、知识领域可视化等分支。信息可视化理论最早来源于图形理论。1967 年，法国制图工作者巴顿（J. Bertin）发表了图形理论。这一理论指明了图表的基本元素，描述了图表的设计框架[63]。

1987 年，美国国家科学基金会的小组报告中提出立即建立并长期从事研究“科学可视化”的新兴领域，第一次提出了科学计算可视化的概念。信息可视化是在科学可视化的基础上发展起来的，尽管两者在研究对象、方法和应用领域等方面有着本质区别，但科学可视化的发展对信息可视化研究起到极大的推动作用[49]。

自 20 世纪 80 年代以后，美国耶鲁大学统计学教授爱德华·塔夫特（Edward Tufte）① 先后于 1983 年、1990 年和 1997 年发表了三本关于信息

① 爱德华·罗尔夫·塔夫特（Edward Rolf Tufte，1942—）是信息设计的先驱者、耶鲁大学统计学和政治学退休教授。他在斯坦福大学获得统计学士学位，并在耶鲁大学获得政治学博士学位，目前出版了包括《视觉解释》《构想信息》《定量信息的视觉展示》《数据分析的政治和政策》《美丽的证据》等在内的一系列书籍。2010 年 3 月 5 日，奥巴马总统任命塔夫特为美国恢复和再投资法案的恢复独立咨询小组成员，主要任务是跟踪和解释复苏刺激资金 7870 亿美元，提供有关恢复资金使用的透明度。

可视化的代表性著作[49]，为信息可视化研究奠定了重要的理论基础。巴顿的理论在许多领域都很有影响，并且推动了信息可视化的大发展。1989年，信息可视化的概念由罗伯斯顿（G. Robertson）和卡特（S. Card）等在其发表的论文中首次提出。随后，“信息可视化”迅速发展成为与科学可视化并列的研究领域[64]。

信息可视化已经成为情报学领域研究的新热点。20世纪90年代以后，关于信息可视化的论文和著作迅速增长，陈超美博士于1999年首次专门论述了信息可视化[65]，是信息可视化领域最早的开拓者之一。他在信息可视化领域引入pathfinder算法，提高了文献引文网络分析的效率和范围，对科学知识图谱理论与方法作出了奠基性贡献。

利用计算机软件绘制知识地图是近年来信息可视化技术发展的重要手段。通过知识地图的手段实现信息可视化开始于20世纪80年代，信息计量学家霍华德·怀特（Howard D. White）等学者首先通过绘制科学知识图谱的方法对学科领域的知识结构进行可视化分析[49]，掀起了科学计量学与信息计量学等学科的信息可视化研究，这种直观展现学科知识结构的方法迅速得到了广泛传播和深入发展。陈超美创造性地将信息可视化技术和科学计量学结合起来，把对科学前沿的知识计量和知识管理研究推进到以知识图谱与知识可视化为辅助决策重要手段的新阶段，开创了知识单元的可视化技术与应用领域，推进和推广了科学前沿图谱及可视化分析。

2. 信息可视化流程

信息可视化的目的是与大规模数据集进行高效交互，发现隐藏在信息内部的特征和规律。各种可视化方法（或工具）充分利用了人类对可视模式快速识别的自然能力，可将人类对信息阅读、判别和理解等认知负担转变为简单、直观的视觉感知，对于科学研究工作的重要性日益凸显。特别是当研究问题的规模和复杂性日益增长，在对研究结论和成果进行展示、说明时，对各种可视化工具的需求越来越迫切。

可视化流程的关键在于精简的概括性以及自然的交互性。可视化的一般流程可以概述为：原始数据经过数据过滤获得可视化数据，可视化数据通过映射获得对应的表示形式，再将这些表示通过渲染获得可视化效果并输出（如图 2-1 所示）[49]。

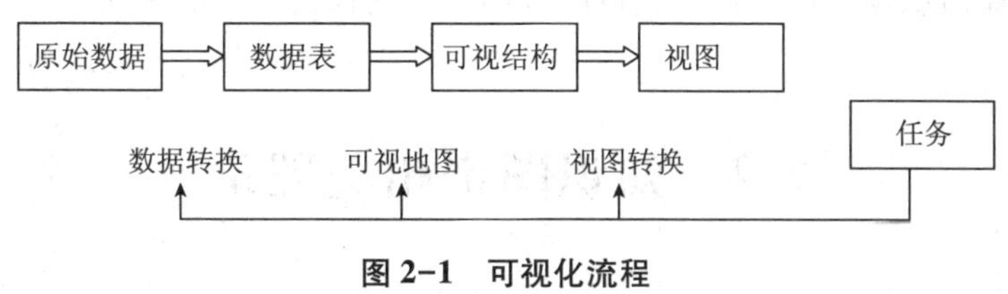

图 2-1　可视化流程

（1）原始数据到可视化数据的过程。可视化项目背景和目标决定了该过程和数据的具体内容。

（2）可视化数据的映射。映射是指将抽象数据转换为可视化表示的过程，如通过颜色映射数值关系。映射可以将复杂抽象的数据形象直观地概括到一张或多张图形中，有利于人类有效地理解数据。可视化的难点就在于从数据表到可视化结构的映射，可视化结构包括三个基本组成部分，即空间基（Spatial Substrate）、图形元素（Graphical Elements）、图形属性（Graphical Properties）。其中，空间基决定了最终视图的空间维度；图形元素是可视化视图中的主体，通常用来代表要表现的数据特征，常用的包括点、线、面、体；而图形属性是指图形元素的一些视觉属性，包括静态和动态属性（例如，闪烁等动态属性）。常用的图形属性包括尺寸、形状、方向、颜色（细分为色相、明度、饱和度）、纹理等。在可视化过程中，数据表被映射为可视化结构，可视化结构在一个空间基中用图形元素和图形属性对信息进行编码，三者交叉构成不同的视图对象。

（3）渲染与可视化效果输出。交互是指计算机对人类所做行为的反应，通过设计便捷有效的交互有利于人类对复杂数据进行自由探索。映射完成后，就有了视图，但用户看到的视图对象大多是由交互操作决定的。

为了提高可视化的效率，还需要对其中的关键步骤进行优化，并添加交互功能。从原始数据到可视化数据，需要进行层次化结构的表示、特征提取等操作；从可视化数据到渲染数据，需要进行多边形消减、自适应算法等处理；从渲染数据到渲染结果，需要借助硬件加速等技术。

目前，信息可视化在多个领域获得了广泛应用[49]，包括医药学、生物学、工业、农业、军事等领域。最近几年，信息可视化在金融、网络通信、商业信息等领域获得了大范围应用，受到社会各界的关注。

2.2 知识图谱相关理论

2.2.1 引文分析理论

引文分析是指利用各种数学及统计学的方法和比较、归纳、抽象、概括等逻辑方法对科学期刊、论文、著者等各种分析对象的引证或被引证现象进行分析，以便揭示出研究对象所具有的特征或是它们之间的关系及其规律性这样一种文献计量研究方法。

1. 引文分析的发展简史

最早运用科学论文的参考文献加以分析，以求达到某种目的的实践的是俄国科学院院士瓦尔金。他于1911年首次运用引文分析方法研究了包括俄国在内的化学家们对世界化学发展所作出的贡献。但是，当年的化学史著作并没有现代引文制度所规范的引文形式，瓦尔金所研究的是在正文中直接引用的叙述及脚注中出现的叙述，所以人们并没有认为瓦尔金是开引文分析先河者。

目前，学术界普遍承认的引文分析先行者是格鲁斯（Gross）等人[66]，他们统计并分析了化学中某些科技期刊论文的参考文献。1927年，他们依据期刊被引论文多少将期刊排列制表，建立起围绕化学教育所必备期刊的顺序表，并称为核心期刊表。1956年，布朗（Brown）依据统计所得的引文频次，评价并确定了期刊的重要性，其领域扩大到化学、物理、地理、生理、植物、动物、昆虫学等学科[66]。1962年，哈里格用引文分析法追踪研究一种新的学术思想是怎样传播的，他发现某些论文由于多次被引用，成了社会计量学领域的明星——核心论文，而其他多数论文几乎没有得到什么引用。1973 年，美国情报学家亨利・斯莫尔（H. Small）① 提出同被引技术[66]。从 20 世纪 80 年代开始，人们充分利用《科学引文索引（Science Citation Index，SCI）》和《期刊引用报告（Journal Citation Reports，JCR）》数据来进行多方面的研究。

2. 引文分析的主要类型

如果从不同的角度、基于不同的标准来进行划分，就会得到不同的引文分析方法。例如，如果从获取引文数据的方式来划分，则可将引文分析方法分为直接法和间接法。其中，直接法是直接从来源期刊中统计原始论文所附的被引文献，从而取得数据并进行引文分析的方法；间接法则是通过“科学引文索引（SCI）”“期刊引用报告（JCR）”等引文分析工具，查得引文数据再进行分析的一种方法。如果从文献引证的相关程度来划分，则可将引文分析方法分为自引分析、双引分析、三引分析等三种类型。如果从分析的出发点和内容来划分，则可将引文分析方法分为以下三种类型[67]：①引文数量分析，主要用于评价期刊和论文，研究文献情报流的规律等；②从引文间的网状关系或链状关系进行研究，科学论文间存在着一种引用关系网，研究这种关系主要用于揭示学科的发展与联系，展望未来前景等；③从引文反映出的主题相关性方面进行研究，主要用于揭示科学结构和进行文献检索等。

此外，如果从引文的其他不同特征出发，则可以派生出其他类型的引文分析。例如，从引文的语种、国别、类型、年代等进行引文分析。其中，引文语种分析对于人们有计划地引进外文文献、译文选题、外语教育等，颇有参考价值。引文国别分析可以探明各国互引文献的状况，弄清国际文献交流的数量和流向。引文类型分析有利于确定文献情报搜集的重

① 亨利・斯莫尔（Henry Small，1941—）是美国著名情报学家、科学计量学家，曾任汤姆斯科技公司（即原来的美国科学信息所 ISI）首席科学家、国际科学计量学与信息计量学学会（ISSI）会长。他先后获得过 Derek de Solla Price 奖（1987 年）、JASIST 最佳论文奖（1987 年）、美国情报学与技术学会最高荣誉 Merit 奖（1998 年）等荣誉。1973 年，他在其著作《用共引方法分析科学文献》中首次提出论文共引（Co-citation）概念和分析方法。

点。引文年代分析不仅可以了解被引文献的出版、传播和利用情况，而且可以研究科学发展的进程和规律。

3. 引文分析的应用领域

引文分析技术日趋完善，应用不断扩大。目前，引文分析方法主要应用在以下领域[68]：①测定学科的影响和重要性：通过文献引用频率的分析研究可以测定某一学科的影响和某一国家某些学科的重要性；②研究学科结构：通过引文聚类分析，特别是对引文间的网状关系进行研究，能够探明有关学科之间的亲缘关系和结构，划定某学科的作者集体；分析推测学科间的交叉、渗透和衍生趋势；还能对某一学科的产生背景、发展概貌、突破性成就、相互渗透以及今后发展方向进行分析，从而揭示科学的动态结构和某些发展规律；③研究学科信息源分布：通过文献间的相互引证关系，分析某学科（或专业）文献的参考文献的来源和学科特性，不仅可以了解该学科与哪些学科有联系，而且还能探明其信息来源及分布特征，从而为制定本学科的信息管理方案和发展规划提供依据；④确定核心期刊：引文分析方法是确定核心期刊的常用方法之一。这种方法的主要特点是从文献被利用的角度来评价和选择期刊，比较客观。加菲尔德通过引文分析，研究了文献的聚类规律。他将期刊按照期刊引用率的次序来进行排列，发现每门学科的文献都包含有其他学科的核心文献。这样，所有学科的文献加在一起就可构成一个整体的、多学科的核心文献，而刊载这些核心文献的期刊不过1000种左右。利用期刊引文的这种集中性规律可以确定学科的核心期刊；⑤研究文献老化规律：有关文献老化的研究一般是从文献被利用角度出发的。普赖斯曾利用引文分析探讨文献的老化规律。通过对“当年指标”和“期刊平均引用率”的分析，他认为期刊论文是由半衰期绝然不同的两大类文献构成的，即档案性文献和有现时作用的文献。科学文献之间引文关系的一种基本形式是引文的时间序列。对引文的年代分布曲线进行分析，可以测定各学科期刊的“半衰期”和“最大引文年限”，从而为制定文献的最佳收藏年限、对文献利用进行定量分析提供依据。同时，一个学科的引文年代分布曲线与其老化曲线极为相似。这有力地说明文献引文分布反映了文献老化的规律性。因此，从文献引用的角度研究文献老化规律是一种有效的途径和方法；⑥研究信息用户的需求特点：利用引文分析方法进行信息用户研究是一种重要途径。根据科学文献的引文可以研究用户的信息需求特点。一般来说，附在论文末尾的被引用文献是用户（作者）所需要和利用的最有代表性的文献。因此，引文的特点可基本反映出用户利用正式渠道获得信息的主要特点，尤其是某信息中心对其所服务的用户所发表的论文的引文分析，更具有直接的指导意义。通过对同一专业的用户所发表论文的大量引文进行统计，可以获得与信息需求有关的许多指标，如引文数量、引文的文献类型、引文的语种分布、引文的时间分布、引文出处等；⑦评价人才：在人才评价方面，常采用引文分析方法。这是因为某著者的论文被别人引用的程度可以是衡量该论文学术价值和影响的一种测度，同时，也从科研成果被利用的角度反映了该著者在本学科领域内的影响和地位。因此，引文数据为人才评价提供了定量依据。

2.2.2 复杂网络理论

1. 复杂网络的含义

复杂网络（Complex Network）的研究始于 20 世纪 60 年代[69]。数学家 Erdös 和 Rényi 提出的随机图模型（现在被称为 ER 模型）是该领域的奠基性数学理论。小世界现象和无标度网络的发现，统计物理学研究手段的进步，促进了复杂网络研究的发展。20 世纪 90 年代末期，复杂网络理论被西方学者广泛关注，国内则从 2002 年开始相关研究。复杂网络的理论研究主要由图论、统计物理学、计算机网络研究、生态学、社会学以及经济学等领域的学者进行，他们主要考虑建模问题、网络性质、网络形成机制、网络演化统计规律、网络上的模型性质、网络的结构稳定性以及网络的演化动力学机制等问题。应用研究则非常广泛，应用到自然科学和社会科学的多个领域。现实世界中有许许多多的复杂网络（例如，互联网、科研合作网、无线通讯网络、电力网络、生物神经网络、社会关系网、航空网络等）。钱学森①对复杂网络进行了比较深入的描述，指出复杂网络是具有自组织、自相似、吸引子、小世界、无标度中部分或全部性质的网络。

2. 复杂网络的类型

如果按模型结构来区分，则可将复杂网络细分为以下四种类型[49][69]。

（1）规则网络。规则网络包括常见的具有规则拓扑结构的网络，如完全连结图、星状网络、邻近节点连接图等。用得最多的规则网络是由 N 个节点组成的环状网络。

（2）随机网络。Erdös 和 Rényi 提出一种构造网络的方法，在此方法下两个节点之间连边与否不再是确定的事情，而是由一个概率来决定。这是一种完全随机的网络模型，这样生成的网络叫做随机网络。

（3）小世界网络。Watts 和 Strogatz 提出小世界模型，构造出一种介于规则网络和随机网络之间的网络——小世界网络。

（4）无标度网络。许多实际的复杂网络的连接度分布具有幂律函数形式，由于幂律分布没有明显的特征长度，该类网络又被称为无标度网络（Scale-Free）。

3. 复杂网络的特征

复杂网络的两个最基本的特点是小世界性和无尺度性，这些特性可以在情报学的某些领域获得应用（例如，信息传播、信息资源配置、信息检索、知识地图、知识交流、科研合作网络、引文网络、网络信息资源的组织与服务等领域）。更重要的是，复杂网络的研究视角是从整体角度来关

① 钱学森（1911—2009）是世界著名科学家、空气动力学家、中国载人航天奠基人、中国科学院院士、中国工程院院士、中国两弹一星功勋奖章获得者，被誉为“中国航天之父”“中国导弹之父”“中国自动化控制之父”和“火箭之王”，曾任美国麻省理工学院和加州理工学院教授、中国科学技术大学近代力学系主任、中国科学院力学研究所所长、第七机械工业部副部长、国防科工委副主任、中国科技协会名誉主席、中国人民政治协商会议全国委员会副主席、中国科学院数理化学部委员、中国宇航学会名誉理事长、中国人民解放军总装备部科技委高级顾问、中国自动化学会理事长等重要职务。

注网络结构对其功能的影响，运用计算机进行大规模网络分析，这为信息计量学研究提供了一种研究问题的新方法。此外，复杂网络的特征还包括[69]：①连接结构的复杂性：网络连接结构既非完全规则也非完全随机，但却有其内在的自组织规律；②网络时空演化的复杂性：复杂网络具有空间和时间的演化复杂性，展示出丰富的复杂行为，特别是网络节点之间不同类型的同步化运动。

2.2.3 小世界理论

1. 小世界理论的含义

1967 年，哈佛大学社会心理学家斯坦利·米尔格兰姆（Stanley Milgram）① 进行了一项连锁信件实验，提出了著名的“六度分离”（Six Degrees of Separation）假设，即“小世界现象”（Small World Phenomenon）。通过实验，他证明了地球上任何两个人之间联系起来，经过的中间人平均值为 6 个[70]。1998 年，Watts 和 Strogatz 在研究规则网络和随机网络理论的基础上提出了“小世界模型”[71]，即 W-S 模型，该模型说明了小世界网络的构建过程。研究表明，许多实际网络（社会、生态等）都具有小世界性质。“小世界现象”目前还没有精确的定义，较为合理的解释是指网络中任意两点的平均距离 L 随网络大小（结点数 N）呈对数增长，即 L-lnN，也就是说网络中结点数量增加很快时，L 的变化相对较慢，这种现象称为“小世界现象”。

当年，米尔格兰姆的实验只涉及到 300 余人，但借助先进的科技，研究所用的信息量被扩大到 300 亿条之多，为该理论提供了更坚实的基础。现在，“六度分离”理论已在实践中得到了广泛应用，不少商人和求职的大学生更是将它作为认识朋友、扩展人脉的金玉良言而加以实践。

---

① 斯坦利·米尔格兰姆（Stanley Milgram，1933—1984）是美国社会心理学家，曾在耶鲁大学、哈佛大学和纽约市立大学工作。在哈佛大学时他曾进行“小世界实验”，该实验启发他提出六度分隔理论，测试人们对权威的服从性。他因其对心理学的创造性贡献而获得许多荣誉，其代表作主要有《对权力的服从》《电视与孤僻行为》《社会生活中的个体》等。

2001 年，哥伦比亚大学社会学系的一个研究小组在互联网上进行了实验。他们建立了一个实验网站，终点是分布在不同国家的 18 个人（包括纽约的一位作家、澳大利亚的一名警察以及巴黎的一位图书管理员等），志愿者通过这个网站把电子邮件发给最可能实现任务的亲友。结果一共有 384 个志愿者的邮件抵达了目的地，电子邮件只花了五到七步就传递到了目标。

美国的一个脱口秀节目有一次请了三个大学生来参加，主题是证明好莱坞的任何其他明星与演技派男星凯文·贝肯①之间都能通过五个人联系起来。他们甚至成功地将已经去世的查理·卓别林②与凯文·贝肯之间通过三个人建立了联系。该节目引起了巨大反响。

微软公司的研究人员为证实这种理论的可行性也开展了实验，随意挑选了 2006 年的某一月，记录下当月所有通过微软网络发送短信的用户地址，分析了 300 多亿条地址信息，最终统计得出，多达 78%的用户仅通过发送平均 6.6 条短信，或者说通过 6.6 步，就可以和一个陌生人建立起联系。按照这种理论，每个人都可以利用关系网与陌生人搭上关系，甚至像麦当娜、英国女王这样的名人从某种意义上来说都是我们的“熟人”。

2. 小世界网络的特征

小世界网络是一种特殊结构的复杂网络，可以使用特征路径长度和聚合系数这两个特征来衡量小世界网络，节点之间的特征路径长度小，而聚合系数高[49][69]。

（1）特征路径长度。在网络中，任选两个节点，连同这两个节点的最少边数，定义为这两个节点的路径长度。网络中所有节点对的路径长度的平均值，定义为网络的特征路径长度（Characteristic Path Length），这是网络的全局特征。其中，最短的路径也称为两点间的距离，记作 Dist（i，j）。

---

① 凯文·贝肯（Kevin Bacon，1958—）生于宾夕法尼亚州的费城，他是美国著名电影演员，其代表作主要有《浑身是劲》《刺杀肯尼迪》《义海雄风》《阿波罗 13 号》《沉睡者》《神秘河》等，曾获得第 67 届金球奖最佳男主角、第 16 届美国演员工会奖最佳主角等荣誉。

② 查理·卓别林（Charlie Chaplin，1889—1977）是英国著名影视演员、导演、编剧，其代表作主要有《城市之光》《摩登时代》《大独裁者》等，曾获得英国电影和电视艺术学院奖终身成就奖、威尼斯电影节终身成就金狮奖、奥斯卡金像奖荣誉奖等荣誉。

而平均路径长度定义为

$$\mathrm{Dist}_c = \frac{2}{N\ (N+1)} \sum_{j \geq i} \mathrm{dist}\ (ij,) \qquad (式 2-1)$$

其中，N 是节点数目，并定义节点到自身的最短路径长度为 0。如果不计算到自身的距离，那么平均路径长度的定义就会变成：

$$\mathrm{Dist}_c = \frac{2}{N\ (N-1)} \sum \ \mathrm{dist}\ (ij,) \qquad (式 2-2)$$

（2）聚合系数。聚合系数（Clustering Coefficient）的定义如下：假设某个节点有 k 条边，则这 k 条边连接的节点（k 个）之间最多可能存在的边的个数为 k（k-1）/2，用实际存在的边数除以最多可能存在的边数得到的分数值，定义为这个节点的聚合系数。将所有节点的聚合系数的均值定义为网络的聚合系数。聚合系数是网络的局部特征，反映了相邻两个人之间朋友圈子的重合度，即该节点的朋友之间也是朋友的程度。

2.3 知识图谱绘制步骤

早在 1997 年，White 等人将文献计量的可视化步骤归纳为 5 点[72]。2003 年，Börner 等人提出了知识图谱的 6 步绘制法[73]。2011 年，Cobo 等人提出了知识图谱的 8 步绘制法[74]。2012 年，杨思洛①等人提出了知识图谱的 8 步绘制法[75]。

2.3.1 Börner 等人的 6 步绘制法

2003 年，Börner 等人将知识图谱绘制分为 6 个步骤[73]：提取数据、定

① 杨思洛（1979—）曾为湘潭大学管理学院副教授、硕士生导师、珞珈青年学者，2011 年毕业于武汉大学信息管理学院信息资源管理专业，获管理学博士学位，曾获得“全国优秀博士学位论文”等学术奖励十多项，兼任武汉大学世界一流智库评价研究中心首席专家、中国图书馆学会教育研究专业委员会委员、全国科学计量学与信息计量学专业委员会秘书长、《评价与管理》常务副主编等职，主持国家社会科学基金、教育部人文社会科学基金等各级课题十多项，在国内外重要学术期刊上发表论文 100 余篇，独著 2 部，参编著作 8 部。此外，他还是《中国图书馆学报》《图书情报工作》《图书情报知识》《JASIST》等期刊审稿人。

义分析单元、选择测度指标、计算分析单元之间的相似度、排序分析、数据显示（如图 2-2 所示）。

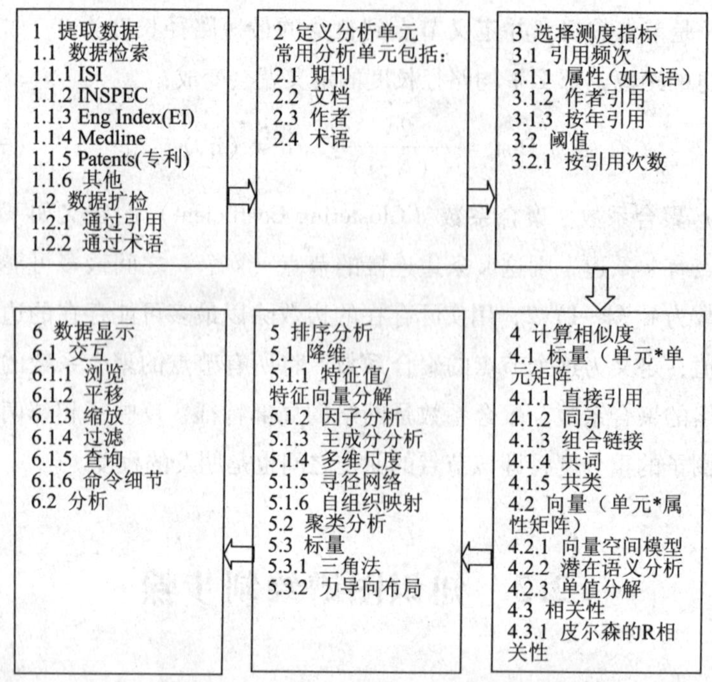

图 2-2 Börner 等人提出的 6 步绘制法示意图

1. 提取数据

Börner 等人认为，无论绘制哪一种类型的知识图谱，其中第一个步骤都会是提取合适的数据。Börner 没有详细讨论提取数据时需要考虑的检索策略等相关问题，而是特别强调提取数据的质量非常重要。

2. 定义分析单元

选择分析单元是绘制知识图谱的第二个步骤。绘制知识图谱时最常见的分析单元是：期刊（journals）、文档（documents）、作者（authors）、词语（descriptive terms or words）。不同的分析单元可以用来构建不同类型的知识图谱。例如，期刊知识图谱可以帮助读者了解学科的全貌，显示各个学科的相对位置及其关系，还可以用来对特定学科进行更细粒度的分析。又如，文档（包括论文、专利等）也是绘制知识图谱时使用最为广泛的分析单元，利用它绘制的知识图谱可以用于多种目的，包括文档检索、领域分析、信息政策制定、科研绩效评估，以及科学技术管理、竞争情报分析等。

3. 选择测度方法

对知识单元进行测度的方法主要是统计引用频次和阈值。

4. 计算相似度

为了便于进行可视化，通常需要计算不同分析单元之间的相似度。不同分析单元之间的相似度计算方法有多种，主要有三种，即标量方法、向量方法、相似性方法。

标量方法的测度指标包括①引用链接相似度（citation linkages），包括直接引用链接、共引链接、引文耦合、时序耦合以及斯莫尔（Small）提出的组合链接方法。引用链接相似度的计算通常受限制于引文数据库和专利数据库中用户所能够使用的数据；②共现相似度（co-occurrence similarities）。最常用的共现相似度指标包括共词（co-term）相似度、共类（co-classification）相似度、作者共引（author co-citation）相似度、论文共引（paper co-citation）相似度等。有多种常用的相似度计算公式可用来计算共现相似度。例如，Cosine 和 Jaccard 指数就是两种简单的共现相似度计算算法。向量方法主要包括向量空间模型、潜在语义分析、单值分解。相关性方法主要是指皮尔森的 R 相关性。

5. 排序分析

为了便于对样本数据进行可视化分析，通常需要对它们进行简化处理，即排序分析。其中涉及到的技术包括降维技术、聚类分析技术以及标量技术（包括三角法和力导向布局）。其中，降维技术是指将样本数据从多维空间变换映射到低维空间，从而获得关于原数据集的低维表示。常用的降维技术包括特征向量分解、因子分析、主成分分析、多维尺度、寻径网络、自组织映射等。其中，特征向量分解是指将矩阵分解为由其特征值和特征向量表示的矩阵之积的方法。因子分析是指研究从变量群中提取共性因子的统计技术。因子分析可在许多变量中找出隐藏的具有代表性的因子。将相同本质的变量归入一个因子，可减少变量的数目，还可检验变量间关系的假设。主成分分析通过正交变换将一组可能存在相关性的变量转换为一组线性不相关的变量，转换后的这组变量叫主成分。多维尺度法是一种将多维空间的研究对象（样本或变量）简化到低维空间进行定位、分析和归类，同时又保留对象间原始关系的数据分析方法。寻径网络通过模拟人的记忆模型和联想式思维方式，建立知识单元之间的有效连接路径，经过复杂的模型运算删除网络中的大部分连接，只保留最重要的连接，从而达到最大限度地简化复杂网络的目的。自组织映射采用无导师学习的分类方法，将任意输入信息变换到二维离散网格上，并且尽可能地保持原知识的有序拓扑结构。

6. 数据显示

在绘制知识图谱过程中，通常还需要对图谱进行浏览、平移、缩放、过滤、查询等一系列交互操作。然后，对生成的图谱进行详细分析和解读。

2.3.2 Cobo 等人的 8 步绘制法

2011 年，Cobo 等人将知识图谱绘制分为 8 个步骤[74]：数据检索、处理、网络提取、标准化、作图、分析和可视化（如图 2-3 所示）[76]。

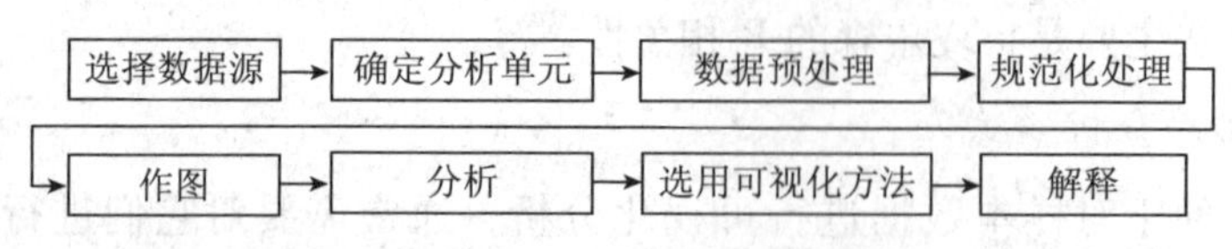

图 2-3 Cobo 等人总结的知识图谱绘制步骤

1. 选择数据源

可以用来进行知识图谱分析的国外常用数据源主要有：ISI Web of Science（WoS），Scopus（http：//www. scopus. com），Google Scholar（http：//scholar. google. com），NLM 的 MEDLINE（http：//www. ncbi. nlm. nih. gov/pubmed）[77]。这几个数据库有各自的特点和优势，收录的文献也有一定的差异。另外，还有其他一些文献计量数据源。例如，arXiv（http://arxiv. org），

CiteSeerX (http://citeseerx. ist. psu. edu/), Digital Bibliography&Library Project (DBPL; http://dblp. uni - trier. de/), SAO/NASA Astrophysics Data System (ADS; http://adswww. harvard. edu/), Science Direct (http://www. sciencedirect. com/)。国外的一些专利数据和基金数据也可以利用。例如，The United States Patent and Trademark Office (USPTO; http://www. uspto. gov/), European Patent and Trademark Office (http://www. epo. org) 和 National Science Foundation (http://www. nsf. gov/)。

2. 确定分析单元

绘制知识图谱时可用的分析单元包括期刊（journals）、文档（documents）、作者（authors）、词语（descriptive terms or words）。这些分析单元可以从文档的标题、摘要、正文等进行选取。不同的分析单元可以用来构建不同类型的知识图谱。

3. 数据预处理

数据预处理是整个分析的重点，要想获得理想的绘制结果，更好地显示数据之间的关系，就必须依赖数据的质量和较好的预处理方法，主要包括以下步骤：①查重：数据中常常会有采用不同的拼写方式来表示同一概念或主题的情况，这时就需要进行必要的查重处理，提高数据的精确性；②拼写错误或不完整：由于一些人为的原因，可能会出现作者的名字、期刊名、参考文献名拼写错误或通信地址不明确，网址不完整等情况，这时就得额外添加一些信息来补充、验证，最终唯一确定该数据；③时间切片：首先将数据分为不同时间的子周期，以便于对不同时段进行分析、研究，全面了解发展的前因后果；时间切片可以积累计算，即后面的数据表格可包括先前所有时间间隔内的信息，也可以进行完全切片，即每个数据表格只包括其自身的时间间隔的数据信息。累计的数据表格可用于查看其随时间的发展变化情况，而被完全切片的数据表格可以用于显示随着时间的推移其结构的变化情况；④典型数据的选取：通常情况下，在拥有很多数据时，图谱很难正确、清晰地表现出数据之间的关系。因此，为了获得更好的显示效果、更准确的数据分析结果，通常需要对数据进行缩减，选取一些典型数据来进行分析（例如，选取被引次数最多的文章，或者选择核心期刊上的数据，或是选择H指数较高的作者等）；⑤选取前N个节点和边来进行分析，同时去掉孤立节点，对边进行修剪，这样可以用更少量的数据来更强地表现网络的重点。

4. 规范化处理

当选定的分析单元之间的关系网络已经建成时，就需要利用相似度指标来对数据进行规范化处理。目前，最受欢迎的相似性测度指标包括Salton余弦、Jaccard指数、Equivalence指数、关联强度等。通常情况下，有必要对文档中的术语进行规范化处理。可以使用的文本标准化指标包括TF（Term Frequency，词频）、IDF（Inverse Document Frequency，逆向文件频率）、潜在语义分析、对数熵、互信息等。

5. 作图

作图主要是运用各种不同的算法，利用所选的分析要素来构建整个网络图谱。常用技术主要有：①降维技术，使用多维尺度分析（MultiDimensional Scaling，MDS）把网络转化成一个低维空间（通常是二维）；②聚类技术，使用一些聚类算法把大的网络聚类成一些小的子网络；③最近出现的一些新聚类算法，如streemer、spectralclustering、modularity maximization、a bootstrap resampling with asignificance clustering等。

6. 分析

接下来，可以使用不同的分析方法来提取有用的知识。如果想要了解某学科的发展历史、现实发展状况，以及未来发展趋势，可以选择使用时间序列分析；如果想要了解某个学科在某个有限的持续时段内的高密性，可以使用时间序列分析中的一个重要方法——突发性检测；如果想要分析要素的空间属性或地理位置情况，就可以进行地理空间分析。例如，可以利用共作者（或合作者）作为分析单元，然后进行突发性检测，再将属性相近的作者进行聚类。同时，在网络中，还可以将每个节点上显示作者的国家/所属机构情况。

7. 选用可视化方法

每种分析方法的输出各不相同。因此，选用一种能够很好地理解和解释输出的可视化技术就显得很重要。例如，网络和子网的映射展现方式包括日心图（heliocentric maps）、几何模型（geometrical models）、主题网络（thematic networks）。另外一种方法就是用距离来衡量两个节点之间关系的强弱程度，关系强的距离近。

8. 解释

前面所做的所有努力，都是为对最终结果的解释服务的，但结果解释的深度和质量则因分析者的经验、知识、学术背景、学术功底不同而存在很大差异。

2.3.3 杨思洛等人的 8 步绘制法

杨思洛等人将知识图谱绘制分为 8 个步骤[75]（如图 2-4 所示）。

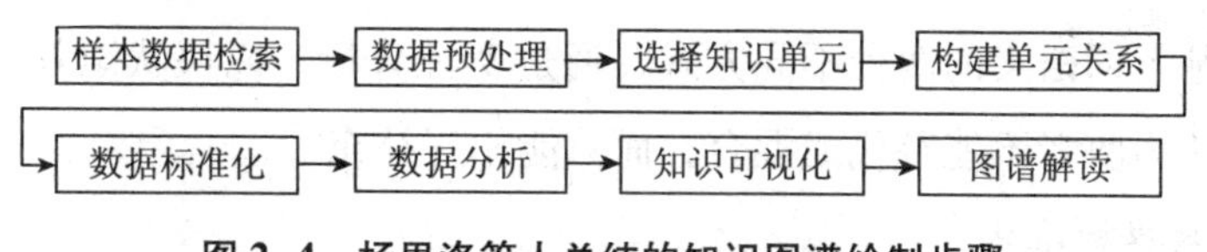

图 2-4 杨思洛等人总结的知识图谱绘制步骤

1. 样本数据检索

样本数据的检索与获取是绘制知识图谱的前提和基础。最常用的数据库除了 WoS、Scopus、Science Direct、USPTO 等，还包括 Google Scholar、arXiv、CiteSeerX 等网络数据库。

2. 数据预处理

知识可视化的质量、合理性和可靠性很大程度上依赖于所用数据的精确性和全面性。但是，即使最权威、公认质量很高的 WoS，也存在数据著录格式（如人名和地名的不统一）和遗漏的问题。因此，从数据库中检索出原始数据以后，还需要经过分词、去停用词、去重、勘误等一系列预处理后才能够进行分析。另外，为了进行历时或分时段的对比分析，还需要对数据进行分段处理；如果样本数据过大，则需要进行有代表性的数据抽取（例如，选择高被引的论文或机构，或是发文最多的作者等）。

3. 选择知识单元

知识单元是知识处理的基本单位。在知识图谱绘制过程中，通常选择的知识单元主要有关键词、题名、作者、机构、刊名、分类号、学科等。目前，也有人将其扩展到摘要、参考文献和全文等。另外，也可以将两种或两种以上的知识单元结合起来进行可视化分析，以达到更好的可视化效果。

4. 构建单元关系

对知识单元关系可视化研究需要定义测度指标，目前一致认同的是1998 年怀特（White）的描述[78]。他把知识单元关系分为两种。其中，一种是文献（单元）间的直接联系，用前缀“inter”表示；另一种是知识单元在一个文献（单元）内的共现，用前缀“co”表示，如共词、共被引、共分类号、共标引词等。另外，Zitt 等人将知识单元关系分为基于引证关系的和基于词语义的两种不同方式，通过实证分析，以块状矩阵图对比其异同，认为两者不能替代或混合，而只能相互补充[79]。

5. 数据标准化

为了便于进行可视化，往往还需要对单元数据进行标准化处理。标准化常常通过数据间的相似度来进行测度，主要有两大类，一是集合论方法（Set-Theoretic Measures），包括 Cosine、Pearson、Spearman、Ochiai 指数和 Jaccard 指数；二是概率论方法（Probabilistic Measure），主要有合力指数（Association Strength）和概率亲和力指数（Probabilistic Affinity）。

6. 数据分析

为了发现知识之间的关系，更好地展示各个知识单元，必须对样本数据进一步处理（即简化分析），主要包括因子分析、多维尺度分析、自组织映射图（SOM）、寻径网络图谱（PFNET）。此外，还有聚类分析（Cluster）、潜在语义分析（Latent Semantic Analysis）、Force Directed Placement（FDP）、三角法（Triangulation）、最小生成树法和特征向量法（Eigenvector）等。

7. 知识可视化

经过上述步骤处理后的知识还需要在人机界面中进行有效、精确地展示。知识单元及其关系可以通过不同模拟来可视化展示，包括几何图、战略图、冲积图、主题河图、地形图、星团图、簇幅图等。

8. 图谱解读

在知识图谱解读过程中，常常需要对知识图谱进行相应操作，包括浏览、放大、缩小、过滤、查询、关联和按需移动等。对知识图谱进行解读的方法主要有：①历时分析：从时间角度对系列知识单元的模式、趋势、季节性和异常等进行分析，发现领域（知识）在不同时期的变化情况；②突变检测：通过检测短时间内知识单元的急剧变化，主要分析知识的前沿趋势，发现知识演变的转折点和焦点；③空间分析：主要分析知识的空间分布，明晰知识的地理位置关系；④网络分析：一般借鉴社会网络分析理论，对知识节点及其关系进行测定，相关指标有中心性分析、凝聚子群分析、核心—边缘结构分析，通过在理论结构、模型和概念间构建网络来可视化科学知识；⑤地理分布：对于知识的地理位置分布，可使用通用软件（例如，Google Earth 和 Google Maps）、地理信息系统软件 ArcGis、空间计量软件 Geoda、社会网络分析软件 Pajek 等来进行可视化。

目前，上述 8 个步骤都是针对中小型数据集，而且步骤之间多以手工过渡为主，缺少对海量文献数据处理过程和全自动完成知识图谱绘制方面的研究。

2.4 知识图谱分析方法

知识图谱的绘制需要综合运用文献计量、统计分析、数据挖掘、信息可视化、社会网络分析和信息分析等领域的研究方法，大致可分为文献计量方法、统计分析方法、数据挖掘方法三大类方法[80]。但目前为止还未有对这些方法实现并行化算法方面的研究。

2.4.1 文献计量方法

文献计量学方法主要包括以下几种方法。

1. 引文分析方法

引文分析是利用各种数学、统计学方法和比较、归纳、抽象、概括等逻辑方法，对科学期刊、论文、著者等各种分析对象的引用与被引用现象进行分析，以便揭示其数量特征和内在规律的一种文献计量分析方法。引文分析大致有三种类型：①引文数量研究，主要用于对科学家、出版物和科学机构的定性和定量评估；②引文结构（网状或链状关系）研究，主要用于揭示科学的发展与联系；③引文主题（相关性）研究，主要用于揭示科学的结构以及进行信息检索。

2. 共引分析方法

1973 年，斯莫尔等人就提出把文献共引分析作为计量文献之间关系的一种方法。共引（co-citation）又称被共引，即两篇文献同时被一篇或多篇文献所引用，同时把共同引用这两篇文献的文献数称为共引强度（或共引频率），共引强度越大表明这两篇文献之间的关系越密切。在共引图谱中，点表示文献，当相关文献对的共引强度等于或大于某个阈值时，两点就被连接起来。共引分析多用于作者共引分析和期刊共引分析。

3. 耦合分析方法

与共引分析相对应的是耦合分析。几篇文献具有相同的参考文献就形成了文献耦合关系。将具有相同参考文献的文献数称为耦合强度。耦合分析包括文献耦合分析、期刊耦合分析、作者耦合分析、学科耦合分析等，分别表示文献、期刊、作者、学科之间具有主题和内容的相似性，可作为相关文献分析、作者群体分析和科学演化分析等的依据。

4. 词频分析方法

词频分析是指以齐普夫定律为理论基础进行的一种文献内容分析方法。词频分析可分为标题关键词词频分析、摘要词频分析、内容词频分析、引文词频分析和混合词频分析等。词频分析大量应用于科学前沿主题领域和发展趋势等方面的研究。

5. 共词分析方法

共词分析属于内容分析法的一种。其主要原理是对一组词两两统计它们在同一篇文献中出现的次数，以此为基础来对这些词进行聚类分析，生成共词文献簇，进而分析这些词所代表的学科和主题的结构变化。利用共词分析法及其相关的可视化方法，可以进行深入的主题分析，系统而又直观地了解学科结构和学科发展概况，并进行学科发展预测。

6. 链接分析方法

链接分析主要利用图计算、拓扑学和文献计量学等方法，对网络链接文档、自身属性、链接对象、链接网络等进行分析。链接分析涉及的文档包括页面、目录、域名和站点。在理论上，链接分析与文献计量学中的引文分析具有高度的相似性[56]。

链接分析运用拓扑学知识通过分析链接网络来研究网络结构，结合社会网络分析可以分析研究和绘制网络信息知识图谱，展示网络信息、知识分布结构和演化规律等。

2.4.2 统计分析方法

科学知识图谱构建使用的统计分析方法主要是多元统计分析[60]。多元统计分析是经典统计学的分支，在多个对象或指标相互关联的情况下分析其统计规律。“维度降低技术”是多元统计分析的一个特征，从几何学看这个过程是将高维空间的目标投影到低维空间。多元统计分析主要包括因子分析方法和多维尺度分析方法。

1. 因子分析方法

因子分析是指用少数几个因子来描述许多指标之间的关系，即将较密切的几个变量归为同一类，每一类变量成为一个因子，用较少的几个因子来反映原始资料的大部分信息。

2. 多维尺度分析方法

多维尺度分析（MDS）通过低维空间来展示作者（文献）之间的联系，并利用平面距离来反映作者（文献）之间的相似度。多维尺度分析的图形显示结果更加直观和形象，因子分析则更容易确定各个学术群体的边界和数目，因此需要同时借助因子分析的结果，进行知识图谱的绘制。

2.4.3 数据挖掘方法

数据挖掘是指从大量的数据中通过算法来提取和挖掘未知的、有价值的模式或规律等知识的复杂过程。绘制科学知识图谱时需要用到很多数据挖掘方法，主要包括聚类分析方法、数据可视化方法、社会网络分析方法等。

1. 聚类分析方法

聚类分析是指将物理或抽象的对象集合分成相似的对象类的过程。簇是数据对象的集合，相同簇中的对象彼此相似，而不同的簇彼此相异。文献聚类分析是聚类分析技术在引文分析中的具体应用。处理方法是将文献通过分词、去停用词等步骤将其转化为词向量，并对每个词条赋予不同的权重。这样，一篇文献就可以用由词条权重值组成的特征向量来进行表示，所有文献组成特征向量空间模型。在该模型中，可以使用聚类分析技术来进行引文分析。

2. 数据可视化方法

数据可视化也称为信息可视化，是指将抽象数据用图形图像等可视化形式表示出来，以利于分析数据、发现规律和支持决策。常用的数据可视化算法主要有：①自组织特征映射网络（Self Organizaing Feature Map, SOFM），它是一种基于神经网络的算法，通过将高维数据映射到低维空间来进行聚类，并保持一定的拓扑有序性；②寻径网络图谱（PathFinder NETwork，PFNET），是指对不同的概念或实体间联系的相似或差异程度进行评估，并应用图论中的原理和方法来生成一类特殊的网状模型。

3. 社会网络分析方法

社会网络分析（Social Network Analysis）又称为结构分析，是指将社会结构界定为一个网格，这个网格由成员之间的联系进行连接。社会网络分析聚焦于成员之间的联系而非个体特征，并把共同体视为“个体的共同体”，即视为人们在日常生活中所建立、维护并应用的个人关系网络。社会网络分析方法被证明是可以成功地用来研究科学合作网络和从互联网络得到的可视化网络，并被用于展示科学计量学中的合作网络结构与发展。

第3章

图书馆学情报学知识图谱数据来源

用于绘制科学知识图谱的数据来源经常会伴随时代的变化而变化。本章主要介绍国内外学者在绘制图书馆学、情报学知识图谱时使用的多种引文数据来源，主要包括以下三方面的内容，即国外引文数据库、国内引文数据库、网络引文数据库。

3.1 主要引文数据来源

3.1.1 国内外常用引文数据库概述

引文索引思想最早是由美国学者尤金·加菲尔德（Eugene Garfield）在1955年提出的①②。1963年，美国科学信息研究所（Institute for Scientific Information，ISI）研制成功了《科学引文索引》（Sciences Citation Index，SCI）。后来，《社会科学引文索引》（Social Sciences Citation Index，SSCI）和《艺术与人文科学引文索引》（Arts & Humanities Citation Index，A&HCI）也相继于1973年和1978年正式出版③。此后，我国也相继研制

① 史继红，李志平．尤金·加菲尔德与SCI述论［J］．医学与哲学，2014，35（11）：6-10.

② 张耀铭．学术评价存在的问题、成因及其治理［J］．清华大学学报（哲学社会科学版），2015（06）：73-88.

③ 肖宏．美国科学信息研究所及其产品［J］．科学，1999（03）：60-61.

出各种中文引文数据库。

3.1.1.1 中国大陆地区引文数据库

1. 中国科学引文数据库

中国科学引文数据库（Chinese Science Citation Database，CSCD）由中国科学院文献情报中心创建于1989年，收录我国数学、物理、化学、天文学、地学、生物学、农林科学、医药卫生、工程技术、环境科学和管理科学等领域出版的中英文科技核心期刊和优秀期刊千余种，目前已积累从1989年到现在的论文记录4466152条，引文记录53187605条①。系统除具备一般的检索功能外，还提供新型的索引关系——引文索引，使用该功能，用户可迅速从数百万条引文中查询到某篇科技文献被引用的详细情况，还可以从一篇早期的重要文献或著者姓名入手，检索到一批近期发表的相关文献，对交叉学科和新学科的发展研究具有十分重要的参考价值。中国科学引文数据库还提供了数据链接机制，支持用户获取全文。

中国科学引文数据库是我国第一个引文数据库，曾获中国科学院科技进步二等奖。1995年，CSCD出版了我国第一本印刷本中国科学引文索引。1998年，出版了我国第一张中国科学引文数据库检索光盘。1999年，出版了基于CSCD和SCI数据、利用文献计量学原理制作的《中国科学计量指标：论文与引文统计》。2003年，CSCD上网服务，推出网络版。2005年，CSCD出版《中国科学计量指标：期刊引证报告》。2007年，中国科学引文数据库与美国Thomson-Reuters Scientific合作，中国科学引文数据库将以ISI Web of Knowledge为平台，实现与Web of Science的跨库检索，是ISI Web of Knowledge平台上第一个非英文语种的数据库。CSCD分为核心库和扩展库，数据库的来源期刊每两年评选一次。核心库的来源期刊经过严格评选，是各学科领域中具有权威性和代表性的核心期刊。扩展库的来源期刊也经过大范围遴选，入选者都是我国各学科领域的优秀期刊。此外，CSCD还是中国科学院院士推选人指定查询库、自然科学基金委国家杰出青年基金指定查询库、第四届中国青年科学家奖申报人指定查询库、自然

---

① 中国科学引文数据库 . http：//sciencechina. cn/cscd_ source. jsp.

科学基金委资助项目后期绩效评估指定查询库、自然科学基金委国家重点实验室评估查询库。

2. 中文社会科学引文索引数据库

中文社会科学引文索引（Chinese Social Sciences Citation Index, CSSCI）启动于1998年底，首次发布于2000年5月，由南京大学中国社会科学研究评价中心开发研制，用来检索中文社会科学领域的论文收录和文献被引用情况，被列为教育部人文社会科学重大研究项目，是我国重要的基础性信息资源之一①。CSSCI 包括数据处理、信息检索和统计分析三个子系统，具有控制数据质量、提高检索效率、保存引文分析数据、分析学科研究特征等多项功能。CSSCI 能够提供来源文献、被引文献、优化检索等多种信息检索功能。利用它，可以为人文社会科学研究、社会科学研究评价与管理、人文社会科学期刊评价与管理、学校管理部门等提供多种服务。对于社会科学管理者来说，CSSCI 可以提供地区、机构、学科、学者等多种类型的统计分析数据，为制定科学研究发展规划、科研政策等提供科学合理的决策参考。对于期刊研究与管理者来说，CSSCI 可以提供被引频次、影响因子、即年指标、期刊影响广度、地域分布、半衰期等多种定量数据，并通过对多种定量指标进行统计分析，为期刊评价、栏目设置、组稿选题等提供科学依据。CSSCI 还可以为出版社与各学科著作的学术评价提供定量依据。此外，CSSCI 还可以借助其引文索引数据来分析学科研究特征，观察学科的成长性和国际化程度，探究学科研究热点和趋势，发现重要学术论著，构建学术网络等。目前，CSSCI 的内容覆盖经济学、教育学、心理学、管理学、系统科学、图书馆学、情报学、历史学、地理学、哲学、语言学、文学、政治学、艺术学、军事学、环境科学、法学、社会学、人文科学、体育等领域，时间跨度为1998年至今。

3. 中国科技论文与引文数据库

中国科技论文与引文数据库（Chinese Science and Technology Paper

① 中文社会科学引文索引. http: //cssci. nju. edu. cn.

Citation Database，CSTPCD）① 是在中国科技信息研究所（Institute of Scientific and Technical Information of China，ISTIC）历年开展科技论文统计分析工作的基础上开发的一个集多种检索与评价功能于一体的大型文献数据库，目前分为网络版和光盘版两种版本。其中，网络版覆盖国内发行的重要科技期刊2800余种，光盘版收录核心期刊1300余种。它所提供的文献信息包括作者姓名、论文题目、作者单位地址、期刊引用参考文献，以及其他重要的文献计量数据。受国家科技部委托，中国科技信息研究所从1987年开始对我国科技人员在国内外发表论文数量和被引用情况进行统计分析，并利用统计数据建立了中国科技论文与引文数据库，受到社会各界的普遍重视和广泛好评。中国科技论文统计源期刊是CSTPCD的数据来源。通过中国科技期刊综合指标评价体系对期刊学术质量的考核，CSTPCD每年对收录期刊的范围进行调整。该数据库的主要功能包括：①查找国内发表的重要科技论文；②了解历年来我国科技论文统计分析与排序结果；③了解各地区、部门、单位、作者以及各学科及基金资助论文发表的详细情况；④开展科技论文的引文分析。该数据库集文献检索与论文统计分析于一体，它既是科技人员查找有关参考文献的重要依据，又是各级科技管理部门和各科研机构、高等院校了解全国和各单位、各部门科技论文发表情报的重要工具。目前，CSTPCD广泛应用于国家科技政策决策、科研成果管理、科技期刊评价以及文献计量学研究，为各级科技管理部门、科研机构、期刊编辑人员、广大科研人员提供服务。

4. 中国人文社会科学引文数据库

中国人文社会科学引文数据库（Chinese Humanities and Social Science Citation Database，CHSSCD）由中国社会科学院文献信息中心研制，以中国社会科学院文献信息中心首创的人文和社会科学论文统计分析数据库和中国学术期刊综合评价数据库为基础，总结首次采用大规模数据对我国社会科学类论文进行统计分析的经验而建立的我国第一个人文社会科学引文数据库，并与美国SSCI接轨，填补了我国人文社会科学文献计量统计分析

① 中国科技论文与引文数据库．http：//www.periodicals.net.cn/jwsj.asp？fname=zbsm.

领域的空白①。从1996年开始，中国社会科学院文献信息中心进行社会科学期刊论文的量化分析研究和相关的理论方法研究。通过对社会科学研究论文的宏观分布和微观产出进行统计分析，以及多次学术会议的专家研讨和期刊状况调查，中国社会科学院文献信息中心在1999年5月与中国学术期刊（光盘版）电子杂志社合作，开展了大规模的文献计量学基础工程——人文社会科学引文数据库数据建设。中国社会科学院文献信息中心出版的中国人文社会科学引文数据库（2002版）（首创版），它收录了1999年至2001年的学术文献记录34万条，引文记录120万条，学科范围涉及哲学、政治、法律、经济、文学、历史等众多领域。其收录的来源刊（含核心期刊和扩展期刊），是从中国内地3000多种人文社会科学期刊中遴选出来的，基本上反映了中国人文社会科学论文的学术水平，以及我国人文社会科学研究的总体水平和发展现状，是中国文献评价研究的重要信息基础。中国人文社会科学引文数据库（2000版）吸取了中国科学引文数据库建设的成功经验，充分考虑了社会科学文献的特点，系统功能比较完备，具有良好的可操作性。该数据库采用先进的数字化加工模式和多种数据规范控制手段，在较短时间内解决了社会科学文献著录不规范等疑难问题，使该数据库的数据质量达到了较高水平。中国人文社会科学引文数据库主要从来源文献检索和被引文献检索两个方面为用户提供信息。其中，来源文献的主要检索途径有论文作者、篇名、作者机构、作者地区、期刊名称、关键词、文献分类号、学科类别、基金资助项目等；被引文献的主要检索途径有被引文献、被引作者、被引机构、被引期刊等。中国人文社会科学引文数据库采用文献计量学方法，通过系统自动生成统计排序，客观地反映我国社会科学研究中作者、机构和地区发文情况、作者的被引情况、论文的被引情况、期刊的被引情况、出版社的被引情况以及期刊影响因子等的统计分析报告，据此定量地分析与评价我国人文社会科学研究机构、高校、地区和个人的科研产出能力、学术成果以及学术影响力。

---

① 周霞.《中国人文社会科学引文数据库（CHSSCD）》的建设、应用与发展［J］.情报资料工作，2002（04）：30-32.

5. 中国知网引文数据库

中国知网引文数据库是中国知网（http：//www. cnki. net）众多信息产品中的一个①。中国知网引文数据库主要用来体现学术文献的被引情况，从而评价学术文献的价值。它收录了中国学术期刊（光盘版）电子杂志社出版的自1979年至今的所有源数据库产品的参考文献，并且揭示了各种类型文献之间的相互引证关系。它不仅可以为科学研究提供新的交流模式，而且可以作为一种有效的科学管理及评价工具。中国学术期刊（光盘版）电子杂志社出版的所有源数据库产品的参考文献。其中，源数据库包括中国期刊全文数据库、中国优秀博硕士学位论文全文数据库、中国重要会议论文全文数据库、中国重要报纸全文数据库、中国图书全文数据库、中国年鉴全文数据库等。在真实、客观、公开、全面地反映学术文献生产、传播的理念下，中国知网引文数据库可以从引文分析角度为用户提供一个客观、规范、正确的综合评价分析工具，使得用户能够全面、系统地了解分析对象，从定量角度综合判断分析对象的学术综合实力，从而促进期刊文献质量和科研绩效管理水平的提高。该数据库收录了中国学术期刊（光盘版）电子杂志社出版的所有源数据库产品的参考文献，涉及期刊类型引文、学位论文类型引文、会议论文类型引文、图书类型引文、专利类型引文、标准类型引文、报纸类型引文等。该数据库通过揭示各种类型文献之间的相互引证关系，可以为科学研究提供新的交流模式，同时也可作为一种有效的科学管理与评价工具。

6. 维普引文数据库

中文科技期刊数据库（引文版）（Chinese Citation Database，CCD）②是维普在2010年推出的全新期刊资源整合服务平台的重要组成部分，是目前国内重要的文摘和引文索引型数据库。中文科技期刊数据库（引文版）是以全文版作为基础开发而成的，利用它可以检索1989年以来国内5000多种重要期刊（含核心期刊）上所发表论文的参考文献，该数据库可独立

① CNKI中国引文数据库. http：//epub. cnki. net/KNS/brief/result. aspx？dbprefix=CRLD.

② 中文科技期刊数据库（引文版）. http：//csi1. cqvip. com/productor/pro_ zkyw. shtml.

实现参考文献与源文献之间的切换检索。用户如果同时购买了全文数据库和引文数据库，则可以通过开放接口将引文检索功能整合在全文数据库中，实现引文检索与全文检索的无缝链接操作。中文科技期刊数据库（引文版）是科技文献检索、文献计量研究和科学活动定量分析评价的强力工具。该产品采用科学计量学中的引文分析方法，对文献之间的引证关系进行深度数据挖掘，除提供基本的引文检索功能以外，还提供基于作者、机构、期刊的引用统计分析功能，可以广泛用于课题调研、科技查新、项目评估、成果申报、人才选拔、科研管理、期刊投稿等。

目前，中文科技期刊数据库（引文版）收录文摘覆盖8000多种中文科技期刊，引文数据加工追自2000年，是全新的引文索引型数据库，能帮助客户实现强大的引文分析功能，并采用数据链接机制实现同维普资讯系列产品的功能对接定位，提高科学研究的效率。该引文数据库是汇集海量科技文摘与引文数据、追踪和揭示中文期刊文献引证关系全貌的全新引文索引型数据库，可以一键式双重检索来源文献和被引文献，集信息查询、引文分析、数据统计三重功能于一体，支持图书、学位论文、标准、专利等文献的被引统计。它能够深入解析期刊引文价值，检索入口多，检索方式灵活，让引文分析更轻松，并且使用了基于引用关系的多途径数据分析方法，获取信息更快更准。该数据库提供作者、机构、期刊元素的引文数据统计功能及H指数计算，提供自定义文献集合的引用追踪、排除自引等分析功能。

3.1.1.2 中国台湾地区引文数据库

1. 台湾科学引文索引数据库

台湾科学引文索引数据库（Taiwan Science Citation Index，TSCI）基于SCI的创办理念和经验，它是收录台湾地区科技期刊的引文数据库，该系统是一个作为查询、研究以及评估台湾地区科学研究的引文索引信息系统。

2. 台湾人文及社会科学引文索引数据库

台湾人文及社会科学引文索引（Taiwan Citation Index-Humanities and Social Sciences，TCI-HSS）数据库是台湾社会科学研究中心推出的数据库，汇集了台湾地区权威人文社会科学类期刊87种，大部分期刊可以免费浏览全文①。由于台湾地区的中文期刊很少被SCI、SSCI等国际性英文引文数据库所收录，为了纠正台湾学术界不正的评鉴之风，台湾在1999年成立了“社会科学”和“人文学”研究中心，负责建置《台湾社会科学引文索引》（TSSCI）、《台湾人文学引文索引》（Taiwan Humanities Citation Index，THCI），又于2006年提出《台湾人文学引文索引核心期刊》（Taiwan Humanities Citation Index Core，THCI Core）的实验性计划，试图以三年的试行效果来探讨是否能够以客观的计量方法与同行评价相结合的方法来建立核心期刊。其中，《台湾社会科学引文索引》的收录对象为台湾地区社会科学领域的核心期刊，即学术水平较高、影响力较大、出刊过程较严谨的期刊，其收录条件包括：①非综合性大学学报；②过去3年期刊出版规范；③过去3年每期刊登经匿名评审的学术论文至少4篇；④过去3年期刊评量分数平均达60分以上。由于THCI定位为检索工具与研究工具，所以《台湾人文学引文索引》必须尽可能多地收录期刊，故只有少数期刊被排除在外。基于这样的初衷，凡是台湾地区出版的人文学领域的学术期刊几乎都被收录在THCI内。因此，三者在收录范围方面各具特色，TSSCI为了评估台湾地区社会科学领域的期刊影响力与研究者的研究成果，以“求精而不求多”为原则，仅收录社会学领域的核心期刊，因此评鉴是TSSCI的主要功能，收录期刊的条件非常严格，这一方面有利于对期刊的编辑形式进行规范，提高期刊的质量水平，但另一方面收录论文质量要求高，期刊收录数量相对较少，导致学术发表空间过小，学者自由对话的空间小，不利于学术的自由发展，也容易导致马太效应（即强化个别核心期刊），以至于会扭曲学术的自由发展以及多元化发展。与TSSCI不同，THCI定位于资料库的检索功能，它通过引文分析来呈现人文学的学术研究状况，这比较符合加菲尔德创建引文索引的初衷。THCI Core也是一个评鉴工具，它是因TSSCI形成的评鉴制度而建立起来的。

---

① 台湾人文及社会科学引文索引数据库．http://tci.ncl.edu.tw/cgi-bin/gs32/gsweb.cgi?o=dnclresource&tcihsspage=tcisearcharea&loadingjs=1&ssoauth=1&&cache=1465810060661.

3.1.1.3 国外引文数据库

1. Web of Knowledge

Web of Science（简称 WoS）是美国 Thomson Scientific 公司开发的一款 Web 产品①。目前，Web of Science 主要包括三大引文库（SCI、SSCI 和 A&HCI）、两个国际会议录（CPCI-S 和 CPCI-SSH）、两个化学数据库（CCR、IC）等数据库。Web of Science 以 ISI Web of Knowledge 作为检索平台。在该平台上使用的数据库除了 Web of Science 以外，还包括 Derwent Innovations Index（德温特专利索引）、Journal Citation Reports on Web（网络期刊引用报告）、Essential Science Indicators（基本科学指标数据库）等。

（1）科学引文索引库。科学引文索引（Science Citation Index，SCI）是由美国科学信息研究所（ISI）于 1963 年研制成功的一种引文数据库②。它是根据现代情报学家加菲尔德（Eugene Garfield）于 1953 年提出的引文思想而创立，1965 年起每年出版一卷，1979 年起改为双月刊，自 1996 年起改为旬刊。目前，SCI 除了印刷版以外，还有磁带版、光盘版、联机版和网络版。SCI 收录文章的作者、题目、来源期刊、摘要、关键词等，不仅能够从文献引证的角度来评估文章的学术价值，而且可以迅速方便地组建研究课题的参考文献网络，其内容涵盖自然科学领域内最具影响力的学术期刊，包括生命科学、临床医学、物理化学、农业、生物、兽医学、工程技术等学科领域。SCI 主要运用科学的引文数据分析和同行评估相结合的方法，综合评估期刊的科学和学术价值。由于 SCI 遵循严格的选刊原则以及严格的专家评审制度，所以它具有一定的客观性，较真实地反映了论文的水平和质量。根据 SCI 收录及被引证情况，可以从一个侧面反映学术水平的发展情况，特别是每年一次的 SCI 论文排名成了判断一个学校科研水平的一个十分重要的标准。许多国家和地区均以被 SCI 收录及引证的论文情况作为评价学术水平的一个重要指标。它目前覆盖了 1900 年至今的农

---

① 齐青 . Web of Science 的检索和应用［J］. 图书馆工作与研究，2013（2）：110-112.

② The Thomson Scientific. Web of Science：Science Citation Index［EB/OL］. http：//www.webofknowledge.com/wos.

业、神经系统科学、天文学、肿瘤学、生物化学、儿科、生物学、药理学、生物技术、物理、化学、植物科学、计算机科学、精神病学、材料科学、外科、数学、兽医、医学、动物学等150个学科领域中最具影响力的学术期刊（约6650种期刊）。

（2）社会科学引文索引库。社会科学引文索引（Social Science Citation Index，SSCI）① 与“SCI”一样，同样由美国科学信息研究所（ISI）创建，是ISI的三大引文数据库（Web of Science）之一。SSCI于1973年作为SCI的姊妹篇出版，现收录世界上不同国家和地区的社会科学期刊和论文，进行一定的统计分析，并划分为不同的因子区间，是当今社会科学领域重要的期刊检索及论文参考渠道。其内容涵盖1900年至今的社会科学领域内最具影响力的学术期刊，包括人类学、政治学、历史、公共卫生、社会问题、图书馆学、情报学、社会工作、社会学、语言学、哲学、城市研究、心理学、妇女研究、精神病学等55个学科领域中最具影响力的学术期刊（约1950种期刊），收录的文献类型包括研究论文、书评、专题讨论、社论、人物自传、书信等。

（3）艺术与人文科学引文索引库。艺术与人文科学引文索引库（Arts & Humanities Citation Index，A&HCI）② 同样由美国科学信息研究所创建，1978年开始出版，为用户提供1150多种世界顶级艺术与人文期刊的索引信息，是权威的艺术与人文科学文献检索工具，包括1975年至今的艺术学、哲学、历史学、语言文学等20多个学科领域的数据。

（4）科技会议索引数据库。科技会议索引数据库（Conference Proceedings Citation Index-Science，CPCI-S）③ 曾用名“ISI Proceedings：Science & Technology，Index to Scientific & Technical Proceedings（ISTP）”。作为Web of Knowledge家族成员之一，它同样由美国科学信息研究所于1978年

---

① The Thomson Scientific. Web of Science：Social Sciences Citation Index［EB/OL］. http：//www. webofknowledge. com/wos.

② Golderman，Gail；Connolly，Bruce. Arts & Humanities Citation Index：ISI Web of Science［J］. *Library Journal*，2003，128（7）：S37.

③ The Thomson Scientific. Web of Science：Conference Proceedings Citation Index-Science（CPCI-S）［EB/OL］. http：//www. webofknowledge. com/.

创建，是美国科学信息研究所的网络数据库 ISI Proceedings 中的两大会议索引之一，收录国际著名会议、座谈会、研讨会以及其他各种会议中发表的会议录论文的文献信息和著者摘要，包括专著、丛书、预印本以及来源于期刊的会议论文，提供了综合、全面、多学科的会议论文资料，汇集了世界上最新出版的会议录资料，内容涵盖 1997 年至今的农业、环境科学、生物化学、分子生物学、生物技术、医学、工程、计算机科学、化学、物理等领域，用户可以查看论文的题录、文摘等信息。

（5）社会科学与人文科学会议录索引。社会科学与人文科学会议录索引（Conference Proceedings Citation Index - Social Science & Humanities，CPCI-SSH）① 曾用名“ISI Proceedings：Social Sciences & Humanities，Index to Social Sciences and Humanities Proceedings（ISSHP）”。作为 Web of Knowledge 家族成员之一，同样由美国科学信息研究所创建，收录国际著名会议、座谈会、研讨会以及其他各种会议中发表的会议录论文的文献信息和著者摘要，内容涵盖 1999 年至今的心理学、社会学、公共卫生、管理学、经济学、艺术、历史、文学、哲学等领域，数据每周更新一次。

（6）化学反应数据库。化学反应数据库（Current Chemical Reactions，CCR-EXPANDED）② 是 Web of Knowledge 上与化学有关的数据库，集成在 Web of Science 中，既可以用化学结构或结构片段进行检索，也可以用引文方式进行检索。它收集从 1985 年至今的全球核心化学期刊和发明专利的所有最新发现或改进的有机合成方法，提供详细的化学反应综述和详尽的实验细节，提供化合物的化学结构和相关性质，包括合成方法，涉及的化学领域包括有机化学、无机化学、物理化学、分析化学、生物化学、药物学、天然产物化学、农药化学、有机金属材料、高分子材料科学、精细化工的研究与发展，包含来自 39 个发行机构的一流期刊和专利摘录的全新单步和多步合成方法。每种方法都提供有总体反应流程，以及每个反应步骤

---

① Thomson Scientific. Web of Science：Conference Proceedings Citation Index - Social Science & Humanities（CPCI-SSH）[EB/OL]. http：//www. webofknowledge. com/.

② Thomson Scientific. Web of Science：Current Chemical Reactions [EB/OL]. http：//apps. webofknowledge. com/.

详细、准确的示意图。Current Chemical Reactions 数据库还包含来自著名的 Institut National de la Propriété Industrielle（INPI）的另外 14 万个化学反应，日期可回溯至 1840 年，每月新增三千个新颖的或改进的反应。

（7）化合物索引。化合物索引（Index Chemicus，IC）① 同 Current Chemical Reactions 一起，是 Web of Knowledge 上与化学有关的两个数据库之一，集成在 Web of Science 中，既可以用化学结构或结构片段进行检索，也可以用引文方式进行检索。主要是对新化合物的快速报道，包括 1993 年至今的来自国际一流期刊所报道的新型有机合成反应的结构和关键支持评价数据，许多记录显示了从原始材料到最终产物的反应流程。Index Chemicus 是有关生物活性化合物和天然产物最新信息的重要来源，每周新增 3500 个新化合物。

（8）德温特专利索引。德温特专利索引（Derwent Innovations Index，DII）② 由 Derwent World Patents Index（德温特世界专利索引，WPI）和 Derwent Patents Citation Index（德温特专利引文索引，PCI）整合而成。它是基于互联网 Web 的专利信息资源，其数据来自包括 USPTO（美国专利局，1963 年以来）、German Patent and Trademark Office（德国专利和商标局，1968 年以来）、ESP（欧洲专利局，EP－A，1978 年以来；EP－B，1980 以来）、WIPO（世界知识产权组织，1978 年以来）、日本专利申请书第一页的英文翻译（2000 年以来）以及其他 40 多个国家、地区（例如，奥地利、比利时、丹麦、法国、爱尔兰、意大利、卢森堡、荷兰、西班牙、瑞士、摩纳哥等）和专利组织发布的专利信息，是世界上国际专利信息收录最全面的数据库之一。该数据库收录起始于 1963 年，目前共收录 1000 万个基本发明、2000 万项专利，使读者可以总揽全球化学、工程以及电子方面的专利概况。每周有 25000 条专利文献和来自于 6 个重要专利版权组织的 45000 条专利引用信息收录到该数据库中。除了在 DIALOG③ 数

① Thomson Scientific. Web of Science：Index Chemicus（ISI web of knowledge）[EB/OL]. http://apps. webofknowledge. com.

② 郑伟 . Derwent Innovations Index 数据库的主要特点及其检索方法 [J]．中国索引，2009，7（1）：56-60.

③ DIALOG 系统是目前世界上最大的国际联机情报检索系统，覆盖各行业的 900 多个数据库。

据库中可以联机检索，目前在美国科学信息所（ISI）的 Web of Knowledge 系统（简称 WoK）中也能检索到，每条记录除了包含相关的同族专利信息，还包括由各个行业的技术专家重新编写的专利信息，如描述性的标题和摘要、新颖性、技术关键、优点等。Derwent Innovations Index 提供 Derwent 专业的专利情报加工技术，协助研究人员简捷有效地检索和利用专利情报，鸟瞰全球市场，全面掌握工程技术领域创新科技的动向与发展。Derwent Innovations Index 还同时提供直接链接到专利全文电子版的链接，用户只需要单击记录中的“Original Document”就可以获取专利说明书的电子版全文。目前，可以浏览说明书全文的有美国专利、世界专利、欧洲专利以及德国专利。其主要特点是：①重新编写及标引的描述性专利信息；②可查找专利引用情况；③建立专利与相关文献之间的链接；④方便对检索结果进行管理，为研究人员提供世界范围内的化学、电子与电气以及工程技术领域内综合全面的发明信息。

（9）医学文摘数据库。MEDLINE 是美国国立医学图书馆（National Library of Medicine，NLM）① 开发的当今世界上最具权威性的文摘类医学文献数据库之一。早期的 MEDLINE 包括了美国《医学索引》（Index Medicus）、《国际护理索引》（International Nursing Index）和《牙科文献索引》（Index to Dental Literature）三大检索工具的内容，后来又有更多的子文档加入，如 AIDS-HIV、Bioethics、Biotechnology 等数据库。MEDLINE 收录了自 1966 年以来世界上 70 多个国家约 4800 多种生物医学期刊上发表的论文的题录或文摘，每年递增 30~35 万条记录，其中大约有 75%的文献为英文文献，文献来源以美国为主。目前，MEDLINE 的记录数已经超过 1000 万条，涵盖基础医学、临床医学、护理学、牙科学、兽医学、卫生保健、营养卫生、职业卫生、卫生管理等领域。该数据库不提供全文，大多数文献都带有英文文摘（1975 年以前的文献无文摘）。如果用户想要探究生物医学与生命科学、生物工程学、公共卫生、临床护理以及植物和动

① EBSCO. MEDLINE——医学文献库（EBSCO）[EB/OL]. http://search.ebscohost.com/login.aspx?profile=ehost&defaultdb=cmedm.

物科学，则可通过主题词、副主题词、关键词、篇名、作者、刊名、ISSN、文献出版商、出版年、出版国等途径来进行检索，使用MesH词表和CAS注册号进行精确检索，或是链接到NCBI数据库与PubMed① 相关论文。

（10）期刊引用报告。期刊引用报告（Journal Citation Reports，JCR）② 由美国科学信息研究所（ISI）出版，是一种多学科综合性的期刊分析与评价报告，也是目前唯一的基于引文数据而建立的期刊评价资源，包括自然科学版和社会科学版两部分，数据涵盖了全球3300多家出版商出版的7500多份期刊，内容涉及200多个学科领域。这些刊物分成自然科学和社会科学两部分。其中，自然科学部分有6000多份期刊，社会科学部分有1700多份期刊。它客观地统计了Web of Science所收录期刊的各项指标，并在此基础上计算出各种期刊的影响因子、立即指数、总引用次数、刊载论文总数、被引半衰期等反映期刊质量和影响的定量指标，包括显示类别中排名的表、期刊自引数据和Impact Factor盒状图。JCR提供1997年至今的数据资料检索，JCR Web与Web of Science平台已经实现了链接，用户可以从Web of Science检索结果的显示界面直接链接到JCR的相关记录，获得文献所在期刊的统计信息。网络版JCR通过引文数据的统计信息评估期刊资源，根据对参考文献的统计汇编，JCR在期刊层面衡量某项研究的影响力，显示出引用和被引用期刊之间的相互关系。JCR计量的统计数据提供了一种测定某个主题分类中大量期刊相对重要性的方法，可以帮助研究人员和学生分析了解与自己研究领域相关的重要期刊，以便确定自己的投稿方向；信息分析人员也可据此来追踪文献计量学的发展，研究引文模

---

① PubMed检索系统是美国国立医学图书馆所属生物技术信息中心（National Center of Biotechnology Information，NCBI）研制开发的网络数据库，它是NCBI开发的Entrez检索系统的重要组成部分。主要提供基于Web的MEDLINE数据库检索服务，其中包括医学文献定购、全文在线阅读链接、专家信息查询、期刊检索以及相关书籍链接等功能。PubMed检索系统与NCBI提供的其他免费数据库使用的都是同一个检索系统—Entrez，该系统使用方便，操作简单，使用过程中不需返回初始检索界面便可进行新的检索，每一个检索界面中均有检索提问输入框，用户可以随时输入检索提问或者修正检索提问。

② Thomson Scientific. Journal Citation Reports：Science Edition［EB/OL］. http：//www. webofknowledge. com/JCR.

式；它还可帮助图书馆馆员选刊，为每种刊物存放多久后即可存档入库，提供一个合适的时间参考；它可以帮助出版商与编辑人员确定期刊在市场中的影响，适时调整编辑政策。

（11）基本科学指标数据库。基本科学指标（Essential Science Indicators，ESI）① 数据库是美国科学信息研究所（ISI）于2001年推出的一种用于衡量科学研究绩效、跟踪科学发展趋势的基本分析评价工具，是基于ISI引文索引数据库（SCIE/SSCI）所收录的全球7000多种学术期刊的900多万条文献记录而建立的计量分析数据库。ESI由引文排名（Citation Rankings）、高被引论文（Most Cited Papers）、引文分析（Citation Analysis）和评论报道（Commentary）四部分组成。该数据库以引文分析作为基础，针对22个专业领域，通过计算论文数、引文数、篇均被引频次（Average Citations Per Paper）、单篇年均被引频次（Averages）、平均年份（Mean Year）、标准共引阈值（Normalized Co-citation）、引文阈值等指标，从各个角度对各国科研水平、期刊的声誉和影响力，以及科研机构和科学家的学术水平进行全面衡量，并对当前正在深入研究和具有突破性进展的科学领域进行直观反映。通过该数据库，用户不仅可以了解在各个研究领域中最领先的国家、期刊、科学家、论文和研究机构，识别自然科学和社会科学领域的重要趋势与方向，还能够确定具体研究领域内的研究成果及其影响，评估潜在的雇员、合作者和竞争对手，并对彼此的研究业绩和竞争能力进行评估，从而具备更深层次的战略竞争情报意义。例如，通过该数据库可以有针对性地系统分析国际科技文献，从而了解一些著名的科学家、研究机构（或大学）、国家（或区域）和学术期刊在某一学科领域的发展和影响。同时，科研管理人员可以利用该资源找到影响决策分析的基础数据，分析研究机构、国家以及期刊的科学研究绩效，跟踪自然科学和社会科学领域内的研究发展趋势，分析评价研究人员以及竞争对手的能力，测定某一专业研究领域内科学研究成果的产量和影响力，帮助科研人员了解各自科学研究的主要领域以及与国际主

① The Thompson Corporation. Essential Science Indicators（ESI）[EB/OL]. http://www.webofknowledge.com/ESI.

要领域的异同。利用该数据库，科研人员可以分析十年来国际科学研究的主要领域、研究热点及发展态势。除了提供具体数据图表以外，ESI 还为用户提供简要的数据分析指导，并为所有图表提供解释性的链接页面。该数据库涵盖农业科学、生物学、生物化学、化学、临床医学、计算机科学、经济管理学、工程学、环境科学/生态学、地学、免疫学、材料科学、数学、微生物学、分子生物学、遗传学、神经科学、行为科学、药理学、毒理学、物理学、植物学、动物学、精神病学、心理学、空间科学、社会科学、多学科（Multidisciplinary）等领域。它是一种深层次的分析评价工具，提供对科学家、研究机构、国家/地区和期刊论文排名的数据。

2. 工程索引

工程索引（The Engineering Index，EI）① 创办于 1884 年，是美国工程信息公司（Engineering Information Inc.）② 出版的一种著名工程技术类综合性检索工具。EI Engineering Village 是面向应用科学和工程科学领域的数据库，是目前全球最全面的工程领域书目文献数据库，收录了 5000 多种工程类期刊、会议论文集和技术报告，其范围涵盖工程和应用科学领域的各个学科，涉及机械工程、土木工程、环境工程、电气工程、结构工程、材料

① 席万惕．美国《工程索引》（EI）简介［J］．河北工业科技，2005，22（3）：152，155.

② 美国工程信息公司（Engineering Information Inc.，EI）始建于 1884 年，是世界上最大的工程信息提供者之一，该公司一直致力于为科学研究人员和工程技术人员提供专业化、实用化的在线数据信息服务，该公司的主要产品《工程索引》（Engineering Index）早已为国内的工程技术人员所熟知。EI 公司还向用户提供 EI Compendex Plus 数据库、工程索引光盘、EI Page One 数据库、EI 工程信息村等产品和服务。其中，Compendex 是 Computerized Engineering Index 的缩写。EI 数据库文字出版物即为《工程索引》（Engineering Index），它主要收集工程和应用科学领域的文献，是一个全球性数据库，其数据来自全球 50 多个国家，所用语言有十几种，但大部分是英文。EI 数据库每年新增 200000 条文摘，文献来自三千余种工程领域的期刊以及会议论文及技术报告。这些文献涉及到 175 个学科，主要包括机械、土木工程、环境工程、电工电子、结构学、材料科学、固体物理和超导、生物工程、能源、化工、光学、大气和水污染防治、危险废物处理、运输和安全等。EI Page One 数据库每年收集 32 万条文献的题录，这些文献来自世界范围内 5400 种期刊、会议论文和技术报告，该数据库只收题录，无文摘。就收集范围而论，它是世界上最大的数据库之一，该数据库无文字出版物，只提供光盘出版物。1995 年以来，EI 公司开发了名称为“Village”的一系列产品，即 EI 工程信息村（Engineering Information Village），以方便用户在网上检索到 EI 和其他科技信息。“EI Village”上有一些对于工程技术人员来说极有价值的网上地址和资源。目前，工程信息村主要有“科研工业区”“商业金融区”“图书馆”“政府地址”“职业与教育”等部分。此外，EI 还与剑桥大学出版社、美国光学学会等机构合出了一些刊物和光盘。

科学、固体物理、超导体、生物工程、能源、化学和工艺工程、照明和光学技术、空气和水污染、固体废弃物的处理、道路交通、运输安全、控制工程、工程管理、农业工程和食品技术、计算机和数据处理、电子和通信、石油、宇航、汽车工程等领域以及这些领域的子学科。用户在网上可以检索到自 1969 年至今的文献，该数据库每年新增工程领域的大约 600000 条记录。

3.1.2 网络引文数据来源概述

1. CiteSeerX

CiteSeerX（又名 Research Index）① 是 NEC 研究院在自动引文索引（Autonomous Citation Indexing，ACI）的基础上建设的一个学术论文数字图书馆。该引文索引系统提供了一种通过引文链接来检索文献的方式，目标是从多个方面促进学术文献的传播和反馈。1997 年，CiteSeerX 引文搜索引擎由美国普林斯顿大学 NEC 研究院研制开发。研发人员不断对 CiteSeerX 运行中暴露的问题和用户的反馈建议进行分析，并由美国国家科学基金会和 Microsoft Research 资助，为该搜索引擎重新设计了系统结构和数据模型（即 CiteSeerX），并于 2007 年投入运行。CiteSeerX 采用机器自动识别技术搜集网上以 PostScript 和 PDF 文件格式存在的学术论文，然后依照引文索引方法标引和链接每一篇文章。CiteSeerX 的宗旨在于有效地组织网上文献，多角度促进学术文献的传播与反馈。目前，CiteSeerX 存储的文献全文高达 138 万多篇，引文 2674 万多条，内容主要涉及计算机和信息科学领域，主题包括智能代理、人工智能、硬件、软件工程、数据压缩、人机交互、操作系统、数据库、信息检索、网络技术、机器学习等。CiteSeerX 还公开在网上提供完全免费的服务，实现全天 24 小时实时更新。CiteSeerX 的常用功能包括：①检索相关学术文献，浏览并下载 PostScript 或 PDF 格式的论文全文；②查看某一具体文献的“引用”与“被引用”信息，同时还能够获得文献、作者与出版单位最新的引用排行；③查看某一文献的相

① 刘莎．引文搜索引擎 CiteSeerX 调查评析［J］．数字图书馆论坛，2011（12）：61-65.

关文献，并且应用特殊算法来计算文献相关度；④以图表形式显示某一主题文献，或某一作者、机构所发表文献的时间分布；⑤可据此推测学科热点和发展趋势，避免重复劳动。CiteSeerX 的检索界面简洁清晰，默认为文献检索界面。如果用户想要搜索某一特定作者的学术论文，则可选择“Authors”标签进入作者检索界面；若选择可选项，则搜索范围不但包括CiteSeerX 的学术文献全文数据库，还包括数据库中每篇论文的参考文献。CiteSeerX 的检索首页只有一个检索框，默认情况下可对篇名、作者、摘要、文本内容等进行检索。CiteSeerX 还支持高级检索功能，单击进入高级检索界面，可以看到 CiteSeerX 支持以下检索字段的“或”运算：篇名、作者、作者单位、期刊或会议录名称、出版年、文摘、关键词、文本内容以及用户为论文定义的标签。当然，用户还可以在首页的单一检索框自行构造组合式检索表达式。CiteSeerX 支持邻近词运算匹配，邻近距离默认为一个单词。多个关键词之间有空格的作为词组或邻近词运算匹配。CiteSeerX 不支持词组的精确匹配，这样处理对查出同一作者姓名的不同拼写有利。若输入检索表达式后 CiteSeerX 搜索结果为零，无论何种原因，系统都会自动给出检索建议以及几种新检索方式的链接供检索者选择。

与传统引文索引相比，CiteSeerX 在费用、全文性、综合性、效率和即时性等方面有着更大的优势，同时也存在明显的差距：①更快更新地揭示引文的网络信息影响。传统引文索引的来源文献都是正式出版物，从研究人员的构思出稿到文章发表到编入索引需要一段相当长的时间，虽然论文内容较成熟，但很多观点可能已经过时。互联网的发展深刻地改变着人们的阅读习惯，研究人员已习惯在网络上查找文献并利用文献，网络文献正逐渐进入各种学术论文的参考文献目录，网络文献成为引文已是不争的事实。CiteSeerX 是自动引文索引系统，文献源自网络，一旦有学术性文献的全文在网络上出现，CiteSeerX 就能自动找出文章的引文并标引到其索引系统中，即时把所有网上学术文献类型（包括预印本、技术报告、会议录等）的引证脉络突显出来，更快更新地反映引文的影响。这样做，对于一些前沿学科（如计算机学科）的研究人员来说，就能够迅速找到更新的引用文献；②发挥引文索引的原有功能。目前，网上全文数据库基本上都会收取一定费用。CiteSeerX 在网上免费提供服务，从而能够极大地发挥引文索引原本的文献检索功能；③提供友好的学术探讨环境。除了有引文索引和全文下载功能以外，CiteSeerX 还提供一些附加的网络服务和自由宽松的学术探讨环境。例如，文章或研究课题会链接到讨论区，研究人员可以贴出正式或非正式的评论、综述、意见以及最新的研究结果。每篇论文设有修正（Correct）链接，供看到文章的研究人员发现错误并在线改正某些款目（例如，题名、著者姓名、出版年、文摘等），以弥补机器操作的错误。在封闭式的传统商用数据库中，通常很难获取这些自由交流的非正式信息；④收录文献学科范围窄，学术评价功能尚不成熟。由于许多出版物发表的文献不能在线获得以及 CiteSeerX 的非盈利性目的，目前 CiteSeerX 还不能像商用数据库那样提供综合性学科内容的引文索引。自然，CiteSeerX 的学术评估价值还不可能取代 SCI 这样历史悠久的传统引文索引系统。⑤机器识别技术有待完善。由于依靠机器完全自动操作，目前 CiteSeerX 还存在不能准确地分辨子字段、无法消除不同作者相同名字的歧义、引文在文献中若无标识则不会被标引等情况。

2. Scopus

Scopus① 是一种新的导航工具，它涵盖了世界上最广泛的科技和医学文献的文摘、参考文献及索引。Scopus 收录了来自于许多著名搜索引擎的期刊文献（例如，Elsevier、Kluwer、Institution of Electrical Engineers、John Wiley、Springer、Nature、American Chemical Society 等）。尤其重要的是，Scopus 还广泛收录了一些重要的中文期刊（如《力学学报》《中国物理快报》《中华医学杂志》等高品质的期刊）。正是因为拥有 60%的内容来自于美国以外的国家，所以用户能够获得最全面的世界范围内的前瞻性科学技术文献。Scopus 的核心是全世界最大的摘要和引文数据库，涵盖了 21900

① Elsevier. Scopus. http://www.scopus.com.

多种自然科学、工程技术、医学、社会科学以及艺术人文等学科的期刊。Scopus 不仅为用户提供了其收录文章的引文信息，还直接从简单明了的界面整合了网络和专利检索。它可以直接链接到全文、图书馆资源及其他应用程序如参考文献管理软件，亦使得 Scopus 比其他任何文献检索工具更为方便、快捷。总之，用户不必成为一名专业的检索人员，就可以获得大多数的信息。Scopus 使用起来易如 Google，只不过它所针对的恰好是科研人员的信息需求。对于科研人员来说，及时、准确地传播高品质的信息是至关重要的。Scopus 作为一种创新性的信息导航工具，旨在将繁重的劳动从研究中脱离出来，使用户更轻松地就某一学科的文献进行评判性评估，或是就感兴趣文章和作者的引文数据进行实时追踪，或是对研究领域坚持不断更新，快捷明确研究趋势。

Scopus 是由全球 21 家研究机构和超过 300 名科学家共同设计开发而成的。在合作开发过程中，它不断帮助用户真切了解自己在文献研究中所面临的挑战，展示他们当前的检索、浏览以及查找所需信息的方式，并针对他们所面临的任务，建立一种更好的解决方案。2005 年 10 月，Scopus 为确保其收录范围公正而广泛，专门成立了一个独立的内容甄选委员会，以指导其内容甄选和未来发展方向。内容甄选委员会是由 20 位世界著名的科学家和教授以及 10 名学科图书馆员组成。该委员会成员来自世界各地的每一个科研领域——以确保 Scopus 收录的内容真正代表 Scopus 所服务的最广泛科研人员和图书馆员的需求。这个涵盖诸多学科的专家群体将 Scopus 引导成为帮助科研人员获取所在学科领域中最重要且相关的文献信息的来源，以确保 Scopus 继续保持作为最广泛、最公正和涵盖面最广的科学、技术、医学和社会科学研究资源的地位。Scopus 内容甄选委员将负责以下任务：①内容甄选：负责决定 Scopus 将收录什么样的内容，并负责对用户建议收录的期刊予以批准；②政策和策略：为 Scopus 未来内容的方向制定政策；③功能性：就 Scopus 的内容、易用性和功能性提供一般性反馈。因此，Scopus 应确保其内容覆盖面是完全公正的，并且纯粹是以研究人员和图书馆员自身需要作为基础来建立的。

3. 谷歌学术搜索

谷歌学术搜索（Google Scholar，GS）① 是一个可以免费搜索学术文章的网络搜索引擎，由计算机专家 Anurag Acharya② 负责开发。2004 年 11 月，Google 第一次发布了 Google 学术搜索的试用版，该索引包括了世界上绝大部分已出版的学术期刊。

Google Scholar 是一个可以免费搜索学术文章的网络搜索引擎，它索引了出版物中文字的格式和科目，能够帮助用户查找包括期刊论文、学位论文、书籍、预印本、文摘和技术报告在内的学术文献，内容涵盖自然科学、人文科学、社会科学等多个学科。Beta 版本于 2004 年 11 月发行，收录欧洲和美洲地区最大学术出版商们经同行评议（Peer-Reviewed）的文章，这在一般搜索引擎中大部分是被忽略的。这个功能和 Elsevier、CiteSeerX 和 getCITED 所提供的免费概况查阅是类似的。它也与 Elsevier 的 Scopus 以及 Thomson ISI 的 Web of Science 网络科学中的订阅工具类似。谷歌学术的广告标语是“站在巨人的肩膀上”，这也是对所有学术工作者的肯定，他们在过去的几个世纪中贡献了各自领域的知识，并为新的智慧成就奠定了基础。目前，Google 公司与许多科学和学术出版商进行了合作，包括学术、科技和技术出版商，如 ACM、Nature、IEEE、OCLC 等。这种合作使得用户能够检索特定的学术文献，通过 Google Scholar 从学术出版者、专业团体、预印本库、大学范围内以及从网络上获得学术文献，包括来自所有研究领域的同行评议论文、学位论文、图书、预印本、摘要和技术报告。

从检索情况分析，Google 学术搜索主要有以下用途：①了解有关某一领域的学术文献。由于收录范围限于学术文献，将屏蔽掉网上很多不相关信息。②了解某一作者的著述，并提供书目信息（引用时必须包括的图书出版信息或期刊论文的刊名、刊期信息）。可直接在网上搜索原文、文摘等；如果是图书，

① 刘海航，黄碧云，方国辉，卜世波．Google Scholar［J］．中华临床医学研究杂志，2006，12（16）：2273-2274.

② 安拉格·阿卡亚（Anurag Acharya）是一位杰出的工程师和计算机科学家，目前他已发表 100 多篇论文，H 指数高达 28。他和同事一起开发了可以免费搜索学术文章的网络搜索引擎 Google Scholar（谷歌学术搜索），是其首席工程师。他从印度理工学院（Indian Institute of Technology）获得计算机科学学士学位，从卡内基·梅隆大学（Carnegie Mellon University）获得计算机科学博士学位。

还可通过 Library Search（如 OCLC 的 Open WorldCAT）检索附近图书馆的收藏情况。③了解某文献被引情况。可直接单击“Cited by…”（引用数）搜索引用文献。④对文献和期刊进行应用和引用排名。Google Scholar 的 Cited 连接，能让人们在引文溯源的天地里自由翱翔，它用于引文计算的基础数据跨越了世界上最主要的数据库。从任何角度观察它，Google Scholar 都是只专注于学术搜索的工具。通过检索结果链接到的都是数据库提供者或出版者提供服务的网页。Google Scholar 不提供任何广告链接，普通 Google 出现的赞助商链接都不会出现在 Google Scholar 中，进一步保证了 Google Scholar 的学术纯洁性。Google Scholar 为科研用户提供了一个强有力的学术搜索工具，帮助用户全面了解某一领域的学术文献，还可以通过强大的学术网页搜索及时查证某一位专家到底对科学作过多大贡献，有多少人引用或继续他的研究结果，它不仅弥补了专业数据库（如 PubMed）学科面太窄的缺陷，而且可以让科学家及其研究结果通过网络学术搜索引擎而公开化，使科学家的工作业绩变得更加透明，从而避免学术造假、评审不公等弊病。此外，Google Scholar 弥补了科学引文索引（SCI）只重视期刊影响因子（Journal Impact Factor，JIF）而忽略文章内容水平评价的缺陷，使科技评价变得更加公正和全面。

3.2 引文数据检索举例

3.2.1 中文引文数据检索举例

下面，笔者以中国社会科学引文索引数据库（CSSCI）和中国知网（CNKI）数据库为例，来介绍中文引文数据检索的主要方法和步骤。

3.2.1.1 CSSCI 索引数据检索

CSSCI 主要从来源文献和被引文献两大途径为用户提供信息①。

① 邱均平．我国社科信息查询和计量分析的重要工具——对《中国社会科学引文索引》的使用和评价［J］．情报资料工作，2001，(3)：71-74.

1. 来源文献检索

来源文献检索主要用来查询本索引所选用的源刊的文章的作者（所在单位）、篇名、参考文献等，其主要检索途径有：①作者检索，用于查找某一学者或者某个团体作者（例如，某课题组）的发文情况；②机构检索，为用户了解某一机构发表文章情况提供了一个最佳途径；③标引词检索，提供了通过关键词找到相关论文的途径；④刊名检索，主要用于查询某种期刊上所发表的论文情况；⑤篇名词检索，为用户提供了利用篇名词来进行检索的手段；⑥基金检索，主要用于对来源文献的基金来源情况进行检索；⑦发表年代检索，用于将检索结果控制在划定的时间范围内；⑧地区检索，用于将检索结果限制在指定地区或者非指定地区；⑨文献类型检索，用于对文献类型（例如，研究论文、简报等）进行限制；⑩刊物学科检索，用于将检索结果控制在指定学科的刊物上。需要补充说明的是，CSSCI 来源文献检索中的大多数检索途径自身还可以用“与”“或”“非”来实现逻辑组配检索。

例如，如果用户想要查看《中国图书馆学报》① 上所发表的论文概况，就可按以下方法和步骤来进行检索。

（1）进入 CSSCI 主页。由于使用 CSSCI 是需要权限的，所以用户在使用 CSSCI 数据库之前需要联系单位图书馆的管理人员，以便确认自己是否有权限进入 CSSCI 数据库并进行数据检索。如果单位购买了该数据库，就可以在浏览器地址栏中直接输入 http：//cssci. nju. edu. cn/进入该数据库的首页（如图 3-1 所示）。此时，用户需要输入用户名和密码，然后单击“登录”按钮，就可以进入到 CSSCI 首页。

---

① 《中国图书馆学报》是由中华人民共和国文化部主管、中国图书馆学会和中国国家图书馆主办的国家级图书馆学情报学专业期刊，创刊于 1957 年。《中国图书馆学报》所发文章被引频次和影响因子在国内图书馆学期刊中均位居第一。因其发表的文章学术水平高，观点新，在专业界影响大，所以被定为国家级核心期刊、中国期刊方阵期刊，并荣获国家期刊奖之百种重点期刊奖，连续被评为全国优秀图书馆学期刊，还被国际上许多著名的检索期刊如《乌利希国际期刊指南》《图书馆文献》和《最新连续出版物题录》等收录。

图 3-1　CSSCI 首页

（2）进行数据检索。进入 CSSCI 首页以后，就可以在随后出现的基本检索界面（如图 3-2 所示）中的期刊名称后面的文本输入框中输入“中国图书馆学报”，再单击“搜索”按钮，即可得到 CSSCI 收录该刊的论文情况。当然，用户还可以单击“来源文献检索”超链接，即通过卷期来限制检索某卷某期发表论文的情况。

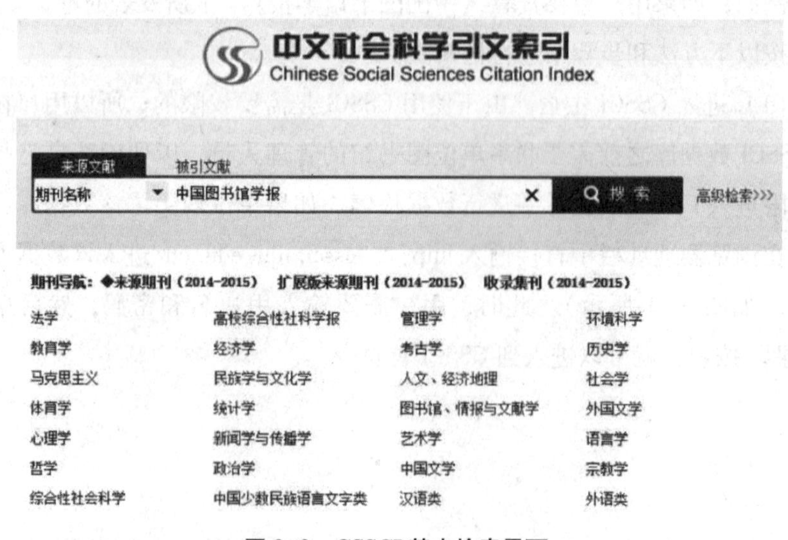

图 3-2　CSSCI 基本检索界面

（3）保存检索结果。首先，选中想要保存的论文前面的复选标记。值得读者注意的是，如果想要保存全部结果，则可选中左下角的“全部选择”复选框。其次，单击“下载”按钮，即可下载想要保存的检索结果。

2. 被引文献检索

被引文献检索主要用来查询作者、论文、期刊等的被引情况，其检索途径主要有：①被引作者检索，用于了解某一作者在 CSSCI 中被引用的情况；②被引篇名检索，用户可以通过输入被引篇名、篇名中的词段或逻辑表达式来进行检索；③被引出处检索，主要用于查询期刊、报纸、汇编（丛书）、会议文集、报告、标准、法规、电子文献等的被引情况；④其他被引情况检索，多为附加限制检索项，通常不被单独用来检索。比如，年代项通常作为某一出版物某年发表的论文被引用情况的限制性条件。

例如，如果用户想要查询启功①先生论著的被引用情况，就可按以下方法和步骤来进行检索。

（1）进入 CSSCI 主页。由于使用 CSSCI 是需要权限的，所以用户在使用 CSSCI 数据库之前需要联系单位图书馆的管理人员，以便确认自己是否有权限进入 CSSCI 数据库并进行数据检索。如果单位购买了该数据库，就可以在浏览器地址栏中直接输入 http：//cssci. nju. edu. cn/进入该数据库的首页（如图 3-1 所示）。此时，用户需要输入用户名和密码，然后单击“登录”按钮，就可以进入到 CSSCI 首页。

（2）进行数据检索。进入 CSSCI 首页以后，首先在检索界面中单击“被引文献检索”。然后，在“被引文献检索”界面中的被引作者框中输入“启功”，选中所有的被引年份，最后单击“检索”按钮，即可得到相应的检索结果。当然，用户还可以在“被引文献检索”界面中输入其他的限制性检索条件，以便获得更精确的检索结果。

（3）保存检索结果。首先，选中想要保存的论文前面的复选标记。注意：如果想要保存全部结果，则可选中左下角的“全部选择”复选框。其次，单击“下载”按钮，即可下载想要保存的检索结果。

---

① 启功（1912—2005）字元白，也作元伯，号苑北居士，北京市满人，雍正皇帝的第九代孙。他是中国当代著名书画家、教育家、古典文献学家、鉴定家、红学家、诗人、国学大师。他曾任北京师范大学教授、博士生导师、中国人民政治协商会议全国委员会常务委员、国家文物鉴定委员会主任委员、中央文史研究馆馆长、九三学社顾问、中国书法家协会名誉主席、世界华人书画家联合会创会主席、西泠印社社长以及中国佛教协会、故宫博物院、国家博物馆顾问。

3.2.1.2 CNKI 索引数据检索

国内某知名大学大四学生小刘最近准备撰写有关“国内知识共享研究”的毕业论文，需要查找并下载较多的中文参考文献。下面，以国内大学生普遍使用的 CNKI 系统为例，介绍怎样利用 CNKI 查找并下载所需要的中文参考文献。

1. 登录 CNKI

登录 CNKI 的方式有两种，第一种登录方式是使用“IP 登录”方式进行登录，此方法只适用于国内高校的在校学生，因为很多学校都已经购买 CNKI 数据库的权限，在校学生可以利用校园网 IP 直接登录。但是，该方法并不适用于高校外的其他用户。

对于高校外的其他用户来说来说，可以使用账号密码登录方法。首先，在浏览器地址栏中直接输入 http：//www.cnki.com.cn/index.htm 进入该数据库的首页。如果用户还没有注册，请单击首页右上角的“注册”链接；如果用户已经注册，则请单击首页右上角的“登录”链接，随即会进入 CNKI 的登录页面。

2. 进行数据检索

进入 CNKI 的首页以后，就可以输入相应的检索条件。在本例中，笔者首先选择的是期刊论文，第一个检索项选择的是“篇名”，并在其后的文本输入框中输入“知识共享”。

单击“检索”按钮后，随即会进入到检索结果页面，显示“找到 2697 条结果”。

在检索结果页面中，用户还可以单击“结果中检索”“高级检索”等超链接，以便获得更精确的检索结果。

3. 保存检索结果

首先，选中想要保存的论文前面的复选框。其次，单击“导出/参考文献”。在随后出现的“导出”对话框中，再次选中想要保存的论文前面的复选框，再次单击“导出/参考文献”，随后会出现的“文献输出”对话框。在“文献输出”对话框，先选择相应的输出格式，然后单击“导出”链接，就会出现“文件下载”对话框，单击其中的“保存”按钮，就可将检索结果保存为一个纯文本文件。需要注意的是，用户在 CNKI 中每次仅被允许下载 500 条数据。因此，如果记录数大于 500 条，则需要多次重复导出。例如，在本例中，笔者共计检索到 2697 条记录，第一次在“记录”后的文本输入框中输入 1 ~ 500，第二次输入 501 ~ 1000，第三次则输入 1001 ~ 1500……最后一次输入 2501 ~ 2697。

3.2.2 英文引文数据检索举例

1. Web of Science 数据检索

例如，如果用户想要了解 Web of Science 中收录的有关“文献计量学（bibliometric）”的英文论文情况，则可按以下方法和步骤来进行检索。

（1）进入 Web of Science 主页。由于使用 Web of Science（简称 WoS）是需要权限的，所以用户在使用 WoS 数据库之前需要联系单位图书馆的管理人员，以便确认自己是否有权限进入 WoS 数据库并进行数据检索。如果单位购买了该数据库，就可在浏览器地址栏中直接输入 www. webofknowledge. com 进入该数据库的首页。此时，用户需要点击，就可以进入到 Web of Science 的核心合集。

（2）进行数据检索。进入 WoS 核心合集数据库以后，还需要对基本检索、作者检索、被引参考文献检索以及高级检索的相关参数进行设置，WoS 基本检索界面包含检索框、检索字段、检索时间设置等。

在本例中，笔者选择的是基本检索功能，想要检索主题涉及 bibliometric 的期刊论文。因此，笔者在基本检索框中输入“bibliometric *”，字段选择“主题”，时间选择“1900—2016”，数据库选择 Science Citation Index Expanded（SCI-EXPANDED）—1900 年至今和 Social Sciences Citation Index（SSCI）—1900 年至今。

设置完毕以后，单击“检索”按钮，随即进入到检索结果页面。在检索结果页面中，包含检索式、结果按照 WoS 类别、文献类型等的分布情况、数据排序、检索的保存、数据的描述性统计结果和引文报告以及被引次数和使用次数等其他信息。

（3）保存检索结果。首先，单击“结果的保存和导出”中的“保存为其他文件格式”。随后会出现一个“发送至文件”对话框。在“发送至文件”对话框中，请输入记录1~500，记录内容请选择“全记录与引用的参考文献”，文本格式请选择“纯文本”。接着，单击“发送”按钮，随后会提示有关数据下载的信息。

需要注意的是，用户在WoS中每次仅被允许下载500条数据。因此，如果记录数大于500条，则需要多次重复导出。例如，在本例中，笔者共计检索到1300条记录，第一次在“记录”后的文本输入框中输入1~500，第二次输入501~1000，第三次则输入1001~1300。数据下载默认为savedrecs. txt的文本文件，建议用户在下载时自行命名为类似download_1~500. txt的名称。

2. Scopus数据检索

（1）进入Scopus主页。在登录Scopus之前，首先要确认用户所在单位是否具有Scopus使用权限。其次，在IE浏览器地址栏中输入http：//www. scopus. com/进入Scopus数据库主页。

（2）进行数据检索。在本例中，笔者想要检索并下载主题关于“bibliometric”的最新学术论文，故在检索框中输入“bibliometric”，在检索字段处请选择“Article Title，Abstract，Keywords”，在时间范围处请设置为“2016”年，文件类型请设置为“Article”。接着，单击，进入检索结果页面。

进入检索结果页面后，即可在页面的上端看到用户设置的检索式：“TITLE-ABS-KEY（“bibliometric”）AND DOCTYPE（ar）AND PUBYEAR < 2017”，并且还可以进一步使用相关功能导出自己想要使用的数据。在页面的左侧是检索结果按照不同类别的分类（例如，时间、作者姓名、主题领域、文件类型等）。该页面的主体部分则显示检索结果的主要内容，主要是检索得到文献的详细列表，包含标题、作者和文献来源以及被引情况等。

（3）保存检索结果。为了导出可以进一步分析的数据结果，首先请单击检索页面“数据检索的选择和导出”功能位置中的“Select all”，再单击“Export”。需要提醒大家注意的是，请选择合适的格式（例如，Text或者CSV格式），在“Choose the information to export：”处请选择“All available information”（导出检索到的所有信息）。最后，单击“Export”按钮，即可获得下载数据。

第4章 图书馆学情报学知识图谱工具软件

在进行信息计量学科学研究的不同阶段，通常会借助不同的信息计量辅助工具软件才能够顺利完成。例如，在研究初期需要获取数据时，要用到各种专门的数据采集工具，或是借助商业搜索引擎、网络爬虫、链接数据库、网络档案工具来获取数据。在进行数据统计分析时，往往要用到SPSS、SAS等统计分析工具。在对统计分析结果进行可视化分析时，则需要利用Pajek、Ucinet等工具软件来绘制可视化图形。

4.1 统计分析软件

获取所需要的数据以后，接下来要做的一件重要事情就是对其进行统计分析。本节主要介绍信息计量学科研过程中目前较常用的统计分析软件，包括SPSS等。

需要补充说明的是，如果没有其他专门的软件可以利用的话，建议读者也可以利用Excel软件来对数据进行初步处理，将原始数据整理成某种规范格式（或是其他软件可读的格式），并进行简单的统计分析处理（例如，绘制各种图形，进行相关分析、回归分析等）。如果Excel的上述统计分析功能不能够满足读者的实际需求，则建议利用SPSS等高级统计分析工具来进行数据统计分析。

4.1.1 SPSS 软件

1. 软件简介

SPSS 是世界上最具影响力的统计分析软件之一，它具有友好的操作界面、无需编程、功能强大、方便的数据接口、灵活的功能模块等优点，在社会科学、自然科学的众多领域发挥着不可忽视的作用。

目前，国内市场上常见的该软件版本是 IBM① SPSS Statistics 20.0 多国语言版[114][115]，它主要包括以下功能[116][117]：

（1）丰富的分析功能。在 Advanced Statistics 模块中增加了更多模型，在因变量与自变量呈现非线性关系的情况下，增加了对有序测量级别的因变量的预测。此外，还包括扩展了线性模型关于预测有序变量的功能以及广义线性模型和线性混合模型的整合等。

（2）增强的图表绘制功能。新版本的图形画板模板选择器增加了用于创建不同类型地图的直观表示的模板，例如，分区图（着色地图）、带有微型图表的地图和重叠地图等。它还包括增强了在地图中按区域展示结果的功能，扩展了报告的报表内容等。

（3）增强的处理性能。SPSS 20.0 的处理速度比以前更快了，具体表现为：①更快地生成表格，比现有的表格生成时间快 5 倍以上，与表格相关的其他操作（如枢轴表、打印报告、选择表格等）速度提高了 3~30 倍。②提高了排序和保存的性能，可以在排序菜单中选择是否对排序后的文件进行保存，避免了单独保存数据时的数据重复。

---

① IBM 即国际商业机器公司（International Business Machines Corporation），1911 年创立于美国，总部位于美国纽约州阿蒙克市，拥有全球雇员 30 多万人，业务遍及 160 多个国家和地区。目前，IBM 公司是全球最大的信息技术和业务解决方案供应商，是世界上经营最好、管理最成功的公司之一，被誉为“蓝色巨人”。在专利方面，IBM 目前保持着拥有全世界最多专利企业的地位，自 1993 年起连续 20 年出现在全美专利注册排行榜的榜首位置，硬盘技术、扫描隧道显微镜（STM）、铜布线技术、原子蚀刻技术都是 IBM 研究院的发明。在硬件方面，IBM 是计算机产业长期的领导者，在个人计算机（PC）、小型机、大型机、超级计算机方面的成就最为瞩目。在软件方面，IBM 软件集团（Software Group）提供软件行业解决方案和中间件产品，包括业务分析软件（如 Cognos、SPSS 等）、企业内容管理软件、信息管理软件（如 DB2、Infomix、InforSphere 等）等。此外，IBM 在材料、化学、物理等科学领域也有很深的造诣。

（4）增强的服务器端性能。作业可以在远程服务器上的独立后台会话中运行。可以从本地计算机上提交作业，断开与远程服务器的连接，稍后再重新连接并检索结果。无需保持 SPSS 在本地计算机上运行，甚至不需要保持用户的本地计算机处于打开状态。从“生产设施”对话框的新“后台工作状态”选项卡上监控远程作业的进度并检索结果。用户可以自由选择在服务器端运行作业时是否连接客户端和网络。当作业运行完成时可以进行提示，并且增加了获得结果的机制。

2. 主要特点

与其他软件相比，SPSS 具有以下特点[116][117]：

（1）功能全面的统计分析软件。SPSS Statistics 非常全面地涵盖了数据分析的整个流程，提供了数据获取、数据管理与准备、数据分析、结果报告这样一个数据分析的完整过程。特别适合设计调查方案、对数据进行统计分析，以及制作研究报告中的相关图表。对于阅读统计分析报告的用户来说，应该非常熟悉由 SPSS Statistics 软件制作完毕的精美图表。

（2）快速、简单地为分析准备数据。在进行数据分析之前，需要根据分析目的及分析技术，对数据进行准备和整理工作。SPSS Statistics 内含的众多技术使数据准备变得非常简单。不同于其他统计分析软件，用户不需要为了完成重要的数据准备工作购买其他产品。SPSS Statistics 给出变量值的列表，以及值的数量，用户可以根据这些来添加信息。一旦建立了数据词典，用户就可以使用“拷贝数据属性”工具，更快地为分析工作作数据准备。

SPSS Statistics 可以同时打开多个数据集，方便研究时对不同数据库进行比较分析和转换处理。该软件提供了更强大的数据管理功能，帮助用户利用其他应用程序和数据库。它还支持 Excel、文本、dBase、Access、SAS 等格式的数据文件，通过使用 ODBC（Open Data Base Connectivity）的数据接口，可以直接访问以结构化查询语言（Structured Query Language，SQL）为数据访问标准的数据库管理系统，通过数据库导出向导功能可以方便地将数据写入到数据库中。

SPSS Statistics 支持超长变量名称（64 位字符），这不但方便中文研究的需要，也达到对当今各种复杂数据仓库更好的兼容性，用户可以直接使用数据库或者数据表中的变量名。

（3）使用全面的统计技术进行数据分析。除一般常见的摘要统计和行列计算以外，SPSS Statistics 还提供了广泛的基本统计分析功能，如数据汇总、计数、交叉分析、分类、描述性统计分析、因子分析、回归及聚类分析等，并且还加入了针对直销的各种模块，方便市场分析人员针对具体问题的直接应用。新增的广义线性模型（GZLMs）和广义估计方程（GEEs）可用于处理类型广泛的统计模型问题；使用多项 Logistic 回归统计分析功能在分类表中可以获得更多的诊断功能。

（4）用演示图表清晰地表达分析结果。高分辨率、色彩丰富的饼图、条形图、直方图、散点图、三维图形以及更多图表都是 SPSS Statistics 中的标准功能。SPSS Statistics 提供了一个全新的演示图形系统，能够产生更加专业的图片。它包括以前版本软件中提供的所有图形，并且提供了新功能，使图形定制化生成更加容易，产生的图表结果更具有可读性。SPSS 软件进一步增强了高度可视化的图形构建器的功能，该演示图形系统使用户更容易控制创建和编辑图表的时间，大大减少了工作量，并且用户可以一次创建一个图或表，然后使用作图模板来节省时间。同时，PDF 格式的输出功能能够让用户更好地与其他人员进行信息共享。

多维枢轴表使结果更加生动。在 SPSS Statistics 软件中，用户可以在一个重叠图中基于不同的数值范围建立两个独立的 Y 轴，通过对行、列和层进行重新排列来浏览表格，找到标准报表中可能会丢失的重要查找结果，还可以拆分表或者一次仅显示一组，从而可以更轻松地对各组进行比较。

（5）即时切换多国语言界面的统计分析软件，中文界面清晰友好。SPSS 软件界面操作语言齐备，使用者可以自行设置英文或简体中文等操作界面。在国内统计应用中，很多使用者在学习时会遇到英文统计专业名词的困难，因此很希望该软件有中文版。SPSS 可以自行切换软件语言界面，很好地满足很多人希望使用中文版的要求。SPSS 软件的中文界面具有清晰、友好的中文界面；全新的中文帮助文档，使使用者的学习更轻松；具有简洁、清晰的中文输出，结果一目了然，共享和发表结果更加方便。

(6) 强大的编程能力，支持二次开发。对于常见的统计方法，SPSS 的命令语句、子命令及选择项的选择绝大部分由“对话框”的操作完成。因此，用户无需花大量时间记忆大量的命令、过程、选择项。

4.1.2 SAS 软件

1. 软件简介

SAS（Statistics Analysis System，统计分析系统）是美国 SAS 软件研究所（SAS Institute Inc.）① 经过多年研发于 1976 年推出的一款软件，目前已被许多国家和地区的机构所采用。SAS 系统广泛应用于金融、医疗卫生、生产、运输、通信、政府、科研、教育等领域。它运用统计分析、时间序列分析、运筹决策等科学方法来进行质量管理、财务管理、生产优化、风险管理、市场调查和预测等业务，并可将各种数据以灵活多样的各种报表、图形和三维透视的形式直观地表现出来。在数据处理和统计分析领域，SAS 系统一直被誉为国际上的标准软件系统。

SAS 系统是大型集成应用软件系统，它具备数据访问、数据管理、数据分析、数据显示等四大功能[117][118][119]。

SAS 系统包含了多个不同模块，可以完成不同的任务，主要模块有：①SAS/BASE（基础），初步的统计分析功能；②SAS/STAT（统计），广泛的统计分析功能；③SAS/QC（质量控制），质量管理方面的专门分析计算功能；④SAS/OR（规划），运筹决策方面的专门分析计算功能；⑤SAS/ETS（预测），计量经济的时间序列方面的专门分析计算功能；⑥SAS/IML（矩阵运算），提供交互矩阵语言功能；⑦SAS/GRAPH（图形），提供许多产生图形的过程并支持众多的图形设备功能；⑧SAS/ACCESS（外部数据库接口），提供与大多数流行数据库管理系统的方便接口，并且自身也能

① 美国 SAS 软件研究所（SAS Institute Inc.）创建于 1976 年，总部位于美国北卡罗来那州的凯瑞，是全球最大的私有软件公司。SAS 公司一直致力于为金融、电信、交通、制造、政府以及科研教育等部门提供丰富的商务智能解决方案，包括全面风险管理、平衡记分卡、客户关系管理、供应关系管理、财务管理、智能数据仓库、人力资源管理、市场调查分析、运筹规划等，其数据仓库、数据挖掘软件产品居世界领先地位。

进行数据管理；⑨SAS/ASSIST（面向任务的通用菜单驱动界面），方便用户以菜单方式进行操作；⑩SAS/FSP（数据处理交互式菜单系统）。此外，SAS 系统还将许多常用的统计方法分别集成为两个模块 LAB 和 INSIGHT，供用户利用图形界面和菜单直接对数据进行统计分析。

2. 主要特点

SAS 软件的主要特点有[117][118]：①使用灵活方便，功能齐全。SAS 的宗旨是为所有需要进行数据处理、数据分析的非计算机专业人员提供一种易学易用、完整可靠的软件系统。SAS 使用简单方便。用户把要解决的问题，用 SAS 语言表达出来，组成 SAS 程序，提交给 SAS 系统就可以解决问题。执行情况和输出结果都在屏幕上显示出来。用户操作是在很友好的界面下进行的。此外，SAS 功能非常齐全，它提供了 20 多个模块可用于解决实际问题。②SAS 语言是编程能力强且简单易学的非过程语言。SAS 语言是 SAS 系统的基础，是用户与系统对话的语言，是功能强大的程序设计语言。SAS 语言是非过程语言，不必告诉 SAS 怎样做，只需告诉它要“做什么”。③SAS 系统把数据处理与统计分析融为一体。SAS 程序的结构由两个基本步任意组合而成。其中，DATA 步用于对数据的加工处理，PROC 步用于分析数据和编写报告。

4.1.3 MATLAB 软件

1. 软件简介

MATLAB（矩阵实验室）是 MATrix LABoratory 的缩写，是一款由美国 The MathWorks 公司出品的商业数学软件。MATLAB 是一种用于算法开发、数据可视化、数据分析以及数值计算的高级技术计算语言和交互式环境。除矩阵运算、绘制函数/数据图像等常用功能外，MATLAB 还可以用来创建用户界面以及调用其他语言（包括 C、C++、FORTRAN）编写的程序。

尽管 MATLAB 主要用于数值运算，但利用为数众多的附加工具箱（Toolbox）使得它也适合不同领域的应用（例如，控制系统设计与分析、图像处理、信号处理与通信、金融建模和分析等）。另外，它还有一个配套软件包 Simulink，提供一个可视化开发环境，常用于系统模拟、动态/嵌入式系统开发等方面。

MATLAB 主要提供以下功能[117][120]：①可用于技术计算的高级语言；②可对代码、文件和数据进行管理的开发环境；③可以按迭代的方式探查、设计及求解问题的交互式工具；④可用于线性代数、统计、傅立叶分析、筛选、优化以及数值积分等的数学函数；⑤可用于可视化数据的二维和三维图形函数；⑥可用于构建自定义的图形用户界面的各种工具；⑦可将基于 MATLAB 的算法与外部应用程序和语言（例如，C、C++、Fortran、Java、COM 以及 Microsoft Excel）集成的各种函数。

2. 主要特点

MATLAB 语言之所以能如此迅速地普及，显示出如此旺盛的生命力，是由于它有着不同于其他语言的特点[117][121]：①语言简洁紧凑，使用方便灵活，库函数极其丰富。MATLAB 程序书写形式自由，利用丰富的库函数来避开繁杂的子程序编程任务，压缩了一切不必要的编程工作。由于库函数都由本领域的专家编写，用户不必担心函数的可靠性。可以说，用 MATLAB 进行科技开发是站在专家的肩膀上。MATLAB 用更直观、更符合人们思维习惯的代码，代替了 C 语言和 Fortran 语言的冗长代码。MATLAB 给用户带来的是最直观、最简洁的程序开发环境；②运算符丰富。由于 MATLAB 是用 C 语言编写的，MATLAB 提供了和 C 语言几乎一样多的运算符，灵活使用 MATLAB 的运算符将使程序变得极为简短；③MATLAB 既具有结构化的控制语句（如 for 循环、while 循环、break 语句和 if 语句），又有面向对象编程的特性；④程序限制不严格，程序设计自由度大。例如，在 MATLAB 里，用户无需对矩阵预定义就可以使用；⑤程序的可移植性很好，基本上不做修改就可以在各种型号的计算机和操作系统上运行；⑥MATLAB 的图形功能强大。在 Fortran 和 C 语言里，绘图都很不容易，但在 MATLAB 里，数据的可视化非常简单。MATLAB 还具有较强的编辑图形界面的能力；⑦MATLAB 的缺点是，与其他高级程序相比，程序的执行速度较慢。由于 MATLAB 的程序不用编译等预处理，也不生成可执行文件，程序采用解释方式，所以速度较慢；⑧功能强大的工具箱是 MATLAB 的另一特色。MATLAB 包含两个部分：核心部分和各种可选的工具箱。核心部分中有数百个核心内部函数。其工具箱又分为两类：功能性工具箱和学科性工具箱。功能性工具箱主要用来扩充其符号计算功能、图示建模仿真功能、文字处理功能以及与硬件实时交互功能。功能性工具箱用于多种学科。而学科性工具箱都是专业性比较强的，如 control、toolbox、signl proceessing toolbox、commumnication toolbox 等。这些工具箱都是由该领域内学术水平很高的专家编写的，所以用户无需编写自己学科范围内的基础程序，而直接进行高、精、尖的研究；⑨源程序的开放性。开放性也许是 MATLAB 最受人们欢迎的特点。除内部函数以外，所有 MATLAB 的核心文件和工具箱文件都是可读可改的源文件，用户可通过对源文件的修改以及加入自己的文件来构成新的工具箱；⑩可扩展性。作为 Simulink 和其他所有 MathWorks 产品的基础，MATLAB 可以通过附加的工具箱（Toolbox）进行功能扩展，每一个工具箱就是实现特定功能的函数集合。

4.1.4 R 语言

1. 软件简介

R 语言是一种数据分析语言，它是免费的科学数据分析语言，其中凝聚了众多研究人员的心血，既是使用范围广泛的成熟语言，又是学习者能够较快受益的一种语言。

R 语言的源代码可以自由下载使用，亦有已编译的执行版本可以下载，并且可以在多种平台下运行，包括 UNIX（也包括 FreeBSD 和 Linux）、Windows 和 MacOS。R 主要是以命令行方式进行操作的，但也有人专门开发了几种图形用户界面[117][122]。

R 语言是一套完整的数据处理、计算和制图软件系统，其主要功能包括[117][123]：①数据存储和处理系统；②数组运算工具（其向量、矩阵运算方面的功能尤其强大）；③完整连贯的统计分析工具；④优秀的统计制图功能；⑤简便而强大的编程语言：可操纵数据的输入和输出，可实现分支、循环，用户还可以自定义功能。

与其说 R 语言是一种统计软件，还不如说 R 语言是一种数学计算环境，因为 R 语言并不是仅仅提供若干统计程序，使用者只需要指定数据库和若干参数便可进行统计分析。R 语言的主要思想是：它不仅可以提供一些集成的统计工具，而且可以提供各种数学计算、统计计算方面的函数，从而使用户能够灵活机动地进行数据分析，甚至创造出符合需要的新统计方法。

R 语言的语法表面上类似于 C 语言，但在语义上是函数设计语言（Functional Programming Language）的变种，并且和 Lisp 以及 APL 有很强的兼容性。特别需要注意的是，它允许在“语言上计算”（Computing on the Language）。这使得它可将表达式作为函数的输入参数，而这种做法对统计模拟和绘图非常有用。

2. 主要特点

与 MATLAB、SAS、SPSS 等其他同类软件相比，R 语言是一组数据操作、计算和图形显示工具的环境，其特色在于[117][124]：①它提供了有效的数据处理和保存机制；②它拥有一整套数组和矩阵的操作运算符；③它提供了一系列连贯而又完整的数据分析中间工具；④其图形统计功能可用来对数据直接进行分析和显示，还可用于多种图形设备；⑤它是一种相当完善、简洁和高效的程序设计语言，包括条件语句、循环语句、用户自定义的递归函数以及输入、输出接口；⑥它是彻底面向对象的统计编程语言；⑦它和其他编程语言、数据库之间有很好的接口；⑧它是自由软件，可以放心大胆地使用，但其功能却不比任何其他同类软件差；⑨它具有丰富的网上资源，更为重要的一点是 R 语言提供了非常丰富的程序包，除推荐的标准包外还有很多志愿者贡献的附加包，可以直接利用这些包来提高工作效率。R 语言的官网网址是 http：//www. r-project. org，与 R 语言有关的重要网站还有 CRAN（Comprehensive R Archive Network），其主站网址是 http：//www. cran. r-project. org/，可以下载到很多程序包以及 R 语言相关资料。

4.2 信息可视化软件

俗话说，一图胜千言。精美的可视化图形可以使抽象的数据变得直观、一目了然。因此，目前一些常用的信息可视化工具（如 Pajek、Ucinet 等）备受科研人员的青睐。这些信息可视化工具都可将信息进行可视化分析处理，帮助科研人员完成信息计量研究工作。

4.2.1 Pajek 软件

1. 软件简介

Pajek 软件是由斯洛文尼亚卢布尔雅那大学①的 Vladimir Batagelj② 和 Andrej Mrvar③ 共同编写，可以免费提供给非商业用途的用户使用。Pajek 在斯洛文尼亚语中是蜘蛛的意思。因此，Pajek 软件的标志是一只蜘蛛。蜘蛛是生物中的织网高手，它的编织网络能力令人叹为观止。而 Pajek 这个软件不仅为用户提供了一整套快速有效的用来分析复杂网络的算法，而且提供了一个可视化的界面，允许用户从视觉角度更加直观地了解各种复杂网络的结构特性。

Pajek 可以为合著网、化学有机分子网、蛋白质受体交互网、家谱网、

---

① 卢布尔雅那大学（Universitas Labacensis）成立于 1919 年，位于斯洛文尼亚首都卢布尔雅那市中心，教育设施先进。它是卢布尔雅那唯一的大学，也是斯洛文尼亚历史最悠久、规模最大的高等学院。

② 弗拉迪米尔·巴塔盖尔吉（Vladimir Batagelj，1948—）是斯洛文尼亚卢布尔雅那大学数学系教授，兼任《信息学》和《社会结构杂志》编委。他在《美国计算机协会通讯》《心理测量学》《分类学杂志》《社会网络》《离散数学》《算法》《数学会刊》《定量和定性》《信息学》《计算机科学讲义》《关于数据分析、分类和知识组织的研究》等刊物上发表过多篇论文。2011 年，他与沃特·德·诺伊（Wouter de Nooy）、安德烈·姆尔瓦（Andrej Mrvar）合著《蜘蛛：社会网络分析技术》（*Exploratory Social Network Analysis with Pajek*）（世界图书出版公司 2012 中文版）一书。

③ 安德烈·姆尔瓦（Andrej Mrvar）现为斯洛文尼亚卢布尔雅那大学社会科学系教授。1995—2005 年，他多次在网络图绘制赛事中获奖，出版了《统计学方法论进展：方法卷》（2000）《蜘蛛：社会网络分析技术》（*Exploratory Social Network Analysis with Pajek*）（世界图书出版公司 2012 中文版）等著作。1996 年，他与弗拉迪米尔·巴塔盖尔吉（Vladimir Batagelj）合作开发了适合用于进行大型网络可视化分析的 Pajek 软件。

因特网、引文网、传播网、数据挖掘网等多种复杂网络提供分析和可视化操作工具。

与一般计算机图形的结构相比，复杂网络的复杂性主要表现在节点数目庞大，通常达到几千甚至几万个，其结构要比一般计算机图形的结构复杂得多。例如，一个大型家谱网络，它的节点数（即人数）可以达到数万个。Pajek 则是一种可以快速有效地分析和仿真复杂网络的可视化软件[117][125]。

2. 主要特点

概言之，与其他社会网络可视化软件相比较，Pajek 呈现出以下三方面的主要特点[117][126]。

（1）快速性。Pajek 可以为用户提供一整套快速有效的算法，用于分析节点数以万计的大型复杂网络。在 Pajek 中，由于所有算法的时间复杂度都低于 0（n^2），从而使得 Pajek 有别于其他算法，它可以用来快速处理大型的复杂网络，这也正是 Pajek 的魅力所在。

（2）可视化。Pajek 为用户提供了一个非常人性化的可视化平台，只要在 Pajek 里执行“Draw | Draw”菜单命令，就可以快速绘制出一张网络图。此后，用户还可以根据自己的需要以自动或者手动方式来对该网络图进行精细调整。

（3）抽象化。Pajek 为分析复杂网络的全局结构提供了一种抽象方法，如图 4-1 所示。

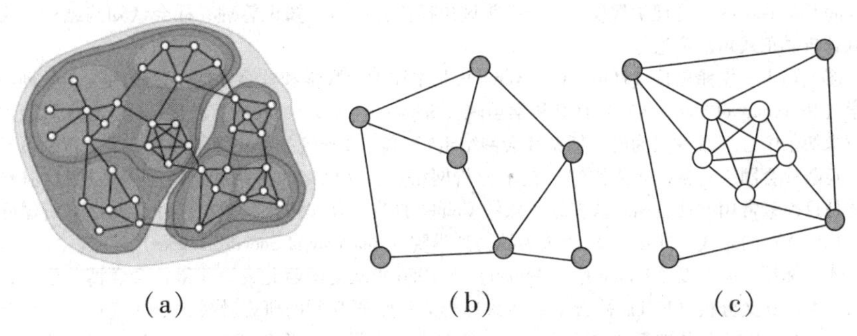

图 4-1　Pajek 的抽象化

在图 4-1 中，(a) 表示某社区的道路分布图。其中的阴影部分就是各个不同的“类”。这些类是若干节点的集合，在这些类的内部，各个节点之间联系紧密，而各个类之间则仅仅通过少数几条边相连接。从这幅图中可以看到各个点之间的联系，但很难一眼看出网络的整体结构。从 (b) 中，很容易就能够从全局角度看出整个网络的整体结构。在 (c) 中，原网络正中间的那个类不变，而其周围的各类都看作是一个整体。利用这个图，就可以很方便地看到中间的类中各个节点在整个网络中的作用。

4.2.2 Ucinet 软件

1. 软件简介

Ucinet 软件是由加州大学欧文 (Irvine) 分校①的一群网络分析者编写的[117][127]。现在对该软件进行扩展的团队由斯蒂芬·博加提 (Stephen Borgatti)②、马丁·埃弗里特 (Martin·Everett)③ 和林顿·弗里曼 (Linton Freeman)④ 组成。该软件最初是一组用 Basic 语言编写的模块，逐渐发展

① 加州大学欧文分校 (University of California Irvine, UCI) 又称伊荣分校，是一所四年制公立大学，成立于 1965 年。尽管它是加州大学各成员学院中历史最短的一所大学，但排名却紧追伯克利、洛杉矶和戴维斯等分校之后，列全美最好的公立学校前十名之一。加州大学欧文分校除拥有崭新优美的建筑以外，教职人员皆具有深厚的专业背景，其中有两人为诺贝尔奖获得者。UCI 最好的学科是生物学、社会生态学、英文、经济和政治科学。其中，生物学是全美国大学最好和学生选修最多的学科。

② 斯蒂芬·博加提 (Stephen Borgatti, 1956—) 在 1989 年从加州大学欧文分校获得数学和社会学博士学位，曾为美国波士顿学院 (Boston College) 卡罗尔管理学院 (Carroll School of Management) 教授、肯塔基大学 (University of Kentucky) 加顿商业与经济学院 (Gatton College of Business and Economics) 管理学教授，其研究领域包括社会网络、知识管理、社会认知与结构、文化领域分析、正式角色理论等。

③ 马丁·埃弗里特 (Martin G. Everett) 是牛津大学数学和社会学博士，现为英国曼彻斯特大学 (University of Manchester) 社会科学学院 (School of Social Sciences) 教授。他创建了社会网络分析米切尔中心 (现改名为曼彻斯特社会网络组)，其主要研究兴趣在数学和社会学分析领域，参加过隐蔽社会网络、精神病人网络、技术分析网络、自我网络、网络和扩散等多个项目的研究。他还是目前最常用的社会网络数据分析软件 Ucinet 的共同著作权人，曾担任社会网络分析国际网络 (INSNA) 的总裁，并在 2004 当选为社会科学院 (Academy of Social Sciences) 院士。

④ 林顿·弗里曼 (Linton C. Freeman) 在 1956 年从美国西北大学获得社会学博士学位，现为加州大学欧文分校 (UCI) 社会学系和数理行为科学研究所的研究教授，他一直致力于社会网络分析、社会结构和认知领域的研究，并在 1978 年创办了“社会网络 (*Social Networks*)”杂志，其代表作为《社会网络分析发展史》，是社会网络分析发展的推动者，并为此做出了巨大贡献。社会网络分析研究领域的最高奖弗里曼奖就是用他的名字来命名的。

成为综合性的 DOS 程序，现在已经可作为一种 Windows 程序来使用了。这是一个具有通用目标、易于使用的程序，它涵盖了一些基本的图论概念、位置分析法和多维量表分析法等。

Ucinet 软件的设计思路是考虑应该提供哪些功能。自从 Freeman 的第一个版本发布以来，Ucinet 一直吸收不同的网络算法。这些算法无论是在功能上（检测具有凝聚力的群体、测量中心度等）还是在来源上（不同人以不同的数学思想、方法论的观点下创造出来的）都有很多种。

2. 主要特点

Ucinet 软件主要有以下特点[117][128]：①Ucinet 是菜单驱动程序，菜单是嵌套的，选择菜单中的某个功能时可以显示该功能下的所有下级菜单，用户可以根据需要来进行选择。新版本的 Ucinet 6 与以往版本追求易用性相比，更注重程序运行的速度。在运行 Ucinet 程序时，总是需要在使用降低最大处理的网络节点大小、占用大量内存的算法还是使用能处理更多数据集合、节省内存空间的缓慢算法之间做出选择；②Ucinet 采用菜单系统的后果之一是需要将程序功能组织成类别及子类，并且要富于逻辑、可理解。事实证明，这是可行的。Ucinet 提供的所有功能分类都有几个竞争方案，但没有一个方案是完美的。每个方案对于部分功能归类来说非常完美，而对于剩余部分功能的归类则显得很勉强。Ucinet 已经使用的分类方案同样也存在着这样的问题，但最基本的思想是在网络环境下，该方案是基于网络理论基础之上的；③Ucinet 网络分析集成软件包括一维与二维数据分析的 NetDraw，还有正在发展应用的三维展示分析软件 Mage 等，同时集成了 Pajek 用于大型网络分析的 Free 应用软件程序。利用 Ucinet 软件可以读取文本文件、KrackPlot、Pajek、Negopy、VNA 等格式的文件。它能处理 32767 个网络节点。当然，从实际操作来看，当节点数在 5000~10000 时，一些程序的运行速度就会很慢；④Ucinet 提供大量的数据管理和转换工具，例如，选择子集、合并数据集、序化、转化或记录数据。Ucinet 不包含可视化的过程，但它与 Mage、NetDraw、Pajek 等软件集成在一起，从而能够实现可视化。其中，NetDraw 是简单的网络图绘制软件，它可以读取 Ucinet 系统文件、Ucinet 文件、Pajek 文本文件等。它还可以同时处理多种关系，并且可以根据节点的特性来设置节点的颜色、形状和大小，是一款非常灵活的可视化软件，并且可以进行各种数据分析（例如，中心性分析、子图分析、角色分析等），还具有很强的矩阵运算能力；⑤下载后可免费使用两个月，试用版本的数据是过期的，但其功能和正式版本是一样的。试用期满后可以选择在线购买，并且针对不同的用户类型规定了不同的购买价格。

4.2.3 HistCite 软件

1. 软件简介

HistCite 是由 SCI 的创始人尤金·加菲尔德以及他的同事们共同推出的一款比较完整的引文编年可视化系统，该软件可以从其官方网站（网址：http：//www. histcite. com）上下载。HistCite 不仅是一款文献列表分析软件，更是一种强有力的可视化分析工具。HistCite 可以使用 HTML 格式，在 Web 浏览器中显示一个清晰、富含大量信息的数据列表[117][129]。

2. 主要特点

与其他软件相比，HistCite 主要有以下三个特点[117][129][130]：①识别所研究领域内的关键文献，包括识别出对该主题发展做出重要贡献的文献、通过关键词查询来准确定位出所缺失的最重要文献、识别该领域内被引用最多的作者和期刊、识别其他可以扩检的关键词等；②重现研究领域的历史及发展情况，包括创建历史图表来显示关键的文献和时间、创建某个作者的历史发展图、找到高被引文献、发现重要的共作者关系、找到对某位作者所写文献中贡献最大的出版物和文献、找到作者所出版作品的时间序列等；③分析下载文献中的作品数量和引用比率，包括发文作者的国籍和所属机构、在所下载的这些文章中发文最多以及被引用最多的作者、引文的统计情况、计算作者的 H 指数、自引和排除自引的情况等。

4.2.4 CiteSpace 软件

1. 软件简介

CiteSpace 是美国德雷赛尔大学（Drexel University）① 信息科学与技术学院陈超美老师所在团队研发的一款用于分析和可视共现网络的 Java 应用程序，以 Web of Science 导出的纯文本数据为主要数据源，目的是探讨科学文献可视化的模式和发展趋势。CiteSpace 在全世界享有盛誉，近年来在中国的推广非常成功，大连理工大学等多所中国院校对 CiteSpace 展开了不同程度的研究和应用，并将国内的 CSSCI、CNKI 等数据库成功应用到 CiteSpace 中[117][131]。

由于 CiteSpace 最初是通过其官方网站的 WebStart 链接使用的，使用量可通过网站流量来进行统计。通过 Cluster Maps 分析可知，CiteSpace 主要用户分布在美国、欧洲、中国等国家和地区。

2. 主要特点

与其他文献分析软件相比，CiteSpace 有其自身的优势和独特之处[117][132]：①可以将 Web of Science 等数据库的原始数据格式直接导入进行运算及作图，原始数据不需要转化为矩阵的格式；②对于同一数据样本，可进行多种图谱绘制，从不同角度展现数据演化特征；③该软件通过为节点和连线标记不同颜色，清晰地展现出文献数据随时间变化的脉络；④解释图形很主观，既可以用系统的算法来生成聚类，也可以用视觉判断聚类，并咨询领域专家。

4.2.5 VOSviewer 软件

VOSviewer（Visualization Of Similarities，VOS）是由荷兰鹿特丹伊拉斯

① 德雷赛尔大学（Drexel University）是一所位于费城市中心的四年制私立大学，成立于 1891 年，是费城三大名校之一。德雷赛尔大学已经连续多年被《美国新闻与世界报道》评为“最佳美国大学”。

姆斯大学（Erasmus University Rotterdam）① 的尼斯·简·凡·埃克（Nees Jan van Eck）② 和鲁·沃尔特曼（Ludo Waltman）③ 联合开发的。

1. 软件简介

VOSviewer 最早的版本仅仅用于展示可视化的结果，随后版本不仅开放供用户免费使用，而且功能和分析的数据类型也得到了很大的提升。目前，该软件具备了常见的几乎所有文献计量分析功能，如文献耦合分析、共被引分析、合作分析以及共词分析。据调研，该软件已经广泛应用在各个领域的科学计量分析中。以科学计量学领域的知名期刊《科学计量学》（*Scientometrics*）④ 为例，其发表的大量案例研究类论文就使用了 VOSviewer。在该软件被大家广泛使用的同时，也存在很多“问题”，主要表现在以下两个方面：①由于软件用户自身缺乏科学计量学的基础，所分析的目的以及结果解读存在错误；②由于没有撰写详细的软件使用技巧说明，导致很多用户得到的结果十分不清晰。当然，这可能也是用户使用其他科学图谱工具时存在的共性问题[133][134][135][136]。从核心功能来说，VOSviewer 主要用于分析科技文献的合作网络、共被引网络、耦合网络以及主题的共现网络，这些都属于无向网络。

如果用户想要下载 VOSviewer 软件，则可在 IE 浏览器中输入网址

---

① 伊拉斯姆斯大学（Erasmus University Rotterdam，EUR）位于荷兰王国第二大城市、欧洲第一大港口城市鹿特丹，它是享誉世界的顶尖高等学府，拥有欧洲乃至全世界最负盛名的经济学院和管理学院。

② 尼斯·简·凡·埃克（Nees Jan van Eck）现为莱顿大学科学技术研究中心研究员、信息计量学杂志和科学计量学杂志编委会成员，其研究兴趣主要聚焦在科学知识图谱和绩效评价指标分析与构建上。他与鲁·沃尔特曼（Ludo Waltman）博士联合开发了 VOSviewer 软件。

③ 鲁·沃尔特曼（Ludo Waltman）现为莱顿大学科学技术研究中心研究员、信息计量学杂志（*Journal of Informetrics*）主编，其研究兴趣主要聚焦在文献计量学和科学计量学方法论、文献网络分析与可视化、科研绩效评价指标上。他与尼斯·简·凡·埃克（Nees Jan van Eck）博士联合开发了 VOSviewer 软件。

④ 《科学计量学》（*Scientometrics*）杂志创刊于 1978 年，由匈牙利科学出版社出版，现任主编是普赖斯奖获得者、匈牙利科学院政策研究所资深专家格兰采尔（Glanzel Wolfgang）。该刊致力于定量研究科学的科学、科学交流和科学政策，主要刊载科学计量学领域的研究论文、短讯和评论。该刊因刊载科学计量学领域的许多研究性文章，为介绍科学计量研究方法、开展不同学术观点的争鸣提供了最广泛的国际环境，所以受到管理学界、图书馆学界、情报学界专家的特别重视，是科学计量学领域的国际权威学术期刊。

http：//www. vosviewer. com/，即可登录到 VOSviewer 软件的主页。然后，单击页面中的 Download，进入该软件的下载界面，按照屏幕提示即可完成该软件的下载。

2. 分析步骤

使用 VOSviewer 软件进行数据可视化分析，主要包括以下七大分析步骤[133][135][136]：①获取数据：当用户在确定好研究主题以后，就可以据此来选择数据库（如 Web of Science、Scopus 等）及数据采集方法；②选择分析单元：用户在进行数据分析之前，需要根据研究目的来选择合适的分析单元。常见的分析单元包含标题、作者、机构、国家/地区、摘要、关键词、参考文献、发表期刊以及其他索引信息；③计算分值：利用共被引分析、耦合分析、合作分析、共词分析等不同计算方法来建立知识分析单元之间的联系，并计算其关联强度（或称相关得分）；④标准化处理：在得到上述原始得分之后，为了修正由于节点本身大小所带来的对节点之间关联强度的影响，还需要对原始数据进行标准化处理。VOSviewer 中嵌入的数据标准化方法主要有关联强度方法和联合概率算法；⑤构建图谱：在 VOSviewer 中构建知识图谱主要包括两个步骤：一是使用 VOS mapping 算法来计算节点在二维空间的相对位置，二是通过 VOS Clustering 方法来对图谱进行聚类；⑥可视化：VOSviewer 中用节点来表示所要分析的知识单元，用节点的颜色来表示所属的不同聚类，用节点以及节点的标签来表示节点的权重信息；⑦评估结果：知识图谱结果评估决定生成的知识图谱最终是否可用，通常需要借助行业专家、学者等外界力量来对生成的知识图谱进行评估。如果用户对得到的图谱结果还不满意，则需要重新调整可视化参数。

4.2.6 SCI^{2}软件

4.2.6.1 软件简介

SCI^2（Science of Science）Tool（http：//sci2. cns. iu. edu）是由美国印

第安纳大学①凯蒂·伯尔纳教授组织开发的一款免费软件，它是专门为科学研究而设计的一整套模块化科学工具。它支持从时间、空间、主题、网络分析和可视化等多个角度，分析微观（个体）、中观（局部）和宏观（整体）水平的知识单元[117][137]。

SCI^2功能强大，利用它可以输入多种常见格式数据，提供多种方法来处理数据，可以构建常见的知识单元网络，还能形成作者—引证、论文—引证、作者—论文等直接关系网络，进行历时分析（对数据进行时段分割和突变检测）、空间分析（通过地理编码和地理空间主题图完成）、主题分析（词语突变检测和共词分析）、网络分析（在网络上应用不同算法进行统计分析）。

与其他知识可视化工具相比，SCI^2具有以下重要特点：①访问或自行下载在线科学数据集；②利用最有效的算法来进行不同类型的分析；③使用不同的可视化方法来交互式地探索和理解特定数据集；④共享数据集和跨学科的算法。

4.2.6.2 运行环境

SCI^2的开发是在网络基础设施内核——Cyber Infrastructure Shell（CIShell）的基础上开发的。CIShell 是一个开源的 Eclipse 插件框架，它可以很容易地整合数据集、方程、工具和计算机资源，并且遵守 OSGI R4 协议和 Equinox 接口[117]。

SCI^2是一款单机桌面软件，可以适用于现有的通用操作系统，它是建立在 Java SE 5 的基础上，所以使用前必须先安装 Java 虚拟机，然后下载 SCI^2（http：//sci. cns. iu. edu/registration/user/），解压缩后就可以使用。

如果用户还没有安装 Java，需要先安装 JDK，版本要求在 JDK 5 及以

---

① 印第安纳大学（Indiana University）创建于1820年，是美国阿巴拉挈亚山脉西部最古老的大学之一，在全美国共有8个分校，共有教师4000多人，学生近10万人。作为一所享有盛誉的明星级大学，印第安纳大学得到美国社会各界的普遍认可，并在音乐、社会学、新闻传播等领域处于美国乃至全世界领先水平，已成为全美国人文社会科学学科最强的大学之一。印第安纳大学校区占地非常广阔，拥有多样化的植物和众多新旧结合的石灰岩建筑物，被认为是世界上最美丽的校区之一。艺术评论家 Thomas Gaines 称其为全美国最美的五所艺术品般大学校园之一。

上，下载网址为 http：//www. java. com/en/download/index. jsp，然后从网址 http：//sci. cns. iu. edu/registration/user/下载 SCI^2，下载时请注意选择操作系统的类型。

下载完成后，解压缩 zip 压缩文件到任意文件夹中，从其文件组成可以看出该程序采用 Eclipse RCP 机制，而且选用的是 AWT 而非 SWT 框架。双击 sci2. exe 文件，即可自动运行程序。如果想要卸载 SCI^2，只需要删除程序所在的文件夹即可。

4.2.6.3 用户界面

启动程序，得到 SCI^2 用户界面，包括菜单栏和窗口。其中，窗口包括调试窗口、调度窗口和数据管理窗口[117][137]。

1. 菜单栏

SCI^2 菜单栏主要包括 File（文件）、Data Preparation（数据准备）、Preprocessing（预处理）、Analysis（分析）、Modeling（建模）、Visualization（可视化）、Help（帮助）等七个一级菜单项。

“File（文件）”菜单主要功能包括可以加载多种数据格式（如 ISI、NSF 数据等），保存和查看结果，以及合并或分割节点和边文件。

下载文件后，就可以利用“Data Preparation（数据准备）”菜单中的选项来清理数据和建立网络或用来预处理、分析和可视化步骤的表。在菜单顶部的选项可用于任何基于表的数据集（如 CSV 文件），用于提取从网络中下载的信息。位于最底部的“数据准备 | 数据库”菜单项是专门用来对先前加载到数据库 ISI 或 NSF 数据进行设置。

在分析和可视化处理之前，用户可使用预处理算法进行修剪追加网络或者表。菜单按照域分开，而最小单位的任务要求放在同一个域中。例如，为了可视化一个作者同被引网络，只需要利用从属于“预处理”“分析”和“可视化”下面的“网络”域的算法即可。同样，显示地图仅需要利用“地理空间”算法。利用“Preprocessing（预处理）”菜单可以实现一般处理、时空处理、空间处理、主题处理、网络处理等功能。

一旦数据经过加载、准备和预处理以后，就可以利用 Analysis（分析）菜单项在四个域中进行数据分析，包括时间分析、空间分析、主题分析和网络分析。分析结果可以用于再分析，也可以进行可视化。尽管 SCI^2 主要用于网络分析，但它也支持表格数据的地理编码以及专题或者通用的分析研究。

Modeling（建模）菜单只有“网络（Networks）”一个子菜单项。“网络”子菜单项又包括以下内容：①随机图像，提取带有固定数量且被无向边随机连接的节点的图像；②瓦斯托加茨小世界，生成一个其中大部分节点没有直接连接到另一个节点，但仍通过较少边连接到另一个节点的图像；③Barabási-Albert 无标度网络，通过经济增长和优先连接生成无标度网络；④TARL（主题式、老龄化和递归链接）网络，集成“老龄化”生成作者和论文的双边 Coevolving 网络，也可应用于其他不同的“老龄化”分布数据集。

Visualization（可视化）菜单包括以下子菜单项：①“概述”子菜单项，包括“Gnu 平面图”子菜单项，用于以许多不同形式绘制二维功能和数据点的平面图；②“时空”子菜单项，包括“水平条形图（不包括版本）”子菜单项，使用 CSV（表格）数据集依据时间的推移可视化数值数据；③“空间”子菜单项，包括“地理地图（圈注解）”和“地理地图（彩色区域注解）”这两个子菜单项；④“网络”子菜单项。

Help（帮助）菜单可以连接到联机文档，还包括更新、配置管理以及有关 SCI^2 工具的介绍信息。

2. 窗口界面

SCI^2 有三大窗口，它们各有不同的功能：①Console 窗口为调试窗口，展示了处理数据过程中产生的各种操作。用户进行的所有操作（如下载、查看、保存数据、运行各种公式、调整参数等），都会在“Console”窗口中显示日志信息，并将日志信息保存在“安装目录/logs”目录下。同时，“Console”窗口还会显示公式原作者的感谢信息、开发者信息、集成者信息、参考文档、链接到参考文档的 URL、链接到 Wiki 社区 NWB/SCI2 的公式描述的 URL；②Scheduler（调度）窗口主要用来显示数据处理进程，还可以对产生的数据进行删除；③Data Manager（数据管理）窗口可以用来显示处理过程中产生的所有数据。一般情况下，数据管理窗口会显示当前所有加载的可以使用的数据集。加载不同类型的数据，会显示不同的图标（如表 4-1 所示）。

表 4-1 不同数据类型的图标

图标	数据类型	说明
	Text（文本）	文本文件
	Table（表）	表数据（csv 文件）
	Matrix（矩阵）	Pajek 的 . mat 文件
	Plot（曲线图）	可以利用 Gnuplot 软件来绘图的纯文本文件
	Network（网络）	网络数据（Graph/ML、XGMML、NWB、Pajek. net 或是边列表格式）
	Database（数据库）	内存数据库
	Tree（树）	树形数据（TreeML）

4.3 知识图谱工具软件应用举例

4.3.1 SPSS 应用举例

本节以共词分析为例，利用 SPSS 中的因子分析、聚类分析和多维尺度分析功能来构建相应的知识图谱[117][138]。

1. 数据处理

在中国知网（CNKI）① 上，以“信息资源管理”为关键词，检索时间范围为 CNKI 默认的年限，检索时间为 2010 年 1 月 24 日，检索范围为核心期刊，以关键词为检索字段，采用精确检索的方式检索出 1133 篇文献。

① 中国知网（China National Knowledge Infrastructure，CNKI，网址：http：//www. cnki. net）是目前世界上最大的连续动态更新的中国期刊全文数据库，收录国内 8200 多种重要期刊，以学术、技术、政策指导及教育类为主，同时收录部分基础教育、大众科普、大众文化和文艺作品类刊物，内容覆盖自然科学、工程技术、农业、哲学、医学、人文社会科学等多个领域，全文文献总量高达 2200 多万篇。

从 CNKI 上下载这些文献的题录数据，并且保存成记事本格式的文件。

首先，将所有题录数据载入到数据库中，然后从这些数据中抽取出关键词，进行关键词统计，选取高频关键词，然后对高频关键词进行两两共同出现次数统计，最终得到一个高频关键词共词矩阵。

在处理过程中，笔者去掉了与信息资源管理无关的文献（如通知、启事等），最终得到 1062 篇有关信息资源管理的文献。这些文献共计有 5027 个关键词，平均每篇文献有 4.7 个关键词。为了保证共词分析的效果，笔者选择词频不低于 6 次的做进一步处理，并且去掉了一些与信息资源管理研究方向不相关的词（如情报学、图书馆、图书馆学、管理、中国、美国、信息、研究方向、理论研究等关键词）。同时，笔者还对一些同义词进行了合并（例如，将“因特网”“网络”和“Internet”合并成“互联网”，将“现代信息技术”转换成“信息技术”，将“IRM”转换成“信息资源管理”等）。其中，关键词“信息资源管理”出现的次数最多，但鉴于“信息资源管理”与本节的研究内容完全重合，在共词分析中难以发挥作用，故予以舍弃。最终确定了表征信息资源管理研究方向的 57 个关键词，这是本节处理共词分析的基础，如表 4-2 所示。

接着，对这 57 个关键词进行两两组合，统计它们在 1062 篇文章中共同出现的次数，形成 57×57 共词矩阵，部分共词矩阵如表 4-3 所示。在这里，笔者将对角线的值设为该关键词与其他关键词共同出现次数的最大值 +1，以突出该关键词与自己的亲密关系。

表 4-2　参与聚类分析的关键词列表（部分）

关键词	词频	关键词	词频
信息管理	97	企业	22
信息资源	91	网络信息资源	21
知识管理	80	信息产业	20
信息技术	51	信息化	19
互联网	36	管理信息系统	17
信息系统	35	信息政策	16

续表

关键词	词频	关键词	词频
企业信息化	31	信息组织	16
信息服务	31	知识经济	16
电子政务	29	网络环境	16
数字图书馆	27	政府信息资源	15

表 4-3　关键词共词矩阵（部分）

关键词	信息管理	信息资源	知识管理	信息技术	互联网	信息系统	信息服务
信息管理	21	4	20	19	1	10	2
信息资源	4	9	3	6	8	4	4
知识管理	20	3	21	5	1	3	1
信息技术	19	6	5	20	1	12	4
互联网	1	8	1	1	9	2	2
信息系统	10	4	3	12	2	13	2
信息服务	2	4	1	4	2	2	5

2. 因子分析图谱创建

因子分析要达到的目标就要用尽可能少的因子去描述众多的指标或因素之间的联系，其基本思想是根据关键词之间的相关性大小，将研究对象的变量进行分组，使得同组内的变量之间相关性较高，而不同组的变量相关性较低。每组变量代表一个基本结构，这个基本结构称为公共因子。这样，较少的几个公共因子就可以反映原始资料的大部分信息。利用因子分析法，可根据因子得分值，在因子所构成的空间中把研究对象的变量点画出来，从而达到客观分类的目的，并以此来对聚类分析结果进行完善。

具体步骤介绍如下：

（1）选择分析菜单中的降维选项，再选择因子分析选项（如图 4-2 所示），打开因子分析对话框（如图 4-3 所示）。

图 4-2　因子分析菜单

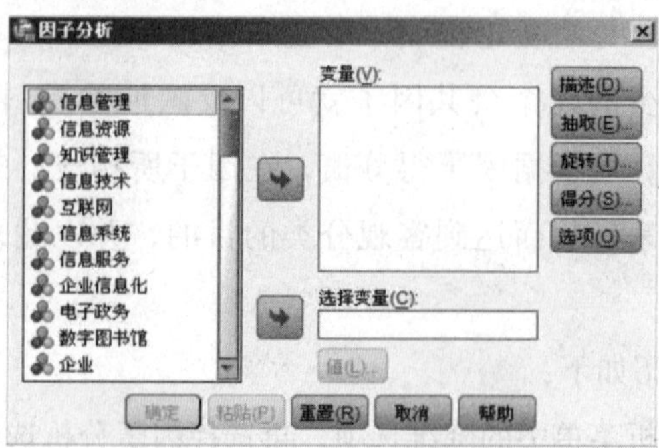

图 4-3　因子分析对话框

（2）将所有的数据添加至变量框中，如图 4-4 所示。

图 4-4 选择所有变量

（3）在描述对话框中设置值，如图 4-5 所示。

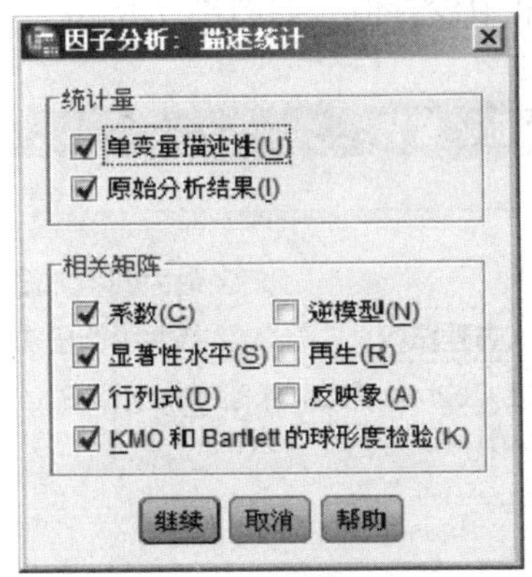

图 4-5 描述对话框

（4）在抽取对话框中选择主成份，并设置值，如图 4-6 所示。

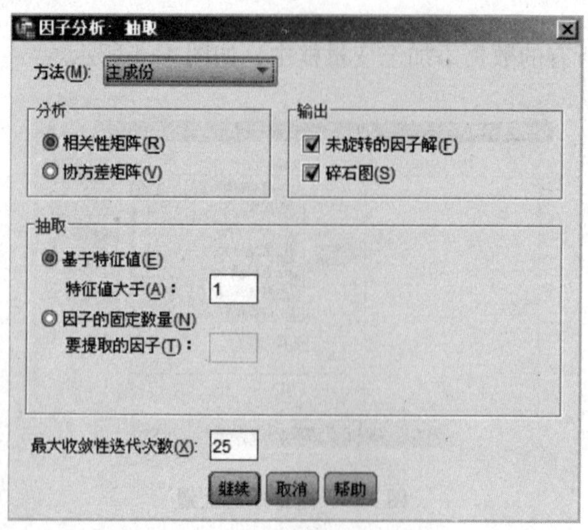

图 4-6　抽取对话框

（5）在旋转对话框中设置值，如图 4-7 所示。

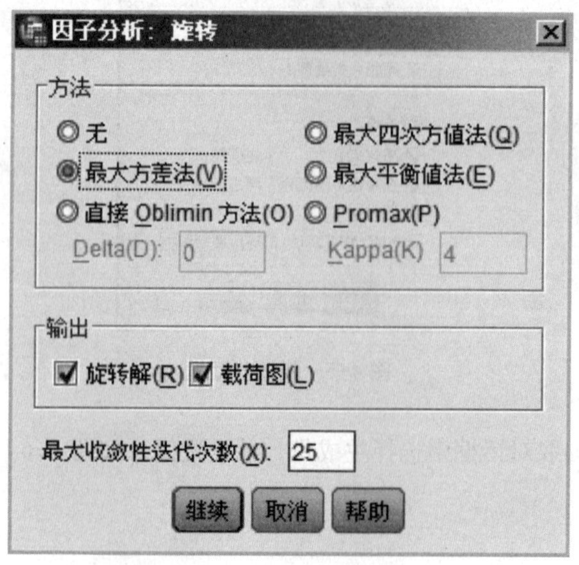

图 4-7　旋转对话框

以上面得到的关键词共词矩阵为基础，在 SPSS 20 中选择主成份方法、协方差矩阵和最大方差旋转进行因子分析。结果显示有 7 个公共因子被提取出来，其累计方差贡献率为 85.789%。也就是说，将这 57 个关键词分成 7 个类别，就可以解释国内信息资源管理领域 85.789%的信息。其中，“信息管理”“信息系统”“信息资源”三个关键词的方差贡献率超过了 10%，分别为 37.224%、14.733%、10.195%，累计方差贡献率为 62.152%，这是国内信息资源管理研究比较集中的领域。表 4-4 显示了因子载荷量大于 0.5 的关键词分类，根据载荷量大于 0.7 对命名才有帮助的原则，笔者为这 7 个公共因子分别命名。最后一类由于只有一个因子，因此直接将其作为公共因子的名字。

表 4-4　因子分析确定的 IRM 研究热点

1 信息系统		2 信息产业化		3 网络信息资源管理		4 档案资源管理	
信息管理	0.746	信息产业	0.892	信息资源	0.618	档案管理	0.802
知识管理	0.554	政府信息资源	0.850	互联网	0.843	档案信息资源	0.912
信息技术	0.870	信息市场	0.929	信息服务	0.627	电子文件	0.805
信息系统	0.751	信息机构	0.942	网络信息资源	0.617	档案工作者	0.658
管理信息系统	0.869	信息产品	0.815	网络坏境	0.658	档案工作	0.826
信息政策	0.818	信息服务业	0.576	信息组织	0.578		
信息经济学	0.858			信息资源建设	0.809		
信息化建设	0.620						
信息经济	0.571						
国家信息政策	0.816						
企业信息资源	0.769						
信息服务业	0.557						
5 企业信息化		6 知识经济		7 知识管理			
信息资源	0.548	信息管理	0.584	知识管理	0.511		
企业信息化	0.752	知识经济	0.950				
电子政务	0.541	信息经济	0.551				
企业	0.567	信息管理学	0.582				
CIO	0.534						
电子商务	0.687						
集成管理	0.717						

3. 系统聚类图谱创建

聚类分析是从事物数量上的特征出发对事物进行分类，是数值分类学和多元统计技术结合的结果，其基本思想是依照事物的数值特征来计算各个变量或样品间的亲疏关系。而变量之间的亲疏关系则由变量之间的距离来衡量，一旦变量之间的距离定义以后，则将距离近的变量归为同一类。系统聚类（也称层次聚类）是最常用的一种方法，其含义是：开始时将每个变量各看成一类，将距离最近的两个类合并；重新计算新类与其他类的距离，再将距离最近的两类合并；再计算新类与其他类的距离……，这样一步步地进行下去，每一步减少一类，直至所有的变量都合并成一类为止，整个聚类过程可绘成聚类图。

系统聚类分析的主要步骤如下所述：

（1）选择分析菜单中的分类，选择系统聚类菜单（如图 4-8 所示），打开系统聚类对话框（如图 4-9 所示）。

图 4-8　系统聚类菜单

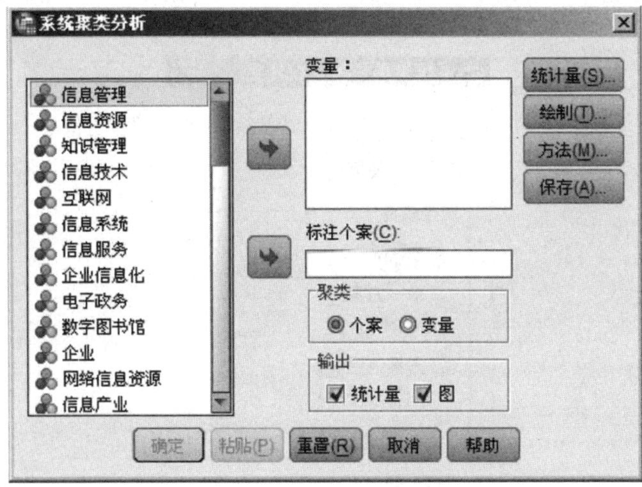

图 4-9　系统聚类对话框

（2）将所有的数据添加至变量框中，并选择变量选项，如图 4-10 所示。

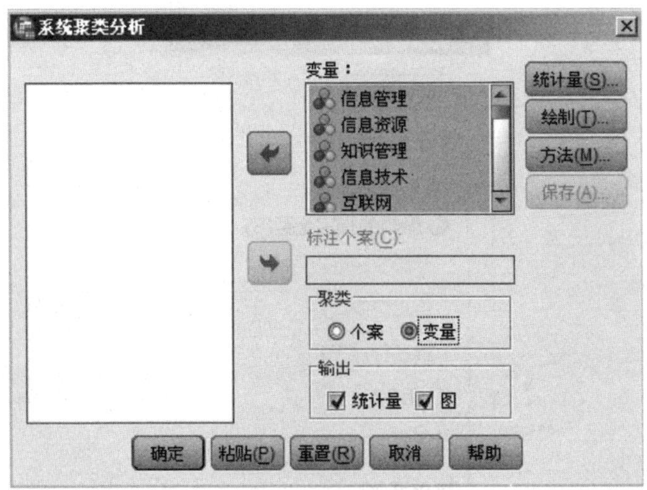

图 4-10　选择所有变量

（3）在统计量对话框中设置值，如图 4-11 所示。

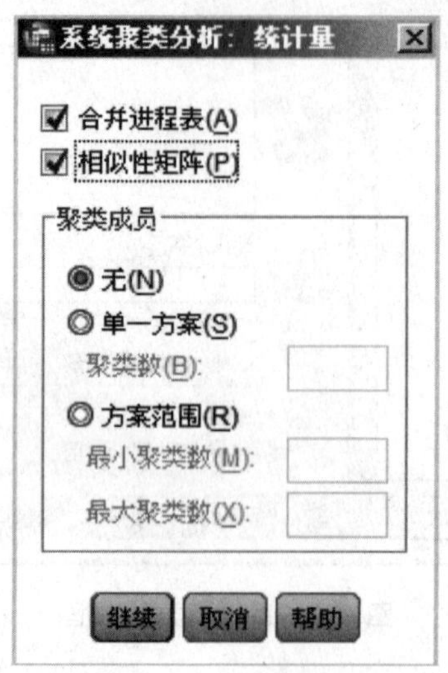

图 4-11　统计量对话框

（4）在绘制对话框中进行设置，如图 4-12 所示。

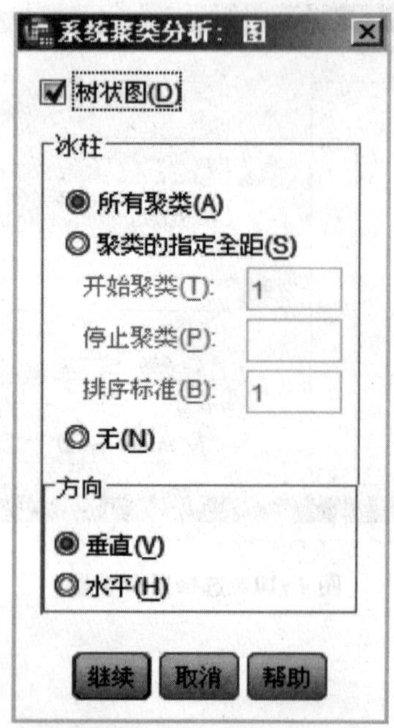

图 4-12　绘制对话框

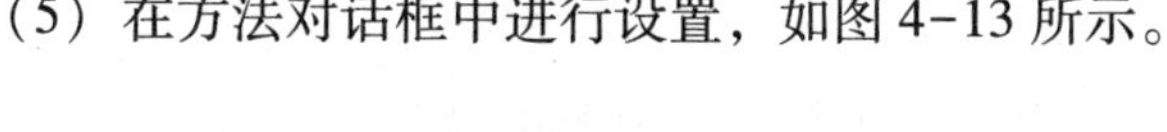

（5）在方法对话框中进行设置，如图 4-13 所示。

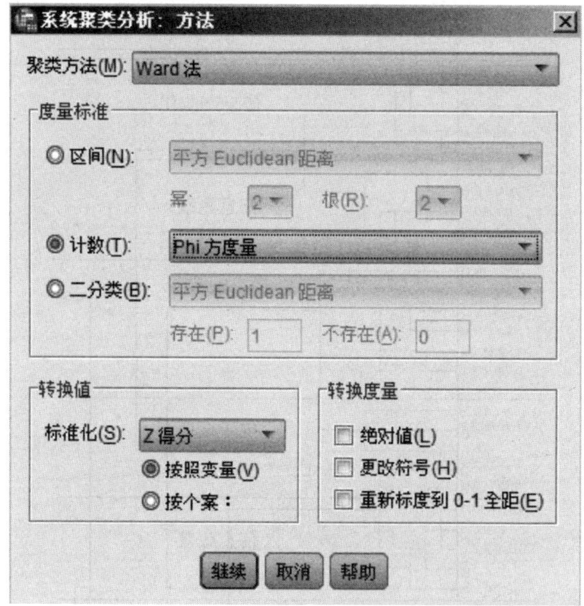

图 4-13　方法对话框

本节拟采用聚类分析中常用的系统聚类法（Hierarchical Clustering Method）对共词矩阵进行聚类。聚类时选用离差平方和（Ward）作为聚类方法，在距离测度方法中选择离散数据类型 Count 中的斐方法（Phi-square Measure），在数据标准化中选择 Z 分数。

聚类分析的结果如图 4-14 所示，综合考虑每一类中各关键词的性质，最终确定信息资源管理领域的十大研究热点为：信息产业化、信息系统、企业信息化、电子商务、信息政策、知识管理、电子政务、档案信息资源管理、网络信息组织、信息资源共享。

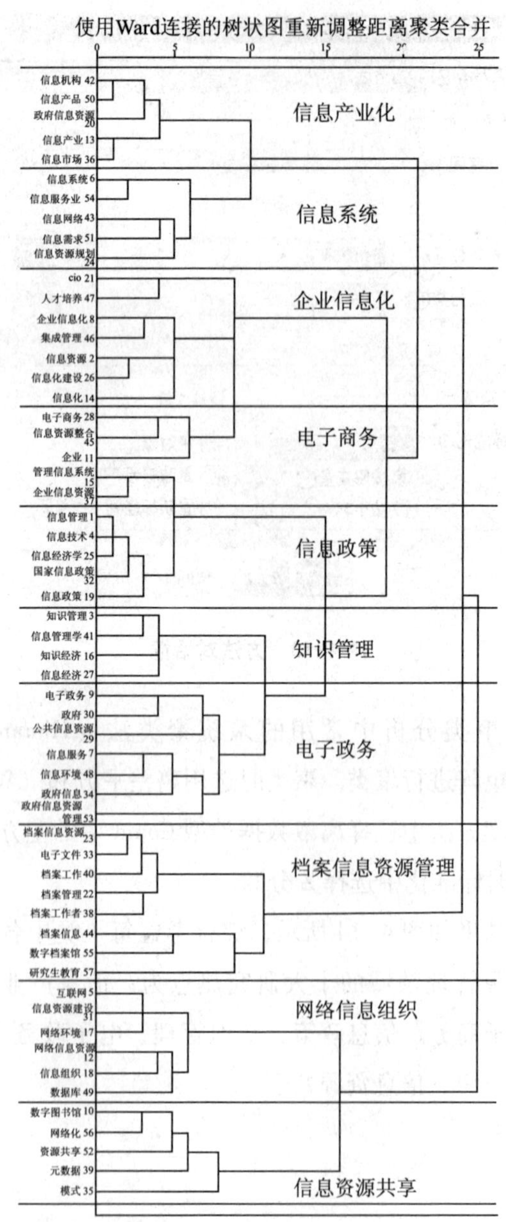

图 4-14　聚类结果树状图

4. 多维尺度图谱创建

多维尺度分析的主要步骤如下所述：

（1）在分析菜单中选择度量，选择多维尺度选项（如图 4-15 所示），打开多维尺度分析对话框（如图 4-16 所示）。

图 4-15　多维尺度菜单

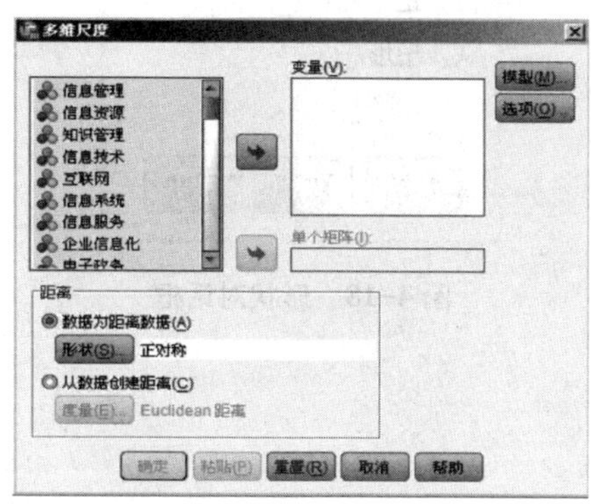

图 4-16　多维尺度对话框

（2）选择所有的变量，并将所有的变量添加至变量框中，如图 4-17 所示。

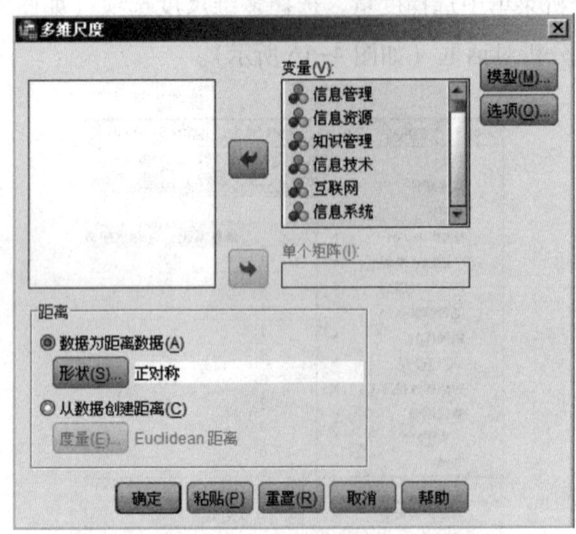

图 4-17　选择所有的变量

（3）在形状对话框中进行设置，如图 4-18 所示。

图 4-18　形状对话框

（4）在模型对话框进行设置，如图 4-19 所示。

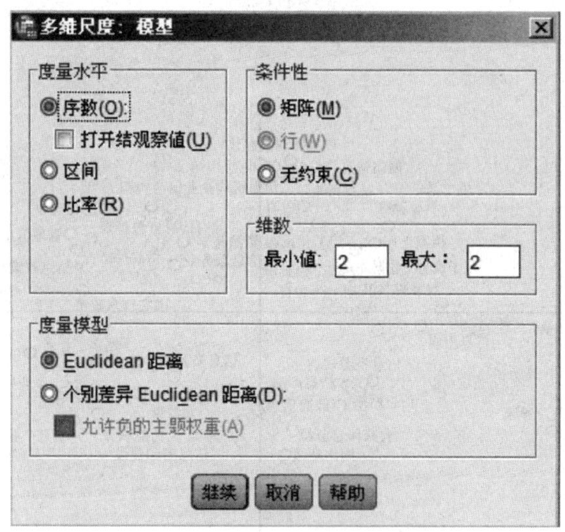

图 4-19　模型对话框

（5）在选项对话框中进行设置（如图 4-20 所示）。最终得到多维尺度图谱（如图 4-21 所示）。

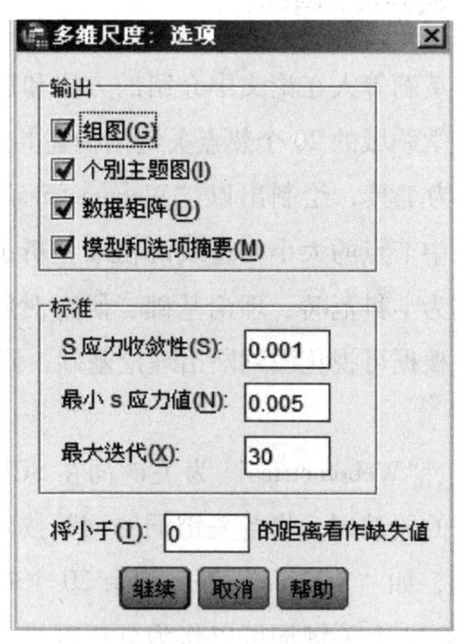

图 4-20　选项对话框

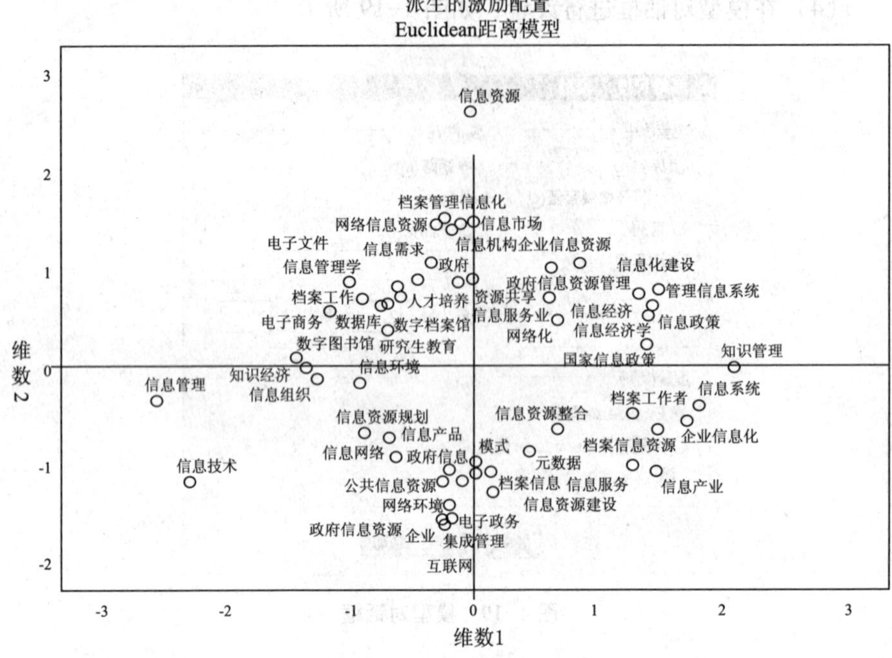

图 4-21　多维尺度图谱

4.3.2　Pajek 软件应用举例

本小节主要参考黄莉等人在论文中介绍的方法和思路[139]，从 SCIE 中挑选出网络信息计量学领域的 20 个热点关键词构建共词矩阵，借助共词可视化方法和 Pajek 作为工具，绘制出以“Webometrics”为例的 Pajek 网络图，并依据可视化图中节点的大小与连线的粗细分析了网络信息计量学的六大研究主题，分别为学科范畴、理论基础、研究对象、计量指标、研究工具、应用范围，并根据可视化图判断出理论基础、研究对象等。

1. 数据获取

以“Webmetrics”“Webometrics”为关键词在 SCIE 中搜索相关论文，然后提取各篇论文中的关键词，将各关键词的词频按降序排列，剔除其中专指程度低的关键词，如“Science”等，剩余 20 个专指程度较高的关键词如表 4-5 所示。这 20 个关键词可以作为分析网络信息计量学研究主题的代表性关键词，各关键词的词频将在 Pajek 网络图中显示为节点的大小。

表 4-5 网络信息计量学领域热点关键词

关键词	词频	编号	关键词	词频	编号
Webometrics	24	K01	Scholarly Communication	7	K11
World Wide Web	23	K02	Information Science	6	K12
Information	19	K03	Site Interlinking	6	K13
Web Sites	17	K04	Co-authorship	4	K14
Impact Factors	16	K05	Citation	3	K15
Bibliometrics	13	K06	Co-citation	3	K16
Search Engines	13	K07	Collaboration	3	K17
Web Impact Factors	13	K08	Crawler	3	K18
Citation Analysis	10	K09	Research Assessment Exercise	3	K19
Links	10	K10	University Web Sites	3	K20

将上述表 4-5 中的 20 个关键词作为共词矩阵的单元。如果两个关键词同时出现在一篇论文中，则视为这两个关键词共现一次。按此原理统计这 20 个关键词两两之间的共词次数，并构建共词矩阵，如表 4-6 所示。各关键词之间的相关系数将在 Pajek 网络图中显示为节点之间连线的粗细。

表 4-6 代表性关键词的共词矩阵

	K01	K02	K03	K04	K05	K06	K07	K08	K09	K10	K11	K12	K13	K14	K15	K16	K17	K18	K19	K20
K01	24	8	7	10	8	8	9	3	6	4	4	0	2	1	0	1	0	2	1	1
K02	8	23	9	7	6	9	4	3	5	5	5	4	4	2	2	2	2	0	0	2
K03	7	9	19	4	5	4	5	5	4	6	2	0	2	1	1	2	0	3	1	1
K04	10	7	4	17	5	5	8	1	6	4	3	0	3	1	0	1	1	0	2	1
K05	8	6	5	5	16	4	5	1	5	4	0	0	1	0	0	0	0	0	1	1
K06	8	9	4	5	4	13	1	1	3	4	2	0	1	0	0	1	1	0	0	0
K07	9	4	5	8	5	1	13	2	4	3	3	1	2	3	0	0	0	1	2	1
K08	3	3	5	1	1	1	2	13	2	1	1	1	1	0	1	0	1	1	1	1
K09	6	5	4	6	5	3	4	2	10	3	2	0	2	0	0	0	1	1	1	0
K10	4	5	6	4	4	4	3	1	3	10	1	1	1	1	1	1	1	1	0	1
K11	4	5	2	3	0	2	3	1	2	1	7	2	3	0	0	1	0	0	1	0
K12	0	4	0	0	0	0	1	1	0	1	2	6	1	1	1	0	1	0	0	1
K13	2	4	2	3	1	1	2	1	2	1	3	1	6	0	0	0	0	1	0	1
K14	1	2	1	1	0	0	1	0	0	1	0	1	0	4	1	0	1	1	0	1
K15	0	2	1	0	0	0	0	1	0	1	0	1	0	1	3	0	1	0	1	1
K16	1	2	2	1	0	1	0	0	0	1	1	0	0	0	0	3	0	0	0	0

续表

	K01	K02	K03	K04	K05	K06	K07	K08	K09	K10	K11	K12	K13	K14	K15	K16	K17	K18	K19	K20
K17	0	2	0	1	0	1	0	1	1	1	0	1	0	1	1	0	3	0	0	1
K18	2	0	3	0	0	0	1	1	1	1	0	0	1	1	0	0	0	3	0	1
K19	1	0	1	2	1	0	2	1	1	0	1	0	0	0	1	0	0	0	3	0
K20	1	2	1	1	1	0	1	1	0	1	0	1	1	1	1	0	1	1	0	3

2. 图谱绘制

如果将 20 个关键词的相关数据全部导入到 Pajek 中，将会形成错综复杂的网络图，难以辨认其中的关系。笔者尝试以“Webometrics”为例，用 Pajek 绘制它与其他 19 个关键词之间的共词关系网络图。在本例中，笔者将上一节中获取的“Webometrics”相关数据按照 Pajek 所需要的格式导入到 Pajek 中，运行后最终得到如图 4-22 所示的结果。

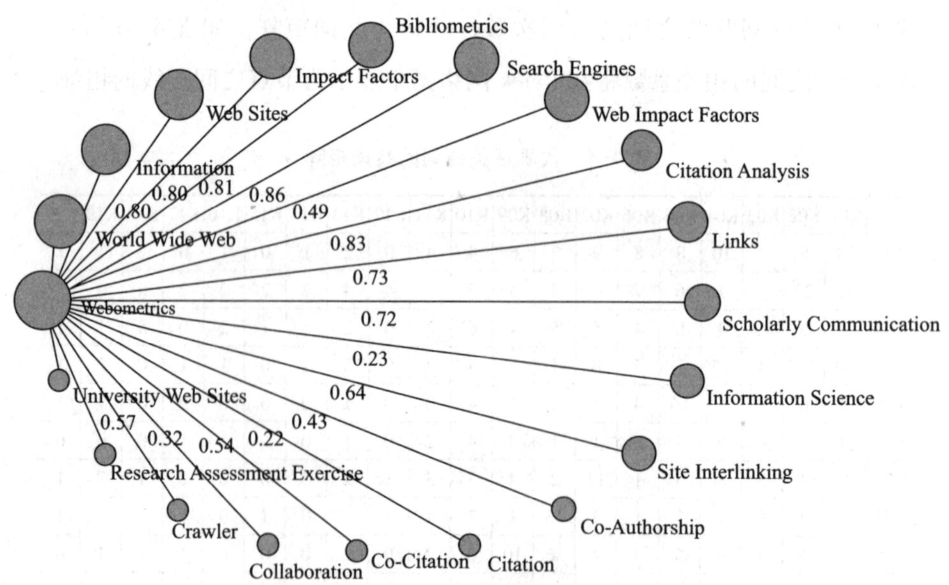

图 4-22　20 个网络信息计量学领域关键词的共词可视化图

图 4-22 中显示的网络图由节点与连线构成。从外形上看，这 20 个关键词节点是以“Webometrics”为中心，其余 19 个关键词节点从其辐射而出。各节点旁边均有标签标明其含义，节点的大小代表该关键词词频的高低，连线的粗细代表关键词关联的强弱，具体数值也标在各连线旁边。

第5章 国外图书馆学知识图谱实证研究

目前，国内一些学者对国外图书馆学、情报学领域的研究进程进行了梳理。例如，上海交通大学①何南洋在其硕士论文中就利用SPSS软件对国外领域进行了共词分析、因子分析、聚类分析等，最后将国外图书馆学、情报学领域划分成11个研究大类，选择的数据库是Web of Science和

① 上海交通大学（Shanghai Jiao Tong University，网址：http：//www.sjtu.edu.cn）简称“上海交大”，位于中国直辖市上海，是中华人民共和国教育部直属并与上海市共建的“综合性、研究型、国际化”全国重点大学，也是国家“985工程”、“211工程”重点建设院校，入选“珠峰计划”、“111计划”、“2011计划”、“卓越医生教育培养计划”、“卓越法律人才教育培养计划”、“卓越工程师教育培养计划”、“卓越农林人才教育培养计划”，为九校联盟、中国大学校长联谊会、Universitas 21、21世纪学术联盟的重要成员。上海交通大学创建于1896年，原名“南洋公学”，是中国高等教育的多个源头之一；1911年更名为“南洋大学堂”，1929年更名为“国立交通大学”，1949年更名为“交通大学”；1955年，学校迁往西安，分为交通大学上海部分和西安部分；1959年两部分独立建制，上海部分启用“上海交通大学”校名；1999年，原上海农学院并入该学校；2005年，该校与原上海第二医科大学合并为新的上海交通大学。截至2016年12月，上海交通大学有徐汇、闵行、黄浦、长宁、七宝、浦东等6个校区，总占地面积为300多万平方米；共有28个学院/直属系、21个研究院、13家附属医院、2个附属医学研究所、12个直属单位；有全日制本科生（国内）16195人、研究生（国内）30270人、学位留学生2401人；有专任教师2835名，其中教授891名，中国科学院和中国工程院院士46名（含双聘）；有本科专业64个，一级学科博士授权点38个，一级学科硕士授权点56个。

EBSCO，时间范围是 2005—2010 年[140]。武汉大学①信息管理学院②的邱均平教授利用 CiteSpace Ⅱ软件进行了共引分析和聚类分析，并在论文中指出国外图书情报领域以自身研究重点为基础，有向计算机技术化方向发展的态势[141]。武汉大学信息管理学院的赵蓉英教授同样也是利用 CiteSpace Ⅱ软件对图书馆学近 20 年的数据进行了引文分析和关键词聚类分析，梳理

---

① 武汉大学（Wuhan University，网址：http：//www. whu. edu. cn）简称"武大"，是一所位于湖北省武汉市的综合性研究型大学，其办学源头可以溯源至清朝末期湖广总督张之洞奏请清政府于 1893 年创办的自强学堂，1913 年改名为国立武昌高等师范学校，1926 年组建国立武昌中山大学，1928 年定名为国立武汉大学，是民国四大名校之一。1949 年新中国成立后更名为武汉大学并沿用至今。武汉大学是中华人民共和国教育部直属的副部级全国重点大学，也是国家首批"985 工程"、"211 工程"、"2011 计划"重点建设高校，还是"111 计划"、"珠峰计划"、"海外高层次人才引进计划"、"卓越工程师教育培养计划"、"卓越法律人才教育培养计划"、"卓越医生教育培养计划"等重点建设的中国顶尖名牌大学，是与法国高校联系最紧密、合作最广泛的中国高校，是世界权威期刊《Science》列出的"中国最杰出的大学"之一。武汉大学是中国著名的风景游览地，学校坐拥珞珈山，环绕东湖水，占地面积 5187 亩，建筑面积 262 万平方米。中西合璧的宫殿式建筑群古朴典雅，巍峨壮观，堪称近现代中国大学校园建筑的佳作与典范，被称为中国最美丽的大学校园，武大樱花大约在每年三月中下旬开始开放。武汉大学现有在校学生 5 万多人，有博士学位授予权一级学科 44 个，博士学位授予权二级学科 250 个，博士后流动站 32 个；有一级学科国家重点学科 5 个，共覆盖 29 个二级学科，另有二级学科国家重点学科 17 个，国家重点培育学科 6 个，并且设有三所三级甲等附属医院。学校现有专任教师 3700 余人，其中正副教授 2700 余人，有 9 位中国科学院院士、8 位中国工程院院士、3 位欧亚科学院院士、10 位人文社科资深教授、22 人次担任"973 项目"（含国家重大基础研究计划）首席科学家、6 位"863 项目"计划领域专家、5 个国家创新研究群体、47 位国家杰出青年科学基金获得者、15 位国家级教学名师。

② 武汉大学信息管理学院（网址：http：//sim. whu. edu. cn）是中国历史最悠久、规模最大的信息管理教育与研究机构，其前身是美国学者韦棣华和中国第一位图书馆学留学生沈祖荣先生于 1920 年创办的武昌文华大学图书科，1929 年独立为武昌文华图书馆专科学校。1953 年武昌文华图书馆专科学校并入武汉大学，更名为武汉大学图书馆学系，1956 年建立图书馆学本科专业，1984 年经教育部批准建立图书情报学院，2001 年更名为信息管理学院。该院设有图书馆学、信息管理与信息系统、档案学、编辑出版学、电子商务、数字出版等 6 个本科专业，7 个硕士和博士点，两个一级学科博士学位授权点和两个博士后流动站。图书馆学、情报学两个学科分别被批准为国家重点学科。在 2012 年高等学校与科研院所学位与研究生教育评估所组织的全国第三届学科评估中，该学院图书情报与档案管理一级学科被评为全国第一。目前，武汉大学信息管理学院在职教师有 78 人。其中，教授 38 人，副教授 31 人，讲师 9 人。现有教师中有人文社会科学资深教授 2 人，国务院学科评议组成员 3 人，教育部社会科学委员 1 人，国家级教学名师 1 人，湖北省级教学名师 1 人，长江学者特聘教授 3 人，享受政府特殊津贴专家 5 人，国家"千人计划"青年人才入选者 1 人，中组部"青年拔尖人才支持计划"入选者 3 人，教育部"新世纪优秀人才支持计划"入选者 10 人，武汉大学珞珈杰出学者 2 人，武汉大学珞珈特聘教授 10 人，教育部本科专业教学指导委员会委员 4 人，全国图书情报专业学位研究生教育指导委员会委员 2 人，全国出版专业学位研究生教育指导委员会委员 1 人，教育部学风委员会委员 1 人，全国性学术组织主要负责人 3 人，国外期刊同行评审专家 13 人，国际期刊编委 6 人。

出图书馆学的重要学术论文和学术代表人物[142]。但是，上述学者在研究过程中所选取的数据源和数据量，以及所使用的研究方法和研究工具都很有限，从而导致他们在创新性方面有所欠缺。因此，有必要采用新的数据源和研究工具来对 1976—2014 年期间国外图书馆学的研究进程进行全面梳理，以便帮助国内研究人员更好地了解国外图书馆学的研究概况，促进图书馆学事业的发展。

需要说明的是，国内目前很少有学者利用知识图谱工具软件 SCI^{2}来对某个研究领域进行知识图谱分析。

5.1 数据来源与分析工具

5.1.1 数据来源

在选择数据源时常用的检索方法是：首先，进入 Web of Science；其次，输入检索的关键词，选择相应的检索条件（例如，通过主题、标题、作者、出版物名称等）来进行检索。但是，就本章所研究的主题而言，如果想要全面了解国外图书馆学研究的发展概况，仅以“librar *”作为主题检索词的话，就会很容易导致检索的不完整性，由于很多图书馆学领域的研究论文，其主题词不一定都包含类似“librar *”这样的词语，所以很容易造成漏检，从而影响研究成果的准确性。

因此，在检索本章所需要的数据时，笔者采取了另外一种检索方式：首先，对期刊引用报告（Journal Citation Reports，JCR）中收录的国外图书馆学情报学期刊进行分析，判断其是属于图书馆学期刊还是情报学期刊。如果遇到的是综合类期刊，则将该刊既归入到图书馆学期刊中，又归入情报学期刊中。同时，通过访问各期刊的主页，查阅相关资料，对期刊的创刊时间和停刊时间等相关信息进行一一核实。其次，在 JCR 中对其期刊影响因子进行对比分析，以便能够选出 1976—2014 年期间最能够代表国外图书馆学研究进展的专业期刊（如表 5-1 所示）来进行深入分析。

表 5-1　24 种图书馆学期刊概览

ID	期刊名称	
	英文名称	中文名称
1	Bulletin of the Medical Library Association	医学图书馆学会通讯
2	College & Research Libraries	大学与研究图书馆
3	Electronic Library	电子图书馆
4	Information Technology and Libraries	信息技术与图书馆
5	Journal of Academic Librarianship	学术图书馆学杂志
6	Journal of Documentation	文献工作杂志
7	Journal of Librarianship and Information Science	图书馆事业与情报学杂志
8	Knowledge Organization	知识组织
9	Law Library Journal	法学图书馆杂志
10	Library Hi Tech	图书馆高新技术
11	Library & Information Science Research	图书馆学与情报学研究
12	Library Journal	图书馆杂志
13	Library Quarterly	图书馆季刊
14	Library Resources & Technical Services	图书馆资源与技术服务
15	Library Trends	图书馆趋势
16	Program-Electronic Library and Information Systems	程序：电子图书馆与信息系统
17	Restaurator-International Journal for the Preservation of Library and Archival Material	修复员：国际图书馆与档案馆资料保管杂志
18	Journal of Education for Library and Information Science	图书馆与情报学教育杂志
19	Library and Information Science	图书馆学与情报学
20	Journal of the Medical Library Association	医学图书馆协会杂志
21	Portal-Libraries and the Academy	门户：图书馆与学院
22	Health Information and Libraries Journal	健康信息与图书馆杂志
23	Revista Espanola de Documentacion Cientifica	西班牙科学文献杂志
24	Ethics and Information Technology	伦理与信息技术

需要说明的是，JCR 是由美国科学信息研究所（ISI）① 出版的一种用来对世界权威期刊进行系统、客观评价的工具，它可以客观地统计出 Web of Science 中所收录期刊的每年刊载论文数量、论文参考文献数量、论文被引用频次等信息。JCR 还提供了基于引文数据的各种量化统计信息，以此来反映各期刊质量和影响因子的年度变化数据。例如，Total Cites（总被引次数）②、Journal Impact Factor（期刊影响因子）③、Immediacy Index（立即影响指数）④、Cited Half-Life（被引半衰期）⑤ 等。在 Web 环境下，JCR 还

---

① 美国科学信息研究所（Institute for Scientific Information，ISI）是一家国际知名的数据出版公司，其基本使命是全面覆盖全世界最重要和最有影响力的科研成果。目前，ISI 数据库中包括自然科学、社会科学、人文科学、艺术科学的 16 000 多种国际知名的期刊、图书以及其他多种文献集合。

② 总被引次数又称为“总被引频次（The Total Cited Frequency）”，是指该期刊自创刊以来所登载的全部论文在统计当年被引用的总次数。该指标可以用来客观地说明该期刊总体被使用和受重视的程度，以及在学术交流中的作用和地位。

③ 期刊影响因子（Journal Impact Factor，JIF）是代表期刊影响大小的一项定量指标。它是指某刊平均每篇论文的被引用次数，实际上也就是某刊在某年被全部源刊物引证该刊前两年发表论文的次数与该刊前两年所发表的全部源论文数之比。1998 年，美国科技信息研究所所长尤金·加菲尔德（Eugene Garfield）博士在《科学家》（The Scientists）杂志中叙述了期刊影响因子的产生过程。他最初提出期刊影响因子的目的是为《现刊目次（Current Contents）》评估和挑选期刊。人们所说的期刊影响因子一般是指从 1975 年开始，《期刊引用报告》（Journal Citation Reports，JCR）会每年提供上一年度世界范围内期刊的引用数据，并给出该数据库中收录的每种期刊的影响因子。JCR 是一个世界权威性综合数据库。它的引用数据来自世界上 3000 多家出版机构的 7000 多种期刊，专业范围包括科学、技术和社会科学。目前，JCR 是世界上评估期刊的唯一的综合性工具，因为只有它收集了全世界各个专业的期刊引用数据。特别值得一提的是，JCR 光盘版中提供了良好的用户界面，可以显示期刊之间的引用与被引用关系。它还可以告诉人们：哪些是最有影响力的期刊，哪些是最常用的期刊，哪些是最热门的期刊。除了期刊影响因子以外，JCR 中还提供了期刊最新排序（Current Rank）、刊名缩写（Abbreviated Journal Title）、国际统一刊号（ISSN）、总引用数（Total Cites）、立即影响指数（Immediacy Index）、总论文数（Total Article）、被引半衰期（Cited Half-Life）等指标。

④ 立即影响指数简称为立即指数（Immediacy Index），是指将某期刊某一年中发表的论文在当年被引用的次数除以同年发表的论文总数所得到的比值。该指数经常被用来评价哪些期刊发表了大量热点论文，进而能够衡量该期刊中发表的研究成果是否紧跟研究前沿的步伐。因此，该指标主要用来评价特定期刊在出版年度内被引用的速度，或是用来评价在同一年内期刊中的论文被引用的频率，这对于评价新兴学科或者尖端学科的期刊很有用。

⑤ 被引用半衰期（Cited Half-life）是指某一期刊中刊载的论文在某年被引用的全部次数中，较新的一半被引论文所发表的时间跨度。换言之，如果从以前某时刻到现在的时间跨度 N 内的引用次数占该期刊自创办起至今的总引用次数的一半，则 N 就是其半衰期。该指标不仅是确定被引用期刊的年龄基准，而且是衡量期刊老化速度快慢的一种指标。被引半衰期数据可以帮助图书馆确定其期刊的采购策略和馆藏策略。

进一步细分为两种版本，即Science版和Social Science版，共计收录了5900多种自然科学类期刊和1700多种社会科学类期刊，涵盖200多个学科。这对于各类型图书馆工作人员来说，可以利用JCR并根据自身所在机构的具体情况来选择想要订阅的期刊种类；对于各学科研究人员来说，可以参考JCR期刊影响因子情况来确定投稿方向，同时也可以参考它来研读相关领域中影响因子靠前的期刊，以此来拓展自己的学术视野，提升自身的学术水平。

在利用JCR获取最具代表性的国外图书馆学期刊清单时，笔者主要依据以下原则来进行选刊：①选择创刊时间早、历史较悠久的期刊。这些期刊记录了国外图书馆学的发展沿革情况；②选择影响因子高的期刊。尽管有些期刊的创刊时间较晚，但随着时间的推移，其期刊影响因子越来越高，很快便获得了同行的认可，也连续发表了很多高质量、高影响力的图书馆学研究论文，在一定程度上能够反映国外图书馆学的研究进展；③选择发文具有连续性的期刊。有些国外图书馆学期刊尽管创刊时间较早，但由于历史等方面的原因，后来发展得并不顺畅，并在20世纪90年代前后停刊。因此，笔者认为这些期刊不能很好地反映1976—2014年期间国外图书馆学的研究进展，故予以排除。

在依据以上选刊原则选出24种国外代表性图书馆学研究期刊以后，笔者在Web of Science中分别检索出这24种期刊在1976—2014年期间发表的论文数据，具体检索步骤概述如下：①在检索框内分别输入这24种期刊的全称，依次对每种期刊的每个时段内的数据进行检索；②将检索条件设置为出版物名称，检索数据的时间范围设置为1976年1月1日至2014年7月16日；③将这个时间范围内的数据按5年作为一个时段分别进行检索。由于Information Science & Library Science属于社会科学类的文章。因此，笔者在检索时选择的引文数据库主要有：Science Citation Index Expanded（SCI - EXPANDED）、Social Sciences Citation Index（SSCI）、Arts & Humanities Citation Index（A&HCI）、Conference Proceedings Citation Index-Science（CPCI-S）、Conference Proceedings Citation Index-Social Science & Humanities（CPCI-SSH），而没有选择化学数据库中的Current Chemical Reactions（CCR-EXPANDED）和Index Chemicus（IC）这两个数据库。

5.1.2 分析工具

目前，国外流行的信息可视化分析软件主要有 SCI^2、In-SPIRE、Sci-MAT、HistCite、Pajek、CiteSpace、Ucinet、Bibexcel、Gephi、VOSviewer、VantagePoint、Network Workbench Tool 等。在本章中，笔者主要利用 HistCite、SCI^2、CiteSpace 等 3 种信息可视化分析软件。

1. HistCite

HistCite[143]是由“科学引文索引之父”加菲尔德（Eugene Garfield）博士牵头研发的一款引文编年可视化系统，其基本功能包括快速全面地找到所研究领域的重要论文、快速绘出所研究领域的发展脉络、快速锁定重要研究人员和研究机构、清晰地勾勒所研究领域的最新进展概况。

HistCite 的特点主要有：①识别所研究领域内的关键论文，包括识别出对研究主题的发展做出过重要贡献的论文、通过关键词查询来准确定位出所缺失的最重要的论文、识别出研究领域内被引用次数最多的作者和期刊、识别出其他可以扩检的关键词等；②重现研究领域的历史及发展情况，包括创建历史图表来显示关键的论文及时间、创建某个作者的历史发展图、找到高被引论文、发现重要的共引作者关系、找到对某位作者所写论文中贡献最大的出版物和论文、找到作者所出版作品的时间序列等；③分析下载论文中的作品数量和引用比率，包括发文作者的国别和所属机构、在所下载的文章中统计发文量最大以及被引用次数最多的作者概况、进行引文统计、计算作者的 H 指数等情况。

2. SCI^2

SCI^2（Science of Science）是由美国印第安纳大学布鲁明顿分校（Indiana University，Bloomington）① 的图书情报专家伯尔纳（Katy Börner）及其团队

① 印第安纳大学布鲁明顿分校（Indiana University Bloomington，IUB）始建于 1820 年，是美国中北部地区的一所老牌名校，也是著名的研究型大学。IUB 早在 1909 年便加入北美顶尖大学联盟美国大学协会（AAU）。美国大学协会成立于 1900 年，由 62 所美国和加拿大一流的公立大学及私立大学组成。此外，IUB 也是美国 30 所“公立常春藤”（Public Ivy）学校之一，并与芝加哥大学、西北大学、威斯康辛大学、密歇根大学等知名大学一同入选美国中西部“十大联盟（Big 10）”高校。据英国“泰晤士报高等教育专刊”公布的 2016 年全球声誉最佳大学排行榜，IUB 位列全球第八十一位。

研发的，它是在 Cyber Infrastructure Shell（CIShell）的基础上开发出来的[144]。CIShell 是一个开源的 Eclipse 插件框架。

SCI^2的主要特点包括：①用户可以根据自己的研究需要，添加具体的分析插件。例如，用户可以在SCI^2的官网上下载数据库、气球图、国会地理编码以及 Cytoscape① 等插件，并将这些 JAR 文件复制到 SCI^2 的 Directory/Plugins 中即可。②可以利用最有效的算法来完成不同类型的引文分析（例如，引文耦合分析、共词分析、合作者分析等）。③可以使用不同的可视化插件（例如，GUESS② 和 Cytoscape 等），交互式地探索和分析特定数据集。④可以共享数据集和跨学科的算法。其他软件工具的算法也可用插件形式集成到SCI^2中。例如，Drl 算法就可以用来处理大数据。在进行引文分析时，先用 DrL 算法进行大数据分析，再用 GUESS 进行可视化。

SCI^2的主要优势表现在以下几个方面：①可以加载各种格式的数据（典型的文件格式有 xml、net、isi、csv、bib、enw、nsf 等）。②它支持抽取各种常用的网络。例如，可以抽取定向网络、双边网络、引文网络、作者论文网络、共现网络、词共现网络、合作者网络、引文耦合网络等。③它拥有强大的数据分析统计功能。利用它，可以随时计算网络中节点和边的信息。④它集成了各种数据处理功能，具有强大的数据处理能力。当数据量很大时，用户可以根据自己的需要来选择对数据进行一定的处理（比如，去除一些孤立节点，抽取前 N 个节点和边）。⑤在进行数据可视化

① Cytoscape 是一款以图形化来显示网络并且可以对其进行分析和编辑的软件，它支持多种网络描述格式，也可以用以 Tab 制表符分隔的文本文档或 Microsoft Excel 文件作为输入，或是利用该软件自身的编辑器模块来直接构建网络。Cytoscape 还能够为网络添加丰富的注释信息，并且可以利用自身以及第三方开发的大量功能插件，针对网络问题进行深入分析。

② GUESS 是一款探索性数据分析和可视化工具软件，可以用来绘制各种图形和网络。该软件中包含了面向特定领域的嵌入式语言 Gython。Gython 是 Python（更确切地说是 Jython）的扩展版本，它支持以直观的方式来呈现图形结构时所需要的各种操作和语法。它还提供交互式解释器，允许用户将解释器中键入的文本与可视化对象绑定在一起，以便获得更好的集成。GUESS 还提供一个可视化前端，支持将可视化结果输出为静态图形和动态影像。它建立在 Jython/Java 的基础上，支持用户无需编写更多的代码，就可以构建自己的应用程序和小程序。作为一款遵循 GPL（通用公共许可证）的软件，GUESS 允许用户从其官方网站（http：//graphexploration. cond. org）上免费下载该软件，并且提供了大量的开源程序包及相关资料。

时，SCI^{2}可以绘制多种形式的可视化图谱。由于 SCI^{2}可以很轻松地整合各种数据集、方程、工具以及计算机资源，所以能够根据需要将许多可视化插件整合到 SCI^{2}中。其中，比较常用的可视化网络插件是 GUESS 和 Cytoscape。同时，短期或者时间编码类数据也可以显示在水平条形图上，地理编码数据则能够呈现在世界地图或者美国地图上。

3. CiteSpace

CiteSpace 是由美国德雷赛尔大学（Drexel University）信息科学与技术学院陈超美教授负责研发的一款知识图谱分析工具，它是适合进行多元、分时、动态复杂网络分析的免费可视化知识分析工具[145]。CiteSpace 的主要用户是科研人员、医学人员、科学政策研究人员以及图书馆员，它将信息可视化方法、文献计量方法和数据挖掘算法集成在一起，是一个在引文数据中提取模式的交互式可视化工具，其绘制图谱、建立节点之间关联的依据是“共引”与“引文”。

CiteSpace 具有以下基本特点：①原始数据不需要转化成矩阵格式，可以将 Web of Science 以及 PubMed 等数据库中的原始数据格式直接导入到 CiteSpace 中进行运算和绘图；②对于同一个数据样本，可以绘制多种图谱，以方便用户从不同角度来研究数据演化特征；③该软件通过为节点和连线标记不同的颜色，清晰地展现论文数据随时间变化的脉络概况；④节点采用彩色年轮表示法，可以清晰地展现不同时段的引证情况；⑤连线的颜色代表该连线两端节点的共引频次最早达到所选择阈值的时间。

CiteSpace 具有以下基本功能：①通过引文网络分析，找出学科领域演进的关键路径；②找出学科领域演进的关键节点论文（知识拐点）；③分析学科演化的潜在动力机制；④预测学科或者知识领域的研究前沿。

CiteSpace 软件目前主要应用在探测和分析学科研究前沿随着时间发展的变化趋势，以及研究前沿与其知识基础之间的关系，并且发现不同研究前沿之间的内部联系。通过对学科领域的论文信息进行可视化分析，使研究人员能够直观地辨识本学科研究前沿的演进路径，以及本学科的经典基础论文。

5.2 国外图书馆学学科给养知识图谱

在本节中，笔者主要利用引文分析方法来探讨国外图书馆学学科给养知识图谱的绘制与解读。

5.2.1 国外图书馆学研究论文分析

1955 年，加菲尔德（Eugene Garfield）博士首次提出期刊影响力可以通过期刊所刊载论文的引证频次来进行测度[146]，根据期刊被引频次确立的影响因子已经被广泛应用在科研绩效评价的多个领域。因此，科技期刊、科研论文之间的引证与被引证关系，在一定程度上揭示了论文的价值，而且通过对高被引论文的统计和分析，可以得出学科领域的发展现状和研究热点，以便对学科结构有更直观的把握。

本节在进行高被引论文分析时，所选用的 HistCite 软件[143]就是由“科学引文索引之父”加菲尔德博士牵头研发的。启动该软件，并将下载好的数据导入到该软件中，然后就可以按照论文记录数（Records）类目情况来统计论文信息。下面，对其中涉及到的一些参数加以简要说明。在统计论文被引频次时，LCS（Local Citation Score）是指本地数据集的引用数量，GCS（Global Citation Score）则表示 Web of Science 中论文的引用数量。如果按 GCS 来进行降序排序，就可以快速定位该研究领域的高被引论文。

整个数据集中共计有 19749 篇论文。为了更准确地分析高被引论文，在 HistCite 中利用 GCS 参数来进行降序排序，即按照所有论文在 WoS 中的被引用数量进行降序排序。为了更好地分析高被引论文，笔者选取了被引数量排名在 Top20 的论文来进行分析（如表 5-2 所示）。

表5-2 被引频次Top20论文列表

序号	年份	作者	论文名称	期刊	LCS	GCS
1	1982	Belkin NJ, Oddy RN, Brooks HM	ASK for information retrieval: Part I. Background and theory	Journal of Documentation	59	404
2	1999	Wilson TD	Models in information behaviour research	Journal of Documentation	72	383
3	1981	Wilson TD	On user studies and information needs	Journal of Documentation	57	268
4	1996	Ingwersen P	Cognitive perspectives of information retrieval interaction: Elements of a cognitive ir theory	Journal of Documentation	39	267
5	2006	Glanville JM, Lefebvre C, Miles JNV, Camosso-Stefinovic J	How to identify randomized controlled trials in MEDLINE: Ten years on	Journal of the Medical Library Association	11	220
6	1995	Savolainen R	Everyday life information-seeking-approaching information-seeking in the context of way of life	Library & Information Science Research	58	219
7	1977	Robertson SE	Probability ranking principle in IR	Journal of Documentation	6	218
8	1998	Ingwersen P	The calculation of web impact factors	Journal of Documentation	23	214
9	1996	Leckie GJ, Pettigrew KE, Sylvain C	Modeling the information seeking of professionals: A general model derived from research on engineers, health care professionals, and lawyers	Library Quarterly	40	189
10	1997	Almind TC, Ingwersen P	Informetric analyses on the world wide web: Methodological approaches to 'webometrics'	Journal of Documentation	16	187
11	1977	Vanrijsberge N CJ	Theoretical basis for use of co-occurrence data in information-retrieval	Journal of Documentation	13	176
12	1979	Croft WB, Harper DJ	Using probabilistic models of document-retrieval without relevance information	Journal of Documentation	7	172
13	2007	Boulos MNK, Wheeler S	The emerging web 2.0 social software: An enabling suite of sociable technologies in health and health care education	Health Information and Libraries Journal	10	170

续表

序号	年份	作者	论文名称	期刊	LCS	GCS
14	2003	Saha S, Saint S, Christakis DA	Impact factor: A valid measure of journal quality?	Journal of the Medical Library Association	7	162
15	1982	Belkin NJ, Oddy RN, Brooks HM	ASK for information retrieval: Part II. Results of a design study	Journal of Documentation	21	157
16	1993	Kuhlthau CC	A principle of uncertainty for information-seeking	Journal of Documentation	37	157
17	1993	Ellis D, Cox D, Hall K	A comparison of the information-seeking patterns of researchers in the physical and social sciences	Journal of Documentation	35	142
18	1997	Ellis D, Haugan M	Modelling the information seeking patterns of engineers and research scientists in an industrial environment	Journal of Documentation	25	134
19	2004	Antelman K	Do open access articles have a greater research impact?	College & Research Libraries	21	128
20	1992	Marshall JG	The impact of the hospital library on clinical decision making the rochester study	Bulletin of the Medical Library Association	47	126

被引频次排在第一位的是 N. J. Belkin 等人于 1982 年在国际权威期刊《Journal of Documentation》上发表的论文《ASK for information retrieval: Part I. Background and theory》[147]。该论文后一部分《ASK for information retrieval: Part II. Results of a design study》[148]的被引次数也高达 157 次，名列第十五位。由此可见，这篇关于大英图书馆①信息搜索系统的论文备受学者们的推崇。这篇论文中所介绍的大英图书馆交互式信息搜索系统尝试通过一定的数据库结构，形成多样化的检索策略，以满足用户潜在的信息需求，并对不规范的知识检索表达进行检索。在论文的第一部分，作者主

① 大英图书馆（The British Library，网址：https://www.bl.uk）也被译为“不列颠图书馆”或者“英国国家图书馆”。它是世界上最大的学术图书馆之一，其前身是始建于 1753 年的大英博物馆图书馆。该图书馆位于伦敦和西约克郡，于 1973 年 7 月由原英国博物院图书馆、全国中央图书馆、全国科学发明参考图书馆、全国科学技术外借图书馆、英国全国书目公司合并而成，拥有超过一亿五千万件的馆藏，包括期刊、报纸、剧本、专利、图画等。

要讨论该项目的背景情况以及所用的理论基础。论文的第二部分包括该项目所采用的研究方法、项目成果以及结论总结。作者认为，研究设计的结果表明该项目设计的前提是合理的，而一个基于不规范知识表述（ASK-based）的信息搜索系统在某种程度上来说是可行的。这篇论文对整个项目的介绍非常详尽，阐述清晰，所以被多位作者所引用。

被引频次排在第二位的是 T. D. Wilson 于 1999 年在期刊《Journal of Documentation》上发表的论文《Models in information behaviour research》[149]，该论文在全球的被引频次达到 383 次。作者来自英国谢菲尔德大学（The University of Sheffield）①，他在论文中首先介绍了四种信息查找过程模型，分别为德尔文（Defvin）的“意义建构”理论及模型②、埃利斯（Elhs）的信息查找行为模型③、库尔斯奥（Kuhlthau）的信息查找过程模型④以及威尔逊（Wilson）的信息查找行为模型⑤，并对各个模型进行点评。他认为这些模型都属于“信息行为模型”（Information Behavior Models），并非“信息搜索模型”（Information Search Models），而且说明信息行为模型与信息搜索模型之间的关系非常紧密，即由于利用信息搜索系统是获取信息的一种可选策略，所以信息搜索就成为信息查找过程潜在的下一阶段。此

---

① 谢菲尔德大学（The University of Sheffield，网址：https：//www. sheffield. ac. uk）简称谢大，是世界百强名校，位于英格兰第四大城市谢菲尔德，在英国一直享有美誉，其建校历史可以追溯至 1828 年。作为英国的百年老牌名校之一，谢菲尔德大学以其卓越的教学质量与科研水平而享誉全球，目前已培养出六位诺贝尔奖获得者。谢菲尔德大学是英国具有国际声望的世界一流大学之一，为世界大学联盟成员、英国常春藤罗素大学集团（The Russell Group）、欧洲大学工会（EUA）、联邦大学公会（ACU）、白玫瑰大学联盟的成员。谢菲尔德大学商学院获得 AACSB（国际高等商学院协会）、AMBA（英国工商管理硕士协会）和 EQUIS（欧洲教育认证）三大资格认证。该校在 2017—2018 年度 QS 世界大学排名榜中位列第八十二位，在 2016—2017 年度泰晤士高等教育世界大学排名榜中位列英国第十三位。

② 德尔文（Dervin）的“意义建构”理论认为个体的人应置于时空背景（Situation）之下，并认定他在现实的世界中不时地会遇到认识上的差距（Gap），只有借助于信息寻求与利用（Bridge），才能够获得理想的认知结果（Outeomes），从而进入新的认知状态（Situation）。

③ 埃利斯（Elhs）的信息查找行为模型归纳出信息搜寻活动的开始（Starting）、联接（Chaining）、浏览（Browsing）、区分（Differentiating）、跟踪（Monitoring）、采集（Extracting）、证实（Verifying）、结束（Ending）等特征。

④ 库尔斯奥（Kuhlthau）的信息查找过程模型包括开始（Initiation）、选择（Selection）、探查（Exploration）、形成（Formulation）、收集（Collection）、结束（Closure）等 6 个阶段。

⑤ 威尔逊（Wilson）的信息查找行为模型认为信息寻求行为是个体信息需求的结果。其研究内容已经涉及决策、心理学、创新、健康交流问题以及消费者行为领域。

外，作者还对 Belkin、Ingwersen、Saracevic、Spink 等人提出的信息搜索过程模型进行了评述。最后，作者阐述了信息查找模型（Information Seeking Model）与信息搜索模型（Information Searching Model）及信息行为（Information Behaviour）之间的逻辑关系。在论文的后半部分，还引入了传播学理论中的信息搜索模型以及信息查找和检索的问题解决模型，作者认为这些领域的研究成果为本学科领域的更好发展奠定了基础。

同时，来自丹麦皇家图书情报学院（RSLIS）① 的彼得·英沃森（Peter Ingwersen）② 教授所撰写的两篇论文的引用率都很高，均进入被引频次的前 20 名。这两篇论文分别是 1996 年发表在《Journal of Documentation》上的《Cognitive perspectives of information retrieval interaction：Elements of a cognitive IR theory》[150] 以及 1998 年发表在《Journal of Documentation》上的《The calculation of web impact factors》[151]。在 1996 年发表的论文中，作者提出了一个多元表示模型（Model of Poly Representation）。该模型借鉴了 Van Rijsbergen 和 Lalmas 的逻辑不确定理论③，将用户、系统、中介机制和

---

① 丹麦皇家图书情报学院（Royal School of Library and Information Science，Denmark，简称 RSLIS，网址：http：//iva. ku. dk/english）是世界上最大的专门图书情报学校之一，拥有两个分校，分别位于丹麦的哥本哈根（Copenhagen）和奥尔堡（Aalborg）这两个城市，其办学源头可以溯源至 1918 年创建的丹麦国立图书馆学校（Danish State Library School），1956 年改为现名。2013 年 4 月 1 日，该学院被并入到哥本哈根大学。该学院现有教职工 40 人，在读学生 600 多人，其研究重点是知识、文化和信息的传递与组织。RSLIS 包括 3 个系，即情报交互与情报构建系、知识文化和知识媒介、知识管理图书馆发展和学习过程系。目前，RSLIS 提供从本科到博士阶段的图书情报教育，同时还是包括 iSchool 等在内的许多国际学术机构成员。

② 彼得·艾米尔·英沃森（Peter Emil R. Ingwersen，1947—）博士现为丹麦哥本哈根皇家图书情报学院的名誉教授（Professor Emeritus），是世界知名的情报学家，其研究方向主要包括：通信与媒体、定量社会研究、社会科学计算、人文与艺术、网络科学、科学计量学、网络计量学等。他曾经担任过几个欧洲 ESPRIT 项目的专家顾问以及多个国际学术会议的组委会主席，是多家世界著名杂志的编委，是《信息科学与技术学会会刊（Journal of the Association for Information Science and Technology，JASIST）》《信息处理与管理（Information Processing & Management）》等多家世界著名杂志的编委。他曾先后获得过多项奖项，1993 年获得英国信息科学研究所詹森·法拉丹（Jason Farradane）研究奖，2003 年获得美国信息科学与技术学会年度研究奖，2005 年获得科学计量学杂志与国际科学计量学与信息计量学学会颁发的普赖斯奖以及汤姆森年度杰出人员奖，2007 年获得信息科学与技术学会（Association for Information Science and Technology，ASIST）杰出教师奖等。

③ Van Rijsbergen 等人在 1896 年建立了非典型逻辑模型，并且提出逻辑不确定性原理，为度量数据信息之间的不确定性关系提供了有力依据，许多检索逻辑模型都是依据该原理建立和发展起来的。

信息看作是一个整体，并从认知角度出发理解各种信息搜索的现象和概念。英沃森教授认为，用户的问题状态（即信息需求）导致了用户与外部世界的交互。在交互过程中，用户的问题状态会不断地发生变化并产生新的交互。因此，信息搜索系统设计的主要任务是实现用户的认知结构与系统信息空间预设的认知结构的认知聚合。在讨论网络影响因子的计算时，英沃森教授认为，随着开放存取的出现，可以预见未来将摆脱书目对引文指标的制约，不仅局限于对权威科学出版物的跟踪分析，而且将会超越许多机构知识库，在网络上将各种形式的学术成果结合起来进行科学交流。

总体来说，高被引论文中主要是图书馆学领域相关理论、实践层面比较资深的图书情报学家撰写的具有代表性的论文。一方面，这些论文本身提出了创新性的观点或模型，为后续研究人员提供了继续研究的基础，所以被引频次很高；另一方面，这些论文一般发表的年份比较久远，所以其积累的引用频次相对一些新近发表的论文来说要更高一些。当然，也有一些研究主题和观点比较新颖的论文，论文发表后很快受到众多学者的关注和引用，故其引用频次也会居高不下。

5.2.2 国外图书馆学核心作者分析

作者既是期刊论文的重要外部特征之一，也是决定期刊论文质量的关键。核心作者更是期刊质量稳固和继续发展的坚实基础。

在利用 HistCite 软件来进行作者分析时，RecS（Record Scores）表示该作者发文的数量按记录数排序（默认是按降序排序），可以快速定位该研究领域的高产作者；TLCS（Total Local Citation Scores）表示在本数据集中引用了作者论文的所有引文数量；TGCS（Total Global Citation Scores）表示全球被引总数，即 WoS 中引用了该作者论文的所有引文数量。如果按 TLCS 的降序排序，就可以快速定位该领域的核心作者。

整个数据集中共包括 18427 位作者，由于涉及的作者数量较多，为了更准确地分析出核心作者，所以笔者重点选取了发文量前 20 位的作者来进行分析，详情请参见表 5-3。同时，笔者还利用 HistCite 的 TLCS 指标分析了本数据集中该作者所发表论文的引文数量，按降序排序以后，即可得到引文数量 Top20 的作者概况，详情请参见表 5-4。

表 5-3　发文量 Top20 的作者列表

序号	作者	发文量	序号	作者	发文量
1	Tenopir C	177	11	Tennant R	43
2	Hoffert B	99	12	Falk H	39
3	Berry JN	90	13	McClure CR	39
4	Rogers M	80	14	Budd JM	38
5	Oder N	68	15	EPSTEIN SB	37
6	Berry J	62	16	Hernon P	37
7	White HS	57	17	Fialkoff F	36
8	Whisner M	52	18	Ueda S	36
9	Anderson AJ	51	19	Bertot JC	29
10	Fox BL	51	20	Burns A	29

表 5-4　论文被引次数 Top20 的作者列表

序号	作者	发文量	TLCS	TGCS	序号	作者	发文量	TLCS	TGCS
1	McClure CR	39	190	369	11	Tenopir C	177	129	507
2	Hernon P	37	178	389	12	Ellis D	7	125	495
3	Hjorland B	16	173	399	13	Powell RR	16	107	178
4	Wiberley SE	17	170	318	14	Ingwersen P	8	105	865
5	Savolainen R	18	154	516	15	Leckie GJ	8	105	337
6	Cook C	19	153	264	16	Giuse NB	17	101	224
7	Wilson TD	9	153	767	17	Lloyd A	13	100	207
8	White HS	57	136	235	18	Belkin NJ	5	97	681
9	Budd JM	38	135	310	19	Marshall JG	19	97	249
10	Thompson B	16	132	224	20	Bertot JC	29	96	137

由于作者的发文量与该论文的被引用频次之间没有必然联系，论文被引用次数是表现作者影响力的重要指标之一，所以笔者在分析时将高产作者的排名与高被引作者的排名进行综合考量。经过对比后发现，尽管高产作者与高被引作者之间存在着一定的差异，但通过比较表 5-3 和表 5-4 这两个表可知，有 6

位作者同时跻身于高产作者 Top20 和被引次数 Top20 作者列表中，他们分别是 C. Tenopir、C. R. McClure、P. Hernon、H. S. White、J. M. Budd、J. C. Bertot。

其中，表现最为抢眼的是 C. Tenopir。在笔者所筛选的 24 种期刊中，该作者的总发文量最高，达到 177 篇。同时，该作者在本数据集的论文引用率达到 129 次，排名第十一位；其在全球范围内的被引频次也高达 507 次，排名第六位。C. Tenopir 的全名是 Carol Tenopir，她目前是田纳西大学诺克斯维尔分校（University of Tenneessee，Knoxville，UTK）① 信息科学学院的教授[152]，其教学和研究领域包括信息访问与检索、电子出版与信息产业。她在众多期刊上发表过高质量的学术论文，并且担任《Library Journal》杂志的“在线数据库”专栏编辑长达 28 年，对于图书馆学研究做出了巨大贡献。此外，来自美国雪城大学（Syracuse University）② 的 C. R. McClure[153]的论文被引率也非常高，他主要致力于电子政务、网站评估以及公共图书馆互联网接入等问题的研究。

引文量排名第二位、发文量排名第十六位的是 P. Hernon，其全名是 Peter Hernon[154]，他在美国著名女子学院——西蒙斯学院（Simmons College）③ 担任教授，其主要研究方向包括政府信息政策与资源、信息服务评

① 田纳西大学诺克斯维尔分校（The University of Tenneessee，Knoxville，UTK，网址：http：//www. utk. edu）是位于美国田纳西州的一所公立大学。田纳西大学创办于 1794 年，现有 11 个研究所及 9 个大学科系，学生人数将近 28000 名，主要来自美国 50 个州以及全球 100 多国家。田纳西大学的附属机构有霍华贝克公共事务研究中心、人类学研究中心以及植物园。其中，临近橡树岭的田纳西大学植物园占地 250 亩，拥有上百种该区特有的原生植物。

② 雪城大学（Syracuse University，网址：https：//www. syracuse. edu）是美国著名的综合性研究型大学，也是世界一流名校。该校成立于 1870 年，坐落于美国纽约州雪城（Syracuse）市内。其公共管理学科排名全美第一，建筑学院、信息学院、计算机科学与工程学院、Maxwell 公民与公共事务学院、Newhouse 公共传播学院、视觉与表演艺术学院、教育学院均在美国名列前茅，在各学科领域中成就卓著并影响巨大，在美国政界及国际上都有非常强的影响力。该校在 2017 年度的 U. S. News 美国大学排行榜中名列第六十位，在政治学、人文社会科学、自然科学、艺术学等多个领域培养了一大批杰出毕业生。自 19 世纪末以来，先后有 800 多名雪城大学毕业生担任过美国副总统、国会参议员、众议员、联邦政府高级官员、州长等职位，以及美国著名研究型大学的校长。因此，雪城大学赢得了“美国政治家摇篮”的美誉，还是培养美国著名大学校长的摇篮之一。

③ 西蒙斯学院（Simmons College，网址：http：//www. simmons. edu）始建于 1899 年，是美国一所知名的女子学院，位于马萨诸塞州的波士顿市中心。西蒙斯学院规模较小，女性学生在这里可以得到更多的发展机会，该校现有 2000 名女性本科生和 2800 多名研究生，学生来自全世界 39 个国家。该校现有 5 个学院，包括：文理学院、图书馆和信息科学学院、健康研究学院、管理学院、社会工作学院，开设了 40 多个本科专业。

价、研究方法和学术图书馆等。他还是《Library & Information Science Research》杂志的"政府信息季度报告"的首位编辑，并在期刊《The Journal of Academic Librarianship》担任了9年的编辑。值得一提的是，西蒙斯学院的档案管理专业在全美国排名第一位、图书馆与情报研究专业在全美国排名第九位[155]。

印第安纳大学（University of Indiana）的H. S. White的高被引论文的研究主题主要是图书馆学高校的排名及其影响力[156]问题。密苏里大学（University of Missouri）①的J. M. Budd教授[157]主要关注学术图书馆的高等教育及其学术生产力等问题，他还担任期刊《Library Quarterly》的主编。佛罗里达州立大学（Florida State University）②的J. C. Bertot教授[158]与雪城大学的Robert D. McClure教授合作紧密，在电子商务和网站使用评估方面做出了突出贡献。

经分析可知，图书馆学在不断发展和完善的过程中出现了众多代表性的人物，这些高产、高影响力的著者从论文产量到科研能力都是值得肯定的。从表5-2和表5-3这两个表可知，绝大多数著者来自欧美高校，并且正是这些杰出的人才推动了欧美乃至全球图书馆学的研究进展。

---

① 密苏里大学（University of Missouri，网址：http://missouri.edu）创建于1839年，是当时密西西比河西岸唯一的大学，现已发展成为美国著名的密苏里大学体系，拥有四个校区，分别是哥伦比亚分校（Columbia）、罗拉分校（Rolla）、堪萨斯城分校（Kansas City）和圣路易斯分校（St. Louis），共有学生63000多名。密苏里大学哥伦比亚分校是美国老牌百强名校，是该州34所大学中唯一入选美国大学协会（Association of American Universities，AAU）的大学，还是该州唯一一所同时兼为美国大学协会会员和卡内基高等教育基金会评出的"博士科研/横向研究型大学"的学术型明星大学。密苏里大学拥有世界上第一所新闻学院。此外，由美国前总统杜鲁门创建的公共事务管理学院在美国的知名度非常高，全州超过三分之一的国会议员和政府职员毕业于该校。

② 佛罗里达州立大学（Florida State University，网址：http://www.fsu.edu）创建于1851年，是一所公立研究型的高等学府，位于美国佛罗里达州首府塔拉哈希（Tallahassee），是美国最具活力的高等教育机构之一，因其拥有国际一流的教学师资和尖端的科学研究而受到广泛关注，学校每年科研经费高达2亿美元，在佛罗里达州30多所大学中处于领导地位，在《美国新闻与世界报道》2016年度大学排行榜中位居全美国第九十六位。佛罗里达州立大学目前有来自120多个国家和地区的37000多名学生，教职员工1800多位，教授中有5位诺贝尔奖获得者以及8名美国国家科学院院士。该校研究生院设有99个硕士学位授予点、28个高级硕士学位项目、71个博士点和1个职业培训项目。此外，该校还拥有天文馆、广播电视、美术馆、博物馆、海洋研究中心等现代化教学设施。

5.2.3 国外图书馆学科研机构分析

科研机构[159]是指带有明确研究方向和任务、拥有一定水平的学术带头人以及一定数量和质量的研究人员这样的组织或者机构。科研机构在提升国家创新能力方面发挥着关键作用。科研机构所属人员发表的论文是其科研成果的重要载体，其中蕴含着丰富的信息，有着重要的研究价值。因此，从科研机构角度来进行论文数据分析，可以在一定程度上揭示科研机构的特点和科研规律。

在 HistCite 软件中导入相关数据以后，就可以选择"Institution（机构）"指标来对科研机构进行聚类分析。需要说明的是，在分析科研机构时，RecS 表示该机构的发文数量，如果按 RecS 来进行排序（默认是按降序排序），就可以快速定位该研究领域的高产科研机构；TLCS 表示在本数据集中引用了该科研机构文章的所有引文数量，如果按 TLCS 进行降序排序，就可以快速定位该领域的重要科研机构。

在本数据集中共计包括 5983 个科研机构。为了更好地分析科研机构的研究水平，不仅需要对科研机构的发文量进行分析，还需要对其被引频次进行分析。发文量 Top20 的科研机构概况如表 5-5 所示，被引频次 Top20 的科研机构概况如表 5-6 所示。

表 5-5 发文量 Top20 的科研机构列表

序号	科研机构名称	发文量	序号	科研机构名称	发文量
1	Univ Illinois （伊利诺伊大学）	532	11	Simmons Coll （西蒙斯学院）	144
2	Univ N Carolina （北卡罗来纳大学）	255	12	Univ Calif Berkeley （加利福尼亚大学伯克利分校）	144
3	Univ Wisconsin （威斯康辛大学）	252	13	Rutgers State Univ （罗格斯州立大学）	137
4	Indiana Univ （印第安纳大学）	248	14	Univ Maryland （马里兰大学）	137
5	Univ Michigan （密歇根大学）	187	15	Univ Pittsburgh （匹兹堡大学）	129

续表

序号	科研机构名称	发文量	序号	科研机构名称	发文量
6	Univ Tennessee（田纳西大学）	182	16	Florida State Univ（佛罗里达州立大学）	119
7	Keio Univ（庆应义塾大学）	180	17	Univ Texas（德克萨斯大学）	117
8	Univ Calif Los Angeles（加利福尼亚大学洛杉矶分校）	166	18	SUNY Buffalo（纽约州立大学布法罗分校）	115
9	Univ Washington（华盛顿大学）	160	19	Univ Colorado（科罗拉多大学）	114
10	Univ Sheffield（谢菲尔德大学）	156	20	Univ Western Ontario（安大略西部大学）	114

表 5-6　被引频次 Top20 的科研机构列表

序号	科研机构名称	发文量	TLCS	TGCS
1	Univ Illinois（伊利诺伊大学）	532	1228	3092
2	Indiana Univ（印第安纳大学）	248	528	1454
3	Univ N Carolina（北卡罗来那大学）	255	482	1369
4	Univ Western Ontario（安大略西部大学）	114	476	1455
5	Univ Sheffield（谢菲尔德大学）	156	474	2155
6	Univ Calif Los Angeles（加利福尼亚大学洛杉矶分校）	166	427	1069
7	Univ Wisconsin（威斯康辛大学）	252	419	1061
8	Univ Michigan（密歇根大学）	187	363	1089
9	Florida State Univ（佛罗里达州立大学）	119	351	780
10	Univ Calif Berkeley（加利福尼亚大学伯克利分校）	144	336	783
11	Univ Washington（华盛顿大学）	160	323	943
12	Univ Toronto（多伦多大学）	103	307	680
13	Univ Maryland（马里兰大学）	137	297	851
14	Univ Tampere（坦佩雷大学）	51	273	957
15	Natl Lib Med（美国国家医学图书馆）	104	270	914
16	Univ Pittsburgh（匹兹堡大学）	129	268	778
17	Cornell Univ（康奈尔大学）	78	250	572
18	Univ Missouri（密苏里大学）	113	247	674
19	Penn State Univ（宾夕法尼亚州立大学）	97	246	578
20	Rutgers State Univ（罗格斯州立大学）	137	238	717

从统计结果可知，伊利诺伊大学（University of Illinois）①[160]无论在发文数量上还是在被引频次上都高居第一位。由此可见，该机构对美国图书馆学领域的贡献特别突出。在《美国新闻和世界报导》② 2012年公布的美国图书情报专业研究生排名中，伊利诺伊大学厄巴纳—香槟分校③名列第一名。该机构的主要研究领域包括：①历史、经济、政策研究。代表性研究人员有Alistair Black、Jon Gant、Elizabeth Hoiem等。其中，Alistair Black对公共图书馆历史的研究、计算机出现前的信息管理等领域的研究非常深入，很有见地。Jon Gant则在电子政务、战略管理信息系统等方面发表了多篇论文。②信息组织与知识呈现。代表性研究人员有Jana Diesner、David Dubin，他们主要研究自然语言处理、信息描述等。③信息资源的使用及用户研究。代表件研究人员有Alistair Black、Nicole A. Cooke等，他们主要研究用户信息行为、信息素养等。④信息系统。代表性研究人员有J. Stephen Downie、Miles Efron等，他们主要研究知识表达系统、信息搜索系统、文本自动分类与挖掘、多媒体信息管理系统等。⑤管理和评估。代表性研究人员有Jon Gant、Terry L. Weech等，他们主

---

① 伊利诺伊大学（University of Illinois，网址：http：//illinois. edu）简称UI或U of I，创建于1867年，是美国最具影响力的公立大学系统之一，在全世界享有盛誉。伊利诺伊大学现有三所分校，分别位于厄巴纳-香槟地区（Urbana-Champaign）、芝加哥（Chicago）以及斯普林菲尔德（Springfield）。伊利诺伊大学与中国有着特殊的关系。早在1906年，时任校长爱德蒙·詹姆斯就致信美国总统西奥多·罗斯福，建议将庚子赔款用于发展中国的教育事业，后来发展为庚子赔款奖学金，很多中国学生藉此得以留美深造。该校还是世界上最多元化、国际化的大学之一。

② 《美国新闻与世界报道》（U. S News & World Report）是与《时代》和《新闻周刊》齐名的新闻杂志，它以每年对美国大学的调查报告及排名而广为人知，其编辑部位于华盛顿特区，但其总部设在纽约市。

③ 伊利诺伊大学厄巴纳-香槟分校（University of Illinois at Urbana-Champaign，UIUC，网址：http：//illinois. edu）创建于1867年，位于伊利诺伊州幽静的双子城厄巴纳-香槟市，是一所享有世界声望的顶尖研究型大学。该校是美国“十大联盟（Big Ten）”创始成员、美国大学协会（AAU）成员，被誉为“公立常春藤”，与加州大学伯克利分校及密歇根大学安娜堡分校并称为“美国公立大学三巨头”。该校一直致力于卓越的研究、教学和公众参与，校友和教授中有23位获得了诺贝尔奖，在美国公立大学中仅次于加州大学伯克利分校。该校很多学科素负盛名，其工程学院在全美国乃至世界范围内堪称至尊级地位，电气、土木、材料、农业、环境、机械等专业排名全美国前五位，计算机专业排名全美国第二位。其商学院也具有极强的实力，会计、金融等专业为全美国一流水平。该校计算机专业校友参或创建了特斯拉、甲骨文（Oracle）、Youtube、Paypal、AMD、Mozilla、网景（Netscape）、Yelp等世界知名的公司和IT产品，以及JavaScript、Swift等编程语言。此外，该校还拥有全美国第三大大学图书馆，仅次于哈佛大学和耶鲁大学。

要研究图书馆服务的管理与评估等。⑥社会、社区、组织信息学。代表性研究人员有 Nicole A. Cooke、Jana Diesner，他们主要关注信息技术在社会或者社区中的应用、社会因素对技术的影响、大学教育社区教育以及终身教育的设置等问题。⑦儿童文学及相关服务等。代表性研究人员有 Elizabeth Hoiem、Christine Jenkins，他们主要关注儿童和青年文学的历史以及相关图书馆服务。

同时，印第安纳大学（University of Indiana）[161]对图书馆学领域的贡献也非常突出，该校在美国图书情报专业研究生排名中名列第八位。从统计结果来看，该机构的发文数量排名第四位，在被引排名中名列第二位。由此可见，印第安纳大学无论在发文数量上还是发文质量上，都是图书馆学研究机构的学习榜样。印第安纳大学的信息科学与图书馆学研究团队主要有媒体交互研究中心（CROMI）、网络科学信息架构中心（CNS）、社会信息学研究中心（RKCSI）、网络科学实验室（Web Science Lab）等。

发文量排名第二位、被引频次排名第七位的北卡罗来纳大学（University of North Carolina）①[162]的图书馆与信息科学学院，设有数字图书馆研究与发展中心（CRADLE）、信息可视化实验室（IVlab）、交互设计实验室（IDL）、元数据研究中心（MRC）等多个实验室。该机构的研究领域非常广泛，主要有信息搜索行为研究、消费者健康信息、档案与数字信息保存、元数据、数字图书馆、情报机构管理等。代表性研究人员有 Gary Marchionini、Barbara Wildemuth、Tom Caruso、Kam Woods、Rebecca Vargha 等。

---

① 北卡罗来纳大学（University of North Carolina，UNC，网址：http：//www. unc. edu）是一个由 16 个公立四年制北卡罗来纳州大学组成的大学系统，并统一用“北卡罗来纳大学”来进行命名，共计有 183000 名学生就读于该校的 300 个学科专业。这 16 个分校区分别坐落在艾胥维尔（Ashville）、夏洛特（Charlotte）、教堂山（Chapel Hill）、格林斯伯勒（Greensboro）、潘布洛克（Pembroke）、威明顿（Wilmington）等地，享有高度的自治权力和相互独立。其中，北卡罗来纳大学的第一个校区是 1789 年创建的北卡罗来纳大学教堂山分校（University of North Carolina at Chapel Hill，UNC）。UNC 是美国第一所授予学位的公立大学，也是北卡罗来纳大学系统的旗舰机构，其公共卫生学院、Kenan-Flagler 商学院享有极高的学术声誉。需要补充说明的是，北卡罗来纳大学在理学、工学、农学、医学、商学等方面的研究处于全美国领先水平，为北卡罗来纳州的经济、卫生、社会方面的需求提供了直接帮助。

此外，美国威斯康辛大学（University of Wisconsin）①[163]、美国密歇根大学（University of Michigan）②[164]、加拿大安大略西部大学（University of Western Ontario）③[165]等机构同时出现在发文数量 Top20 和被引数量 Top20 的列表中，在一定程度上说明这些研究机构及其研究人员所发表的论文代表着国外图书馆学研究的发展方向，并且受到全球其他研究人员的重视和追捧。

通过以上分析发现，国外科研机构大多来自高等院校，这也充分说明国外图书馆学的研究成果主要来自高等院校，而高等院校也以其优越的科研环境和人才优势，成为知识产生和传播的重要集散地，推动着国外图书馆学研究不断向前发展。

---

① 威斯康辛大学一般是指坐落于威斯康辛州首府麦迪逊市的威斯康辛大学麦迪逊分校，威斯康辛大学是一个由 10 所州立大学构成的大学系统，即“威斯康辛大学系统”（University of Wisconsin System，网址：http：//www. wisc. edu）。其中，位于麦迪逊市的威斯康辛大学麦迪逊分校（University of Wisconsin-Madison）是威斯康辛大学系统的发源地，也是威斯康辛州的第一所大学，创建于 1848 年。它是驰名世界的一流大学，在校学生 44000 人，其中包括 12000 名研究生。在美国中部地区，它与密歇根大学安娜堡分校一起被誉为支撑美国高等教育的两根擎天大柱，可以傲视美国东部地区的哈佛大学、耶鲁大学等常春藤名校以及美国西部地区的斯坦福大学、伯克利大学等“后起之秀”。目前，威斯康辛大学在工程、计算机、经济学、工商管理、社会学等领域久负盛名，是全美最顶尖的十所研究型大学之一，曾有 21 位教授或者校友获得过诺贝尔奖。

② 密歇根大学（University of Michigan，简称 U of M 或 UMich，网址：http：//umich. edu）创建于 1817 年，是美国历史最悠久的公立大学之一，被誉为“公立常春藤”和“公立大学的典范”，与加州大学伯克利分校和威斯康辛大学麦迪逊分校等大学一起代表了美国公立大学的最高水平，在世界范围内享有盛誉。密歇根大学还是美国顶级学术联盟美国大学协会（Association of American Universities）的发起者之一。目前，密歇根大学拥有三个分校，分别位于安娜堡（Ann Arbor）、迪尔伯恩（Dearborn）和弗林特（Flint）。作为一所世界顶尖的综合性研究型大学，密歇根大学在各个学科领域成就卓著，并且拥有巨大的学术影响力，该校的工程学院、医学院、商学院、法学院、文理学院、艺术学院等均位列全美国 Top15，超过 70%的专业排名全美国 Top10。密歇根大学在 2016 年 US News 世界大学排行榜中位居世界第十七位，在 2016 年泰晤士报世界大学排行榜中位居第二十一位，在 2017 年 QS 世界大学排行榜中位居第二十三位，在 2016 年上海交大世界大学学术排行榜中位居第二十三位。此外，该校校友中目前包括 1 位美国总统、22 位诺贝尔奖得主、4 位图灵奖得主、8 位美国国家航空航天局宇航员、18 位普利策奖得主、25 名罗兹学术奖得主、30 多位大学校长、上百位文艺娱乐界明星、上千位著名运动员以及不可计数的各行业精英。

③ 安大略西部大学（University of Western Ontario，UWO，网址：http：//www. uwo. ca）现已更名为韦仕敦大学（Western University），是位于加拿大安大略省伦敦的一所著名医学博士类公立大学，创建于 1878 年，被誉为“加拿大最美丽的大学”。该校的商科最为出名，是北美案例法教育的两大发源地之一。该校医学院享有极高的国际声誉和影响力，在小型化低耗性外科手术领域上承前启后，并且取得了举世瞩目的成就。此外，安大略西部大学在体表风洞、可替代性能源、小型化工业用引擎、食品营养学等领域上也有较高的造诣，在国际上居领先地位。该校全日制注册学生有 22000 多人，在加拿大《环球邮报》大学排行榜中，其教学质量和学生满意度均排名全加拿大第一位。

5.3 国外图书馆学发展轨迹知识图谱

关键词作为论文标题的补充，是对整篇论文的高度浓缩。关键词的来源可以是从论文标题中选取的一些词汇，也可以是从摘要中选择的最具概括性的词汇，还可以是基于作者自己的理解从整篇论文中概括的词汇。从自然语言处理的角度来说，关键词是经过规范化、高度浓缩、不能再细分的文本。通过关键词，读者可以快速了解整篇论文的重点，它是整篇论文最精华的部分。因此，在对论文数据进行分析时，可以分析关键词出现的频率，并对关键词进行聚类，以此来了解某时段的研究重点和研究热点，从而进一步探析该研究领域的学科结构。同时，还可以通过分析不同时段关键词的变化情况来把握该研究领域关注热点的变化情况。为了更好地了解国外图书馆学领域的研究热点及其变化情况，笔者选取关键词作为研究对象，并利用 SCI^2 工具软件来对这些关键词进行共词分析。共词分析流程图如图 5-1 所示。

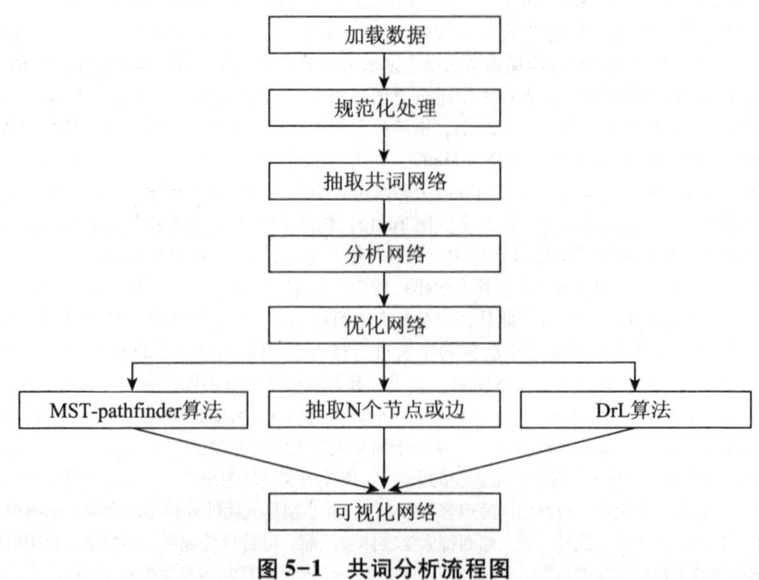

图 5-1　共词分析流程图

利用 SCI^{2}工具软件进行共词分析的具体操作步骤概述如下：①对文本关键词进行规范化处理。在加载完数据以后，运行“preprocessing | topical | lowercase，tokenize，stem and stop words text”。这样，就会删除停用词，对数据进行降维处理。在经过规范化处理以后，会生成一个列表。②选择该列表，运行“data preparation | extract word co-occurrence networks”，以抽取词共现网络。③运行“analysis | networks | network analysis toolkit（NAT）”，以分析该网络中节点和边的情况。如果有孤立节点，则将孤立节点删除。④当节点和边的数据量较大时，可以运行 MST-pathfinder 算法来对边进行缩减，以便突出最重要的边。也可以运行“processing | networks | extract top nodes 或 extract top edges ”来抽取前 N 个节点（抽取多少节点，可根据具体研究需要来定），还可以运行“Visualization | networks | DrL（VxOrd）”，利用 DrL 算法来处理大数据。⑤利用 GUESS 来对网络进行可视化。

由于图书馆学领域的许多论文著录并不是很规范，特别是 1991 年前的大部分论文在著录时都没有提供关键词。因此，需要特别说明的是，笔者仅对 1991—2014 年期间 WoS 中收录的论文通过利用关键词共现方法来探讨国外图书馆学的发展轨迹。

5.3.1 1991—1995 年国外图书馆学发展轨迹分析

经过分析可知，在 1991—1995 年期间，原本共计有 2420 条数据。针对这些数据，首先对关键词进行规范化处理，再选取共词网络，最后得到 615 个节点（其中有 55 个孤立节点），说明关键词之间的联系比较紧密。最大权重为 30，有 27302 条连线，最大网络中包含 533 个节点。利用 MST-pathfinder 算法对网络的边进行缩减，得到最主要的 581 条边，最后形成如图 5-2 所示的 1991—1995 年国外图书馆学发展轨迹知识图谱。

从图 5-2 中可知，各关键词节点的出现频次如下：Library（81）、Science（80）、System（73）、Management（65）、Need（61）、Retrieval（52）。根据上述中心节点以及其他重要节点的聚类情况可知：

（1）数字图书馆是一段时间内的研究热点。作为知识经济的重要载体，数字图书馆的发展水平已经成为衡量一个国家信息技术水平的重要标志。从20世纪90年代开始，美、英、法、德、日、俄等近20个国家先后投入巨资，开展数字图书馆研究，部署并实施大型数字图书馆计划。例如，美国国家科学基金会（National Science Foundation，NSF）、美国国防部高级研究计划署（Advanced Research Project Agency，ARPA）和美国国家航空航天局（National Aeronautics and Space Administration，NASA）① 联合实施了美国“数字图书馆创导计划”（Digital Library Initiative，DLI），该计划从1994年开始正式启动。该计划的研究内容主要有高校数字图书馆研究、数字图书馆基础设施研究、分布式智能电子图书馆运作方式以及知识产权保护研究等[166]。由西方七国国家图书馆合作形成的“G7数字图书馆联盟”所开展的数字图书馆计划也从1995年开始启动，其内容涵盖各国的历史、文化藏品精华以及旅游资源库等。

（2）建立各种类型的地区或专业的资源共享网络。在20世纪90年代，美国各高校图书馆的书目记录已经能够在网上共享，一些大型的研究性图书馆尽管在资源建设和自动化上达到了较高水平，但仍然面临着从资源共享网络中获取相关资源从而满足其更多读者的多样化信息需求的问题。全球最大的书目资源共享网 OCLC② 一直紧跟世界信息技术的发展潮流[167]，竭力满

① 美国国家航空航天局（National Aeronautics and Space Administration，NASA，网址：http：//www. nasa. gov）是美国联邦政府的一个行政性科研机构，负责制定、实施美国的民用太空计划与开展航空科学暨太空科学的研究，先后制订了水星计划、双子星计划、阿波罗计划、太空实验室、航天飞机、国际空间站、星座计划以及未来载人登陆火星的猎户等研究计划。1958年7月29日，美国前总统艾森豪威尔签署了《美国公共法案85-568》，创立了国家航空和太空管理局。目前，NASA已经发展成为地球上最权威的航天局，并与许多美国国内以及国际上众多的科研机构分享其研究数据。

② OCLC（Online Computer Library Center，Inc.，联机计算机图书馆中心）总部设在美国的俄亥俄州，是世界上最大的提供文献信息服务的机构之一，它以推动更多的人员检索全球信息、实现资源共享并减少使用信息费用为主要目标。

足用户的各种新需求。自 1990 年以来，它开发了参考咨询系统，其中最著名的是 FirstSearch①。美国最著名的地区电子论文资源共享网络是由俄亥俄州 13 所大学和公共图书馆在 1990 年发起的——OhioLink[168]。

---

① FirstSearch 是 OCLC 提供的一种基于 Web 的联机信息检索系统。FirstSearch 基本组数据库包将 FirstSearch 中最受图书馆欢迎的 13 个子数据库整合在一起，涵盖的文献类型多样，包括图书、硕博士论文、学术期刊、会议论文、百科全书、年鉴等，所有信息来源于全世界知名图书馆和知名信息提供商。FirstSearch 中具体包括以下 13 个子数据库：（1）ArticleFirst 数据库包括自 1990 年以来的 16000 多种来自世界各大出版社的期刊目次页上的各项内容，每条记录都对期刊中的一篇文章、新闻故事、信件以及其他内容进行描述，并且提供收藏该期刊的图书馆名单。目前，该数据库每天都会更新，共计有 3200 多万条记录，涵盖商业、人文学、医学、科学、技术、社会科学、大众文化等主题。（2）ClasePeriodica 数据库由 Clase 和 Periodica 两部分组成，其中的 Clase 是对专门登载社会科学与人文科学的拉丁美洲期刊中的文献所作的索引，Periodica 则涵盖专门登载科学与技术文献的期刊。该数据库对 2700 多种以西班牙文、葡萄牙文、法文和英文发表的学术期刊中的 65 万多条书目引文提供检索功能。Clase 收录的期刊从 1975 年开始至今，Periodica 收录的期刊从 1978 年开始至今。该数据库每三个月更新一次，涉及的主题主要有：农业科学、历史、人类学、法律、艺术、图书馆学与信息科学、生物学、语言学与文学、化学、管理与会计、通讯科学、医药学、人口统计学、哲学、经济学、物理学、教育学、政治学、工程学、心理学、精密科学、宗教学、外交事务、社会学、地球科学等。（3）Ebooks 收录了 OCLC 成员图书馆编目的所有电子书的书目信息，接近 1300 万种。该数据库每天都会更新，几乎涉及所有主题，涵盖所有学科，收录日期从公元前 1000 年至今。（4）ECO-Index（Electronic Collection Online）是一个学术期刊索引数据库，收录了自 1995 年以来世界上 70 多家出版社的 5000 多种期刊，总计有 680 多万条记录，涉及几乎所有学科，主要有农业、商业、科学、技术、文学、医学、宗教、哲学、语言、法律、政治学、心理学、社会学、经济学、教育学、地理学、历史学、人类学、美术以及图书馆学等。该数据库每天更新一次。（5）ERIC 是由美国教育资源信息中心整理的已出版和未出版的教育方面文献的一个指南，涵盖数千个教育专题，提供了最完备的教育书刊书目信息，包括对发表在 Resources in Education（RIE）月刊上的非期刊资料以及每个月发表在 Current Index to Journals in Education（CIJE）上的期刊文章的注释参考，涵盖了从 1966 年到现在的有关教育方面的几乎所有资料。ERIC 收录了 1000 多种期刊和其他资料，共有 140 多万条记录，包括一个 ERIC 叙词表，用户可以免费阅读大约 24 万篇全文文章。该数据库每月更新一次，涉及的主题有：成人教育、职业教育、教育评估、残疾与天才教育、小学与幼儿教育、高等教育、城市教育、教育管理、信息与技术、语言学与语音学、阅读与交流、教师与教师教育等。（6）MEDLINE 数据库标引了国际上出版的近 2 万种期刊，包括成千上万条附有实质性摘要的记录。MEDLINE 中收录了从 1950 年至今的 2100 多万条记录。该数据库每天都会更新，主题涵盖所有医学领域，包括：临床用药、牙科学、教育、试验、药品、健康服务管理、护理、营养、病理学、精神病学、毒物学和兽医药品。（7）OAIster 全

球联合机构知识库是2002年密歇根大学在美国梅隆基金会的资助下开展的一个项目，目前已经发展成为全球最大的开放档案资料数据库，为研究人员提供多学科的数字资源。该数据库每三个月更新一次，记录总数已达2100多万条，来自1100多家图书馆及研究机构。每条记录包括数字资源的全文链接，用户可以查看、下载和保存大量的图片和全文内容，包括：数字化图书与期刊文章、原生数字文献、音频文件、图像、电影资料、数据集、论文、技术报告、研究报告等类型。(8) PapersFirst数据库是一个有关在世界范围召开的大会、座谈会、博览会、研讨会、专业会、学术报告会上发表的论文索引，涵盖了自1993年以来所有来自于大英图书馆文献供应中心的发表过的研讨会、大会、博览会、研究讲习会和会议的资料。该数据库每两周更新一次，共计有810多万条记录，用户可以通过馆际互借来获取全文。(9) ProceedingsFirst是PapersFirst的相关数据库，是一部有关在世界范围内召开的大会、座谈会、博览会、研讨会、专业会、学术报告会上发表的会议录的索引，涵盖了从1993年以来所有来自于大英图书馆文献供应中心的发表过的研讨会、大会、博览会、研究讲习会和会议的资料，并且每条记录都包含一份在每次大会上呈交的文件清单，从而提供了各次活动的一个概貌。该数据库每周更新两次，共计有近46万条记录。(10) WorldCatDissertations收集了WorldCat数据库中所有硕博士论文和以OCLC成员馆编目的论文作为基础的出版物，涉及所有学科，涵盖所有主题。WorldCat硕博士论文数据库最突出的一个特点就是其资源均来自世界一流高校的图书馆，如美国的哈佛大学、耶鲁大学、斯坦福大学、麻省理工学院、哥伦比亚大学、杜克大学、西北大学以及欧洲的剑桥大学、牛津大学、帝国理工大学、欧洲工商管理学院、巴黎大学、柏林大学等。该数据库每天都会更新，共计有1800多条万条记录，其中的100多万条记录提供了免费的全文链接，可供用户自由下载，是学术研究中十分重要的参考资料。(11) WorldCat是世界上最大的书目记录数据库，包含OCLC近两万家成员馆编目的书目记录和馆藏信息。从1971年建库至今，WorldCat中收录了480多种语言总计近19亿条的馆藏记录以及2.8亿多条独一无二的书目记录，每条记录中还带有馆藏信息，基本上可以反映从公元前1000多年至今的全球主要图书馆所拥有的图书等文献资料。该数据库平均每十秒更新一次，涉及的文献类型多种多样，包括图书、手稿、地图、网址与网络资源、乐谱、视频资料、报纸、期刊与杂志、论文以及档案资料等。(12) GPO是美国政府出版物数据库（U.S. Government Printing Database），由美国政府出版署创建，覆盖从1976年以来的各种美国政府文件，包括美国国会的报告、听证会、辩论、记录、司法资料以及由行政部门（国防部、国务院、总统办公室等）颁布的文件。该数据库每月更新一次，共计有60多万条记录，每条记录均含有一个书目引文。GPO用户包括美国国会图书馆、纽约大学、华盛顿大学、密歇根大学、OhioLink（俄亥俄州图书馆和信息网络）等80多家单位。(13) SCIPIO是世界上唯一一个在线的艺术品和珍本拍卖目录数据库，涵盖了从16世纪晚期到目前已排定日期但尚未举行的拍卖中的出售目录。该数据库每天更新一次，共计有300多万条记录。每条记录均包含出售日期和地点、目录题名、拍卖行、出售者、拥有馆藏的图书馆等信息。SCIPIO提供北美和欧洲的主要拍卖行以及许多私下销售的拍卖目录，是了解艺术品、珍本、收藏历史、古今市场趋势的珍贵信息来源。其中，主要涉及珍本、绘画、艺术作品、雕塑、素描、家具、珠宝、房地产、纺织品、地毯等主题。SCIPIO用户主要有美国国会图书馆、哈佛大学、芝加哥大学、芝加哥艺术学院、耶鲁大学、普林斯顿大学、加州大学系统十所分校等。

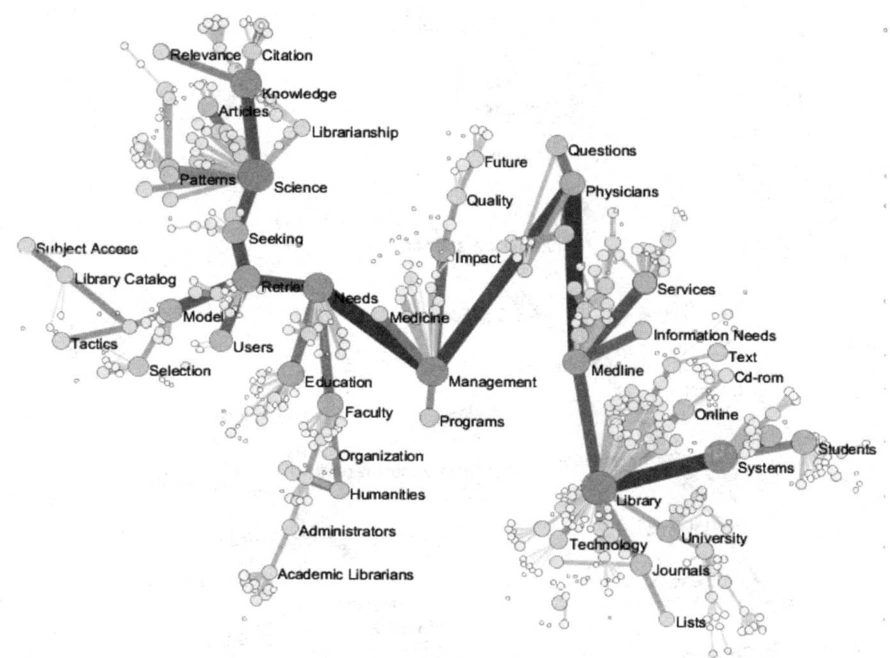

图 5-2　1991—1995 年国外图书馆学发展轨迹知识图谱

（3）Science、Management、Needs 等成为热点词汇，说明本时段国外图书馆学领域的研究主要集中在图书馆科学管理、图书馆信息管理与服务实际层面的变化上。学者们已经不再特别关注理论认识方法与思想方法上的同一性，而是更多地立足于图书馆实践过程和问题本身，尝试给予图书馆实践合乎逻辑的科学说明。

5.3.2　1996—2000 年国外图书馆学发展轨迹分析

经过分析可知，在 1996—2000 年期间，原本共计有 2824 条数据。在这些数据中，首先对关键词进行规范化处理，再选取共词网络，最后得到 786 个节点（其中有 80 个孤立节点），说明关键词之间的联系比较紧密。最大权重为 50，有 52140 条连线，最大网络中包含 720 个节点。通过 MST-pathfinder 算法对网络的边进行缩减，可得到最主要的 761 条边，最后形成如图 5-3 所示的 1996—2000 年国外图书馆学发展轨迹知识图谱。

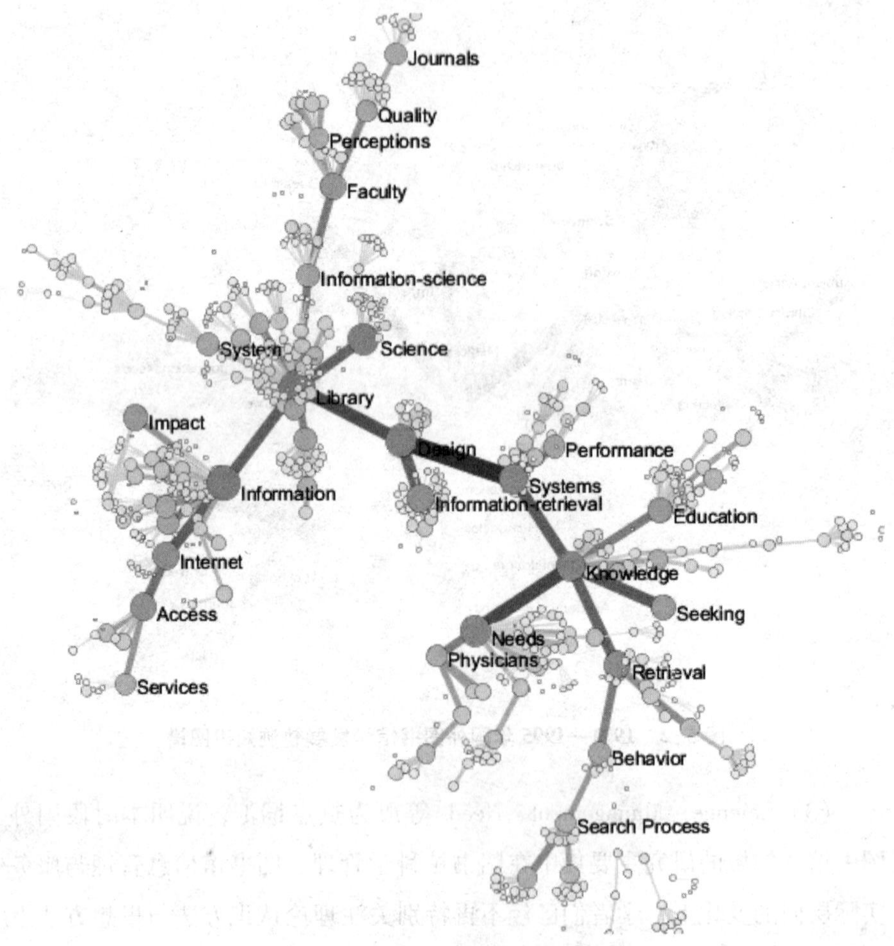

图 5-3 1996—2000 年国外图书馆学发展轨迹知识图谱

从图 5-3 可知，各关键词节点的出现频次如下：Information（111）、Internet（197）、Web（208）、Behavior（220）、Science（188）、Library（114）、Design（93）、System（80）、Knowledge（80）、Need（88）、Retrival（71）。根据以上中心节点以及其他重要节点的聚类情况可知，在 1996—2000 年这 5 年期间，国外图书馆学发展轨迹呈现以下特征：

（1）Information、Internet 和 Web 这三个关键词的出现频次居高不下。由此可见，随着计算机技术和通信技术的飞速发展，图书馆事业正处在一个变革的时代。笔者通过分析发现，该阶段主要围绕互联网及信息技术对图书馆的影响，并且分别从信息搜索、用户研究、信息服务等多个方面开展研究[169]。

（2）数字图书馆依旧是图书馆学研究人员探讨的重要主题，包括数字图书馆的技术、服务和社会研究。例如，N. Meyyappan 等人对 20 个数字图书馆项目进行了考察，包括内容、图书馆类型、组织、用户界面、存取、信息搜索、查询特点、输出方式以及与其他因特网资源的链接[170]；J. M. Griffiths 等人强调图书馆事业未来发展必须考虑以下三个问题，即珍视数字化机遇、将图书馆作为场所的重要性、充分利用好图书馆品牌价值[171]。此外，还有学者对其他相关问题进行了讨论，包括图书馆基础业务工作中的现代化问题、图书馆现代化对于馆员继续教育、用户教育以及学科专业教育的影响等。

5.3.3 2001—2005 年国外图书馆学发展轨迹分析

经过分析可知，在 2001—2005 年期间，原本共计有 3037 条数据。针对这些数据，首先对关键词进行规范化处理，再选取共词网络，最后得到 1100 个节点（其中有 81 个孤立节点），说明关键词之间的联系很紧密。最大权重为 51，说明关键词之间存在着强相关，有 101569 条连线，最大网络中包含 1040 个节点。利用 MST-pathfinder 算法对网络进行缩减，可得到 2951 条边，最后形成如图 5-4 所示的 2001—2005 年国外图书馆学发展轨迹知识图谱。

从图 5-4 中可知，各关键词节点的出现频次如下：Information（156）、Library（124）、Behavior（134）、Needs（112）、Design（99）。根据以上中心节点以及其他重要节点的聚类情况可知，2001—2005 年这 5 年间关键词总体变化不大，但关键词的重要程度发生了一定变化。例如，“Information”的出现频次居高不下，该关键词在概念上是比较宽泛的，涉及的主题既广泛又专深，包括信息系统、信息技术、信息素养教育等内容。其中，信息系统设计、信息系统管理、信息系统影响因素、信息技术评价、分布式信息技术等是这个时段学者们讨论的重点。值得一提的是，在此期间，国外图书馆学领域的研究人员与计算机科学领域的研究人员在研究上交叉比较频繁[172]。

此外，“数字图书馆”与“Library”搭配出现的频次相对较高。由此可见，数字图书馆依旧是本时段国外图书馆学研究的一个热点，而且经历了从集中在数字图书馆计划的讨论、作用以及概念的解释上，逐步过渡到结合先进的技术，提出具体技术方案的实施上（比如，基于个人合作环境的数字图书馆、检索数字图书馆资源的新模型等[173]）。

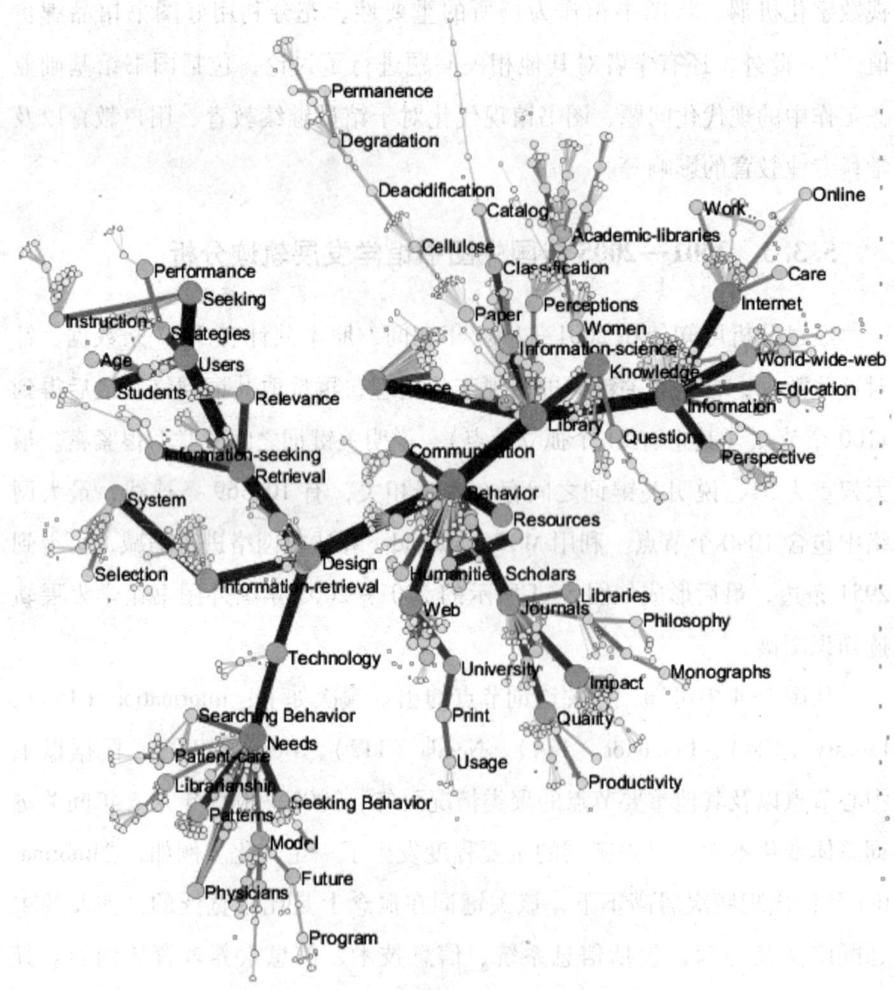

图 5-4　2001—2005 年国外图书馆学发展轨迹知识图谱

Retrieval、Behavior、Needs 等关键词的出现频次增多。由此可见，信息搜索是这五年期间国外图书馆学研究的热点之一，涉及的具体内容包括检索模型、检索方法、检索行为、交互式信息搜索、检索应用、检索策略等[174]。

5.3.4 2006—2010 年国外图书馆学发展轨迹分析

经过分析可知，在 2006—2010 年期间，原本共计有 3488 条数据。首先对这些数据的关键词进行规范化处理，再选取共词网络，最后得到 1760 个节点（其中有 0 个孤立节点），说明关键词之间的联系很紧密。最大权重为 93，说明关键词之间存在着强相关，有 267133 条连线，最大网络中包含 1685 个节点。利用 MST-pathfinder 算法对网络进行缩减，得到 2951 条边，最后形成如图 5-5 所示的 2006—2010 年国外图书馆学发展轨迹知识图谱。

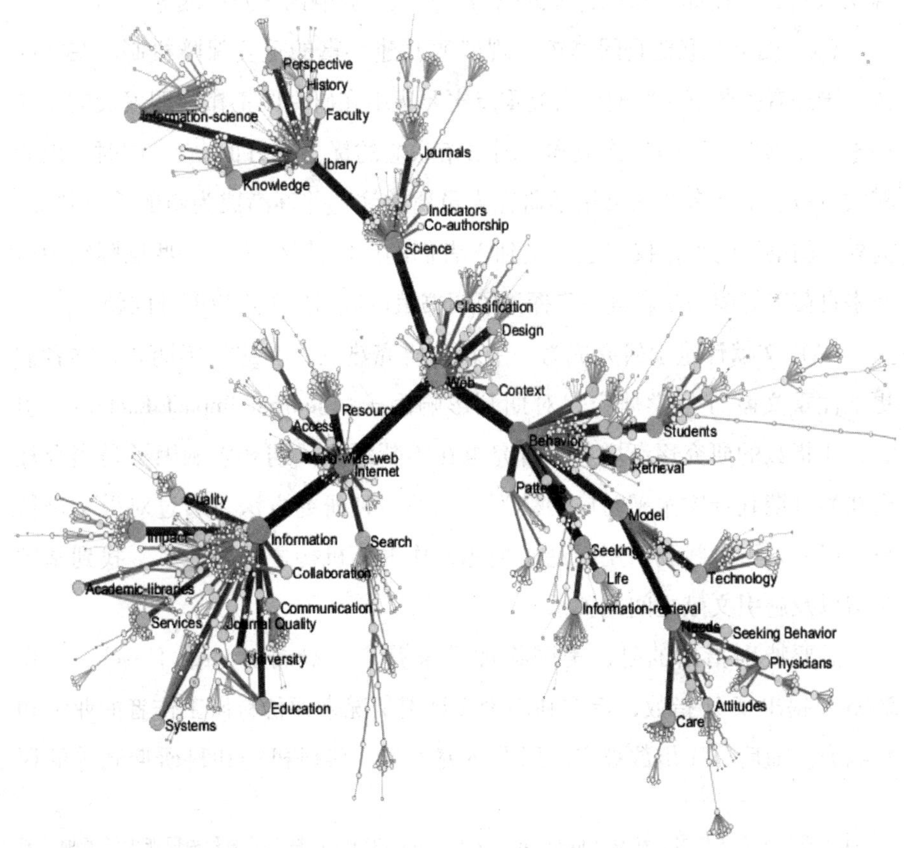

图 5-5 2006—2010 年国外图书馆学发展轨迹知识图谱

从图5-5中可知，Web、Behavior、Information、Library等关键词的出现频次仍然居高不下，而Knowledge、Science、Pattern、Model等关键词的出现频次正在持续增长。由此可见，2006—2010年这5年期间，国外图书馆学发展轨迹呈现以下特征：

（1）信息搜索依旧是本时段的研究热点。学者们在不断探索如何利用最新的技术手段来为信息搜索服务，完善信息搜索系统，更好地利用搜索引擎来为研究服务[175]。有多篇论文对这一主题进行了研究，其内容比较广泛，涉及信息搜索原理、检索技术及系统、检索活动及行为等具体内容。

（2）知识管理理论经过前几年的沉淀和积累，已经逐渐走向成熟。众多学者对于知识管理的内涵已基本达成共识，研究重点也开始转向知识管理的深层次问题（比如，知识管理的战略、模式、影响因素及挑战等[176]）。

（3）图书馆联盟是图书馆实现资源共建共享的重要保障机制。在本时段，国外有关图书馆联盟的研究重点主要集中在研究图书馆联盟发展的影响因素、图书馆联盟的运作成本、图书馆联盟的优势等方面[177]。同时，出版模式也被越来越多的图书馆学研究人员所关注，并逐渐成为新的研究热点。此外，图书馆的著作权问题也受到学者们的广泛关注[178]，一些国际组织以及来自英美等国的学者进一步探讨了图书馆可适用的著作权例外问题。

（4）文献计量学研究成为一个新的研究热点。在这五年期间，学者们更加注重文献计量学研究，对期刊影响因子（Journal Impact Factor）、引文、H指数的研究逐渐增多，研究也在不断深入。期刊影响因子是当今社会在衡量期刊杂志水平时应用最为广泛的一种研究方法。通过对引文进行分析研究，可以找到引用的论文主题、作者、机构之间的联系，找到基础文献以及施引文献之间的关系。

需要特别指出的是，美国物理学家乔治·赫希（Jorge Hirsch）① 在2005年提出了H指数，旨在利用论文被引情况来评价科研工作者的业绩和影响力。随后，H指数被广泛用在研究人员、科研机构和科研期刊等的评

① 乔治·爱德华多·赫希（Jorge Eduardo Hirsch，1953—）是美国加利福尼亚大学圣地亚哥分校的物理学教授，主要研究超导电性和铁磁性。他因在2005年提出的H指数而闻名于世。H指数既可用来对科学家的科研生产力进行定量评价，也可作为其他指数的基础。

价上。笔者通过进一步分析发现，在 2006—2010 这五年期间，尽管 H 指数一直遭受学者们的质疑，但仍有不少研究人员在不断地探索如何改进和完善 H 指数。

5.3.5 2011—2014 年国外图书馆学发展轨迹分析

经过分析可知，在 2011—2014 年期间，原本共计有 2322 条数据。在这些数据中，首先对关键词进行规范化处理，再选取共词网络，最后得到 1724 个节点（其中有 80 个孤立节点），说明关键词之间的联系很紧密。最大权重为 97，说明关键词之间存在着强相关。有 292197 条连线，最大网络中包含 1653 个节点。利用 MST-pathfinder 算法对网络进行缩减，得到 1696 条边，最后形成如图 5-6 所示的 2011—2014 年国外图书馆学发展轨迹知识图谱。

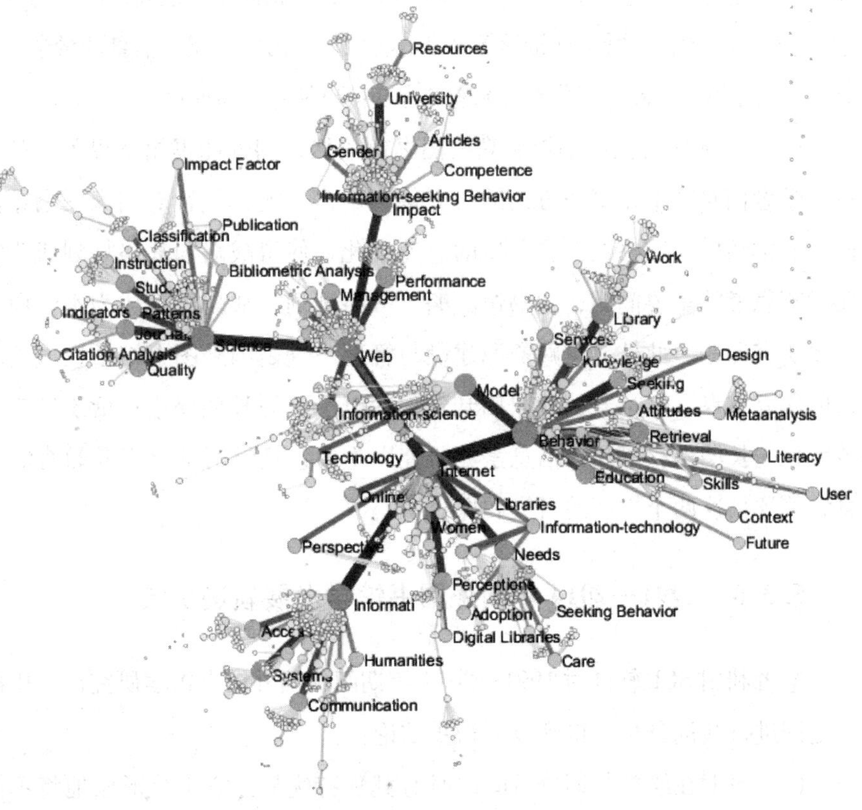

图 5-6 2011—2014 年国外图书馆学发展轨迹知识图谱

由图 5-6 可知，Internet、Behavior、Web、Science 等关键词的出现频次居高不下，但每个领域内的具体研究内容及其广度和深度都有很大变化。2011—2014 年这 5 年期间，国外图书馆学发展轨迹呈现出以下特征：

（1）在信息搜索与信息行为研究方面，图书馆学领域的读者信息搜索行为和基于计算机网络的信息搜索行为正在逐渐融合，用户检索行为与个人、内容等因素有关，要求用户能够运用信息搜寻和信息搜索的相关理论，搜寻决定主题需求变化的技能。多位学者对此进行了深入研究，包括针对不同人群的信息行为调查、信息共享活动、信息行为特征分析[179]等。

（2）知识组织或信息组织的研究已从原来的概念界定、模型建构发展到实证或者实践检验的阶段。图书馆学研究人员开始从信息层面研究转到知识层面研究，对知识资源的组织建设与开发管理已成为图书馆事业发展的重点[180]，知识管理继续成为一个重要的研究主题。此外，信息计量学逐渐形成网络计量学、科学知识图谱、社会计量学等多个分支领域。由此可见，信息计量学的研究维度正在不断扩展，其分支研究领域也变得更加专深和细致。

（3）各地区公共图书馆和高校图书馆依然是国外图书馆学界关注的焦点，学者们对图书馆事业方面的研究逐渐增多，尤其是针对国家图书馆的研究非常频繁。图书馆发展环境的急速变化，使得战略与战略规划成为需要时刻思考的重要问题，图书馆战略、战略规划、战略管理成为本时段的重要研究课题。此外，馆藏资源建设与管理一直是国外图书馆学领域近年来的研究重点，包括开放获取期刊建设、电子资源长期保存、纸质文献的数字化与长期保存等。而信息素养研究则主要包括针对信息素养教育和信息素养评估这两个方面的研究和探讨[181]。

5.3.6 1991—2014 年国外图书馆学发展轨迹小结

笔者利用 SCI^2 软件对 1991—2014 年期间的国外图书馆学研究论文中的关键词进行共词分析，得到以下初步结论：

（1）SCI^2 在绘制共词分析图谱时有其独特优势。它十分形象地将不同级别的关键词通过不同大小的节点和连线表示出来，让读者能够一目了然地看出其中的层级关系。一级关键词在图谱中的节点圆圈最大。同时，通过节点之间的连线，将不同级别的节点相互联系起来。

（2）通过将 1991—2014 年分为 5 个时段来进行数据分析，可以直观地看出每个时段最重要的关键词及其所代表的研究热点，能够更好地了解各个时段国外图书馆学的发展轨迹。

（3）从 20 世纪 90 年代开始，美、英、法、德、日、俄等 20 多个西方国家都开展了对数字图书馆的研究，并且各个国家纷纷建立了各种类型的地区或专业的资源共享网络，而大量论文则围绕“Digital Library”等关键词来展开研究。

（4）从 1996 年开始的接下来五年时间，“Information”、“Internet”、“Web”这三个关键词的出现频率居高不下。由此可见，随着计算机技术和通信技术的飞速发展，国外图书馆事业正处在一个变革时期。该时段主要探讨互联网及信息技术对图书馆的影响，并且分别从信息搜索、用户研究、信息服务等方面来开展研究。

（5）从 2001 年开始，“Information”这个关键词的出现频率持续增长。该关键词在概念上是比较宽泛的，涉及的研究主题既广泛又专深。在这五年期间，“Retrieval”、“Behavior”、“Needs”等关键词的出现频率增大。由此可见，信息搜索是这五年期间国外图书馆学领域的一个研究热点。

（6）到了 2006 年，知识管理理论经过前几年的沉淀和积累后已经逐渐走向成熟，众多学者对知识管理的内涵已基本达成共识，研究重点也开始转向知识管理的深层次问题。

（7）2010 年以后，信息计量学成为全球图书情报领域中的一个新的研究热点。同时，知识组织或信息组织研究已从原来的概念界定、模型建构逐步过渡到实证或实践检验阶段。图书馆学研究人员开始从信息层面研究转向知识层面研究，对知识资源的组织建设与开发管理已成为国外图书馆学研究的一个重点。

总之，通过对各个时段进行共词分析，可以清晰地看到各个关键词的演变过程。通过分析不同时段的关键词演变过程，则可以清晰地看到国外图书馆学的“学科演变”过程。

5.4 国外图书馆学研究领域知识图谱

1973 年，美国著名信息计量学专家亨利·斯莫尔（Henry Small）发表了论文“Relationship between citation indexing and word indexing-Study of co-occurrences of title words and cited references”[182]，首次提出同被引（Co-Citation）概念。他指出，当两篇论文同时出现在其他论文的参考文献中，那么这两篇论文之间就是“同被引”关系，或者称为“同引”或“共被引”关系。1974 年，斯莫尔在“Multiple citation patterns in scientific literature：The circle and hill models”[183]一文中又提出“三同被引”（Tri-Citation）概念，即当三篇论文同时出现在其他论文的参考文献中，则这三篇论文之间就是三同被引关系。论文被同时引用的次数越多，说明其关联性越强，所研究的领域或方向也更加相似。依此类推，可得出“M 同被引”关系。

1981 年，霍华德·怀特（Howard D. White）和贝尔韦·格里菲斯（Belver C. Griffith）在论文中提出“作者同被引”概念[184]。作者同被引的主要思想是：如果两个作者同时被引用的次数越多，则他们之间的关系也就越近。换言之，如果两个作者同时被引用的次数越多，则他们的研究领域或研究方向也就越接近。

作者同被引分析流程图如图 5-7 所示。

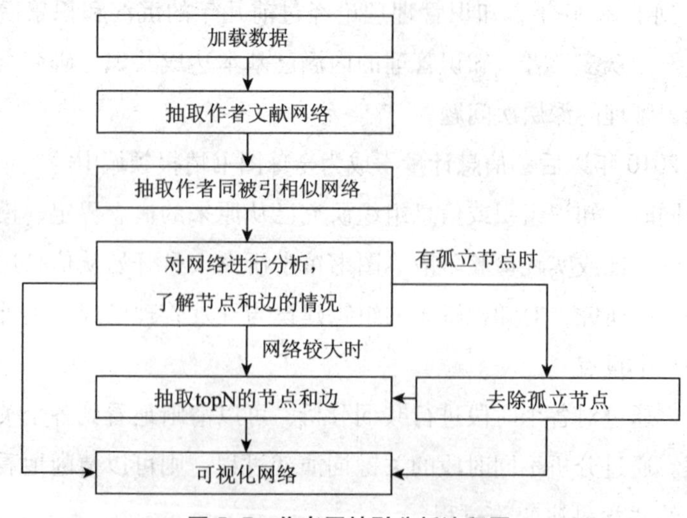

图 5-7 作者同被引分析流程图

为了更好地分析国外图书馆学的研究领域及其演变概况，笔者先将1976—2014 年期间的国外图书馆学研究论文以 5 年作为一个时段，共计分成 8 个时段。然后，再利用 SCI^{2}软件分别对这 8 个时段进行作者同被引分析，构建 8 个作者同被引知识图谱。

需要补充说明的是，在利用 SCI^{2}软件绘制作者同被引知识图谱时，节点代表被引作者，连线表示与这些作者之间的同被引关系。这些连线的主要属性是其权重，权重表示同被引的频次，权重越大表示同被引频次越高。

5.4.1　1976—1980 年国外图书馆学研究领域分析

在 1976—1980 年国外图书馆学领域作者同被引知识图谱（如图 5-8 所示）中，有 2980 个节点（其中有 2301 个孤立节点），有 613 条边，边的最大权重为 4，整个网络有 2558 个弱链接网络，最大网络中包含 9 个节点。从整个网络图谱来看，这一时段作者之间的合作联系不紧密，大多数作者只专注在自己的研究领域，与外界的交流和合作很少。

图 5-8　1976—1980 年国外图书馆学领域作者同被引知识图谱

这一时段的关键作者主要有 J. Berry、J. Fletcher、K. Nyren、B. Livingston、S. Havens、B. L. Fox、G. D. Byrd、S. Ueda、K. Nakayama 等人。

美国部分学者在这一时段比较关注美国白宫会议所讨论的图书馆学情报学工作要点，以及美国图书馆协会（ALA）① 的年会活动，并且深入讨论和解读了其对图书馆界将会带来的影响。例如，J. Berry 在《Library Journal》上发表的《Open questions in Dallas - 98th annual conference of ALA》[185]一文，详尽介绍了美国图书馆协会第 98 次年会中所讨论的议题，其中包括关于图书馆的社会价值、如何更好地提供公共服务、图书馆的财政支持政策以及会员会费问题、协会的活动安排、如何加强图书情报界的国际合作以及协会出版物的发行等。B. Livingston、B. L. Fox 等学者集中关注的是美国公共图书馆的发展状况[186]。1979 年，公共图书馆协会的"目标、指南和标准委员会"发表了《公共图书馆使命宣言》，它将美国社会所提出的四个问题（即急剧的社会变化、记录载体的急剧增加、完全的平等主义以及天然资源的枯竭）纳入到视野，强调应该根据各社区的需求来制定计划和设定目标。同时，K. Nakayama 等日本学者通过发表多篇论文，对日本当时的信息科学研究现状进行了系统的梳理和阐述[187]。

5.4.2 1981—1985 年国外图书馆学研究领域分析

在 1981—1985 年国外图书馆学领域作者同被引知识图谱（如图 5-9 所示）中，有 3613 个节点（其中有 2785 个孤立节点），有 703 条边，边的最大权重为 4，整个网络有 3095 个弱链接网络，最大网络中包含 26 个节点。从

① 美国图书馆协会（American Library Association，ALA，网址：http：//www. ala. org）成立于 1876 年，是美国图书馆界的专业组织，也是世界上最大的图书馆协会之一，总部设在芝加哥。1853 年 9 月 15 日，美国 80 多位图书馆员和有关专家在纽约集会，决定在下次会议成立图书馆协会。由于南北战争爆发以及其他原因，直到 1876 年美国独立 100 周年时才在费城召开了第二次会议，正式成立美国图书馆协会。编辑出版物是该协会对图书馆事业的最大贡献之一。ALA 主要出版物有《美国图书馆》《ALA 图书馆和情报工作年鉴》《ALA 世界图书馆和情报工作百科全书》《书目》《工具书指南》《大学和研究图书馆》《图书馆自动化杂志》《中小学校图书馆》《图书馆资源与技术工作》等，还出版有多种专著、小册子、书目、标准以及视听资料。

整个网络图谱来看，节点和边都有增加的趋势，最大网络的节点逐渐增多，作者之间的联系也慢慢变得紧密起来。图 5-9 中有 3 个重要区域值得关注。

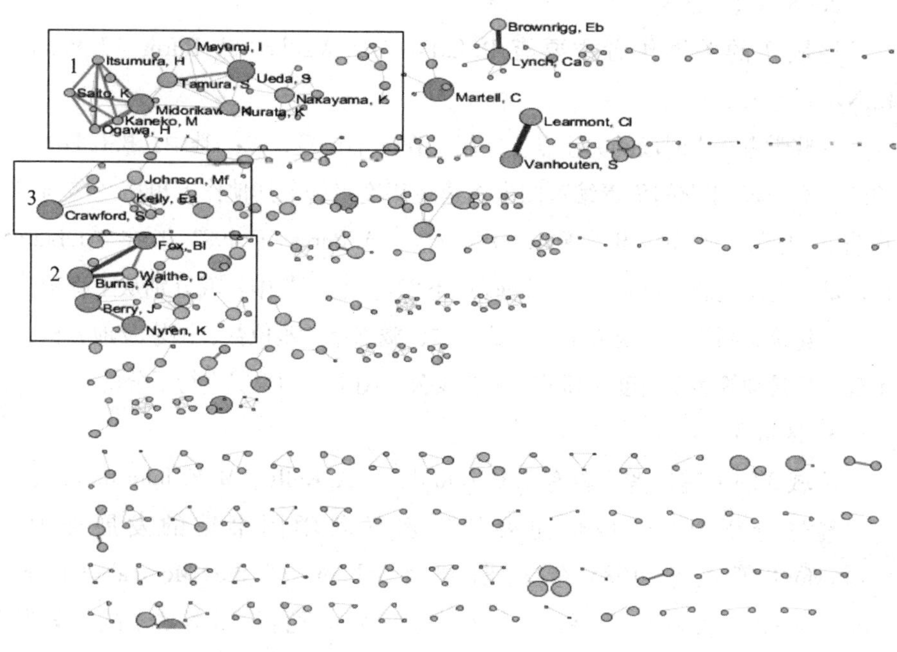

图 5-9　1981—1985 年国外图书馆学领域作者同被引知识图谱

1. 区域 1

区域 1 的关键作者主要有 N. Midorikawa、M. Kaneko、H. Ogawa、K. Saito、H. Itsumura、S. Ueda、K. Nakayama、I. Mayomj、S. Tamura 等人。

这些日本学者主要集中研究利用文献计量学方法来分析期刊的地位与实用价值，并且利用引文分析方法分别对物理学、营养学以及图书馆学、情报学等多个子领域的研究情况进行分析。例如，在 N. Midorikawa、M. Kaneko、H. Ogawa 等人在《Library and Information Science》上发表的《Structures of scientific and technical journals》[188] 以及 K. I. Saito、H. Ogawa、H. Itsumura 等人在《Library and Information Science》上发表的《Characteristics of citing behavior in science and engineering》[189] 这两篇论文中，就对以上观点进行了详尽阐述。引文分析研究最早是由 P. L. K. Gross 和 E. M. Gross 在 1927 年进行的。此后，Brown、Garfield、Martyn 等人又进一步

开展了研究。自从美国科学信息研究所创建了科学引文索引（SCI）数据库以后，科技期刊引文分析工作便迅速开展起来。

2. 区域2

区域2的关键作者主要有B. L. Fox、D. Waithe、A. Burns、J. Berry、K. Nyren等人。

这些学者在本时段的关注点主要聚焦在图书馆建筑上。其中，B. L. Fox在1981年至1985年期间负责编写图书馆建筑年度报告，其他作者也广泛参与该报告的编写。例如，B. L. Fox、D. Waithe、A. Burns于1982年在《Library Journal》上发表的《Library buildings in 1982》论文[190]中，就分别从工程项目成本、建筑总面积、建筑成本、设备成本、藏书量、座位数、国家及地方拨款情况、建筑师等多个角度对高校图书馆及公共图书馆的情况进行了分析。

3. 区域3

区域3的关键作者主要有S. Crawford、E. A. Kelly、M. F. Johnson等人。

经过分析可知，他们主要研究医学科学图书馆的发展概况。S. Crawford等人于1985年在期刊《Bulletin of the Medical Library Association》上发表了三篇报告，分别对美国医学科学图书馆二战后的发展情况、1960—1980年医学院图书馆的发展情况以及1969—1979年医院医学科学图书馆的发展情况进行了详尽阐述[191]。由S. Crawford、E. A. Kelly、M. F. Johnson等人合作发表了《Technology at Washington-University School of Medicine Library：BACS，PHILSOM，and OCTANET》[192]一文，其中探讨了银行自动票据交换业务、连续出版物管理自动化系统等技术在美国华盛顿大学①医学院图书馆中的应用概况。

---

① 华盛顿大学（University of Washington，UW，网址：http：//www.washington.edu）创建于1861年，位于美国西海岸城市西雅图，是一所蜚声中外和享有世界顶尖学术地位的著名研究型大学。自1974年以来，华盛顿大学一直是全美国科研经费最有实力的竞争者之一，科研经费长期位居全球大学前三名。该校在2017年US News世界大学排行榜中位居第十一位，在2017年泰晤士世界大学排行榜中位居第二十四位，在2017年上海交大世界大学学术排行榜中位居第十三位，在2017年路透社全球创新大学排行榜中位居第四位。建校以来，华盛顿大学及其校友创造了众多造福全人类的重大发明，包括乙肝疫苗、肾透析术、乙烯合成橡胶技术，绘制了人类基因图谱，揭示了生命奥秘，主持设计了世界上最大的波音747客机、月球轨道飞船以及哥伦比亚航天飞机，培养了10多位太空宇航员，参与了NASA宇宙飞船探月研究项目，开发了计算机DOS操作系统等。此外，华盛顿大学校友中有13位诺贝尔奖得主、1位菲尔茨奖得主、2位图灵奖得主、167位美国科学委员会学部委员、252位美国院士。

5.4.3 1986—1990 年国外图书馆学研究领域分析

导入 2238 个独立的数据，得到 1986—1990 年国外图书馆学领域作者同被引知识图谱（如图 5-10 所示）。经过分析可知，共有 4508 个节点（其中有 3336 个孤立节点）。经过处理，将孤立节点删除，共有 1067 条边，边的最大权重为 4，整个网络有 3768 个弱链接网络，最大网络中包含 21 个节点。图 5-10 中有 5 个重要区域值得关注。

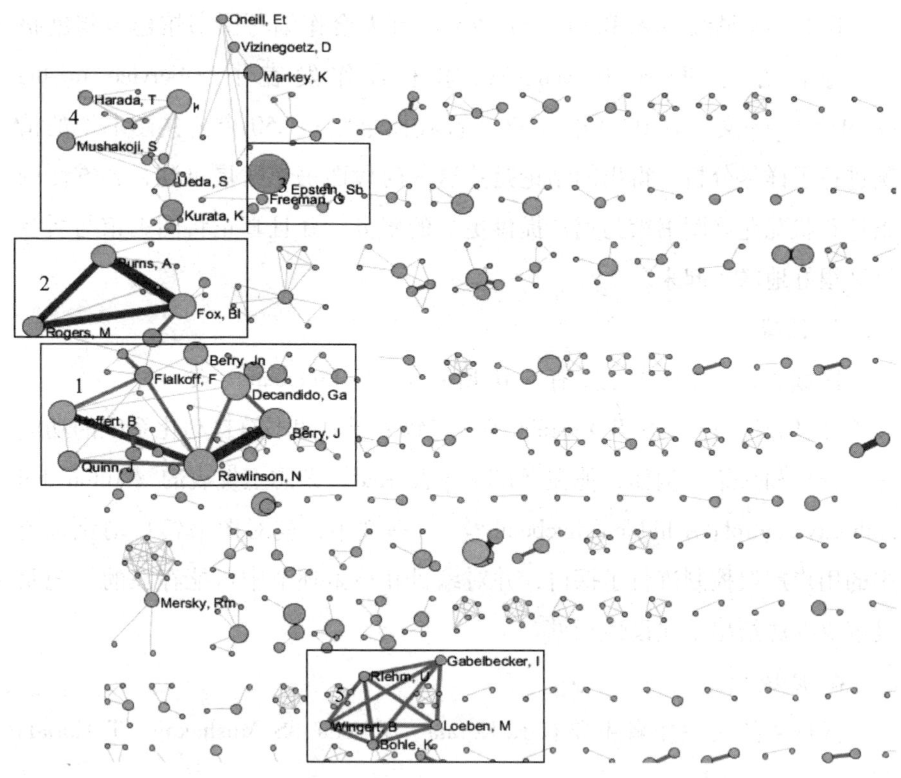

图 5-10 1986—1990 年国外图书馆学领域作者同被引知识图谱

1. 区域 1

区域 1 的关键作者主要有 N. Rawlinson、J. N. Berry、G. A. Decandido、J. Quinn、B. Heffert、F. Fialkoff 等人。

经过分析可知，这一时段的作者主要围绕美国图书馆协会年会活动进行深入解读。例如，J. N. Berry、N. Rawlinson、G. A. A. Decandido 等人在《Library Journal》上发表的《So many programs，So little time》[193]一文中，就分别对 ALA 第 109 次年会上热议的关于图书馆业务和图书馆学研究最新动向进行了解读；同时，对年会上关于世界各国出版物及图书馆信息化展览会情况进行了介绍；另外，还对年会上提供的就业信息进行了梳理。

2. 区域 2

区域 2 的关键作者主要有 A. Burns、M. Rogers、B. L. Fox 等人。

B. L. Fox 继续与 A. Burns、M. Rogers 等人合作编写图书馆建筑年度报告。他们在《Library Journal》杂志上合作发表了《Service to the people》[194]一文，对 1990 年的 48 个高校图书馆和 250 个公共图书馆的情况进行了详尽分析，得出的结论是：这一时段图书馆发展迅猛，各方面的条件和状况允许图书馆为用户提供更好的服务，并且真正将图书馆与所在社区很好地联系起来。

3. 区域 3

区域 3 的关键作者主要有 S. B. Epstein、G. Freeman 等人。

经过分析可知，S. B. Epstein 等一直致力于对图书馆自动化系统的功能进行分析和介绍。例如，他在《Library Journal》杂志上发表的《Automated authority control：A hidden timebomb?》[195]一文中，就对图书馆自动化系统中的用户授权控制进行了探讨，并对编目和检索环节中可能存在的问题及其解决办法给出了建设性意见。

4. 区域 4

区域 4 的关键作者主要有 K. Kurata、S. Ueda、S. Mushakoji、T. Harada 等人。

S. Mushakoji 等日本学者在《Library and Information Science》杂志上合作发表了《A comparative evaluation of thesauri concerning "conceptual representability" through an indexing experiment of the documents on library and information science》[196]一文，通过对图书馆和信息科学领域的论文进行标引实验，对基于概念描述的主题词表进行了比较。

5. 区域 5

区域 5 的关键作者主要有 U. Rlehm、M. Loeben、I. Gabelbecker、B. Wingert、K. Bohle 等人。

区域 5 的关键作者均来自德国，其研究重点是对德意志联邦共和国①的电子出版情况进行评估。其中，由 U. Rlehm、B. Wingert、K. Bohle 等学者在《Electronic Library》杂志上连续发表题为《Impact assessment on electronic publishing in the Federal Republic of Germany》的论文，该论文分为两部分，详细介绍了 1986—1988 年期间共计 3 个阶段的研究课题和研究成果。

5.4.4 1991—1995 年国外图书馆学研究领域分析

通过导入 2420 个独立的数据，得到 1991—1995 年国外图书馆学领域作者同被引知识图谱（如图 5-11 所示）。经过分析可知，共有 5058 个节点（其中有 3551 个孤立节点）。经过处理，将孤立节点删除，共计有 1625 条边，边的最大权重为 6，整个网络有 4076 个弱链接网络，最大网络中包含 25 个节点。图 5-11 中有 2 个重要区域值得关注。

1. 区域 1

区域 1 的关键作者有 B. Hoffert、F. Fialkoff、M. Rogers、E. Stlifer、W. Williams、E. Bryant、A. B. Nugent、M. Annichiarico、J. Berry 等人。

---

① 德意志联邦共和国（The Federal Republic of Germany，德语为：Bundesrepublik Deutschland）简称德国（两德统一前简称西德或联邦德国），是位于中欧的联邦议会共和制国家，北邻丹麦，西部与荷兰、比利时、卢森堡和法国接壤，南邻瑞士和奥地利，东部与捷克和波兰接壤，该国由 16 个联邦州组成，首都为柏林，领土面积 357167 平方公里，以温带气候为主，人口约 8267 万人，是欧洲联盟中人口最多的国家，以德意志人为主体民族。1871 年，普鲁士王国统一了除奥地利帝国以外的日耳曼各邦国，建立了德意志帝国，曾先后挑起两次世界大战并战败，并于 1945 年分裂为东西两部分。1990 年 10 月 3 日，德意志民主共和国（简称东德或民主德国）正式加入联邦德国，实现两德统一。目前，德国是欧洲第一大经济体，也是欧盟的创始会员国之一，还是北约、申根公约、八国集团、联合国等国际组织的重要成员国。此外，德国还是一个高度发达的资本主义国家。它是欧洲四大经济体之一，其社会保障制度完善，国民具有极高的生活水平。德国的重要象征是以汽车和精密机床为代表的高端制造业。

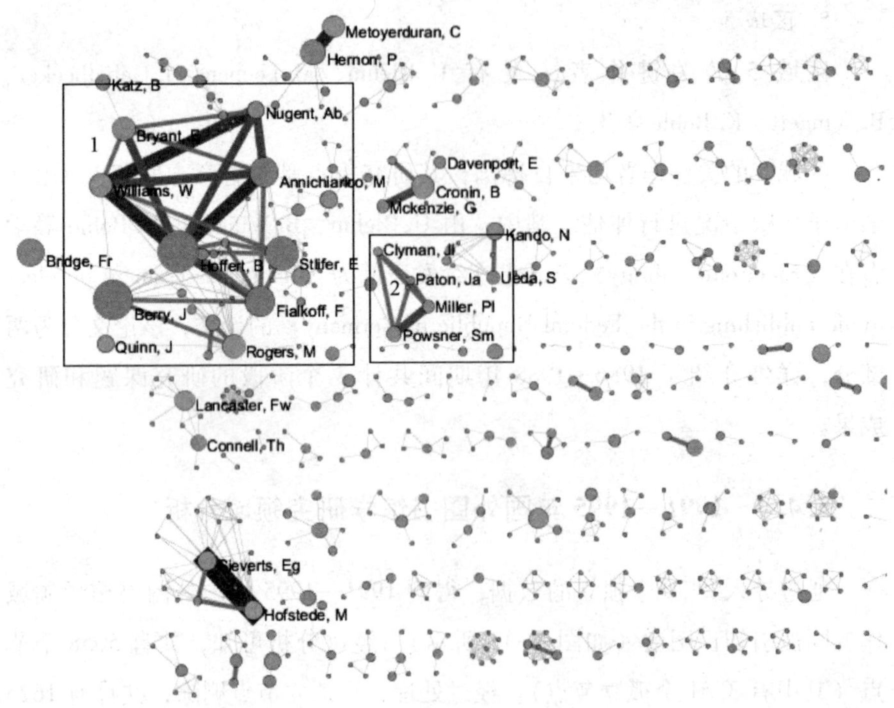

图 5-11　1991—1995 年国外图书馆学领域作者同被引知识图谱

区域 1 的大部分学者比较关注公共图书馆的发展情况。由 M. Annichiarico 等人共同在《Library Journal》杂志上发表了《Public libraries: Responding to demand》[197]一文，探讨了图书馆员与图书批发商及图书出版社之间关于如何适应行业的快速变化、提供更好的增值服务、资源购买的折扣等方面存在的矛盾。B. Hoffert 当时是《Library Journal》杂志的书评专栏主编，他曾多次与 M. Annichiarico、A. B. Nugent、W. Williams 等人合作发表年度推荐书目。

2. 区域 2

区域 2 的关键作者有 S. M. Powsner、P. L. Miller、J. A. Paton、J. I. Clyman 等人。

经过分析得知，区域 2 的关键作者的研究重点主要是医学信息系统的设计和使用。例如，P. L. Miller、J. A. Paton、S. M. Powsner 等人在《Bulletin of the Medical Library Association》杂志上发表了《Prototyping an institutional IAIMS/UMLS information environment for an academic medical center》[198]一文，描述了原型法在医学图书馆信息系统中的应用，通过原型法将学术信息管理系统（IAIMS）和统一医疗语料系统（UMLS）进行整合，以增强学术医疗中心的信息功能。

5.4.5 1996—2000 年国外图书馆学研究领域分析

导入 2824 个独立的数据，得到 1996—2000 年国外图书馆学领域作者同被引知识图谱（如图 5-12 所示）。经过分析可知，共计有 6116 个节点（其中有 3972 个孤立节点）。经过处理，将孤立节点删除，共计有 4709 条边，边的最大权重为 6，整个网络有 4556 个弱链接网络，最大网络中包含 83 个节点。图 5-12 中有 2 个重要区域值得关注。

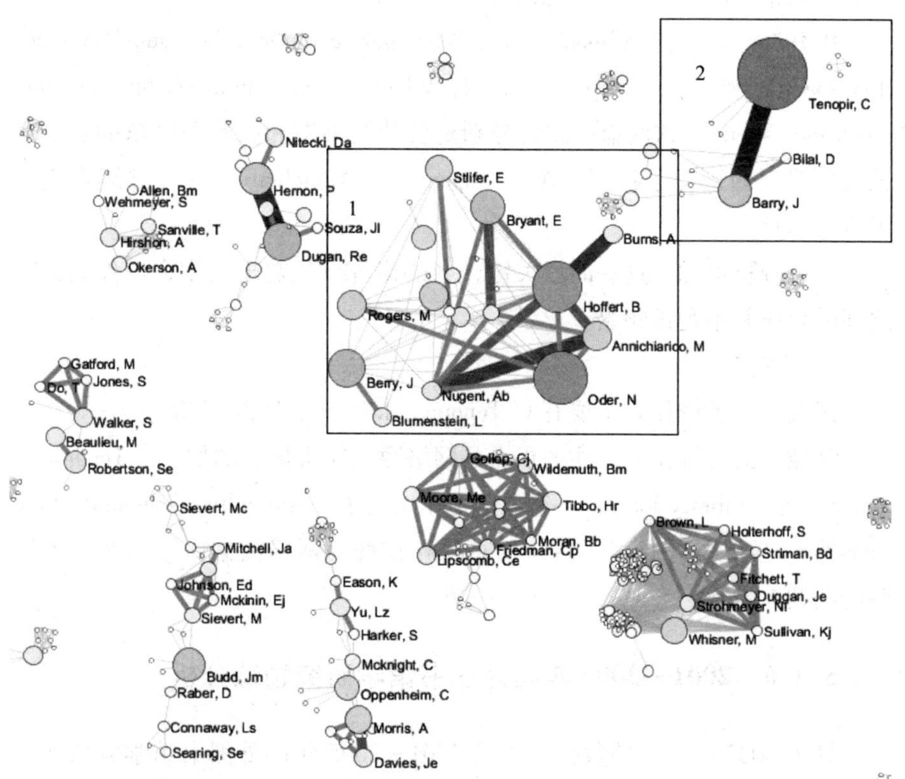

图 5-12 1996—2000 年国外图书馆学领域作者同被引知识图谱

1. 区域 1

区域 1 的关键作者主要有 N. Oder、B. Hoffert、A. Burns、M. Roncevic、A. B. Nugent、E. Bryant、M. Rogers、J. Berry、L. Bluenstein 等人。

在本时段，知识管理、网络信息资源编目是部分学者的关注重点。其中，N. Oder 在《Knowledge management hope，hype，or harbinger》一文中关注了知识管理环境下图书馆员的定位问题，分析了知识管理环境下对图书馆员的新要求。同时，在《Cataloging the net：Can we do it?》[199]一文中探讨了在 OCLC 和 NCSA 主持下创造出的全新网络信息编目格式 Dublin Core（即都柏林核心）在公共图书馆领域进行信息资源编目的可行性，以及网络信息编目方面面临的挑战。他在时隔两年后发表的《Cataloging the net：Two years later》一文中，再次跟进介绍了 OCLC 开发的网上资源合作编目系统（CORC）的概况，肯定了构成 CORC 系统的数据库和工具的设计，可以帮助图书馆员更好地进行网络资源的存取。

B. Hoffert 则通过《Book report：What public libraries buy and how much they spend》和《Book report，Part 2：What academic libraries buy and how much they spend》这两篇论文，分别对公共图书馆和高校图书馆的图书采购及经费问题进行了探讨。A. B. Nugent、M. Annichiarico 等人继续发表年度推荐书目。

经过分析可知，这一时段关键作者的研究领域趋于集中，但他们彼此之间的合作并不是很频繁。

2. 区域 2

区域 2 的关键作者主要有 C. Tenopir、J. Barry、D. Bilal 等人。

区域 2 的关键作者关注的焦点是网络数据库市场。例如，C. Tenopir 与 J. Barry 在《Library Journal》杂志上合作发表了《Are online companies dinosaurs?》一文，集中探讨了传统信息公司在面对网络数据库市场时可能面临的问题。

5.4.6 2001—2005 年国外图书馆学研究领域分析

导入 3037 个独立的数据，得到 2001—2005 年国外图书馆学领域作者同被引知识图谱（如图 5-13 所示）。经过分析可知，共计有 6517 个节点（其中有 4059 个孤立节点），有 3327 条边，边的最大权重为 10，整个网络有 4800 个弱链接网络，最大网络中包含 51 个节点。利用 MST-pathfinder 算法，最终缩减为 1771 条边。图 5-13 中有 3 个重要区域值得关注。

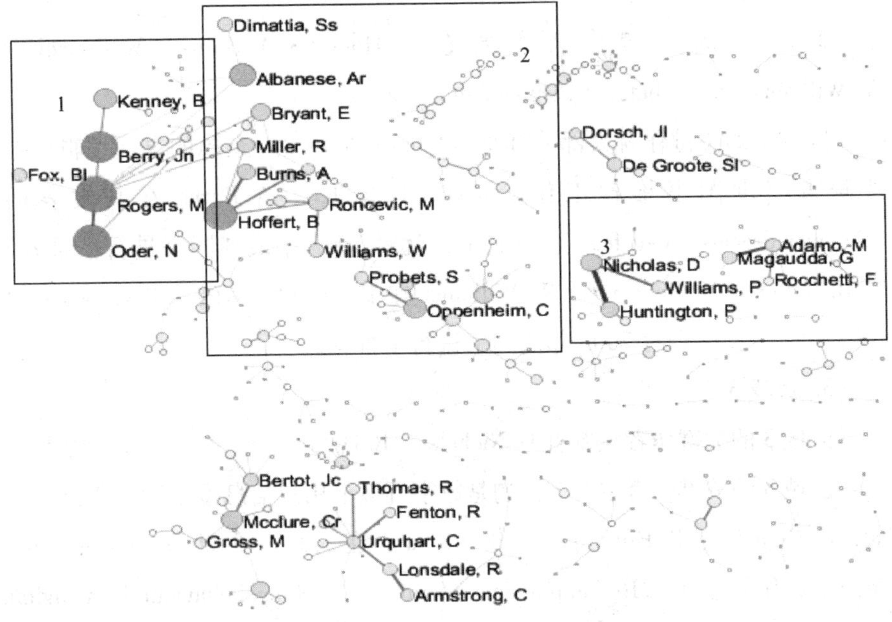

图 5-13　2001—2005 年国外图书馆学领域作者同被引知识图谱

1. 区域 1

区域 1 的关键作者主要有 N. Oder、M. Rogers、J. N. Berry、B. Kenney、B. L. Fox 等人。

以 J. N. Berry 为代表的研究团体成员都是《Library Journal》期刊的编辑，他们主要对美国图书馆协会年会活动进行深入解读。例如，他们在《Gathering steam in Chicago》一文中，对 2005 年在芝加哥①召开的年会从

① 芝加哥（Chicago）位于美国东北部壮丽的北美五大湖之一密歇根湖的南部，是著名国际金融中心之一，也是美国人口第三大城市（仅次于纽约和洛杉矶）。芝加哥地处北美大陆的中心地带，是美国第二大商业中心区、美国最大的期货市场，其市区新增的企业数一直位居美国第一位，被评为美国发展最均衡的经济体。此外，芝加哥拥有美国最高的十座摩天大楼中的 4 座和曾经的世界第一高楼威利斯大厦（曾用名西尔斯大厦），被誉为“摩天大楼的故乡”。同时，芝加哥还是美国铁路、航空枢纽以及世界最重要的文化科教中心之一，拥有世界顶级学府芝加哥大学（The University of Chicago）、西北大学（Northwestern University）以及享誉世界的芝加哥学派。此外，芝加哥还是世界著名的旅游圣地，每年接待的全球游客超过 5000 万人次。

规模人数、发言嘉宾、未来研究热点、ALA 的业务、资金、人员等问题以及会场展览等情况进行了详细介绍。

2. 区域 2

区域 2 的关键作者主要有 B. Hoffert、A. Burns、M. Roncevic、W. Williams、S. Probets、C. Oppenheim 等人。

区域 2 的关键作者大部分都是《Library Journal》杂志的书评编辑，主要侧重年度图书推荐工作。例如，B. Hoffert、A. Burns 在其发表的《Summer dreams，Fall feast》一文中，就对 2005 年最佳图书进行了推荐。而 B. Hoffert、M. Roncevic、W. Williams 在其合作发表的《Best books of 2003》[200]一文中则对 2003 年的图书进行了推荐。

3. 区域 3

区域 3 的关键作者主要有 D. Nicholas、P. Huntington、P. Williams 等人。

区域 3 的关键作者主要关注的是数字环境下用户信息搜索行为研究。例如，D. Nicholas、P. Huntington、P. Williams 在《Journal of Documentation》杂志上合作发表了《Re-appraising information seeking behaviour in a digital environment：Bouncers，checkers，returnees and the like》一文，通过用户网络日志分析、调查问卷等方式，对数字环境下用户信息搜索行为进行了分类和探讨。D. Nicholas、P. Huntington 在《Journal of Documentation》杂志上发表的《Scholarly journal usage：The results of deep log analysis》[201]一文中，探讨了学者和研究人员对于数字期刊库的信息搜索行为，为数据提供商更准确、更有效地提供数据服务提供了参考。

5.4.7 2006—2010 年国外图书馆学研究领域分析

导入 3488 个独立的数据，得到 2006—2010 年国外图书馆学领域作者同被引知识图谱（如图 5-14 所示）。经过分析可知，共计有 8306 个节点（其中有 4585 个孤立节点），有 5730 条边，边的最大权重为 10，整个网络有 5587 个弱链接网络，最大网络中包含 106 个节点。图 5-14 中有 3 个重要区域值得关注。

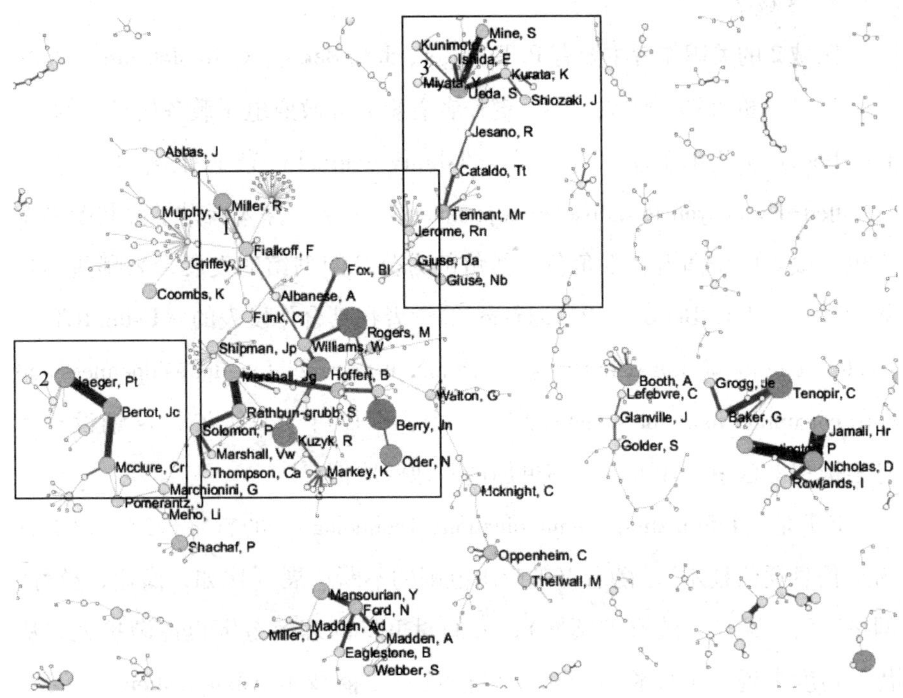

图 5-14　2006—2010 年国外图书馆学领域作者同被引知识图谱

1. 区域 1

区域 1 的关键作者主要有 M. Rogers、J. N. Berry、N. Oder、B. Hoffert、R. Kuzyk、J. G. Marshall、S. Rathbun - grubb、B. L. Fox、A. Albanese、F. Fialkoff、R. Miller 等人。

区域 1 的关键作者主要在《Library Journal》杂志从事编辑工作，每年定期合作完成对美国图书馆协会年会活动的介绍和解读。例如，A. Albanese、J. N. Berry、F. Fialkoff、B. L. Fox、N. Oder 等人在其合作发表的《Making our presence felt》[202]一文中，就对 ALA 2007 年会进行了重点介绍。他们的研究焦点还集中在图书推荐上。例如，B. L. Fox、B. Hoffert、R. Kuzyk、M. Rogers 等人合作发表的《Bea beyond the buzz》一文，就是从《Library Journal》杂志评审编辑的角度来分享他们在书展上的发现。

2. 区域2

区域2的关键作者主要有P. T. Jaeger、J. C. Bertot、C. R. McClure等人。

经过分析可知，区域2的关键作者着重研究政府电子政务信息。例如，J. C. Bertot与P. T. Jaeger等人在《Library Journal》杂志上合作发表了《Drafted-I want you to deliver e-government》一文，深入探讨了公共图书馆在电子政务中扮演着什么角色、新角色为公共图书馆的发展带来哪些影响等问题。而J. C. Bertot与P. T. Jaeger等学者在其合作发表的《Using ICTs to create a culture of transparency：E-government and social media as openness and anti-corruption tools for societies》一文中，则探讨了如何在ICTs铺设的信息架构和平台中，让大众能够更加透明地获取信息。

ICT是“Information Communications Technology”的首字母缩写，本意为“信息通信技术”。随着ICT应用范围的不断扩展（比如，商业、教育、网络通信、医疗、政府等领域），人们对ICT的理解范围也逐渐扩大。从传播角度来说，可以将其理解为“信息及传播技术（Informationand Communication Technologies，ICTs）”。通过ICTs，各种经过压缩的数字化信息流（包括文字、声音、动态影像等数据）可通过整体铺设的架构性网络来实现瞬时传递。

3. 区域3

区域3的关键作者主要有S. Ueda、K. Kurata、Y. Miata、E. Ishida、S. Mine、J. Shiozakj、R. Jesano、T. T. Cataldo、M. R. Tenant等人。

区域3的关键作者是日本学者，他们主要关注日本医学领域的信息获取相关问题。例如，K. Kurata等学者在《Library and Information Science》杂志上发表的《Reading and information seeking behavior of japanese medical researchers in the era of the electronic journal and open access》[203]一文中，就对隶属于80个日本医学院的2033名医学研究人员进行了调查。通过问卷调查了解研究人员获取电子期刊的方法以及对开放存取网站的利用等内容，探讨了日本医学研究人员对电子期刊的使用情况，并对他们获取资源的方法和类型以及可能产生的影响进行了分析。

5.4.8 2011—2014 年国外图书馆学研究领域分析

导入 2322 个独立数据，得到 2011—2014 年国外图书馆学领域作者同被引知识图谱（如图 5-15 所示）。经过分析可知，共计有 6042 个节点（其中有 2995 个孤立节点），有 5666 条边，边的最大权重为 5，整个网络有 3805 个弱链接网络，最大网络中包含 103 个节点，利用 MST-pathfinder 算法，最终缩减为 2237 条边。图 5-15 中有 3 个重要区域值得关注。

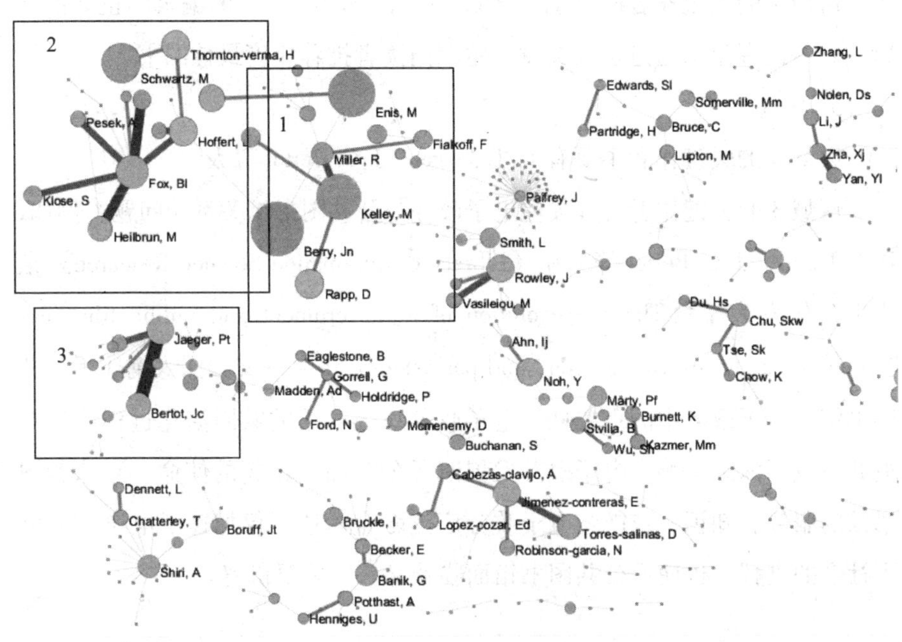

图 5-15 2011—2014 年国外图书馆学领域作者同被引知识图谱

1. 区域 1

区域 1 的关键作者主要有 M. Kelley、R. Miller、F. Fialkoff、D. Rapp 等人。

经过分析得知，区域 1 的关键作者也是《Library Journal》杂志的编辑。正如前文讨讨过的那样，他们每年都会定期对美国图书馆协会年会活动进行介绍和解读。同时，他们还对电子书、网络资源发现在图书馆中的应用等问题进行了探讨。例如，M. Kelley、R. Miller、F. Fialkoff 等人在其合作发表的《The ebook opportunity》[204]一文中，就对公共图书馆和基于美国K-12科学教育新框架下的高校图书馆中电子书的利用情况及其深远影响进行了分析。在M. Kelley等人发表的《Coming into focus》一文中，则对世界领先的图书馆自动化解决方案提供商Ex Libris的战略计划总监、信息服务联合会NFAIS的执行总监等学者提出的观点进行了介绍，并且介绍了网络信息资源发现在图书馆系统中的应用。

2. 区域2

区域2的关键作者主要有B. L. Fox、M. Heilbrun、S. Klose、A. Pesek等人。

区域2的关键作者同时也是《Library Journal》杂志的编辑。正如前文所述，他们多年来通过发表文章，定期向读者推荐年度最佳图书。

3. 区域3

区域3的关键作者主要有P. T. Jaeger、J. C. Bertot等人。

区域3的关键作者持续关注电子政务与公共图书馆关系的问题。例如，P. T. Jaeger、J. C. Bertot等人在《Library & Information Science Research》杂志上合作发表了《The co-evolution of e-government and public libraries: Technologies, access, education, and partnerships》[205]一文，深入阐述了公共图书馆在电子政务中的重要性。电子政务与图书馆的共同演化过程已经对彼此造成了深远影响。电子政务发展赋予公共图书馆新的使命，意味着图书馆的服务、知识、技能与电子政务广泛融合，这不仅加速了电子政务融入社会的进程，也使得公共图书馆面临着又一次重要机遇。

5.4.9 1976—2014年国外图书馆学研究领域小结

笔者通过对上述8个不同时段的作者同被引知识图谱变化情况进行分析，得到以下启示：

（1）研究多具有一定的连续性。例如，B. L. Fox的主要关注点聚焦在图书馆建筑问题上，他持续负责编写图书馆建筑年度报告；A. B. Nugent、M. Annichiarico等人每年都会定期发表年度推荐书目；P. T. Jaeger、J. C. Bertot等学者则集中研究政府电子政务信息；S. Crawford重点关注的是医学科学图书馆的发展情况。

（2）从整体上来看，整个网络之间的关联不是很紧密，存在着很多弱链节点，节点的数量普遍较少。即使在图谱最核心的区域，真正强关联的链接也很少，说明部分学者之间的关系仍然不够密切，很多作者还是局限在自己的研究领域，与其他研究领域的人员交流较少，学术壁垒现象依然很严重。

（3）随着时间的推移以及研究的不断深入和扩展，作者之间的联系也渐渐变得紧密起来。即便是以前与其他作者没有同被引关系的，交流也越来越密切了。例如，A. Spring 和 V. Venkatesh、R. Rousseau 和 W. Glanzel 之间，从没有交集到联系越来越紧密。这说明随着学科的发展，学科内部以及学科之间的渗透越来越强。

（4）整个图谱细分的小区域会随着时间的变化而呈现递减趋势，区域内的节点数则呈现增长趋势，这也进一步说明研究人员在同一领域的合作越来越密切。例如，以 J. N. Berry 为代表的研究团体成员都是《Library Journal》杂志的编辑，他们主要围绕美国图书馆协会年会活动进行深入解读。

5.5 国外图书馆学研究前沿知识图谱

随着学科之间的交叉和融合在科研活动中越来越普遍，新兴学科主题也在不断涌现，这些新兴的科学主题就被称为研究前沿。研究前沿概念最早由普赖斯（Derek John de Solla Price）在 1965 年提出，是指用来描述某个研究领域的过渡性概念，它是由特定时间相关研究领域引用次数最多的论文聚类而成。加菲尔德（Eugene Garfield）将科学研究前沿（Research Fronts）定义为被引频次最高的核心论文（Core Highly Cited Papers）与引证这些核心论文的来源论文（Citing Papers）的集合，研究前沿的名称可以从来源论文标题中出现频次最高的单词或词组中提取出来[146]。论文发表以后，其研究主题和研究内容会随着时间的变化而陈旧过时。也就是说，表征其研究内容和研究主题的短语或词汇出现的频次会逐渐减少。需要提醒注意的是，由于论文本身具有滞后性，所以研究前沿属于相对概念。

如果利用 CiteSpace 软件中的“突现词检测”方法，就可以从大量相关论文中检测出那些频次变化率较高的突现词。该软件不仅能分析频次高低，而且能够依靠词频的变动频次和变动趋势来确定图书馆学领域的研究前沿[145]。

本节主要利用 CiteSpace 软件，采用共词分析方法，针对主题词中的突现词来进行检测。节点类型为主题词，主题词来源为标题（Title）、摘要（Abstract）、作者给出的关键词（Author Keywords）、数据库附加关键词（Keywords Plus），主题词类型包括名词短语（Noun Phrase）。

在利用 CiteSpace 软件生成的知识图谱中，每个节点对应一个突现词，带有粉色圆圈标记的节点表示该突现词是从一个聚类跃前到另一个聚类的关键节点。知识图谱中的形状代表突现词，形状的大小代表该突现词的被引频次，节点大的代表被引的次数多。节点之间的连线表示两个突现词共被引的关系，连线的颜色表示突现词首次达到所设定阀值的年份，连线的长度和宽度与相应的共引系数成正比。

为了方便 CiteSpace 软件更好地处理数据，并且能够契合我国的七个五年计划，笔者选择以 5 年作为一个时段，按 8 个时段来分析国外图书馆学研究前沿的演变概况。

5.5.1 1976—1980 年国外图书馆学研究前沿分析

将 1976—1980 年的原始数据导入到 CiteSpace 软件中，调节阈值为（2，3，20）、（2，2，30）、（3，3，20），进行共词分析和突现词检测，探测结果显示本时段 的突现词有 6 个（如表 5-7 所示）。

表 5-7　1976—1980 年国外图书馆学领域突现词分析结果

突现检测	词频（次）	中心度	关键词	年份
3.40	8	0.00	Legal History	1976
2.96	7	0.00	American Legal History	1976
2.68	5	0.00	Correctional Facility	1977
2.52	6	0.00	Community Analysis	1976
2.17	9	0.00	Collection Development	1979—1980
1.83	4	0.00	Historical Childrens Books	1979—1980

从表5-7可以看出，在本时段，“法律史（Legal History）”“美国法律史（American Legal History）”“矫正机构（Correctional Facility）”“社区分析（Community Analysis）”“馆藏建设（Collection Development）”“儿童历史书籍（Historical Childrens Books）”等词的变化趋势最大，它们共同构成1976—1980年期间的研究前沿。

从表5-7可以看出，排名靠前的前沿词是与法律知识相关的历史性研究。在图书馆发展初期，学者们开始从事法律方面的相关研究。排名第一位的是“法律史（Legal History）”。在原始数据源中，与该主题相关的国外图书馆学论文有16篇。在对结果按被引频次降序排序以后发现，主要研究内容包括“法律的历史和法庭记录的作用”“美国法律史上公共的特殊资源”等。重点是“美国法律史上公共的特殊资源”方面的研究，有3篇论文与它相关，并且被引频次较高。

与“社区分析（Community Analysis）”相关的论文有8篇。在对结果按被引频次排序后发现，主要研究内容包括“社区分析在美国图书馆事业的历史”“学术环境下的社区分析”“社区分析和数据库介绍”“使用社区分析来进行测量的过程”“社区发展作为社区模式分析”等，主要是社区分析的初步研究成果。

突现词“馆藏建设（Collection Development）”也是本时段的研究前沿。在本次检索结果中，与该主题相关的国外图书馆学论文有33篇。在其主要研究内容中，“馆藏建设的结构性方法”“对图书馆馆藏进行评价”“馆藏资料的定期使用”等内容排名最为靠前。

检索结果还表明，与“儿童历史书籍（Historical Childrens Books）”这个主题相关的论文有4篇，主要研究内容是“学术研究对儿童出版物的推进作用”“研究和收集儿童历史书籍”“儿童历史书籍的复印本”“儿童历史书籍的二手来源研究”。

从总体来看，国外图书馆学研究人员在本时段开始关注图书馆自身建设以及儿童出版物，它们也因此成为本时段的研究前沿。

5.5.2 1981—1985 年国外图书馆学研究前沿分析

将 1981—1985 年的原始数据导入到 CiteSpace 软件中，调节阈值为（2，3，20）、（2，2，30）、（3，3，20），进行词频分析和突现词检测，探测结果显示本时段有 2 个突现词（如表 5-8 所示）。

表 5-8 1981—1985 年国外图书馆学领域突现词分析结果

突现检测	词频（次）	中心度	关键词	年份
3.66	7	0.00	Rationalists Critique	1981
2.59	5	0.00	Public Lending Right	1981

从表 5-8 可以看出，“理想主义者批判（Rationalists Critique）”和“公共借阅权（Public Lending Right）”变化趋势最大，构成了本时段国外图书馆学的研究前沿。

在此次检索结果中，与“理想主义者批判（Rationalists Critique）”研究主题相关的论文有 7 篇，主要研究方向是“理想主义者对高校图书馆图书选择进行的批判”。这 7 篇论文均是与本主题相关的研究。与“公共借阅权（Public Lending Right）”主题相关的研究论文有 5 篇，主要研究内容是“美国学者对公共借阅权的研究”“公共借阅权的法律制度”“新西兰和澳大利亚的借阅权”“公共借阅权的历史性想法”“基于场景的公共借阅权”等。总体来说，主要是对公共借阅权在不同环境和情景下所做的研究。

从表 5-8 可以看出，中心度均为零，说明本时段的研究前沿只是初步形成，并没有构成中心性主题。

5.5.3 1986—1990 年国外图书馆学研究前沿分析

将 1986—1990 年的原始数据导入到 CiteSpace 软件中，调节阈值为（2，3，20）、（2，2，30）、（3，3，20），进行词频分析和突现词检测，探测结果显示本时段有 3 个突现词（如表 5-9 所示）。

表 5-9 1986—1990 年国外图书馆学领域突现词分析结果

突现检测	词频（次）	中心度	关键词	年份
2.81	5	0.00	Residency Program	1986
2.63	12	0.00	Online Catalogs	1987—1988
2.13	21	0.00	Collection Development	1989—1990

在本时段，“培训项目（Residency Program）”“在线目录（Online Catalogs）”“馆藏发展（Collection Development）”的变化趋势最大，它们构成了 1986—1990 年期间国外图书馆学领域的研究前沿。

突现值最大的是“培训项目（Residency Program）”。在对原始数据进行处理后发现，本时段的相关论文有 5 篇。按被引频次进行排序后发现，主要研究内容有：“教育与实践的联系——基于居住人的项目”。通过这 5 篇文章，介绍了其底层原理、过渡时代、未来准备、独特体验、经验性描述。

检索结果还表明，与“在线目录（Online Catalogs）”主题相关的研究论文有 105 篇。在按被引频次排序后发现，本时段的主要研究内容是“主题访问的在线目录”，该论文被引次数最高达到 169 次。排名第二位的研究内容是“在线目录的事务日志分析”，被引频次是 55 次。排名第三位的是“评估一个在线图书馆主题目录对在线目录和搜索行为的影响”。从中可以看出，本时段研究人员开始重视对在线目录的研究。突现值排名第三位的是“馆藏发展（Collection Development）”，与此前 1976—1980 年的突现值相比略有下降，但被引频次从 9 次上升到 21 次，说明馆藏发展研究仍然是国外图书馆学在本时段的研究前沿，而且有可能逐步演化成为一个研究热点。

5.5.4 1991—1995 年国外图书馆学研究前沿分析

用同样的方法对 1991—1995 年期间的原始数据进行突现词检测，探测结果显示本时段有 9 个突现词（如表 5-10 所示）。

表 5-10　1991—1995 年国外图书馆学领域突现词分析结果

突现检测	词频（次）	中心度	关键词	年份
5.42	10	0.00	Knowledge Organization	1993
4.31	7	0.00	Melvyl System	1992
4.31	7	0.00	Research Library	1992
4.20	8	0.00	Medical Librarians	1993
3.61	7	0.00	Collection Management	1994—1995
2.77	5	0.00	American Association	1991
2.50	5	0.00	Signification Difference	1993
2.18	4	0.00	Authority Control	1991
2.18	4	0.00	Bibliographic Record	1991

从表 5-10 可以看出，“知识组织（Knowledge Organization）”“Melvyl 系统”“研究型图书馆（Research Library）”“医学图书馆员（Medical Librarians）”“馆藏管理（Collection Management）”“美国协会（American Association）”“显著性差异（Signification Difference）”“权限控制（Authority Control）”“书目记录（Bibliographic Record）”等词的变化趋势最大，它们构成本时段国外图书馆学的研究前沿。

需要特别说明的是，突现值最高的词是“知识组织（Knowledge Organization）”，与该主题相关的论文有 22 篇。如果按被引频次排序，得到的主要研究内容主要包括：“知识组织的范围和可能性”“阮冈纳赞①先生的

① 阮冈纳赞（Siyali Ramamrita Ranganathan，1892—1972））是印度图书馆学家、教育家，著有《图书馆学五定律（The Five Laws of Library Science）》《图书分类法导论》等著作。其中，《图书馆学五定律》是一部享誉世界的图书馆学名著，被国际图书馆界誉为“我们职业最简明的表述”。他在印度图书馆界和国际图书馆界中享有较高声誉。在印度国内，他曾担任马德拉斯图书馆协会的秘书长（1928—1953）、副主席（1948—1957）、主席（1958—1967），还担任过印度图书馆协会主席（1944—1953）、印度文献标准化工作委员会主席（1947—1966）。在国际上，他曾两次担任国际文献联合会的常务秘书、副主席（1953—1956，1958—1961），并在该联合会的分类法研究委员会、分类法理论委员会、综合分类法委员会中任名誉主席、主席或报告起草人。他还是国际文献联合会名誉会员以及英国图书馆协会名誉副主席。阮同纳赞借鉴了数学和自然科学中的一些研究方法，努力探索图书馆工作规律和方法，取得了很多成果。他一生共计出版了 62 部专著，撰写了文献工作的 23 项标准或规程以及 1500 余篇论文，内容涉及到图书馆学、情报学的多个方面。他总结的图书馆学规律以及设计出来的分面组配式分类法、链式索引法等，都引起了图书情报界的高度重视。近半个世纪以来，文献工作自动化系统研究工作都受到他的影响。为了表彰阮冈纳赞的成就和功绩，印度政府在 1965 年授予他“印度国家研究教授”称号，美国图书馆协会在 1970 年向他颁发玛格丽特曼编目与分类奖。在他逝世以后，国际文献联合会分类法研究委员会专门为他设立“阮冈纳赞分类研究奖”。

信息组织”“知识组织的定义”“专门数据库的分类与知识组织”等。突现值排名第二位的是“Melvyl System”，检索结果中与该研究主题相关的论文论文有8篇，主要研究的是多个机构对Melvyl系统的使用及未来规划。突现值排名第三位的是“研究型图书馆（Research Library）”，与该主题相关的论文有103篇。排名第四位的是“医学图书馆员（Medical Librarians）”，检索结果中与该主题相关的论文有16篇。

本时段研究前沿的中心度均为零，表明国外图书馆学研究过程中形成了研究前沿，但并没有形成重要的中心点。

5.5.5 1996—2000年国外图书馆学研究前沿分析

将1996—2000年的原始数据导入到CiteSpace软件中，调节阈值为（2，3，20）、（2，2，30）、（3，3，20），进行词频分析和突现词检测，探测结果显示本时段有10个突现词（如表5-11所示）。

表5-11 1996—2000年国外图书馆学领域突现词分析结果

突现检测	词频（次）	中心度	关键词	年份
2.92	10	0.00	Professional Association	1996
2.83	6	0.00	Public Electronic Library	1997
2.74	79	0.00	World Wide Web	1996
2.66	8	0.00	Knowledge Discovery	1999
2.60	14	0.00	Search Engine	1998
2.55	16	0.00	Library Collection	1999
2.01	13	0.00	Continuing Education	1997
1.94	38	0.06	Library Service	1996
1.92	8	0.00	Information Scientists	1998
1.83	12	0.01	Health Literature	1997

从表5-11可以看出，1996—2000年的研究前沿是“专业机构（Professional Association）”“公共电子图书馆（Public Electronic Library）”“万维网（World Wide Web）”“知识发现（Knowledge Discovery）”“搜索引擎（Search Engine）”“图书馆馆藏（Library Collection）”“继续教

育（Continuing Education）”“图书馆服务（Library Service）”“情报学家（Information Scientists）”“健康文献（Health Literature）”等。

突现值最高的词是“专业机构”，检索结果中与该主题相关的论文有62篇，说明本时段专业机构的变化趋势比较大。从被引次数可以看出，本时段研究人员开始逐步转向该主题研究。其次，研究人员开始对“公共电子图书馆”进行研究，相关论文有68篇，研究内容主要包括：“访问互联网与图书馆参考的学习效果比较”“新趋势对学术图书馆的影响”“电子邮件在公共图书馆参考服务中的应用”等。

从表5-11还可以看出，“万维网”的频次最高，达到79次，突现值排名第三位。随着计算机技术的发展，许多研究人员开展了基于万维网的研究，使得万维网成为本时段的一个研究前沿。

在这10个突现词中，中心度最高的是“图书馆服务”，其中心度为0.06。与此前的研究进行比较后发现，本时段的研究前沿形成了一定的研究主题中心，即研究方向是以图书馆服务为中心的。其次，“健康文献”的中心度为0.01，说明该研究前沿都是有价值的健康方面的论文。“图书馆服务”与“健康文献”在研究前沿中共同形成了中心领域。

5.5.6 2001—2005年国外图书馆学研究前沿分析

对2001—2005年的原始数据进行处理，调节阈值为（2，3，20）、（2，2，30）、（3，3，20），进行词频分析和突现词检测，探测结果显示本时段有37个突现词。为了便于进一步分析，仅筛选出排名较高的20个突现词（如表5-12所示）。

从表5-12可以看出，上述37个词在本时段变动趋势最大，它们共同构成了国外图书馆学领域的研究前沿。从中还可以看出，所有词的中心度都是零，即没有形成研究中心，所以在这里只对突现值较高的4个突现词进行分析。

表 5-12 2001—2005 年国外图书馆学领域突现词分析结果

突现检测	词频（次）	中心度	关键词	年份
3. 79	53	0. 00	Digital Libraries	2004—2005
3. 42	12	0. 00	Data Handing	2004—2005
3. 37	19	0. 00	New Zealand	2003—2005
3. 22	25	0. 00	World Wide Web	2003—2005
3. 11	8	0. 00	Games	2002
3. 04	18	0. 00	Systems	2004—2005
3. 04	18	0. 00	Knowledge Organization	2004—2005
2. 98	20	0. 00	Service Quality	2001
2. 97	17	0. 00	Special Collection	2003
2. 81	7	0. 00	Native Americans	2003
2. 79	13	0. 00	Information Searches	2004—2005
2. 76	22	0. 00	Information Science	2002—2003
2. 76	15	0. 00	Archives	2003—2005
2. 66	15	0. 00	Services	2003
2. 53	17	0. 00	Paper	2004—2005
2. 53	10	0. 00	Information Environment	2001
2. 46	11	0. 00	Health	2002
2. 41	9	0. 00	Open Systems	2004—2005
2. 31	6	0. 00	Domain Analysis	2003
2. 26	8	0. 00	Online Retrieval	2002—2003

排名第一位的突现词是“数字图书馆（Digital Libraries）”，对原始数据进行处理后发现，与该主题相关的论文有 571 篇，占相当大的比例。主要原因在于，进入 21 世纪以后，计算机技术发展迅速，人们对图书馆服务的需求程度也越来越高，这就迫使越来越多的学者开始寻找改进图书馆服务的方法，针对数字图书馆的研究也因此急剧增多。

排名第二位的突现词是“数据处理（Data Handing）”，检索结果中与该主题相关的论文有 22 篇，主要研究内容有：“信息技术使用方法：理论模型和纵向测试”“对本体论的调查”“数据质量和区域尺度土壤侵蚀预测模型的复杂性”等，其中被引次数最多的论文的被引次数高达 229 次。

排名第三位的突现词是“新西兰（New Zealand）”。由此可以看出，本时段针对新西兰的研究增多了，检索结果中与该主题相关的论文有62篇。主要研究内容有“外围科学：协作、网络和‘边缘效应’在新西兰引文桂冠研究所的作用”“新西兰视角下购买经验和在线购买行为的风险感知”“新西兰政府网站的应用评估标准”等。

总之，本时段突现词不断增多。进入21世纪以后，研究人员的研究方向变得更加多样化，这就使得多个突现词构成了本时段的研究前沿。

5.5.7 2006—2010年国外图书馆学研究前沿分析

对2006—2010年的原始数据进行突现词检测，调节阈值为（2，3，20）、（2，2，30）、（3，3，20），探测结果显示本时段共有28个突现词。为了便于分析，仅对排名较高的前20个突现词进行列表显示（如表5-13所示）。

表5-13 2006—2010年国外图书馆学领域突现词分析结果

突现检测	词频（次）	中心度	关键词	年份
3.17	10	0.00	North Carolina	2009—2010
10.43	19	0.00	Information Professionals	2006
8.81	15	0.00	Institutional Repositories	2008
6.33	12	0.00	Content Management System	2006
5.55	12	0.00	World War	2007
5.55	12	0.00	Legal Research	2007
4.18	13	0.00	Library Resources	2009—2010
4.13	8	0.00	Knowledge Management	2006
4.09	9	0.00	Impaired People	2007
3.94	7	0.00	Information Science Research	2008
3.62	8	0.00	Information Behaviour	2007
3.50	11	0.00	Preservation Program	2009—2010
3.50	11	0.00	National Digital Information Infrastructure	2009—2010
3.50	11	0.00	Duane Webster	2009—2010
3.15	7	0.00	Legal Information	2007

续表

突现检测	词频（次）	中心度	关键词	年份
3.07	6	0.00	New Ways	2006
2.78	5	0.00	Content Creation	2008
2.69	6	0.00	Information Policy	2007
2.54	5	0.00	Metadata Harvesting	2006
2.51	8	0.00	Research Work	2009—2010

从表 5-13 可以看出，本时段变动趋势较大的词有 28 个词，它们共同构成了 2006—2010 年国外图书馆学的研究前沿。从中可以看出，所有词的中心度都是零，即没有形成研究中心。下面，仅选择突现值较高的 4 个突现词来进行简要分析。

突现值最高的是“信息专业人员（Information Professionals）”，检索结果中共计有 154 篇相关论文，主要研究内容包括：“信息专业人员的信息素养研究”“对话式检索方法”“信息专业人员信息经验培训”等。说明本时段研究人员开始专注信息专业人员的培养问题，希望加大对专业人员的信息素养和专业知识的培养。

排名第二位的突现词是“机构库（Institutional Repositories）”。检索结果显示共有 106 篇相关论文，主要研究内容包括：“评估机构库的自我归档能力和实践能力”“机构库：员工存储、营销学术交流的改革”“成功机构库的指标分析”等。

排名第三位的突现词是“内容管理系统（Content Management System）”，检索结果显示共有 30 篇相关论文，主要研究内容包括：“通过社会网络分析去提高合作质量”“运用技术模型方法进行内容管理”“针对内容管理系统的描述和方法”等。

排名第四位的突现词是“世界大战（World War）” “法律研究（Legal Research）”，二者的突现值均为 5.55，且被引频次均为 12 次。检索结果显示，与这两个主题相关的论文分别有 37 篇和 25 篇，前者主要是根据世界大战来判断对论文半衰期的影响，以及针对图书馆学领域软件的历史性研究。后者的主要研究内容是针对法律应用层面的研究。

5.5.8 2011—2014 年国外图书馆学研究前沿分析

对 2011—2014 年的数据进行突现词检测，调节阈值为（2，3，20）、（2，2，30）、（3，3，20），探测结果显示本时段有 19 个突现词（如表 5-14 所示）。

表 5-14 2011—2014 年国外图书馆学领域突现词分析结果

突现检测	词频（次）	中心度	关键词	年份
10.56	29	0.00	Open Access	2013—2014
8.36	21	0.00	Health Information	2012
5.70	15	0.00	Structure Interviews	2012
5.27	11	0.01	Digital Resources	2011
4.06	11	0.00	Subject Headings	2012
3.83	12	0.00	Seeking Behavior	2013—2014
3.75	8	0.00	Institutional Repository	2011
3.67	10	0.00	Virtual Worlds	2012
3.49	11	0.00	Faculty Members	2013—2014
3.26	7	0.00	Prison Library	2011
2.77	6	0.00	Capability Approach	2011
2.77	6	0.00	Communication Technology	2011
2.48	8	0.00	Data Management	2013—2014
2.29	5	0.00	Lifelong Learning	2011
2.16	7	0.00	Community Informatics	2013—2014
2.14	6	0.00	Questionnaire Survey	2012
1.84	6	0.00	Boyd Rayward	2013—2014
1.77	5	0.00	Digital Media	2012
1.77	5	0.00	Machine Translation	2012

从表 5-14 可以看出，上述 19 个突现词在本时段的变化趋势最大，它们构成了本时段国外图书馆学的研究前沿。从中还可以看出，中心度最大的“数字资源（Digital Resources）”，其中心度为 0.01。说明本时段形成了较小的研究中心——数字资源。除此之外，其他突现词的中心度均为

零。下面，按突现值来对排名前 4 的突现词进行简要分析。

排名最高的突现词是“开放存取（Open Access）”，其突现值达到 10.56。检索结果中与该主题相关的论文有 255 篇。随着技术的不断进步，研究人员开始逐步转向信息资源开放存取研究，主要研究内容包括：“免费获取科学论文的影响”“基于 Scopus 的开放存取研究”“开放存取在期刊库中的应用”等。

排名第二位的是“健康信息（Health Information）”，其突现值达到 8.36。“健康信息（Health Information）”曾是 1996—2000 年时段的研究前沿，此次又成为本时段的研究前沿，但突现值较之于以前有了很大提高，被引频次也增多了，说明健康信息的研究热度有所增加，研究人员对该主题的重视程度也增加了。

排名第三位的是“结构性访谈（Structure Interviews）”。本时段与之相关的研究论文共有 134 篇。如果按被引频次进行降序排列，则可知其主要研究内容是“基于医学方面健康信息的使用”。

排名第四位的是“数字资源（Digital Resources）”。从 2001 年延续至今，“数字资源”一直是各个时段的研究前沿。检索结果还发现，“数字资源”在本时段的相关论文是 39 篇，与之前的 571 篇相比有了大幅度的减少，这说明数字资源的研究热度正在不断下滑，但它仍然是本时段的研究前沿。

5.5.9 1976—2014 年国外图书馆学研究前沿小结

笔者通过对 8 个时段的研究前沿进行分析后发现，在 1976—2014 年期间，国外图书馆学领域的研究前沿集中在 8 个时段的突现词中。其中，第 1 个时段的研究前沿主要是“法律史”“美国法律史”“矫正机构”“社区分析”“馆藏建设”“儿童历史书籍”，第 2 个时段的研究前沿主要是“理想主义者批判”和“公共借阅权”，第 3 个时段的研究前沿主要是“培训项目”“在线目录”“馆藏发展”，第 4 个时段的研究前沿主要是“知识组织”“Melvyl 系统”“研究型图书馆”“医学图书馆员”“馆藏管理”“美国协会”“显著性差异”“权限控制”和“文献著录”，第 5 个时段的研究前沿主要是“专业机构”“公共电子图书馆”“万维网”“知识发现”“搜索引擎”“图书馆馆藏”“继续教育”“图书馆服务”“情报学家”“健康文献”，第6个时段的研究前沿主要是“数字图书馆”“数据处理”“新西兰”，第7个时段的研究前沿主要是“信息专业人员”“内容管理系统”“世界大战”“法律研究”，第8个时段的研究前沿主要是“开放存取”和“健康信息”。

需要补充说明的是，尽管笔者努力避免出错，但在研究过程中仍然存在着一些局限性：①为了方便研究，本节只选择Article类型的论文，排除了其他类型的相关论文，这在无形中会忽略一些重要信息。②本节只选择国外图书馆学期刊中影响因子较高的刊物作为数据源。如果能够将更广泛范围内的图书馆学期刊中发表的图书馆学论文也包括在内的话，研究结果很可能会有明显不同。尽管如此，笔者相信本节中所分析的论文代表了国外图书馆学领域中的大部分研究成果，具有一定的代表性。③本节是基于共词分析法来对研究前沿进行分析的，这种方法只能对一小部分被引用的论文进行分类，针对最终得到的知识图谱所进行的解读不可避免地会带有一定的主观性。尽管这样做很可能会遗漏一些论文，但通过突现词检测能够获得某一时段的研究前沿知识图谱。

5.6 国外图书馆学科研合作网络知识图谱

科研合作网络是通过国外图书馆学论文的合著关系来进行描述的。笔者利用CiteSpace软件来进行科研网络分析，每个节点代表一个作者，每条连线代表两个作者合作发表了一篇论文。对一定范围内的科研合作情况进行分析，最终会生成能够描述国外图书馆学合作关系的复杂网络。

笔者在利用CiteSpace软件进行科研网络分析时主要用到以下4个分析指标。

1. 网络复杂度

网络复杂度（Density）又称“密度”，用来测量各节点之间关系的紧密程度，代表实际分布图与完备图之间的差距。它等于网络中实际的连线数与最多可能的连线数的比值[206]。一般来说，密度越大，表明网络成员之间的关系就越密切。密度高的团体，信息沟通的效率就会越高，科研合作的绩效也就会越好。反之亦然，密度低的团体经常会出现信息不畅、科研合作效率低下的情形。

2. 节点中心性

节点中心性（Centrality）是指其所在网络中通过该点的任意最短路径的条数，它是网络中节点在整体网络中所起连接作用大小的度量。中心性高的节点相对比较容易成为网络中的关键节点[206]。

3. 中介中心性

中介中心性（Betweenness Centrality）是用来进行中心性测度的指标，它等于网络中经过某点并连接这两个点的最短路径占这两个节点之间最短路径总数之比。中介中心性高的节点往往位于连接两个不同聚类的路径上[206]。

4. 社会距离

社会距离是一个用于刻画社会中个人之间情感亲密度、关系紧密度的抽象概念，反映了基于社会变量或社会网络的相似度[206]。1921 年，帕克和伯吉斯首次提出“社会距离”这一概念。他们认为，不同的个人对同一情景往往会做出不同的反应，一般表现为接近和躲避这两种不同的倾向，也就是“社会距离”现象[206]。按照这个定义，人们之间的好感程度越高，行为上越亲近，则社会距离越小；反之，社会距离越大。社会距离为理解群体或成员之间的关系提供了一个更深刻、更具启发性的观察视角。

在科研合作网络中，如果将发表论文的每个作者作为一个节点，两个作者在相应时段内共同发表了一篇或者多篇论文，那么这两个节点就会因此连接起来。在科研合作网络中，合作发表一篇论文的两位学者之间的距离为 1，而未合作发表过论文却有一个共同合作者的学者之间的距离为 2，等等。所有相互之间有直接或间接连接的所有学者被认为是属于相同的分支。

为了方便利用 CiteSpace 软件来构建国外图书馆学科研合作网络，笔者先将 21094 篇论文导入到 CiteSpace 软件中，然后选择关键路径算法，时区段选择为 1 年，网络节点确定为发文作者。

5.6.1 1976—1980 年国外图书馆学科研合作网络分析

笔者先将原始数据导入到 CiteSpace 软件中，对 1976—1980 年期间的数据进行处理，然后就可以进行作者合作共引分析。经过数据预处理以后，再调节合适的阈值，最终得到 1976—1980 年期间国外图书馆学科研合作网络知识图谱（如图 5-16 所示）。

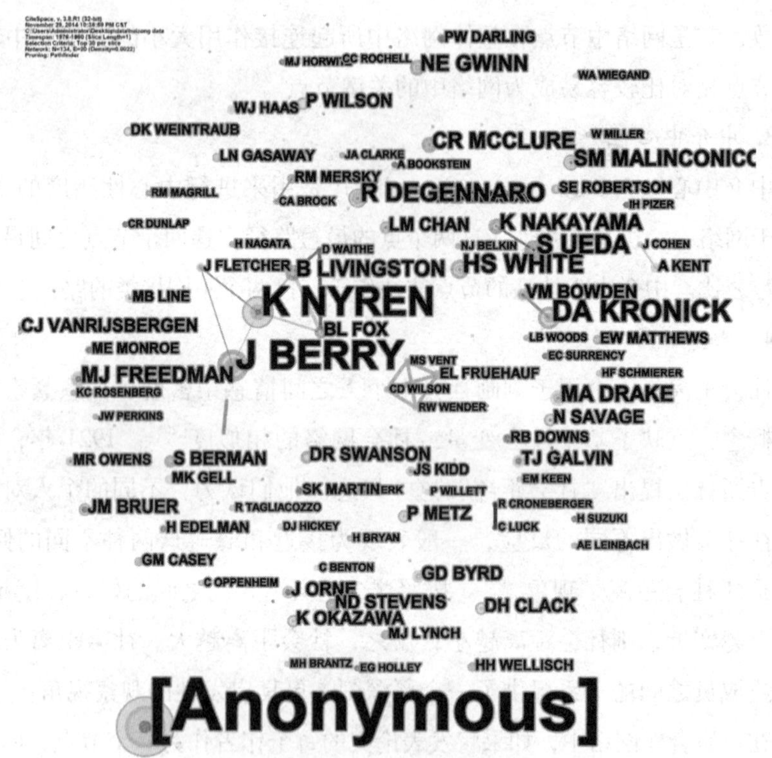

图 5-16 1976—1980 年国外图书馆学科研合作网络知识图谱

从图 5-16 可以看出，本时段国外图书馆学研究人员的合作关系总体来说不是很紧密，但也出现了一些有代表性的合作者。该图中最大的连通图连接了 4 个节点，代表了 M. S. Vent、E. L. Fruehauf、C. D. Wilson、R. W. Wender 之间的合作关系。在原始数据中，四者之间的合作论文共有 3 篇，合作研究方向为医学领域中的文献检索研究。经过调查后发现，四位作者隶属于同一个科研机构，均来自奥克拉荷马大学的同一个部门，属于“团体合作型”。

另外一个复杂度较高的子连通图是 J. Berry、K. Nyren、J. Fletcher、B. Livingston、B. L. Fox、D. Waithe 之间的合作关系。从图中可以看出，K. Nyren 的中心度最高，该合作是以 K. Nyren 为中心开展的合作，他们属于跨机构的团体合作，主要是为了某一项研究而暂时建立了临时性合作关系。其次，图中还存在连接两个节点的连线，即 D. A. Kronock 与 V. M. Bowden 的合作、S. Ueda 与 K. Nakayama 的合作。

从总体来看，1976—1980 年期间国外图书馆学研究人员之间的合作关系较弱，孤立节点占大多数，是一个高度不连通的网络图，更多学者都是独立型研究人员，并没有形成稳定、具有影响力的更大合作团体。这可能是由于研究人员在本时段还没有形成比较强的合作意识。

5.6.2 1981—1985 年国外图书馆学科研合作网络分析

将原始数据导入 CiteSpace 软件中，对 1981—1985 年期间的数据进行处理，进行作者合作共引分析。经过数据预处理，调节合适的阈值，最终得到 1981—1985 年国外图书馆学科研合作网络知识图谱（如图 5-17 所示）。

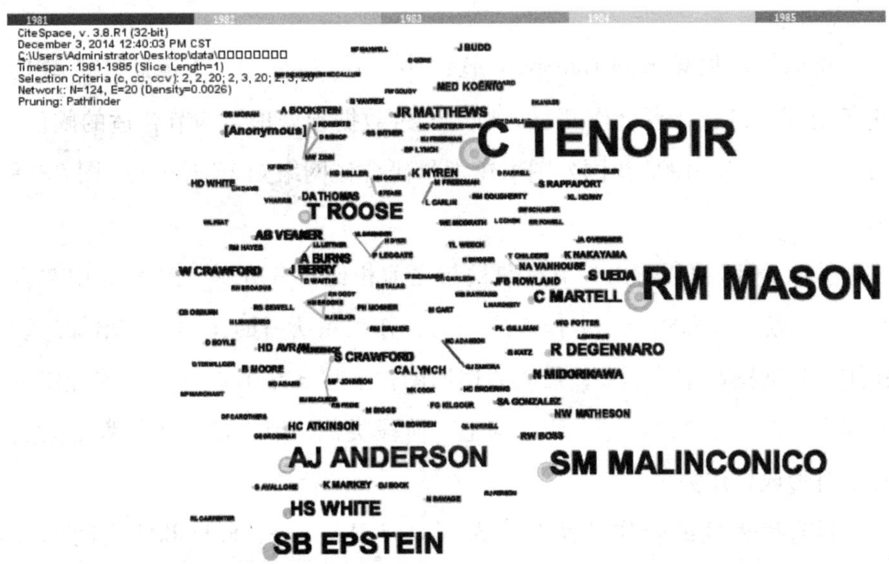

图 5-17 1981—1985 年国外图书馆学科研合作网络知识图谱

从图 5-17 可以看出，图中孤立节点占大多数，其中有 120 个节点，只有 20 条连线。本时段国外图书馆学研究人员之间的合作关系仍然不是很好。节点最大的两个节点 C. Tenopir 和 R. M. Mason 的被引频次最高，分别是 25 次和 15 次，但二者与其他节点之间都没有联系，均属于“孤立型”合作者。图中最大的连通子图连接了 3 个节点，其中具有代表性的合作者是 R. N. Oddy、H. M. Brooks、N. J. Belkin 之间的合作以及 J. Berry、D. Waithe、A. Burns 之间的合作。

检索结果显示 R. N. Oddy、H. M. Brooks、N. J. Belkin 的合作论文有 2 篇，研究方向为信息搜索需求。二者均来自伦敦城市大学，是同事关系，属于同机构团体合作关系。但从研究数量来看，二者只是“临时组合”，并没有长久合作开展学术研究。J. Berry、D. Waithe、A. Burns 在本时段的合作论文只有 1 篇，也属于临时性合作关系。

总之，本时段独立作者的数量相当大，合作者之间的关系也只是表面上的临时性合作关系，研究人员之间的合作关系仅限于来自相同的研究机构，并没有形成本领域的学术团队。

5.6.3 1986—1990 年国外图书馆学科研合作网络分析

将原始数据导入到 CiteSpace 软件中，对 1986—1990 年期间的数据进行处理，进行作者合作共引分析。经过数据预处理，调节合适的阈值，最终得到 1986—1990 年国外图书馆学科研合作网络知识图谱（如图 5-18 所示）。

从图 5-18 可以看出，节点数量与之前相比略有减少。图 5-3 中共有 111 个节点，22 条连线。但作者之间的合作关系所占的比例有所增加。该图中的连通图数量并不多，最大的连通图仅连接 3 个节点，大多数合作关系仅限于两个作者之间的合作。与上一阶段类似，节点最大的作者之间仍然没有形成合作关系。

具有代表性的合作关系是 J. Sutton、S. Avallone、F. Fialkof 之间的合作，以及 N. Rawlinson、J. Berry、G. A. Decandido 之间的合作。检索结果显

示，前者之间的合作论文有 1 篇，即《Restaurants of New York》。由此可知，三者之间的合作研究成果并不多，没有形成该领域的学术合作团体。后者之间的合作论文有 3 篇，研究方向均为图书馆学研究。由于三者之间的合作次数并不多，大多是为了某个项目而进行临时组合，故属于临时性合作。

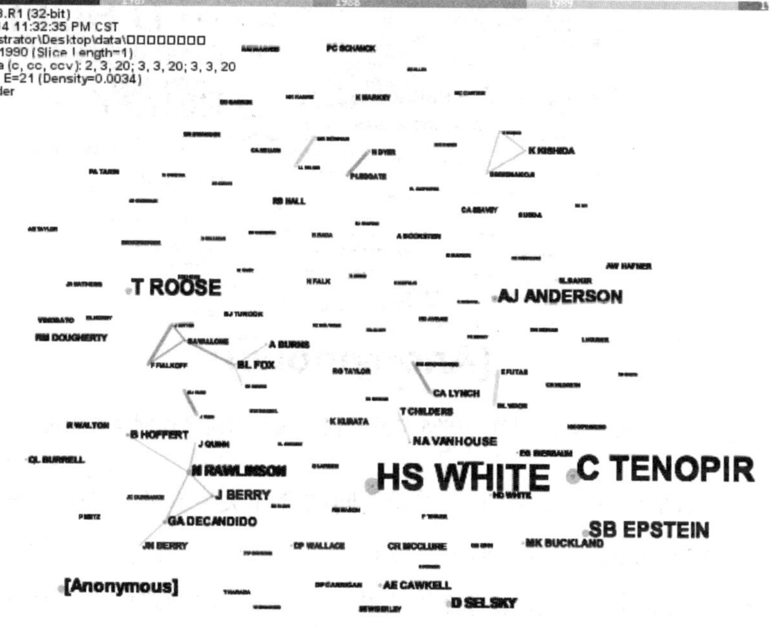

图 5-18　1986—1990 年国外图书馆学科研合作网络知识图谱

总之，本时段国外图书馆学研究人员之间的合作关系仍然不强，合作密度很低，尚未出现对整个领域产生深远影响的核心作者，合作者之间的合作关系也只是表面上的合作，并没有形成固定的“团队型”合作。但从整体上来看，作者之间的合作比例在不断增加。

5.6.4　1991—1995 年国外图书馆学科研合作网络分析

将原始数据导入到 CiteSpace 软件中，对 1991—1995 年期间的数据进行处理，进行作者合作共引分析。经过数据预处理，调节合适的阈值，最终得到 1991—1995 年国外图书馆学科研合作网络知识图谱（如图 5-19 所示）。

图 5-19　1991—1995 年国外图书馆学科研合作网络知识图谱

从图 5-19 可以看出，作者之间的合作关系有所加强。尽管连通子图之间的分布比较分散，但节点数有 131 个，有 34 条连线，合作连线所占的比例增多。具有代表性的合作关系是区域 1，他们之间的合作关系错综复杂。其中，F. Fialkoff 的中心度为 0.01，其余均为零，说明他们之间存在着以 F. Fialkoff 为中心的较弱的团体合作关系。在图 5-4 中，既存在着同一机构的团体型合作，又存在着一个作者可能与两个团体的合作，这说明国外图书馆学研究人员之间的合作意识正在慢慢增强。

在图 5-4 中，连通子图较多的是两个节点之间和三个节点之间的连接。其中，较具代表性的主要有：M. Hofstede、E. G. Sieverts、B. O. Groeniger 之间的合作，以及 N. Kando、S. Ueda、T. Harita 之间的合作。检索结果显示，M. Hofstede、E. G. Sieverts、B. O. Groeniger 之间的合作论文有 2 篇，说明三者之间的合作次数是 2。经过调查后发现，三者均属于不同的研究机构，主要是因为一个研究项目而临时组建成一个团体，他们之间的合作属于跨机构的团队合作型。N. Kando、S. Ueda、T. Harita 之间的合作论文有 1 篇，即合作次数为 1，合作团体度不高。调查结果显示，三者属于同一所研究机构，属于同一机构的临时性合作。

总之，本时段国外图书馆学研究人员之间的合作关系有所加强，而且他们之间正在形成微弱的核心作者团队合作关系。由此可以推测，国外图书馆学研究人员之间正在朝着以某个核心作者为中心的研究团体合作方向发展。

5.6.5 1996—2000 年国外图书馆学科研合作网络分析

将原始数据导入到 CiteSpace 软件中，对 1996—2000 年期间的数据进行处理，进行作者合作共引分析。经过数据预处理，调节合适的阈值，最终得到 1996—2000 年国外图书馆学科研合作网络知识图谱（如图 5-20 所示）。

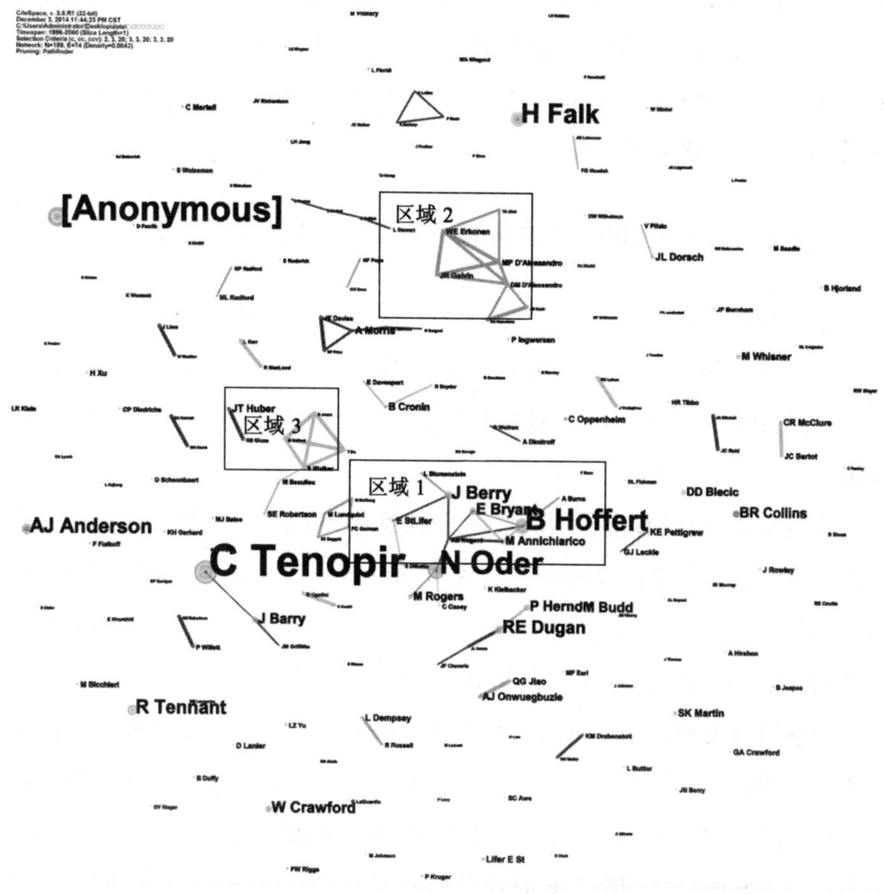

图 5-20 1996—2000 年国外图书馆学科研合作网络知识图谱

从图 5-20 可以看出，作者之间的科研合作网络图密度增大。运行结果显示，图 5-20 中的节点数是 189，连线数为 74 条，与之前的 131 个节点、34 条连线相比，作者之间的合作比例增大。图 5-20 中的子网络在不断发展壮大。主要合作关系有：①区域 1，重点是以 A. B. Nugent 为中心的 A. B. Nugent、E. Bryant、B. Hoffert、M. Annichilarico 之间的合作，其中节点最大的是 N Oder，他们之间形成复杂科研合作网络，说明作者之间的合作紧密度加大；②区域 2 中形成了复杂的连通网络图；③区域 3 也形成了完全连通子图，说明他们之间存在两两合作关系。

1996—2000 年期间，3 个区域是之前所有阶段均没有形成的合作复杂网络图谱，说明在这一时段，国外图书馆学领域的作者之间的合作强度进一步加大。虽然尚未形成核心的学术团队体，但未来正朝着这个趋势发展，图中最大的节点 C. Tenopir 与其他作者之间也有一定的合作关系，图中孤立型作者的数量明显减少。

5.6.6 2001—2005 年国外图书馆学科研合作网络分析

将原始数据导入 CiteSpace 软件中，对 2001—2005 年期间的数据进行处理，进行作者合作共引分析，经过数据预处理，调节合适的阈值，最终得到 2001—2005 年国外图书馆学科研合作网络知识图谱（如图 5-21 所示）。

从图 5-21 可以看出，本时段的节点数有所下降，但作者之间形成了线性合作关系，主要合作者有：以 A. R. Albanese 为中心的科研合作网络，A. R. Albanese、B. Kenney 之间的合作；N. Oder、M. Rogers、A. R. Albanese 之间的合作；A. R. Albanese、J. N. Berry 之间的合作。

检索结果发现，在本时段，A. R. Albanese、B. Kenney 之间的合作论文有 1 篇，即合作次数有 1 次。N. Oder、M. Rogers、A. R. Albanese 之间的合作次数也是 1 次，A. R. Albanese、J. N. Berry 之间的合作次数仍然为 1 次，说明他们之间的合作均属于临时性合作，加上他们来自不同的机构，所以属于跨机构的临时性合作关系。

总之，本时段国外图书馆学研究人员之间的合作密度不高，主要是直线型的科研合作网络图，但本时段出现的合作关系图中包含的作者比例很高，说明研究人员开始有意识地培养自己与其他作者的合作意识。但是，研究人员尚未形成核心学术团队。

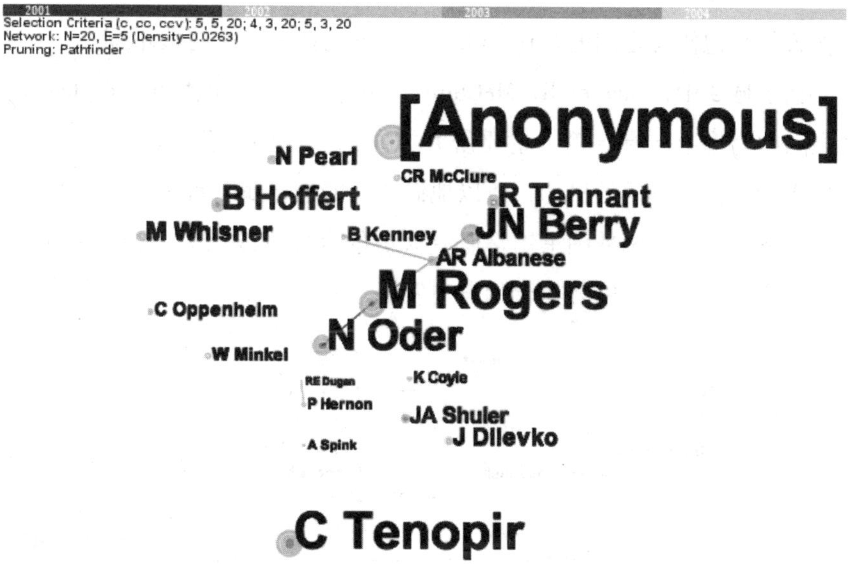

图 5-21　2001—2005 年国外图书馆学科研合作网络知识图谱

5.6.7　2006—2010 年国外图书馆学科研合作网络分析

将原始数据导入到 CiteSpace 软件中，对 2006—2010 年期间的数据进行处理，进行作者合作共引分析。经过数据预处理，调节合适的阈值，最终得到 2006—2010 年国外图书馆学科研合作网络知识图谱（如图 5-22 所示）。

检索结果发现，图 5-22 中共有 67 个节点，27 条连线。作者的科研合作网络复杂度增加，密度变大。被引频次最高的节点 Michael Rogers 与其他作者之间形成了科研合作网络，主要科研合作网络连通子图是区域 1、区域 2、区域 3。

从区域 1 可以看出，合作者之间相互都有合作，形成一个相互交错的五角星形状，说明他们之间是一个固定的合作团体，每位作者都与其他作者有过合作关系，合作密度达到最高，属于团队型合作。

区域 2 中的合作密度没有达到最大值，但作者之间的合作强度有所增加。主要是以 Michael Rogers 为中心进行的合作，Michael Rogers 的被引频次最高为 19 次，属于有影响力的作者。由此可知，本时段出现了有影响力的作者与其他作者之间的合作关系，这一点与此前各个时段不同。

在区域 3 中，Charles R. McClure、John Carlo Bertot、Paul T. Jaeger 三者之间的合作论文有 6 篇，主要研究方向是互联网对公共图书馆的影响。三位作者来自于不同的机构，所以他们之间的合作属于跨机构型合作。

总之，本时段国外图书馆学研究人员的合作密度增大，合作者所占的比例增多，正朝着全网合作化的方向发展。

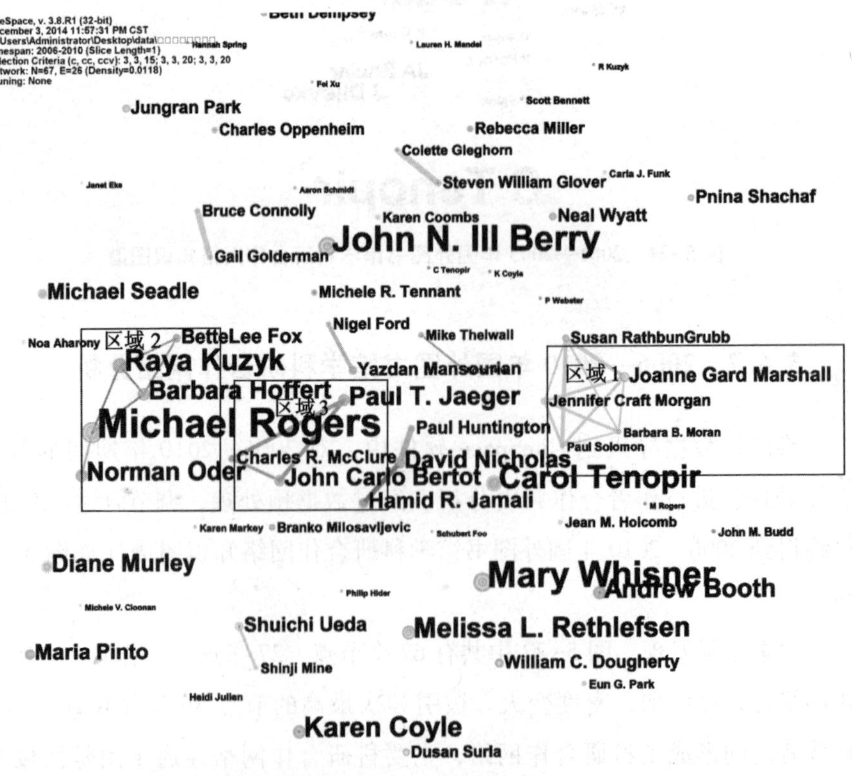

图 5-22　2006—2010 年国外图书馆学科研合作网络知识图谱

5.6.8 2011—2014 年国外图书馆学科研合作网络分析

将原始数据导入到 CiteSpace 软件中，对 2011—2014 年期间的数据进行处理，进行作者合作共引分析。经过数据预处理，调节合适的阈值，最终得到 2011—2014 年国外图书馆学科研合作网络知识图谱（如图 5-23 所示）。

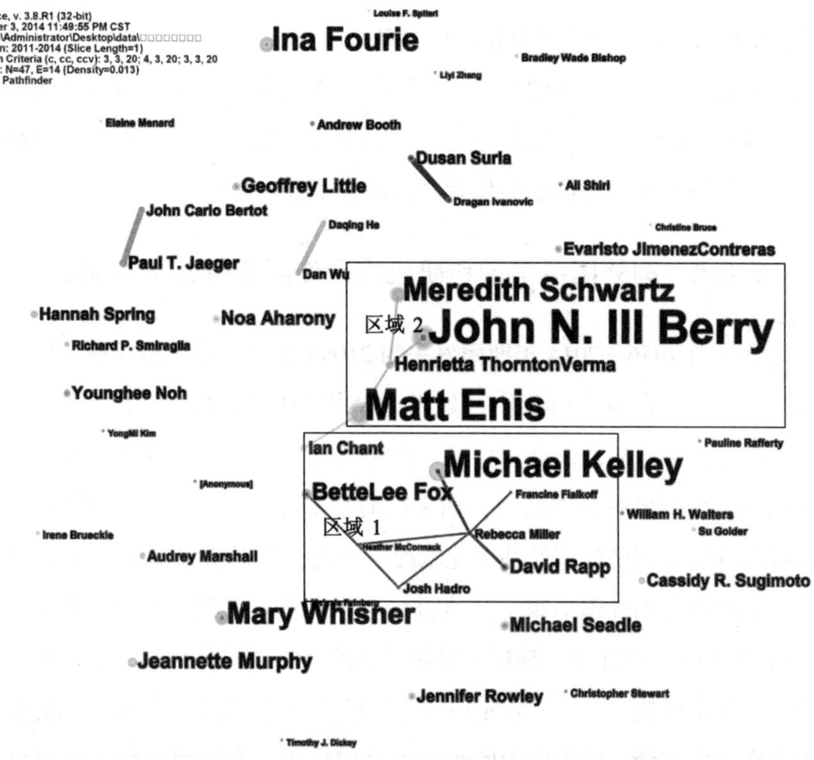

图 5-23 2011—2014 年国外图书馆学科研合作网络知识图谱

从图 5-23 可以看出，本时段国外图书馆学研究人员之间的科研合作网络密度有了很大提高，图 5-23 中的节点数为 47，连线数为 14，孤立节点减少了。主要科研合作网络连通子图是区域 1 和区域 2。

区域 1 是一个无规则图形，Rbecca Miller、Davud Rapp、Josh Hadro、Heather McCormack、BetteLee Fox、Francine Fialkoff、Michael Kelley 之间的

合作论文有 3 篇，但由于 Michael Kelley 作为单独作者的论文偏多，被引频次也高达 18 次。因此，他们之间的合作只是因为某项研究而进行的临时性组合，并没有形成稳定的合作团队。

区域 2 中有两个被引频次最高的节点，即 John N. III Berry 和 Matt Enis，尽管两者没有直接的合作关系，但他们均是以 Henrietta Thornton Verma 为中心展开合作，而且 Henrietta Thornton Verma 的中心度为 0.01，Matt Enis 的中心度也为 0.01。说明本时段形成了以 Matt Enis 和 Henrietta Thornton Verma 为中心的合作团体关系。

总之，本时段国外图书馆学领域的作者数量在减少，但作者之间的合作强度在不断增加，合作者所占的比例也在不断加大。值得注意的是，有影响力的作者与中心度高的作者之间建立了合作关系。

5.6.9 国外图书馆学科研机构合作网络特征及其演变

笔者对 1976—2014 年期间发表的 21094 篇论文进行预处理，以 5 年作为一个时段。在每个时段中，如果两个作者所属的机构合写了同一篇文章，则这两个机构之间就建立了合作关系。以此合作关系为基础，就可以形成一个科研机构合作网络。如果按时段顺序建立多个科研机构合作网，就可以分析该网络的特性和演化状况。为此，笔者利用 CiteSpace 软件构建了每个时段的国外图书馆学科研机构合作网络。首先，将 21094 篇论文导入到 CiteSpace 软件中，选择关键路径算法，时区段选择为 1 年，网络节点确定为发文机构。运行 CiteSpace 软件以后，很快生成了各个时段的科研机构合作网络图谱，该图谱中的每一个点均代表一个科研机构，科研机构之间的连线代表科研机构之间有过合作。

1. 1976—1980 年国外图书馆学科研机构合作网络知识图谱

将 1976—1980 年期间的原始数据导入到 CiteSpace 软件中。进行处理以后，最终得到 1976—1980 年国外图书馆学科研机构合作网络知识图谱（如图 5-24 所示）。

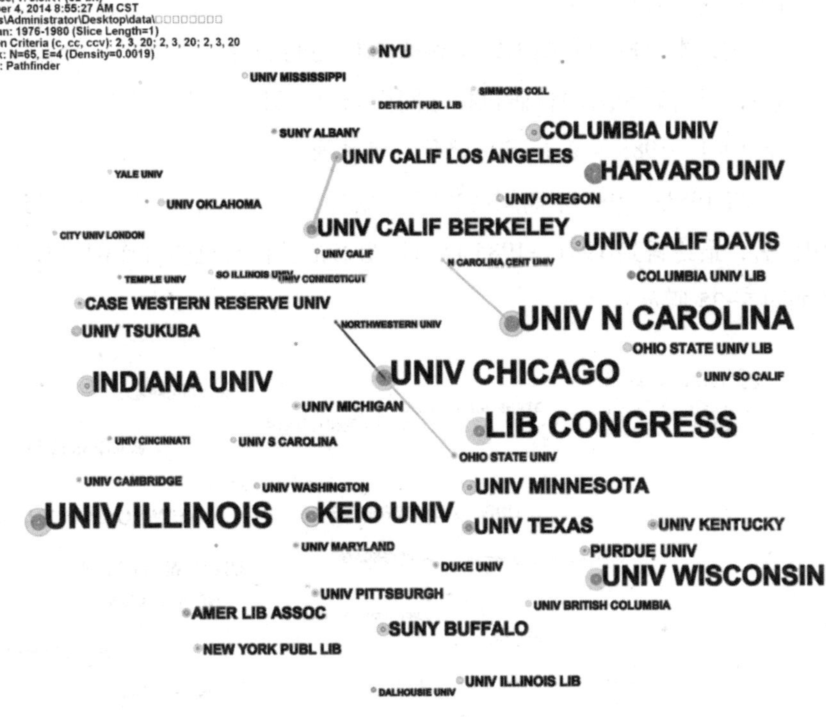

图 5-24　1976—1980 年国外图书馆学科研机构合作网络知识图谱

从图 5-24 可以看出，网络中的连线并不多。运行结果显示，图 5-24 中共有 65 个节点、4 条连线，整体来看孤立节点占大多数，合作关系所占的比例小，科研机构之间的紧密合作关系尚未形成。此外，所有节点的中心度均为零，说明科研机构之间也还没有形成局部的合作中心。本时段发文量最高的科研机构是美国伊利诺伊大学（University of Illinois）和国会图书馆（Library of Congress）①，发文量均为 14。它们都是孤立节点，与其他

① 美国国会图书馆（Library of Congress，LC，网址：https：//www. loc. gov）始建于 1800 年，是美国的四个官方国家图书馆之一，也是全球最重要的图书馆之一，主要为美国国会服务，担负着美国国家图书馆的职能。其馆址在华盛顿国会山，馆舍由杰斐逊大楼、亚当斯大楼和麦迪逊大楼组成，总面积 34 万平方米，馆藏图书 3000 万种，涵盖 470 种语言。另外，该馆还是美国最大的稀有书籍珍藏地点。它还是美国历史最悠久的联邦文化机构，已经成为世界上最大的知识宝库，是美国知识与民主的重要象征，在美国文化中占有重要地位。目前，它保存各类馆藏近 1 亿 2100 万项，包括 5800 万份手稿、100 万份美国政府刊物、100 份世界各地报纸、33000 份报刊合订本、50 万个微缩胶片卷轴、12 万本漫画书、480 万张地图、270 万首音乐。

科研机构没有合作关系。

总之，本时段国外图书馆学科研机构之间的合作密度低，合作发文量也不高，具有影响力的科研机构之间尚未形成科研合作网络。

2. 1981—1985 年国外图书馆学科研机构合作网络知识图谱

再将 1981—1985 年期间的原始数据导入到 CiteSpace 软件中。进行处理以后，最终得到 1981—1985 年国外图书馆学科研机构合作网络知识图谱（如图 5-25 所示）。

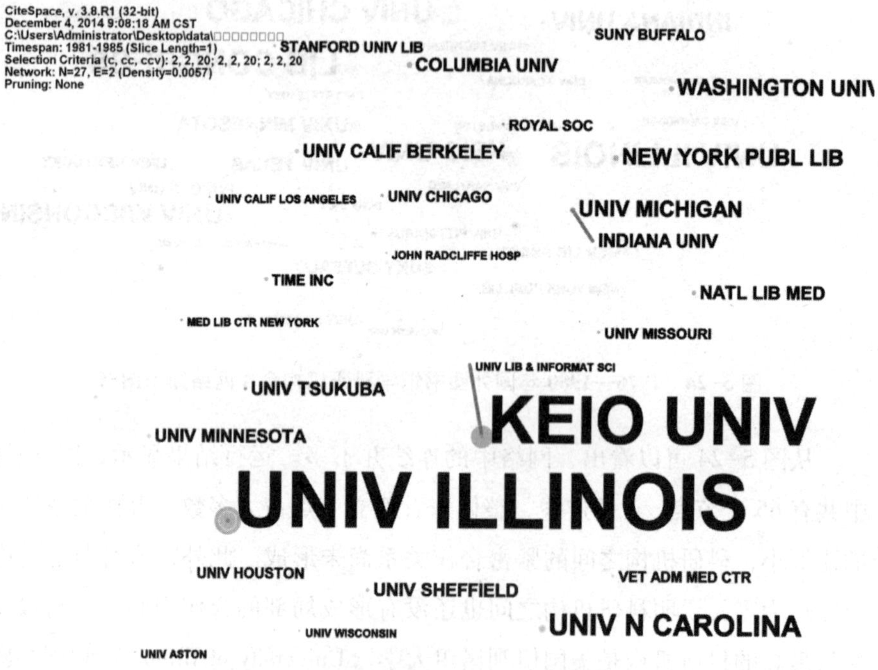

图 5-25　1981—1985 年国外图书馆学科研机构合作网络知识图谱

从图 5-25 可以看出，本时段的合作关系连线也不多。运行结果显示，本时段的科研合作网络图谱中共有 27 个节点、2 条连线。与之前 1976—1980 年期间的数据相比，科研机构数量有所下降，但合作者所占的比例增大。同时，本网络的合作密度是 0.0057，与之前的 0.0019 有了很大提升，说明本时段合作关系紧密度也有了增强。其中，发文量较大的代表性科研机构是伊利诺伊大学（University of Illinois）、庆应义塾大学（Keio University）①、北卡罗来纳大学（University of North Carolina）、华盛顿大学（University of Washington）等。发文量最高的科研机构是伊利诺伊大学，其在本时段的发文量达到 20 篇，较上一时段有所增加。但本时段的科研机构中心度均为零，表明科研机构之间仍然没有形成局部的合作中心。

总之，本时段国外图书馆学科研机构之间的合作强度不高，但合作密度在不断增加，科研机构发文量也在不断上升。本时段尚未形成合作中心，科研机构数量减少，合作比例增加，正朝着科研机构合作全网化方向发展。

3. 1986—1990 年国外图书馆学科研机构合作网络知识图谱

依次将 1986—1990 年期间的原始数据导入到 CiteSpace 软件中。进行处理以后，最终得到 1986— 1990 年国外图书馆学科研机构合作网络知识图谱（如图 5-26 所示）。

从图 5-26 可以看出，本时段科研机构的数量在增多。运行结果显示，该科研合作网络共有 42 个节点、3 条连线。与之前 1981—1985 年期间的数据相比，科研机构数量增多了，但科研机构合作关系所占的比例却下降了，本网络的合作密度为 0.0035，高于 1976—1980 年期间的网络密度，但低于 1981—1985 阶段的网络密度。说明本时段科研机构之间的合作强度仍然不高，且科研机构的中心度依然均为零，科研机构局部合作中心还没有出现。本时段具有代表性的科研机构是伊利诺伊大学（University of Illinois）和庆应义塾大学（Keio University），与上一时段相同。但是，本时段

---

① 庆应义塾大学（Keio University，网址：https：//www. keio. ac. jp）亦称庆应大学，简称庆大，是日本久负盛名的世界著名研究型综合大学，有亚洲第一私立学府之称，与早稻田大学并称日本大学私立双雄，其主校区位于日本东京都中心，毗邻东京塔。庆应的前身是创立于 1858 年的“兰学塾”，当时是江户时代一所规模很小的传播西洋自然科学的学堂。在创始人福泽谕吉的指导和影响下，该校不断向前发展，至今在日本社会多个领域中发挥着先驱领导作用。庆应大学是日本文部科学省超级国际化大学计划（Top Global University Project）面向世界 Top100 的 A 类顶尖校、亚太顶尖大学学术组织环太平洋大学联盟（Association of Pacific Rim Universities）的六所日本成员校之一、东京六大学棒球联盟成员之一、RU11 学术研究恳谈会成员，同时也是日本文部省指定的首批 13 所“国际 30 计划（Global 30）”重点投资的大学之一，其在商科、政法、经济、医学等方面最为突出，其毕业生活跃在世界各地，享有“企业家摇篮”的美誉，更被认为是把握日本经济命脉和未来的中枢学府。

的科研机构发文量有所增加，伊利诺伊大学的发文量为 24 篇，庆应义塾大学的发文量为 13 篇，最高发文量是 1976—1980 年期间的近两倍。

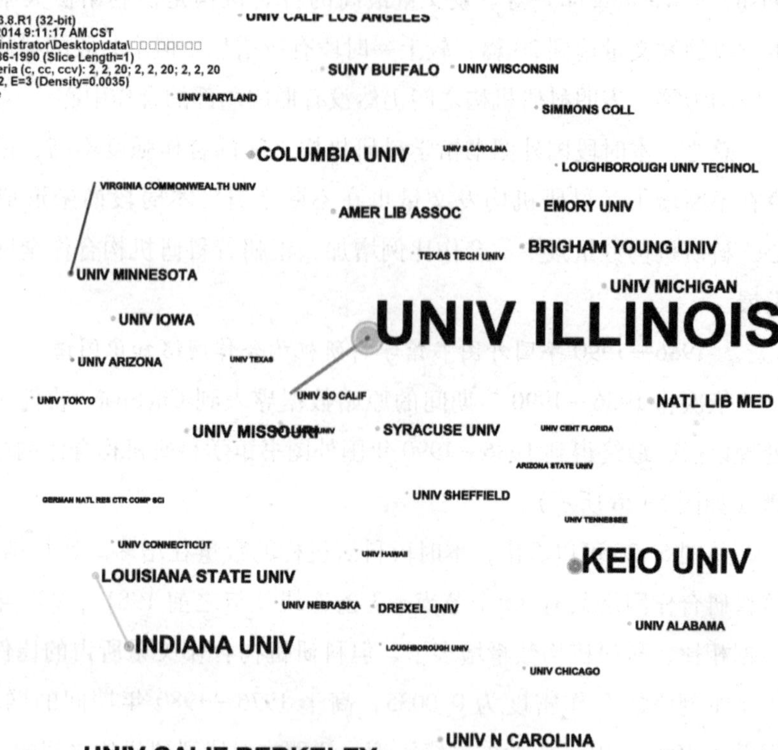

图 5-26　1986—1990 年国外图书馆学科研机构合作网络知识图谱

从图 5-26 可以看出，本时段国外图书馆学科研机构之间的合作关系没有太大变化，合作强度略微有所增加，但大多数科研机构选择单独发文，科研机构合作网络还没有演化出局部合作中心。

4. 1991—1995 年国外图书馆学科研机构合作网络知识图谱

依次将 1991—1995 年期间的原始数据导入到 CiteSpace 软件中。进行处理以后，最终得到 1991—1995 年国外图书馆学科研机构合作网络知识图谱（如图 5-27 所示）。

图 5-27　1991—1995 年国外图书馆学科研机构合作网络知识图谱

从图 5-27 可以看出，本时段的网络复杂度很低，孤立节点仍占大多数。运行结果显示，图中的节点数为 40，连线数为 2。与之前数据相比，科研机构数量减少了，合作关系比例也略有减少。该网络的合作密度为 0.0026，低于 1986—1990 年期间的网络密度 0.0035。该网络中所有科研机构的中心度依然为零，发文量最高的科研机构还是伊利诺伊大学（University of Illinois），但该科研机构在本时段的发文量为 14，略有下降。科研机构之间的合作仍然是单独发文，科研机构之间的合作紧密程度并没有加强。

总之，本时段仍然延续上一时段的合作强度，具有影响力的科研机构与其他科研机构没有合作关系。科研机构之间也没有形成局部的网络中心，大多数科研机构还是选择独自发文。

5. 1996—2000 年国外图书馆学科研机构合作网络知识图谱

将 1996—2000 年期间的原始数据导入到 CiteSpace 软件中。进行处理以后，最终得到 1996—2000 年国外图书馆学科研机构合作网络知识图谱（如图 5-28 所示）。

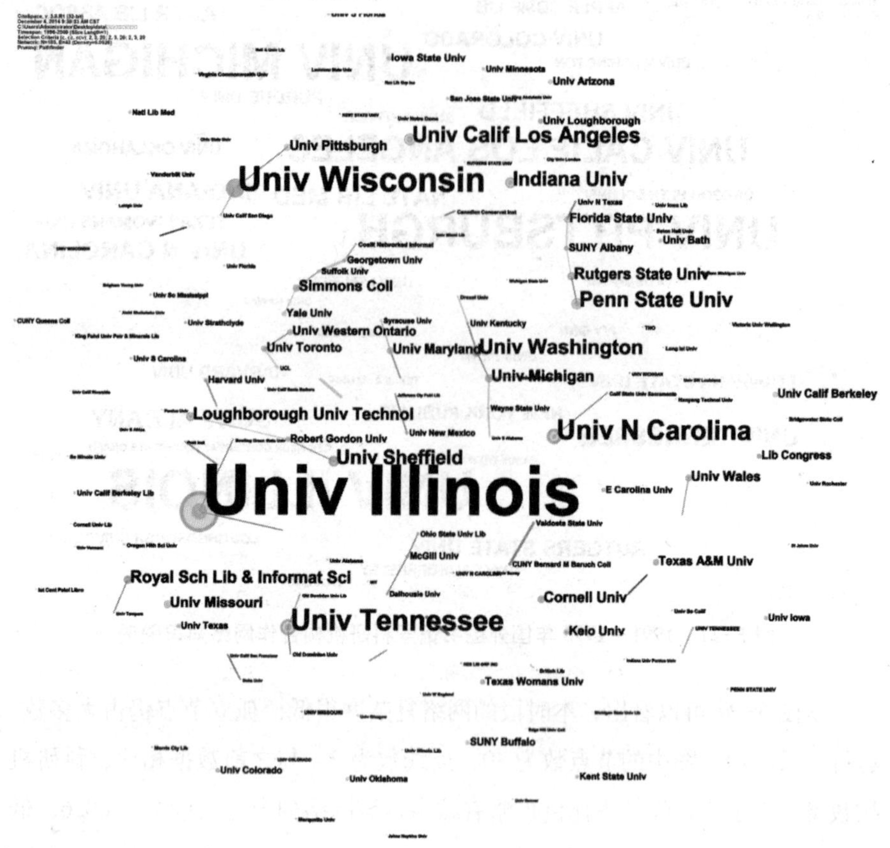

图 5-28　1996—2000 年国外图书馆学科研机构合作网络知识图谱

从图 5-28 可以看出，科研机构的数量明显增多。运行结果显示，本时段的科研机构合作网络图中有 183 个节点、43 条连线，整体密度是 0.0026，说明本时段国外图书馆学绝大多数发文科研机构是孤立节点。科研机构的总数正在呈现急剧上升的态势，是上一时段的 4 倍多。国外图书馆学领域大部分科研机构的合作密度依然较低，但与 1991—1995 年时段数据相比，已经有了明显提升。运行结果还显示，所有科研机构的中心度均为零，仍然没有形成局部的合作中心。本时段具有代表性的科研机构主要有伊利诺伊大学（University of Illinois）、威斯康辛大学（University of

Wisconsin)、田纳西大学（University of Tennessee）①、北卡罗来纳大学（University of North Carolina）。如果按科研机构的发文量来排序，则发文量最高的依然是伊利诺伊大学。但是，本时段该科研机构的发文量达到 66，是此前 1991—1995 年时段的近 5 倍。

总之，本时段国外图书馆学科研机构之间的合作关系在不断加强，但仍然尚未形成固定的科研机构合作中心。随着时间的增加，科研机构的数量在不断增加，有影响力的科研机构与其他科研机构之间也出现了合作关系。

6. 2001—2005 年国外图书馆学科研机构合作网络知识图谱

将 2001—2005 年期间的原始数据导入到 CiteSpace 软件中，进行处理后，最终得到 2001—2005 年国外图书馆学科研机构合作网络知识图谱（如图 5-29 所示）。

从图 5-29 可以看出，本时期的网络合作复杂度明显增高。运行结果显示，该网络图中有 228 个节点、59 条连线，整体的合作密度是 0. 0023，略低于 1996—2000 年期间的合作密度，说明本时段的大多数科研机构都是孤立节点，相互之间合作发文的情形较少。运行结果还显示，所有科研机构的中心度都是零，说明科研机构合作率反而随着年份的推移而减少。在整个网络中，科研机构的总数呈上升趋势，然而科研机构的合作密度程度却跟不上科研机构的增加速度，也没有形成一个具有局部的合作中心。本时段的发文量也在不断上升，发文量较高的科研机构有伊利诺伊大学（University of Illinois）、华盛顿大学（University of Washington）、田纳西大学（University of Tennessee）、佛罗里达州立大学（Florida State University）等，发文量最高的科研机构仍然是伊利诺伊大学，有 78 次合作发文，是此前时段的 1. 5 倍。

---

① 田纳西大学（The University of Tennessee，UT，网址：http：//www. utk. edu）是一所世界著名的公立研究型大学，成立于 1794 年，主校区位于田纳西州东部的诺克斯维尔市（Knoxville）。田纳西大学是美国南部最具综合性的大型高等学府之一，也是美国历史最悠久的的公立大学之一，是田纳西州大学系统中的旗舰大学。田纳西大学设有 170 多个专业，其版画、核工程、供应链管理、物流管理等专业位居美国 Top10，临床训练、图书馆研究、生物工程、农业工程等专业位居美国 Top20。此外，田纳西大学还拥有在全美范围内受到广泛认可的商学院、法学院和教育学院。该校在 2016 年《美国新闻与世界报道》（U. S. News & World Report）大学排行榜中位居第一百五十二位，在上海交大 ARWU 世界大学学术排行榜中位居 Top100。

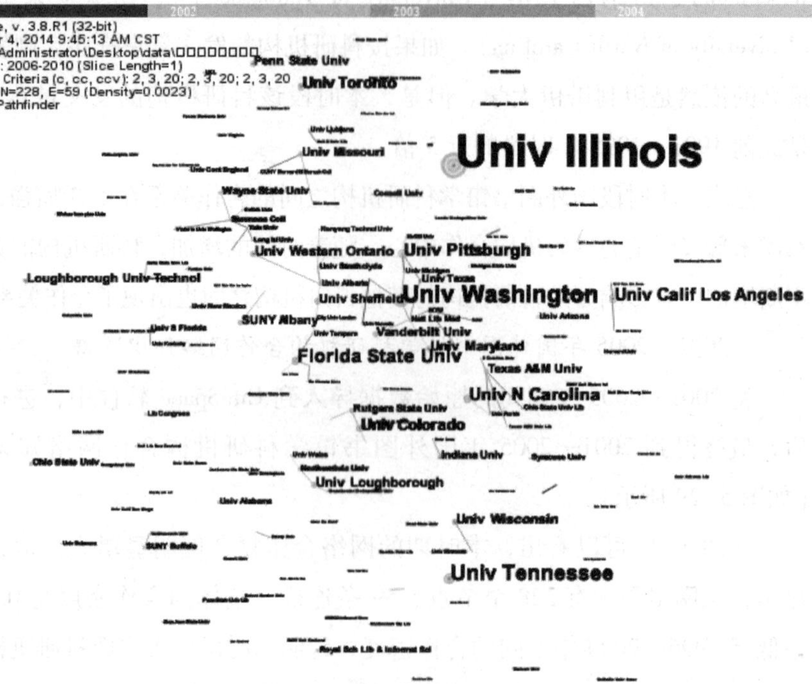

图 5-29　2001—2005 年国外图书馆学科研机构合作网络知识图谱

7. 2006—2010 年国外图书馆学科研机构合作网络知识图谱

将 2006—2010 年期间的原始数据导入到 CiteSpace 软件中，进行处理后，最终得到 2006—2010 年国外图书馆学科研机构合作网络知识图谱（如图 5-30 所示）。

从图 5-30 可以看出，本时段的网络复杂度越来越密集。运行结果显示，该科研合作网络中共有 288 个节点、88 条连线，整体密度是 0.0023。这表明虽然本时段的整体密度与 2001—2005 年时段的网络密度相同。但是，随着时间的增长，科研机构增长的速度越来越快。在整个网络中，科研机构的总数在呈急剧上升的趋势。2006—2010 年国外图书馆学的主要合作科研机构是伊利诺伊大学（University of Illinois）、华盛顿大学（University of Washington）、北卡罗来纳大学（University of North Carolina）、威斯康辛大学（University of Wisconsin）等，合作频次较 2001—2005 时段略有下降，合作频次最高的伊利诺伊大学有 67 次合作发文。科研机构的中心度仍然均为零，说明本时段仍然没有形成科研机构合作中心。

图 5-30　2006—2010 年国外图书馆学科研机构合作网络知识图谱

由此可见，本时段国外图书馆学科研机构的发文量虽略有下降，但整体来看呈现上升趋势，孤立节点占绝大多数，说明大多数科研机构都选择独自发文。

8. 2011—2014 年国外图书馆学科研机构合作网络知识图谱

将 2011—2014 年期间的原始数据导入到 CiteSpace 软件中，进行处理后，最终得到 2011—2014 年国外图书馆学科研机构合作网络知识图谱（如图 5-31 所示）。

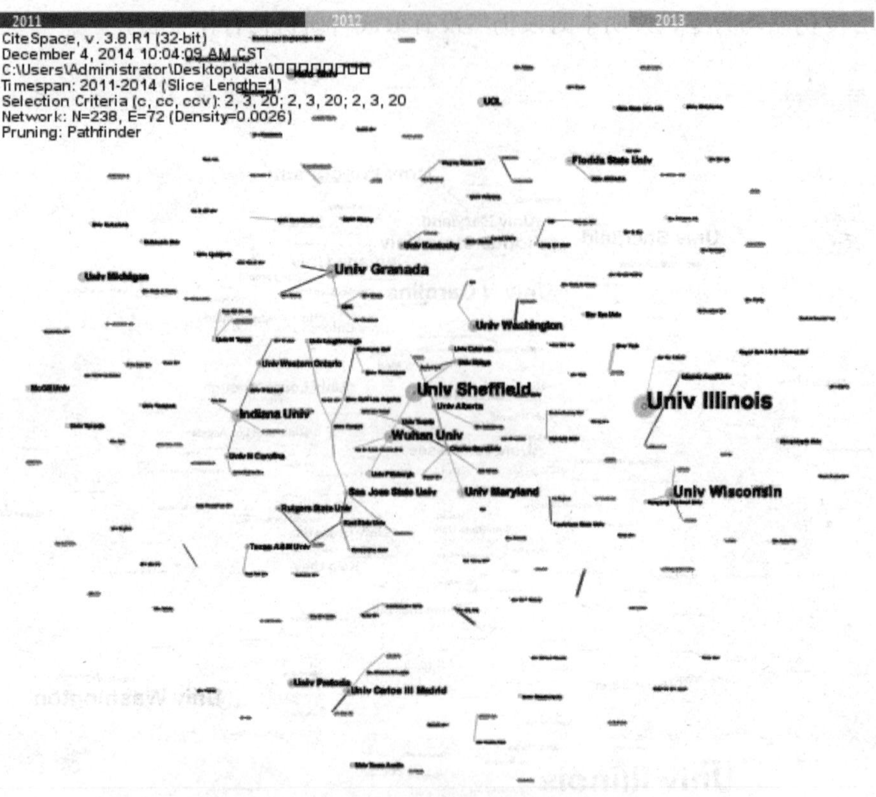

图 5-31　2011—2014 年国外图书馆学科研机构合作网络知识图谱

从图 5-31 可以看出，本时段的网络复杂度更高。运行结果显示，该科研合作网络总共有 238 个节点、72 条连线，网络的合作密度是 0.0026。从整体上来看，随着时间的推移，科研机构总数减少了，但科研机构合作所占的比例却增大了，网络合作密度也增大了。科研机构的中心度依然均为零，说明本时段尚未出现局部合作中心。本时段具有代表性的科研机构是伊利诺伊大学（University of Illinois）、谢菲尔德大学（University of Sheffield）、威斯康辛大学（University of Wisconsin）、格拉纳达大学（Universidad de Granada）① 等。

① 西班牙格拉纳达大学（Universidad de Granada，网址：http：//www. ugr. es）始建于 1531 年，由国王卡洛斯五世创办，是西班牙最古老的大学之一。格拉纳达大学隶属于科英布拉集团（The Coimbra Group of Univerisities），该团体是指由历史最为悠久、享有盛誉的欧洲大学所组成的联盟，其中包括牛津大学、剑桥大学等声名显赫的成员。该校在学术理论、教育、研究、出版等领域位居西班牙 52 所大学的前五位。

当然，尽管国外图书馆学科研机构在本时段的发文量有所下降，但从整体上来看，孤立节点分布分散，科研机构的单独发文量增多，也在不断出现新的科研合作机构，但新出现的科研机构与其他科研机构联系很少，表明国外图书馆学科研机构合作网的特征是先以个体进入网络，然后再慢慢与其他个体进行联系。

从整体上来看，国外图书馆学科研机构的合作密度随着时间在不断增大，但目前尚未形成局部合作中心。

9. 1976—2014 年国外图书馆学科研机构合作网络知识图谱小结

笔者以 1976—2014 年期间的国外图书馆学论文的作者以及作者所在的科研机构作为基础数据，利用学术论文合著关系，分析构建了国外图书馆学的科研合作网络和科研机构合作网络。在科研合作网络中对各节点进行分析后发现，国外图书馆学界存在着“跨机构合作型”“团体合作型”“临时合作型”等三种类型的科研合作网络，还对由核心合作者构成的国外图书馆学科研合作网络分别从宏观结构和微观结构两个层面进行了分析。

笔者通过对社会距离的实证研究，证实了国外图书馆学领域中不存在“小世界”现象。从整体上来看，科研机构合作网较之于其他类型的科研合作网络显得更加松散，但也呈现出非常明显的局部特征。该特征既显示出科研机构合作网络的合作交流水平在逐年提升，又显示出科研机构之间的交流合作只局限于局部网络。2000 年之前，国外大多数图书馆学科研机构极少与其他科研机构进行合作。2000 年以后，这一状况有了很大改观，随着国外图书馆学科研机构科研水平的不断上升，其合作频次、发文量、影响力等指标也都在不断地提高。

5.7 本章小结

本章采用了多种定量分析方法，创建了不同类型的国外图书馆学知识图谱，并且进行了解读，证实了科学知识图谱在图书馆学领域有着很高的应用价值，对相关学科研究有着重要参考价值。另一方面，笔者在研究过程中发现其中还存在一些不足之处：①本研究仅选择 Article 类型的论文，摒弃了其他论文类型，这在无形中会忽略一些重要信息；②本研究仅选择国外图书馆学领域中期刊影响因子较高的刊物作为数据源。如果能够将更广泛范围内的国外图书馆学期刊中刊载的图书馆学研究论文包括在内的话，则研究结果可能会有明显不同；③本研究采用基于共词分析的方法来分析国外图书馆学领域的研究前沿。这种方法只能对一小部分被引用的论文进行分类，对最终得到的知识图谱的解读不可避免地会带有一定的主观性。

在知识经济发展的大环境下，知识图谱的应用获得了越来越多的关注，而关注的增多必将会带来更加深入的研究。目前，针对知识图谱的研究还只是局限在针对某个特定主题的分析和解读上，针对学科和领域的研究还不是很多。因此，各个学科在审视自身发展的同时，可以借助于学科知识图谱的分析和解读，可视化地显示学科发展的态势和走向，为确立学科研究方向提供参考。

在知识图谱的具体应用过程中，还可以走向企业组织。目前，针对企业知识地图的研究已经显现，但大多是针对企业或组织中各种显性和隐性知识的挖掘、分类和组织，未来可以突破企业单位的限制，走向规模更大的集团、协会甚至是行业。只有当研究对象和研究范围达到一定量时，知识图谱的优势才会充分显示出来。可以预见，在不久的将来，经济管理将会是知识图谱的一个重要应用领域。

在具体展示方式上，知识图谱将会从传统的二维形式向三维形式甚至向更高维度方向发展。对于不断涌现出来的各种可视化技术和工具软件，则需要开展更多的研究，建立有效的评估方法和标准，以利于对其进行深入研究和大规模应用。

第6章

国外情报学知识图谱实证研究

目前，国内一些学者对国外图书馆学、情报学领域的研究进展进行了梳理[140][141][142]。但是，上述学者在研究过程中所选取的数据源和数据量，以及所使用的研究方法和研究工具都有很大的局限性，从而导致他们在创新性方面有所欠缺。因此，非常有必要采用新的数据源和研究工具来对1976—2014年期间的国外情报学研究进展进行全面梳理，以帮助图书馆学、情报学研究人员更好地了解国外情报学研究现状，促进情报学事业的进一步发展。

迄今为止，国内很少有人利用知识图谱工具软件 SCI^2 来对某个研究领域进行知识图谱分析。为此，笔者首先对期刊引用报告（JCR）中收录的图书馆学、情报学期刊进行了分析，并根据一定的选刊原则，最终选定44种情报学期刊，并在Web of Science中分别检索它们近年来刊发的全部论文。最后，利用 SCI^2 等知识图谱工具软件，直观、形象地展示1976—2014年期间国外情报学的发展概况和研究前沿。

6.1 数据来源与分析工具

6.1.1 数据来源

为了检索得到本章所需要的全部数据，笔者首先对期刊引用报告（JCR）中收录的国外图书馆学、情报学期刊进行分析，判断其是属于图书馆学期刊还是情报学期刊。如果遇到的是综合类期刊，则将该刊既归入到图书馆学期刊中，又归入情报学期刊中。同时，通过访问各个期刊的官方网站，查阅相关资料，对期刊的创刊时间、停刊时间等相关信息逐一进行核实。然后，在JCR中对其期刊影响因子进行对比分析，最终选出1976—2014年期间最能够代表国外情报学研究进展的专业期刊列表（如表6-1所示）。

表6-1 国外情报学经典期刊列表

序号	期刊名	中文	可以检索到的时间
1	Annual Review of Information Science and Technology	情报学与技术年鉴	1966—2011
2	Information & Management	信息与管理	1968，1983—2014
3	Information Processing & Management	信息处理与管理	1963，1975—2014
4	Information Systems Journal	信息系统杂志	1991，1995—2014
5	Information Systems Research	信息系统研究	1990，1994—2014
6	Information Technology and Libraries	信息技术与图书馆	1968，1982—2011
7	International Journal of Information Management	国际信息管理杂志	1980，1986—2014
8	Journal of the American Society for Information Science	美国情报学会会刊	1970，1970—2000
9	Journal of Information Science	情报学杂志	1979，1979—2014
10	Journal of Information Technology	信息技术杂志	1986，1993—2014
11	Journal of Librarianship and Information Science	图书馆事业与情报学杂志	1969，1991—2014
12	Library & Information Science Research	图书馆学与情报学研究	1979，1984—2014
13	MIS Quarterly	管理信息系统季刊	1977，1981—2013
14	Scientometrics	科学计量学	1978，1978—2014
15	Social Science Computer Review	社会科学计算机评论	1994—2014
16	Social Science Information Sur Les Sciences Sociales	社会科学信息	1969—2013
17	Zeitschrift fur Bibliothekswesen und Bibliographie	图书馆学与目录学杂志	1975—2014
18	Information Society	信息社会	1981，1997—2014
19	Journal of Education for Library and Information Science	图书馆学与情报学教育杂志	1984—2000
20	Library and Information Science	图书馆学与情报学	1975—2013
21	Online Information Review	在线信息评论	2000—2014

续表

序号	期刊名	中文	可以检索到的时间
22	Journal of the American Society For Information Science And Technology	美国情报学与技术学会杂志	1938，2000—2014
23	Journal of Management Information Systems	管理信息系统杂志	1984，1999—2014
24	Research Evaluation	科研评价	2000—2014
25	Information Research-An International Electronic Journal	情报研究—国际电子杂志	2002—2013
26	Journal of Information Science	情报学杂志	1979—2014
27	Journal of Information Technology	信息技术杂志	1993—2014
28	Library and Information Science	图书馆与情报学	1975—2013
29	Health Information and Libraries Journal	健康信息与图书馆杂志	2005—2014
30	Journal of Global Information Management	全球信息管理杂志	1993，2005—2013
31	Serials Review	连续出版物评论	2005—2014
32	Journal of the Association for Information Systems	信息系统协会杂志	2000，2006—2014
33	Journal of Informetrics	信息计量学杂志	2007，2007—2014
34	Information Technology & Management	信息技术与管理	2007—2014
35	International Journal of Computer-Supported Collaborative Learning	计算机支持的协作学习国际杂志	2006，2006—2014
36	European Journal of Information Systems	欧洲信息系统杂志	1991，1995—2014
37	Journal of Strategic Information Systems	战略信息系统杂志	1978，1995—2014
38	Knowledge Management Research & Practice	知识管理研究与实践	2008—2014
39	MIS Quarterly Executive	管理信息系统经理人季刊	2002，2008—2014
40	Ethics and Information Technology	伦理学与信息技术	2009—2014
41	Information and Organization	信息与组织	2008—2013
42	Information Technology & People	信息技术与人	2009—2014
43	Journal of Knowledge Management	知识管理杂志	2009—2014
44	Journal of Global Information Technology Management	全球信息技术管理杂志	2010—2014

接下来，进入到 Web of Science 中，输入检索关键词，并选择相应的检索条件。为了提高效率，论文类型只选取“Article”，检索日期为 2014 年 9 月 15 日，检索结果如表 6-2 所示。从表 6-2 可以看出，各个时段的总论文数各不相同。前 7 个时段的情报学领域研究论文数量逐年增加。特

别是2006—2010年期间的总论文数超过6000篇。

表6-2 检索结果

序号	时段	检索结果（论文数）
1	五五计划（1976—1980年）	827
2	六五计划（1981—1985年）	1324
3	七五计划（1986—1990年）	1751
4	八五计划（1991—1995年）	2395
5	九五计划（1996—2000年）	3310
6	十五计划（2001—2005年）	3910
7	十一五规划（2006—2010年）	6592
8	十二五规划（2011—2014年）	5876

笔者构造的检索式如下：Annual Review of Information Science and Technology or Information & Management or Information Processing & Management or Information Systems Journal or Information Systems Research or Information Technology and Libraries or International Journal of Information Management or Journal of the American Society for Information Science or Journal of Information Science or Journal of Information Technology or Journal of Librarianship and Information Science or Library & Information Science Research or MIS Quarterly or Scientometrics or Social Science Computer Review or Social Science Information Sur Les Sciences Sociales or Zeitschrift fur Bibliothekswesen und Bibliographie or Information Society or Journal of Education for Library and Information Science or Library and Information Science or Online Information Review or Journal of the American Society for Information Science and Technology or Journal of Management Information Systems or Research Evaluation or Information Research-An International Electronic Journal or Journal of Information Science or Journal of Information Technology or Library and Information Science or Health Information and Libraries Journal or Journal of Global Information Management or Serials Review or Journal of the Association for Information Systems or Journal of Informetrics or Information Technology & Management or International Journal of

Computer-Supported Collaborative Learning or European Journal of Information Systems or Journal of Strategic Information Systems or Knowledge Management Research & Practice or MIS Quarterly Executive or Ethics and Information Technology or Information and Organization or Information Technology & People or Journal of Knowledge Management or Journal of Global Information Technology Management。

6.1.2 分析工具

目前，比较流行的信息可视化分析软件主要有 SCI^2、In-SPIRE、Sci-MAT、HistCite、Pajek、CiteSpace、Ucinet、Bibexcel、Gephi、VOSviewer、VantagePoint、Network Workbench Tool 等。本章主要利用了 HistCite、SCI^2、CiteSpace 等三种信息可视化分析软件。

1. HistCite

HistCite 是由“科学引文索引之父”加菲尔德（Eugene Garfield）博士牵头研发的一款引文编年可视化系统，其基本功能包括快速全面地找到所研究领域的重要论文、快速绘出所研究领域的发展脉络、快速锁定重要研究人员和科研机构、清晰地勾勒所研究领域的最新进展概况。

2. SCI^2

SCI^2（Science of Science）是由美国印第安纳大学布鲁明顿分校（Indiana University，Bloomington）的图书情报专家伯尔纳（Katy Börner）及其团队研发的，它是在 Cyber Infrastructure Shell（CIShell）的基础上开发出来的。CIShell 是一个开源的 Eclipse 插件框架。

3. CiteSpace

CiteSpace 是由美国德雷赛尔大学（Drexel University）信息科学与技术学院陈超美教授负责研发的一款知识图谱分析工具，它是适合用来进行多元、分时、动态复杂网络分析的。CiteSpace 的主要用户是科研人员、医学人员、科学政策研究人员以及图书馆员，它将信息可视化方法、文献计量学方法以及数据挖掘算法集成在一起，是一个在引文数据中提取模式的交互式可视化工具，其绘制图谱、建立节点之间关联的依据是“共引”和“引文”。

6.2 国外情报学学科给养知识图谱

在本节中，笔者主要利用引文分析方法来探讨国外情报学学科给养知识图谱的绘制与解读。

6.2.1 国外情报学研究论文分析

笔者此次采集的整个数据集中共计包括25957篇论文。为了更加准确地分析高被引论文，笔者在HistCite中利用Global Citation Score（GCS）参数进行降序排序，即按照所有论文在WoS中的被引用数量来进行降序排序。为了更好地分析高被引论文，还选取被引频次Top20的论文进行分析(如表6-3所示)。

表6-3 被引频次Top20的论文列表

序号	年份	作者	论文名称	期刊	LCS	GCS
1	1989	Davis FD	Perceived usefulness, perceived ease of use, and user acceptance of information technology	MIS Quarterly	594	4698
2	1990	Deerwester S, Dumais ST	Indexing by latent semantic analysis	Journal of the American Society for Information Science	139	2613
3	2003	Venkatesh V	User acceptance of information technology: Toward a unified view	MIS Quarterly	389	2480
4	1988	Salton G, Buckley C	Term-weighting approaches in automatic text retrieval	Information Processing & Management	164	1731
5	1995	Taylor S, Todd PA	Understanding information technology usage-A test of competing models	Information Systems Research	239	1336
6	2003	DeLone WH, McLean ER	The DeLone and McLean model of information systems success: A ten-year update	Journal of Management Information Systems	205	1174

续表

序号	年份	作者	论文名称	期刊	LCS	GCS
7	1995	Compeau DR, Higgins CA	Computer self-efficacy-development of a measure and initial test	MIS Quarterly	142	882
8	2003	Chin WW, Marcolin BL	A partial least squares latent variable modeling approach for measuring interaction effects: Results from a monte carlo simulation study and an electronic - mail emotion/adoption study	Information Systems Research	193	798
9	1999	Klein HK, Myers MD	A set of principles for conducting and evaluating interpretive field studies in information systems	MIS Quarterly	258	761
10	1995	Goodhue DL, Thompson RL	Task-technology fit and individual-performance	MIS Quarterly	165	721
11	1999	Karahanna E, Straub DW	Information technology adoption across time: A cross-sectional comparison of pre-adoption and post-adoption beliefs	MIS Quarterly	144	673
12	1987	Benbasat I, Goldstein DK	The case research strategy in studies of information-systems	MIS Quarterly	184	666
13	2001	Bhattacherjee A	Understanding information systems continuance: An expectation - confirmation model	MIS Quarterly	144	657
14	1992	Adams DA, Nelson RR	Perceived usefulness, ease of use, and usage of information technology-A replication	MIS Quarterly	112	648
15	2005	Wasko MM, Faraj S	Why should I share? Examining social capital and knowledge contribution in electronic networks of practice	MIS Quarterly	181	644
16	2000	Agarwal R, Karahanna E	Time flies when you're having fun: Cognitive absorption and beliefs about information technology usage	MIS Quarterly	159	638
17	1976	Robertson SE, Sparck-Jones K	Relevance weighting of search terms	Journal of the American Society for Information Science	152	621

续表

序号	年份	作者	论文名称	期刊	LCS	GCS
18	2001	Moon JW, Kim YG	Extending the tam for a world-wide-web context	Information & Management	86	600
19	1988	Doll WJ, Torkzadeh G	The measurement of end-user computing satisfaction	MIS Quarterly	120	539
20	1995	Mata FJ, Fuerst WL	Information technology and sustained competitive advantage: A resource-based analysis	MIS Quarterly	144	523

被引频次最高的是来自美国密歇根大学安娜堡分校①计算机与信息系统学院的 Fred D. Davis 教授于 1989 年发表在权威期刊《MIS Quarterly》上的一篇论文《Perceived usefulness, perceived ease of use, and user acceptance of information technology》。该论文是作者探索信息技术接受和使用的研究中较有影响的一篇论文。同样，具有一定影响力的另外一篇论文是他于 1989 年在《Management Science》杂志上发表的《User acceptance of computer technology: A comparison of two theoretical models》[207]一文。在这篇论文中，作者提出了被学者们广泛接受和应用的技术接受模型（Technology Acceptance Model，TAM），技术接受模型将社会心理学中的理性行为理论

① 密歇根大学安娜堡分校（University of Michigan，Ann Arbor，简称 UM 或 UMich，网址：https：//www. umich. edu）也译作密西根大学安娜堡分校。它是密歇根大学的旗舰校区。因此，人们常说的“密歇根大学”是指“密歇根大学安娜堡分校”。该校是位于美国密歇根州的一所世界著名公立大学，于 1817 年建校，是美国历史最悠久的大学之一，在世界范围内享有盛誉。建校以来，该校在多个学科领域中成就卓著，并且拥有巨大的影响力。多项调查结果显示，该校 70%以上的专业位列全美国 Top10，所以被誉为“公立常春藤”，与加州大学伯克利分校以及威斯康辛大学素有“公立大学典范”之称。该校还是美国重要的学术联盟美国大学联合会的 14 个发起者之一。该校的学术水平和校友质量都很高，不仅拥有一流的商学院、法学院、医学院、工学院及文理学院，而且其校友中包括 1 位美国总统、22 位诺贝尔奖得主、8 位美国国家航空航天局宇航员、18 位普利策奖得主、25 名罗兹学术奖得主、30 多位大学校长、上百位文艺娱乐界明星、上千位著名运动员以及不可计数的各行业精英。该校在 2016 年 US News 世界大学排行榜中位居第十七位，在 2016 年泰晤士报世界排行榜中位居第二十一位，在 2016 年 QS 世界大学排行榜中位居第三十位。

(Theory of Reasoned Action, TRA)① 运用到管理信息系统，以内在信念、主观态度、行为意向以及外部变量等因素，解释和预测人们对信息技术的接受程度。Fred D. Davis 教授等学者还于 2000 年在《Management Science》上发表的《A theoretical extension of the technology acceptance model: Four longitudinal field studies》[208]一文中提出了技术接受扩展模型（TAM2），这是在 TAM 基础上提出的，目的是要寻找除感知有用性、感知易用性以外的其他关键因素，增强技术接受模型的适应性。TAM2 以社会影响过程（Social Influence Processes）和认知工具性过程（Cognitive Instrumental Processes）这两个复合变量解释了感知有用性（Perceived Usefulness）和使用意向（Intention to Use）。

美国著名学者 Venkatesh 于 2003 年在期刊《MIS Quarterly》上发表的论文《User acceptance of information technology: Toward a unified view》[209]也受到很多关注，在被引频次排行榜中排名第三，该论文回顾了已有的 8 个技术可接受模型，分别是理性行为理论（TRA）、技术接受模型（TAM）、动机模型（Motivation Model, MM）、计划行为理论（Theory of Planning Behavior, TPB）②、组合技术接受模型和计划行为理论的模型（Combined TAM and TPB, C-TAM-TPB）、计算机可用性模型（Model of PC Utilization, MPCU）、创新扩散理论（Innovation Diffusion Theory, IDT）以及社会认知理论（Social Cognitive Theory, SCT）。在这 8 个理论模型的基础上，Venkatesh 提出了技术接受和使用统一理论（The Unified Theory of Acceptance and Use of Technology, U2TAUT）。Venkatesh 指出，提高生产力的技术必须被组织中的雇员所接受和使用。此外，Venkatesh 还于 2000 年

① 理性行为理论（Theory of Reasoned Action, TRA）又译作“理性行动理论”，是由美国学者菲什拜因（Fishbein）和阿耶兹（Ajzen）于 1975 年提出来的，主要用于分析态度如何有意识地影响个体行为，关注基于认知信息的态度形成过程，其基本假设是认为人是理性的，在做出某一行为前会综合各种信息来考虑自身行为的意义和后果。

② 计划行为理论（Theory of Planning Behavior, TPB）是 Icek Ajzen 和 Fishbein 在 1975 年共同提出的一种理性行为理论（Theory of Reasoned Action, TRA）的继承者，因为 Ajzen 经过研究后发现，人的行为并不是百分百地出于自愿，而是处在控制之下。因此，他将 TRA 予以扩充，增加了一项对自我“行为控制认知”（Perceived Behavior Control）的新概念，从而发展成为新的行为理论研究模式——计划行为理论。

在《Information Systems Research》杂志上发表《Determinants of perceived ease of use：Integrating perceived behavioral control，computer anxiety and enjoyment into the technology acceptance model》[210]一文，提出了技术接受模型3（Technology Acceptance Model 3，TAM3）。该模型也受到情报学界多位学者的关注。技术接受模型3（TAM3）是Venkatesh和Bala从组织层面研究员工为何以及如何接受和使用信息技术的综合模型，是对TAM2和感知易用性决定因素模型的整合与改进。

由此可见，国外情报学界对信息技术接受和使用进行了很多研究，并且发表了许多高被引的高质量论文。技术接受模型从提出至今已有40多年的历史，现已成为现代信息系统研究中最多产、最成熟的研究领域之一。

此外，美国芝加哥大学①信息与语言研究中心的Scott Deerwester教授以及贝尔实验室（Bell Labs）②的Thomas K. Landauer等五位学者于1990年在《Journal of the American Society for Information Science》杂志上发表的《Indexing by latent semantic analysis》[211]一文也受到学者们的普遍推崇，被引频次排名第二位。他们共同提出了潜在语义分析（Latent Semantic Analy-

---

① 芝加哥大学（The University of Chicago，UChicago，网址：http：//www. uchicago. edu）简称“芝大”，位于美国国际金融中心芝加哥，不仅是世界著名私立研究型大学，而且常年位列各大学排行榜世界前十位。芝大诞生了包括“芝加哥经济学派（Chicago School of Economics）”等在内的众多芝加哥学派，走出了30%以上的诺贝尔经济学奖得主，是世界经济学、法学、社会学最重要的研究教学中心之一。芝大于1890年由石油大王约翰·洛克菲勒创办，素以盛产诺贝尔奖得主而闻名。截至2016年，共有91位诺贝尔奖得主在芝大工作或学习过，位列世界第四位。华裔诺贝尔物理学奖得主杨振宁、李政道、崔琦均在芝加哥大学取得物理学博士学位，华裔诺贝尔化学奖得主李远哲曾在芝大担任化学教授。此外，还有10位菲尔兹奖得主、4位图灵奖得主以及22位普利策奖得主在芝大工作或学习过。芝大在2016—2017年度US News本科排行榜中位列全美国第三位，在世界大学学术排行榜（ARWU）、QS世界大学排行榜以及泰晤士高等教育世界大学排行榜中均位列全球第十位。

② 美国贝尔实验室（Bell Labs）是晶体管、激光器、太阳能电池、发光二极管、数字交换机、通信卫星、电子数字计算机、蜂窝移动通信设备、长途电视传送、仿真语言、有声电影、立体声录音，以及通信网等众多重大发明的诞生地。自1925年以来，贝尔实验室共计获得了25000多项专利，平均每个工作日获得3项以上的专利。贝尔实验室的主要使命是为客户创造、生产和提供富有创新性的技术，而这些技术使得朗讯科技（Lucent Technologies）公司在通信系统、产品、元件、网络软件方面处于全球领先地位。此外，贝尔实验室还获得了8项诺贝尔奖（其中，7项物理学奖，1项化学奖）。

sis，LSA)① 这一自然语言处理方法。该论文提出了一种在结构化网络上构建 SONs 的方法，它通过计算关键字之间的语义来在 CAN 网络中协调相似文档，然后利用最近邻居搜索技术来找到合适的文档。潜在语义分析自从 1990 年被 Scott Deerwester、Susan T. Dumais 等五位学者提出以后，获得了快速发展。一大批学者致力于改进和完善该方法，并且将其应用到多个不同领域中，这或许是这篇论文被引频次较高的原因吧！

被誉为“现代信息检索奠基人”的索顿（Gerard Salton)② 于 1988 年在《Information Processing & Management》杂志上发表的《Term-weighting approaches in automatic text retrieval》[212]一文的被引频次排名第四位。事实上，早在 1971 年，索顿研究团队就利用计算机自动生成了特定领域的主题词表，并且成功地将其应用在信息检索系统中。从 1983 年到 1989 年，该团队系统地描述了现代信息检索技术，并且利用提取的特征量构建了向量

① 潜在语义分析（Latent Semantic Analysis，LSA）又称为潜在语义索引（Latent Semantic Index)。它是一种新的信息检索代数模型，是用于知识获取和展示的计算理论和方法。它使用统计计算的方法来对大量的文本集合进行分析，从而提取出词与词之间潜在的语义结构，并利用这种潜在的语义结构来表示词和文本，以达到消除词之间的相关性和简化文本向量实现降维的目的。潜在语义分析的基本观点是：将高维的向量空间模型表示中的文档映射到低维的潜在语义空间中。这个映射是通过对项/文档矩阵的奇异值分解（SVD）来实现的。目前，潜在语义分析主要应用在信息滤波、文档索引、视频检索、文本分类与聚类、图像检索、信息抽取等领域中。

② 杰拉尔德·索顿（Gerard Salton，1927—1995）曾是美国康奈尔大学计算机科学教授，他是当代最顶尖的信息检索专家，被誉为“信息检索之父”，他在康奈尔大学领导的一个小组研发了 SMART 信息检索系统。他于 1927 年出生在德国纽伦堡，1950 年从布鲁克林学院获得数学学士学位，1952 年从布鲁克林学院获得数学硕士学位，1958 年从哈佛大学获得应用数学博士学位，1965 年加入康奈尔大学，并与他人共同创建了计算机科学系。索顿最广为人知的研究成果是由他提出并被广泛用于信息检索的向量空间模型。1968 年，他率先提出了信息检索系统的数学模型——集合模型，该模型至今仍然是信息检索系统各种数学模型的基础。20 世纪 70 年代中期，他又提出了信息检索系统的代数模型和概率模型。此后，在用数学方法模拟书目数据库结构、构造检索模式和检索策略、自动文本分析、语言处理、自动标引、加权理论等许多方面，他进行了大量实验和研究。目前，在因特网上可以检索到他共计发表了 168 篇（部）论著。此外，他还是《ACM 通信》和《ACM 杂志》杂志的主编、《ACM 信息处理系统》杂志副主编，并且领导了信息检索领域的一个特殊兴趣小组（SIGIR)。此外，他还在 1995 年成为美国计算机协会会士，1989 年获得美国情报学会优秀论文奖，并且在 1983 年因其在信息检索方面所做出的突出贡献而获得 SIGIR 奖。目前，该奖项已经改名为杰拉尔德·索顿奖。

空间模型（Vector Space Model，VSM）①。针对不同的应用领域，索顿还提出了通过基于词语频率的相应转化公式和权重，采用 VSM 来定制搜索引擎，并通过提取权重值、利用余弦夹角排序获得文本查询序列，使得基于特定范围的文本检索准确率有了较大提高[213]。

特别值得一提的是，与前面被引率很高的论文相比，Wasko 和 Faraj 于 2005 年在《MIS Quarterly》杂志上发表的《Why should I share? Examining social capital and knowledge contribution in electronic networks of practice》[214]一文尽管发表时间较短，但其被引频次却排在第十五位，说明该文所探讨的内容得到众多学者的认可。经过分析后可知，该论文在对实践社区（Community of Practice，CoP）的定义、类型、构建原则、影响因素等理论问题进行了探讨。Wasko 等人还在论文中提出了实践社区的互惠规范与知识共享的关系是负相关的观点，并认为这种不一致性表明互惠规范与知识共享的关系可能会受到参与者个性和感知的社区有用性等因素的影响而发生变化。由于该论文的观点比较新颖，所以被引频次很高。

总之，高被引论文大多数是由国外资深情报学家发表的一些代表性论文。一方面，这些论文的作者提出了带有原创性的观点或者模型，为后续研究提供了重要基础，故其被引频次很高。另一方面，这些论文的发表年份通常都比较久远，其累计的被引频次较那些新近发表的论文来说要更高一些。当然，也有部分论文因其研究主题或者观点比较新颖，所以它们一经发表以后，很快就会受到众多学者的关注和引用，故其被引频次居高不下。

6.2.2 国外情报学核心作者分析

笔者此次采集的整个数据集中共计包括 27929 位作者，涉及的作者数

① 向量空间模型（Vector Space Model，VSM）最早由索顿（Gerard Salton）等人在 20 世纪 70 年代提出，并被成功地应用在著名的 SMART 文本检索系统中。VSM 概念简单易懂，它先将针对文本内容的处理简化为向量空间中的向量运算，并以空间上的相似度来表达语义的相似度。当文档被表示为文档空间的向量时，就可以通过计算向量之间的相似性来度量文档之间的相似性。一般情况下，文本处理过程中最常用的相似性度量方式是余弦距离。

量比较多。因此，为了更加准确地从中分析出核心作者情况，所以笔者对发文量 Top20 的作者进行了统计（如表 6-4 所示）。

表 6-4　发文量 Top20 的作者列表

序号	作者	发文量	序号	作者	发文量
1	Egghe L	147	11	Braun T	61
2	Rousseau R	136	12	Spink A	54
3	Leydesdorff L	133	13	Bar-Ilan J	53
4	Glanzel W	130	14	Cronin B	53
5	Thelwall M	125	15	Moed HF	52
6	Schubert A	81	16	Chen HC	50
7	Bornmann L	79	17	Grover V	49
8	Oppenheim C	75	18	Huang MH	49
9	Jacso P	71	19	Abramo G	47
10	Benbasat I	61	20	D' Angelo CA	47

同时，笔者还利用 HistCite 软件中的 TLCS 指标来分析本数据集中作者所发表论文的引文数量，按降序进行排序以后，即可得到论文被引频次 Top20 的作者概况。由于作者的发文量与该论文的被引频次之间没有必然联系，而论文被引频次又是表现作者影响力的重要指标之一。因此，笔者在进行数据分析时，将高产作者排名与高被引作者的排名进行综合考虑。经过对比分析以后发现，尽管高产作者与高被引作者之间存在一定的差异。但是，通过比较表 6-3 和表 6-4 这两个表后可知，有 3 位作者同时跻身于高产作者 Top20 和被引频次 Top20 的作者行列，他们分别是 L. Leydesdorff、W. Glanzel、M. Thelwall。

表 6-4　论文被引频次 Top20 作者列表

序号	作者	发文量	TLCS	TGCS	序号	作者	发文量	TLCS	TGCS
1	Davis FD	7	1046	7393	11	Landauer TK	2	151	2636
2	Benbasat I	61	1345	4553	12	Dumais ST	2	141	2623
3	Glanzel W	130	2340	3853	13	Harshman R	1	139	2613
4	Venkatesh V	32	743	3718	14	Morris MG	4	417	2550

续表

序号	作者	发文量	TLCS	TGCS	序号	作者	发文量	TLCS	TGCS
5	Straub DW	28	803	3160	15	Todd PA	7	475	2542
6	Leydesdorff L	133	1596	3006	16	Spink A	54	979	2524
7	Furnas GW	3	187	2729	17	Buckley C	9	327	2449
8	Salton G	19	429	2728	18	Schubert A	81	1499	2431
9	Davis GB	8	444	2667	19	Thelwall M	125	1097	2298
10	Deerwester S	3	149	2645	20	Agarwal R	30	574	2261

荷兰著名学者洛埃特·雷迭斯多夫（Loet Leydesdorff）① 于 1948 年出生在雅加达②，现为荷兰阿姆斯特丹大学③教授。其主要研究领域包括科学技术哲学、社会网络分析、信息计量学、科学计量学以及社会学，集中研究科学、技术以及创新过程中的合作与交流，并通过研究为详细说明知识动态发展提供理论和方法支持。他出版的许多著作在学术界反响强烈。此外，他还和 Henry Etzkowitz 一起提出了大学-产业-政府关系的三螺旋模

① 洛埃特·雷迭斯多夫（Loet Leydesdorff，1948—）是荷兰著名社会学家、科学计量学家。他先后获得过化学学士（1969 年）、生物化学硕士（1973 年）、哲学硕士（1977 年）、社会学博士（1984 年）等学位。1969 年，他开始担任化学技术方面的兼职教授，1972 年担任阿姆斯特丹大学哲学系"科学与社会"课程助教，现为阿姆斯特丹大学教授。此外，他还兼任中国科学技术信息研究所客座教授一职。其研究领域主要包括科学技术哲学、社会网络分析、信息计量学、科学计量学以及社会学。由于雷迭斯多夫在理论方面取得的巨大成就，所以他还兼任《科学计量学（Scientometrics）》《科学技术与社会（Science，Technology and Society）》等多家杂志的编委工作，并在 2003 年获得普赖斯奖。此外，他在系统理论、社会网络分析、科学计量学、社会学创新等方面发表了大量论著，引起了学术界的强烈反响。

② 雅加达（Jakarta）又名椰城，是印度尼西亚首都和最大城市，位于爪哇岛的西北海岸。雅加达不仅是东南亚第一大城市，而且是世界著名海港。雅加达由印尼政府直接管辖，享有省级地位。雅加达大多数居民为印尼爪哇人，少数为华人、华侨、荷兰人，官方语言为英语和印度尼西亚语。此外，雅加达还是印尼的经济中心，以金融居多，占该国生产总值的 28.7%，并且拥有国内最大的金融和工商业机构。

③ 阿姆斯特丹大学（University of Amsterdam，网址：http：//www.uva.nl）简称 UvA（University van Amsterdam）是一所坐落在荷兰首都阿姆斯特丹的世界级著名大学，成立于 1632 年。它是荷兰最大的综合性大学，也是荷兰最古老的大学之一，还是 Universitas 21、欧洲首都大学联盟（UNICA）、欧洲大学联盟（EUA）。同时，它还与牛津大学、剑桥大学、慕尼黑大学等共同成为欧洲研究型大学联盟成员。目前，该校在 2016 年 QS 世界大学排名榜中位居第五十五位，在荷兰大学排行榜中位居第一位。

型。2003 年，他获得了信息计量学和科学计量学领域的最高奖——普赖斯奖①，这或许是其发文量和被引频次都名列前茅的重要原因。

格兰采尔（Glanzel Wolfgang）是比利时著名学者，现为比利时鲁汶天主教大学（Katholieke Universiteit Leuven）② 商业与经济学院教授，其研究方向为文献计量学和数学。他曾担任科学传播与信息研究协会第一任主席、国际科学计量学与信息计量学学会（ISSI）③ 财务主管，以及《Scientometrics》杂志的联合编辑。Glanzel Wolfgang 因其在科学定量研究方面作出的杰出贡献而获得 1999 年普赖斯奖。他不仅是科学计量学领域的高产作者，而且其论著的学术影响力也非常高。

塞沃尔（Mike Thelwall）现为英国胡弗汉顿大学（University of Wolverhampton）④ 数学与计算机科学学院教授，其主要研究领域包括社会媒体、

① 普赖斯奖（The Derek John de Solla Price Award）是为了纪念世界著名科学计量学家、情报学家、已故美国耶鲁大学教授、被誉为科学计量学之父的普赖斯博士（Derek de Solla Price）而设立并命名的一个奖项，是科学计量学领域的国际最高奖。该奖项由组委会以及历届获得普赖斯奖的科学家共同提名构成获奖人提名名单。该奖项每两年颁发一次，每次授予在国际科学计量学领域做出突出贡献的一位科学家。

② 鲁汶天主教大学（Katholieke Universiteit Leuven，KUL，网址：http：//www. kuleuven. be）始建于 1425 年，位于比利时首都布鲁塞尔东面 25 公里的鲁汶市。鲁汶大学是比利时最大的大学，也是欧洲著名大学之一，在欧洲排行第六位。由于语言方面的原因，鲁汶大学在 1970 年一分为二。其中，法语教学部分全部搬入布鲁塞尔东南大约 25 公里处的奥丁尼（Ottignies-Louvain la-Neuve），学校定名为法语鲁汶天主教大学。留在佛拉芒语（荷兰语）区鲁汶市学校即为荷兰语天主教鲁汶大学（老鲁汶大学）。老鲁汶大学现有 26000 多名学生、4600 多名教职员工、7000 多名医务人员。该校现有 295 个科研组织，每年大约出版 2000 多种科技出版物。

③ 国际科学计量学与信息计量学学会（International Society for Scientometrics and Informetrics，ISSI，网址：http：//www. issi-society. org）于 1993 年在柏林成立，它是服务于科学计量学领域专业人员的一个专门学会。1994 年，ISSI 在荷兰正式成立，德国的克雷奇默（Hildrun Kretschmer）博士被选为首任会长。1995 年，印度学者森博士和出版商潘台博士共同创办了该学会的同名刊物。ISSI 的主要宗旨是促进科学计量学、信息计量学领域的专业人员进行沟通和信息交流，提高相关领域的理论和实践水平。从 1987 年，ISSI 每两年组织一次国际科学计量学与信息计量学大会（International Conference of the International Society for Scientometrics and Informetrics），它是全球最具影响力的科学计量学国际会议。

④ 胡弗汉顿大学（University of Wolverhampton，网址：http：//www. wlv. ac. uk）曾被译为“伍尔弗汉普顿大学”，其办学历史可以追溯到 1835 年成立的力学学院，1992 年更改为现名。它坐落在英格兰中西部的胡弗汉顿市，距英国第二大城市伯明翰仅有 20 分钟路程，是中国与英国政府首批公布互认学历的英国院校之一。该大学拥有胡弗汉顿、沃尔索耳和泰尔福德三个校区，设有 4 个大院系和 18 个学院，共计开设 900 多门专业课程，拥有 15 个国际级研究中心。目前，该校拥有 23000 多名在读学生，其中国际学生大约有 2500 人。

网络计量学等。“网络计量学”最早是由丹麦学者 T. C. Almind 等人于 1997 年首次提出的，主要采用数学、统计学等多种定量方法，对网上信息的组织、存贮、分布、传递、相互引证、开发利用等进行定量描述和统计分析，以便揭示其数量特征和内在规律。Mike Thelwall 在 2005 年发表的《网络计量学》一文中，对网络计量学的研究内容进行了详细介绍，随后又在 2008 年发表的《从文献计量学到网络计量学》一文中对国外网络计量学的产生与发展进行了综述。其研究成果受到国内外情报学研究人员的广泛关注。

此外，需要特别关注的是来自美国密歇根大学安娜堡分校计算机与信息系统学院的 Fred D. Davis 教授，尽管其发文量不如其他学者多，但其发表的论文被引频次却是最高的，也非常经典。Fred D. Davis 教授在国外情报学领域的声望非常高。他在 1989 年就首次提出技术接受模型（TAM），将社会心理学中的理性行为理论（TRA）运用到管理信息系统中。TAM 包含两个结构因素，即感知有用性（Perceived Usefulness，PU）和感知易用性（Perceived Ease of Use，PEoU）。其中，感知有用性是指用户主观上认为的某一特定系统所提升的工作绩效程度；感知易用性是指用户主观上认为的使用某一特定系统所付出努力的程度。Fred D. Davis 教授认为，信息技术的使用行为由意向决定，意向则由人们的态度和感知有用性决定，态度由感知有用性和感知易用性共同决定，感知有用性受感知易用性和外部变量的影响，感知易用性则受外部变量的影响。此外，Davis 教授还于 2000 年在 TAM 的基础上提出了技术接受扩展模型（TAM2），目的是要寻找除感知有用性、感知易用性以外的其他关键因素，增强技术接受模型的适应性。后来，国外情报学界围绕信息技术接受和使用进行了很多相关研究，并且发表了很多高被引、高质量的学术论文，使得技术接受模型成为发文量最大、最成熟的一个研究领域，这或许是技术接受模型首次提出者 Fred D. Davis 教授所发表的论文高被引的重要原因。此外，与 Fred D. Davis 教授有过多次合作的美国著名学者 Venkatesh 也在信息技术的接受和使用研究领域取得了很高的学术成就，同样也受到国外学者的广泛关注和引用。

通过上述分析可知，国外情报学在其不断发展和完善过程中出现过众多代表性人物，这些高影响力的高产作者从其论文产量到科研能力等方面都是非常值得肯定的。通过分析表 6-3 和表 6-4 后可知，其中的绝大多数作者都来自欧美的著名高校，他们推动了欧美乃至全世界情报学研究不断取得进步。

6.2.3 国外情报学科研机构分析

从笔者对此次采集的数据集进行统计的结果来看，发文量排在第一位的科研机构是美国的印第安纳大学（University of Indiana）[215]（如表 6-5 所示），其论文的总被引频次也高居第六位（如表 6-6 所示）。

表 6-5 发文量 Top20 的科研机构列表

序号	科研机构	发文量	序号	科研机构	发文量
1	Indiana Univ（印第安纳大学）	358	11	City Univ Hong Kong（香港城市大学）	201
2	Univ N Carolina（北卡罗来纳大学）	320	12	Katholieke Univ Leuven（比利时鲁汶天主教大学）	200
3	Univ Maryland（马里兰大学）	271	13	Univ Arizona（亚利桑那大学）	199
4	Univ Wisconsin（威斯康辛大学）	263	14	Keio Univ（庆应义塾大学）	192
5	Univ Illinois（伊利诺伊大学）	261	15	Univ Michigan（密歇根大学）	191
6	Univ Sheffield（谢菲尔德大学）	239	16	Penn State Univ（宾夕法尼亚州立大学）	187
7	Univ Western Ontario（安大略西部大学）	227	17	Nanyang Technol Univ（新加坡南洋理工大学）	177
8	Natl Univ Singapore（新加坡国立大学）	221	18	Univ Amsterdam（阿姆斯特丹大学）	177
9	Georgia State Univ（乔治亚州立大学）	211	19	Univ Pittsburgh（匹兹堡大学）	173
10	Drexel Univ（德雷赛尔大学）	204	20	Leiden Univ（莱顿大学）	172

由此可见，印第安纳大学的情报学研究无论在发文的数量还是质量上，都是国外情报学科研机构的佼佼者，对国外情报学研究的贡献非常突出。该科研机构可以授予图书馆学、情报学的硕士学位以及情报学的博士学位，其研究生专业教育在全美国排名第八位。印第安纳大学的情报学研究团队主要有媒体交互研究中心（CROMI）、网络科学信息架构中心（CNS）、社会信息学研究中心（RKCSI）以及网络科学实验室（Web Science Lab）等，其研究领域非常广泛，包括情报学、社会信息学、复杂网络、数据挖掘、网络科学、语义网、自然语言处理、信息计量学等，其代表性研究人员包括 Muhammad Abdul-Mageed、Josefa B. Abrera、Marian L. Armstrong 等。

被引频次排名第一位的科研机构则是美国马里兰大学（University of Maryland）①[216]（如表 6-6 所示）。

表 6-6　被引频次 Top20 的科研机构

序号	科研机构	发文量	TLCS	TGCS
1	Univ Maryland（马里兰大学）	271	2699	10661
2	Georgia State Univ（乔治亚州立大学）	211	2427	8939
3	Univ Minnesota（明尼苏达大学）	167	2038	8387
4	Univ Western Ontario（安大略西部大学）	227	1876	8179
5	Univ Michigan（密歇根大学）	191	1527	8039
6	Indiana Univ（印第安纳大学）	358	2595	7142
7	Univ N Carolina（北卡罗来纳大学）	320	1850	5516
8	Drexel Univ（德雷赛尔大学）	204	1941	5425

① 马里兰大学（University of Maryland，UM，网址：https：//www. umd. edu）是坐落在美国马里兰州的一所大型综合性公立高等院校，始建于 1856 年，占地 1250 英亩，是美国著名的公立研究型大学。马里兰大学在 2016 年 ARWU 世界大学学术排行榜中名列世界第四十三位，在 2015—2016 年 US NEWS 世界大学排行榜中位列世界第四十一位，在 2016—2017 年泰晤士报世界大学排行榜中位列世界第六十七位。目前，马里兰大学共计有 6 名诺贝尔奖得主、10 名普利策奖得主，以及 49 位国家科学院院士。该校不仅是美国最优秀的十所公立大学成员之一，而且是美国中西部知名的十大联盟（Big Ten Conference）成员校之一，被誉为“公立常春藤”（Public Ivy）大学，还是世界一流大学象征的北美大学协会（Association of American Universities，AAU）成员之一。马里兰大学下设 13 个学院，其科研和教学水平在全世界均处于领先地位，并且与美国的加州大学伯克利分校、加州大学洛杉矶分校、密歇根大学安娜堡分校、伊利诺伊大学香槟分校等其他名校都有合作教学计划。

续表

序号	科研机构	发文量	TLCS	TGCS
9	Univ British Columbia（不列颠哥伦比亚大学）	153	1387	5199
10	Univ Texas（德克萨斯大学）	155	1203	4826
11	Leiden Univ（莱顿大学）	172	1694	4743
12	Univ Arkansas（阿肯色大学）	82	980	4653
13	Florida State Univ（佛罗里达州立大学）	153	1272	4583
14	Penn State Univ（宾夕法尼亚州立大学）	187	1258	4385
15	Univ Virginia（弗吉尼亚大学）	53	820	4369
16	Univ Georgia（乔治亚大学）	90	1168	4213
17	Natl Univ Singapore（新加坡国立大学）	221	1170	4058
18	Univ Illinois（伊利诺伊大学）	261	1134	4048
19	Cornell Univ（康奈尔大学）	81	675	4039
20	Univ Arizona（亚利桑那大学）	199	968	4028

美国马里兰大学的信息学院设有图书馆学硕士学位、信息管理学硕士学位以及人机交互的理学硕士和博士学位。该科研机构的研究领域涵盖人机交互、信息政策、电子政务、云计算、社会网络分析、可视化、数字图书馆、开放存取①等众多方面，下设社区与信息高级研究中心（The Center for Advanced Study of Communities and Information，CASCI）、云计算中心（The Cloud Computing Center）、信息政策与存取研究中心（The Information Policy and Access Center，IPAC）、人机交互实验室（The Human-Computer Interaction Lab，HCIL）、马里兰人文科学技术研究所（Maryland Institute for

① 开放存取（Open Access，OA）又称为“开放获取”，于 20 世纪 90 年代末在国际学术界、出版界、信息传播界和图书情报界大规模兴起，其初衷是解决当前的“学术期刊出版危机”，推动科研成果利用因特网自由传播，促进学术信息的交流与出版，提升科学研究的公共利用程度，保障科学信息的长期保存。2001 年 12 月，开放协会研究所在匈牙利的布达佩斯召开了一次有关开放存取的国际研讨会，并起草和发表了“布达佩斯开放存取倡议（Budapest Open Access Initiative，BOAI）”。BOAI 给出的开放存取定义如下：开放存取文献是指 Internet 上公开出版的，允许任何用户对其全文进行阅读、下载、复制、传播、打印、检索或连接，允许爬行器对其编制索引，将其用作软件数据或用于其他任何合法目的，除网络自身的访问限制外不存在任何经济、法律或技术方面障碍的全文文献。开放存取包括两层含义：一是学术信息免费向公众开放，它打破了价格障碍；二是学术信息的可获得性，它打破了使用权限障碍。

Technology in the Humanities，MITH）等。该科研机构所发表的论文在国外情报学界有着很高的影响力。例如，该科研机构的著名学者 Venkatesh 与其他科研机构的几位学者于 2003 年在《MIS Quarterly》杂志上发表的《User acceptance of information technology：Toward a unified view》一文中共同提出了技术接受和使用统一模型，该论文的全球被引频次高达 2480 次，在本数据集的被引频次上排名第三位。2000 年，由 R. Agarwal、E. Karahanna 等人在《MIS Quarterly》杂志上发表的《Time flies when you're having fun：Cognitive absorption and beliefs about information technology usage》一文的全球被引频次高达 638 次，在本数据集的被引频次上排名第十六位。由此可见，该科研机构对国外情报学研究的贡献非常大。

发文量排名第二位、被引频次排名第七位的是北卡罗来纳大学（University of North Carolina）的图书馆与信息科学学院[217]，它下设数字图书馆研究与发展中心（CRADLE）、信息可视化实验室（IVlab）、交互设计实验室（IDL）、元数据研究中心（MRC）等众多实验室。该科研机构的研究领域非常广泛，包括信息检索行为研究、消费者健康信息、档案与数字信息保存、元数据、数字图书馆、情报机构管理等众多方向，代表性研究人员主要有 Gary Marchionini、Barbara Wildemuth、Tom Caruso、Kam Woods、Rebecca Vargha 等人。A. Malhotra 与其他学者于 2000 年在《MIS Quarterly》杂志上合作发表的《Technology adaptation：The case of a computer-supported inter-organizational virtual team》一文的被引频次高达 230 次。

特别值得一提的是，被引频次排名第二位、发文量排名第九位的是乔治亚州立大学（Georgia State University）①，它所发表的情报学研究论文大

① 乔治亚州立大学（Georgia State University，GSU，网址：http：//www. gsu. edu）又被译为“佐治亚州立大学”，创建于 1913 年，是美国一所著名的综合性公立大学，也是美国东南部最主要的研究型高等学府之一，坐落在美国佐治亚州首府和最大城市亚特兰大的商业中心。作为全美国最好的大学之一，乔治亚州立大学吸引了来自全世界 120 多个国家的 25000 余名学生和 1500 名教职员工。此外，由于该校满意度极高、学费合理、就业率高，所以被《福布斯（Forbes）》杂志评为乔治亚州排名第二位的优秀大学。该校有 250 多个专业可供学生选择。其中，公共事务学院处于全美国顶尖地位，2016 年《美国新闻与世界报道》排行榜中位居全美国第二十五位，法学院和教育学院分别位居全美国第五十七位和第五十九位。

多来自该校的罗宾逊商学院（J. Mack Robinson College of Business）[218]，该科研机构设有信息系统硕士学位、公共管理硕士学位、国际商务硕士学位等。该科研机构的研究人员注重将信息技术与企业管理进行结合研究。其中，比较典型的研究成果是 McLean 教授与 DeLone 教授合作提出的 DeLone&McLean（D&M）模型。进入 21 世纪以后，IT 项目的高投资和低回报形成了典型的“生产力悖论”（Productivity Paradox）。于是，如何衡量信息系统的成功（Information System Success）就成为理论工作者和企业经营者所关注的焦点。在此大背景下，该科研机构的 McLean 教授与 DeLone 教授合作提出了 DeLone&McLean（D&M）模型，试图解释信息系统成功的影响因素。该研究成果受到国外情报学研究人员的广泛关注，许多人尝试对该模型进行了验证、改进和拓展。

此外，威斯康辛大学（University of Wisconsin）、密歇根大学（University of Michigan）、伊利诺伊大学（University of Illinois）、不列颠哥伦比亚大学（University of British Columbia）① 等科研机构在发文量和被引频次上的排名也都比较靠前，说明这些科研机构及其所属研究人员所发表的论文在一定程度上代表着国外情报学研究方向，所以受到全世界研究人员的重视和追捧。

经过分析后发现，国外情报学科研机构大多数从属于国外高等院校。这在一定程度上表明国外情报学研究成果主要来自国外高等院校，而国外高等院校因其拥有优越的科研环境和人才优势，所以成为情报学知识产生和传播的重要集散地，推动着国外情报学学科不断向前发展。

---

① 不列颠哥伦比亚大学（University of British Columbia，UBC，网址：http：//www. ubc. ca）又名“卑诗大学”，始建于 1908 年，其前身是麦吉尔大学不列颠哥伦比亚分校（McGill University College of British Columbia）。该校位于温哥华市，不仅是加拿大一所著名的公立研究型大学，而且是不列颠哥伦比亚省历史最悠久的大学。UBC 包含温哥华校区（总校区）和奥肯纳根校区，与麦吉尔大学、多伦多大学并称为加拿大大学“三强”。UBC 是世界一流的研究型大学，被誉为“加拿大西海岸的明珠”，每年吸引来自世界各地的一流学子前来就读。此外，UBC 的温哥华校园还被誉为“全北美最漂亮的校园”。

6.3 国外情报学发展轨迹知识图谱

关键词作为论文标题的补充，是对整篇论文的高度浓缩。为了更好地了解国外情报学研究热点及其变化情况，笔者选取关键词作为研究对象，并利用 SCI^2 工具软件来对这些对关键词进行共词分析。

由于国外早期情报学研究论文著录并不规范，特别是 1991 年以前的大部分论文著录时都没有提供关键词。因此，笔者仅对 1991—2014 年期间的国外情报学论文进行了关键词共现分析，以此来探寻国外情报学学的发展轨迹（如表 6-7 所示）。

表 6-7 共词分析节点数据概况

起止年份	独立数据数	节点数	边	网络中孤立节点数	最大权重	最大网络节点数
1976—1980	827	0	0	0	0	0
1981—1985	1324	0	0	0	0	0
1986—1990	1751	16	21	8	5	5
1991—1995	2395	1143	5966	2457	94	1075
1996—2000	3310	1732	25693	99	144	1669
2001—2005	3910	2783	26887	3985	38	2749
2006—2010	6592	5090	63466	6653	78	5042
2011—2014	5876	6165	65433	5042	121	5347

6.3.1 1991—1995 年国外情报学发展轨迹分析

经过分析后可知，在原始数据集中，1991—1995 年期间原本共计包括 2395 条数据。笔者先对关键词进行了规范化处理，再选取共词网络，最后得到 1143 个节点（其中有 2457 个孤立节点）、5966 条连线，最大网络中包含 1075 个节点。笔者利用 MST-pathfinder 算法对网络进行缩减，最终得到 1112 条边（如图 6-1 所示）。

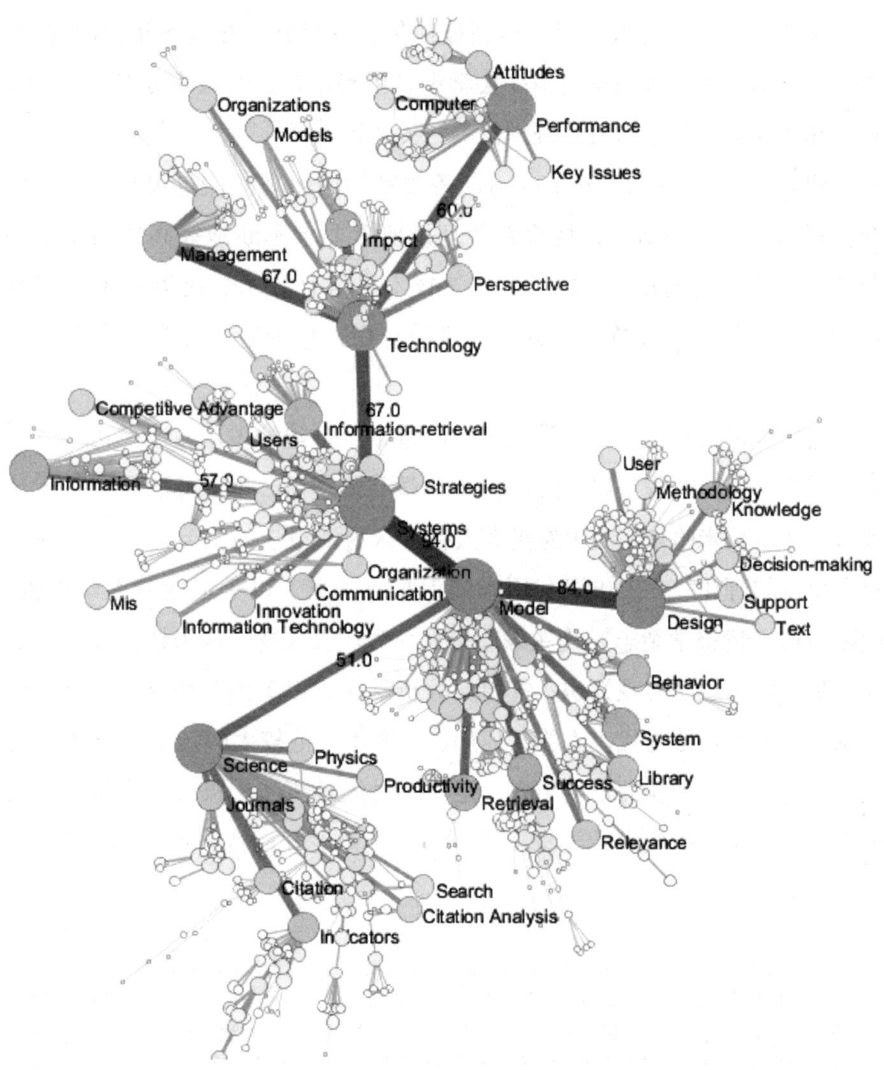

图 6-1 1991—1995 年共词分析图谱

各关键词节点的出现频次如下：Model（213）、Design（183）、Science（165）、Systems（224）、Technology（175）、Performance（157）。

从图 6-1 分析可知，关键词“Systems”是本时段的研究热点。20 世纪 90 年代初期，情报学的研究对象从文献开始转向信息，其研究重点也逐渐转变为情报系统的开发和利用，同时还推进了情报系统理论的发展[219]。情报系统理论成为情报学的一个重要学科分支，它主要采用系统论的观点和方法来研究情报组织，使之达到最佳化管理目标。在这 5 年的时段内，美国、日本、英国等国家的不少大学设有图书馆学、情报学专业，并为本科生和研究生开设了情报系统理论等相关课程[220]。

此外，“Science”“Technology”等关键词的出现频次也很高。随着社会情报需求量不断增大，情报系统环境要素要求不断地提高情报系统的服务效率[221]。因此，需要利用科学技术、信息技术、决策技术等对其进行改良优化。多种技术和方法的广泛应用，推动着情报学研究不断向前发展。

通过分析研究可知，国外情报学经过半个世纪的发展，已经进入学派林立时期，主要形成了以下学派：①科学交流学派，以原苏联科学技术情报研究所所长米哈依洛夫①为代表人物，认为情报学的主要任务是“研究科学交流的理论”；②知识利用和知识吸收学派，以英国伦敦大学教授、国际刊物《情报学杂志》副主编布鲁克斯为代表人物，认为情报学的主要任务是探索和组织客观知识；③引文分析学派，以美国费城科学信息研究所原所长加菲尔德为代表人物，他创造了实用价值较大的“引文分析法”。引文分析法从一个新的角度出发，运用多种统计方法，极大地丰富了情报学方法论；④情报技术学派，以美国的索顿和兰开斯特（Frederick Wilfrid

---

① 米哈依洛夫（Mikhailov，AleksardrIeanovich，1905—1988）是苏联著名情报学家、教育家。1927—1931 年就读于莫斯科化工学院，毕业后任莫斯科化工机械研究所所长。1939—1954 年历任苏联弹药人民委员会副人民委员、莫斯科航空学院院长、发明与发现委员会主席、航空工业部、高等教育部、中型机械制造部副部长，同时在航空学院任教。他于 1954 年获得技术科学博士学位和教授称号，1955 年任苏联科学院学术委员会主席团副秘书长，1956—1986 年任苏联国家科委委员、苏联科学院图书情报联合委员会副主席、全苏科学技术情报所所长。在他的领导下，该情报所发展成为世界上最大的科技情报中心。作为国家科技情报系统建设计划负责人，他多年来在苏联科技情报工作自动化方面进行了大量组织协调工作。1962 年，他创建了莫斯科大学科学情报教研室，并且领导该室科研教学工作直至逝世，是苏联情报学教育事业的奠基人。他一贯倡导并率先从事情报学科研工作，其主导研究方向是情报学理论和语义学，以及科学交流发展一般问题。他一生共计发表了科学论著 150 多种，其中有 10 部专著和教科书。其代表作有《科学情报基础》（1965 年）《情报学基础》（1968 年）《科学交流与情报学》（1976 年），均被先后译成英、德、西、中、日、意、波、捷等多种文字流传于世。此外，米哈依洛夫还曾担任国际情报与文献联合会（FID）副主席、FID 理论研究委员会主席，以及学术刊物《情报与文献国际论坛》和《科学技术情报》的主编。他获得过多种奖励，并于 1963 年 10 月荣获“俄罗斯联邦科学技术功勋活动家”称号。

Lancaster)① 以及重视电子计算机在情报学中应用的日本学者北川敏南②为代表，他们主张利用现代情报技术来改造传统图书情报服务系统。

6.3.2 1996—2000 年国外情报学发展轨迹分析

经过分析后可知，在原始数据集中，1996—2000 年期间原本共计包括 3310 条数据。笔者先对关键词进行了规范化处理，再选取共词网络（其中有 99 个孤立节点），去除孤立节点后得到 1732 个节点，说明关键词之间的联系很紧密。此外，还有 356932 条连线，最大网络中包含 1669 个节点。最后，笔者利用 MST-pathfinder 算法对网络进行缩减，最终得到 1706 条边（如图 6-2 所示）。

各关键词节点的出现频次如下：Model（355）、Design（266）、Science（282）、Systems（324）、Technology（314）、Performance（281）。

从图 6-2 中分析可知，关键词“Technology”的出现频次高居不下。由此可见，20 世纪 90 年代中期以后，随着网络技术的兴起，人类社会进入到信息社会。信息社会中的种种变革使得情报学不断引入一系列新方法和新技术。2000 年，ASIS 加入了技术方面的内涵，更名为“美国情报学与技术学会（American Society for Information Science & Technology，ASIST）”，其会刊也改名为 JASIST[222]。

同时，关键词“System”依旧是高频词汇。由此可见，国外情报学与系统科学在 20 世纪 90 年代后期逐渐加深融合，情报学研究的重心也开始

---

① 兰开斯特（Frederick Wilfrid Lancaster，1933—2013）是美国著名图书馆学家、情报学家、教育家。1950—1954 年在美国纽卡斯尔图书馆学院学习，1970 年在美国伊利诺伊大学厄尔巴纳香槟分校（UIUC）图书馆与信息学研究生院任教，1972 年任教授，并兼任该院生物医学图书馆员培训项目负责人。此外，他还是伦敦分类法研究小组成员，在信息系统及图书馆服务评价等方面卓有建树。其代表作主要有《信息检索系统——特性、试验与评价》《医学文献分析与检索系统查询检索服务评价》《信息检索词汇控制》《联机信息检索》《走向无纸信息社会》《索引和文摘：理论与实践》等。他的著作曾先后多次荣获美国情报学会颁发的年度最佳图书奖，1978 年出版的《图书馆服务的测量与评价》一书还填补了图书馆学研究空白，并荣获拉尔夫·肖奖。

② 北川敏南是日本情报学家。他是技术应用派代表性人物，认为情报学的理论基础产生于物理学和生物学，是社会科学和人文科学之间相互沟通的新渠道。一般社会学思想对于情报学理论基础的产生有很大作用。

转向自动化信息系统的开发与利用。这种发展趋势在美国表现得尤其突出。美国情报学家依靠美国的信息技术优势，将信息系统开发与研制引入到情报学领域以后，众多商用信息系统、管理信息系统、决策支持系统的开发和应用就逐渐成为情报学研究的核心内容，使得情报学与计算机科学、系统科学等紧密结合起来。

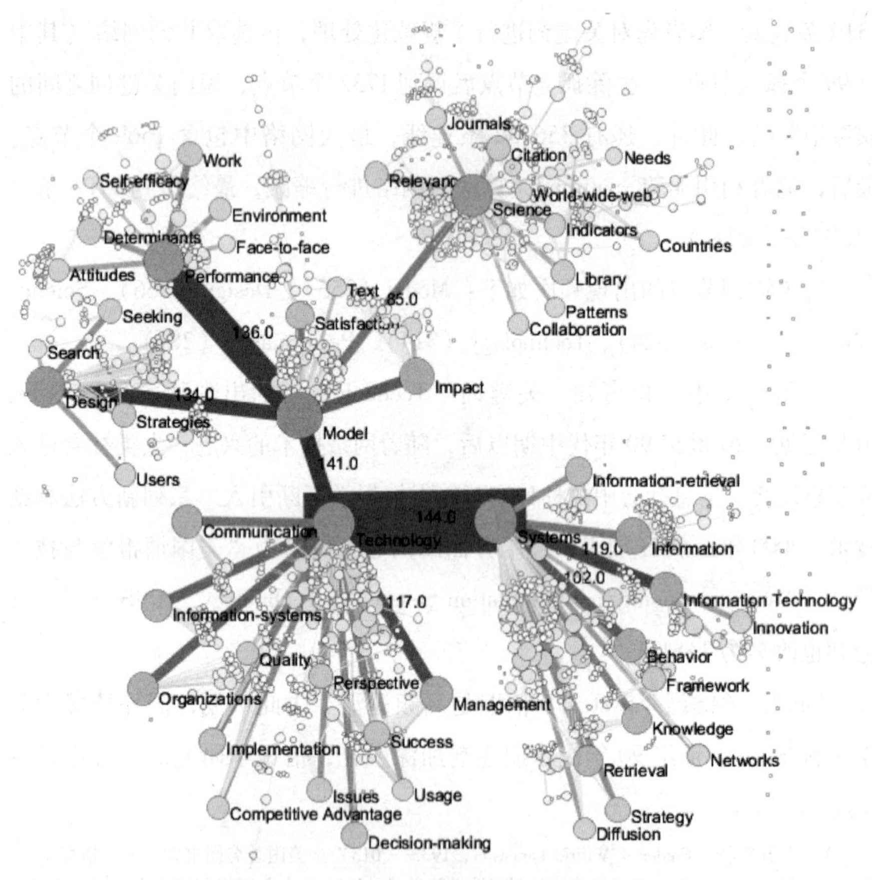

图 6-2 1996—2000 年共词分析图谱

此外，“Performance”和“Management”这两个关键词也受到国外情报学研究人员的广泛关注[223]。由此可见，本时段国外情报学研究在其原有的哲学、数学、信息技术等学科基础上，更加注重人的存在，使得情报学与管理学建立了更加密切的联系。管理学中的激励理论、决策理论、知识管理理论等与情报学紧密结合起来。特别是随着知识管理概念的引入，情报学知识传播管理等概念受到国外情报学研究人员的格外关注，相关技术也逐渐变成以人为中心的信息技术。

特别值得一提的是，知识管理在本时段进入到全面快速发展阶段[224]，主要标志有：①1996年，欧美举办了多次知识管理研讨会，欧洲知识管理协会成立；②1997年，英国出版商Emerald率先出版了知识管理专刊——《Journal of Knowledge Management》；③1998年，首届国际知识管埋大会（IKMS）召开，此后每年举办一届国际知识管理大会。从1999年开始，有关知识管理的研究论文开始急剧增长。知识管理的兴起和发展，从研究内容、学科体系、理论基础等方面对国外情报学研究产生了较大影响。1999年，美国情报学会召开了主题为“知识的创新、组织和利用”的年会，并且专门成立了“知识组织”专业委员会。这表明知识已成为继信息资源之后的情报学另一重要研究对象。

6.3.3 2001—2005年国外情报学发展轨迹分析

经过分析后可知，在原始数据集中，2001—2005年期间原本共计包括3910条数据。笔者先对关键词进行了规范化处理，再选取共词网络（其中有3985个孤立节点），去除孤立节点后得到2783个节点。由于其中涉及的连线太多，所以笔者利用相关算法对其进行了合并，得到26887条连线，最大网络中包含2749个节点。最后，笔者利用MST-pathfinder算法来对网络进行缩减，最终得到2767条边（如图6-3所示）。

各关键词节点的出现频次如下：Model（204）、Science（226）、Systems（214）、Technology（223）、Performance（171）、Management（183）。

从图6-3中分析可知，尽管这5年的主要关键词变化不大，但关键词的内涵和外延却在逐渐加深。

“Model”这个关键词的出现频次一直很高，说明模型方法在国外情报学研究方法中占有重要地位。利用较多的模型方法主要是技术可接受模型（Technology Acceptance Model）[225]、检索模型（Retrieval Model）[226]、概念模型（Conceptual Model）、问题解决模型（Problem-Solving Model）、网络模型（Network Model）等。这些不同模型被广泛应用在情报学的多个方面（比如，信息检索、数字图书馆、电子商务、文献分类、数字参考、信息评价等），拓展和深化了人们对国外情报学研究对象规律和性质的认识。

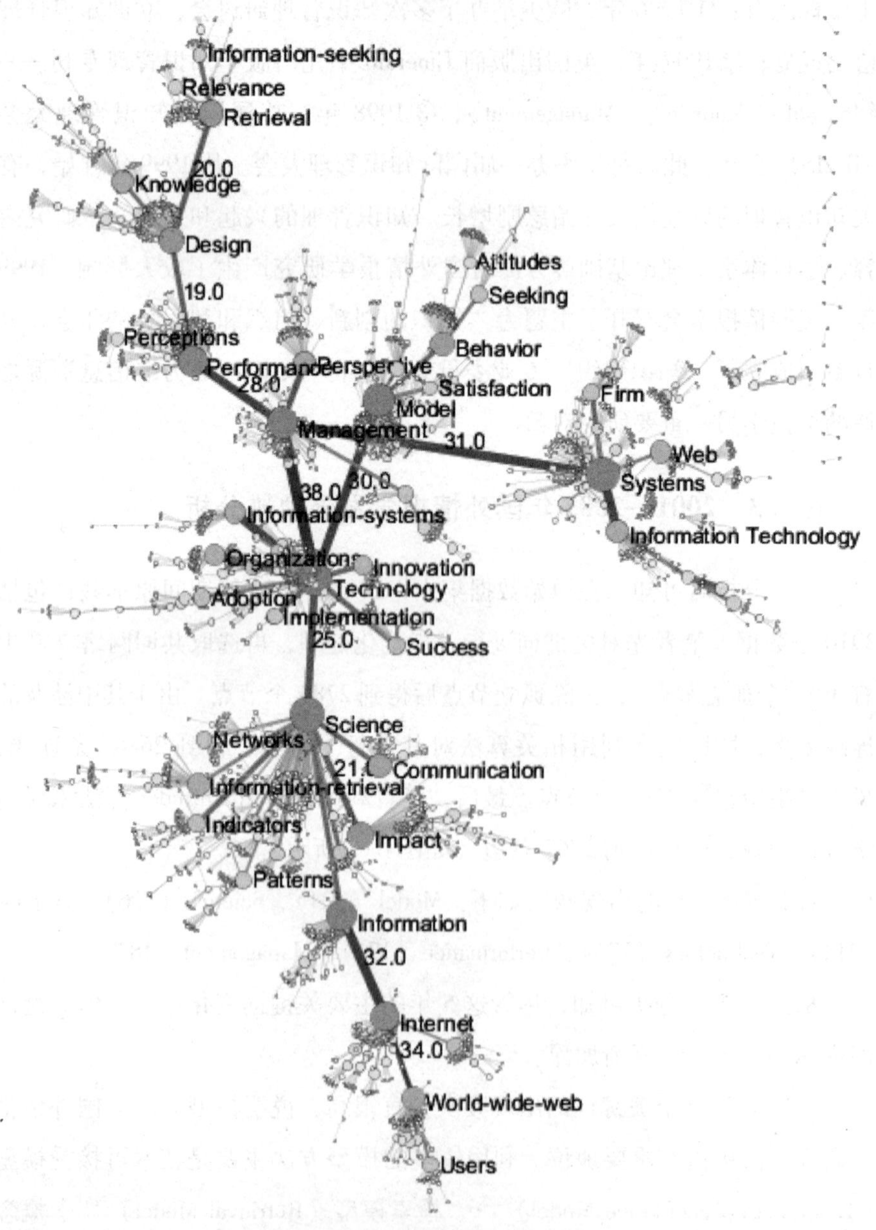

图 6-3　2001—2005 年共词分析图谱

"Technology"和"Systems"这两个关键词的出现频次依然居高不下。由此可见，信息技术和信息系统依然是国外情报学领域的研究重点。这两个关键词在概念上尽管比较空泛，但其中涉及的主题内容却相对较为广泛和专深，并且广泛吸收了计算机科学等领域中的许多研究成果。进入信息时代以后，伴随着信息的种类由单一的数值文本型逐渐扩展为图形图像、音频、视频、文本等多种类型，信息数量也变得日益庞大，信息需求也逐渐多样化，对信息进行整序和有效管理的呼声也越来越高。另一方面，计算机软硬件水平和通信技术水平也获得了显著提高。

需要注意的是，"Retrieve"这个关键词的出现频次逐渐增高。由此可见，信息检索是本时段国外情报学领域的一个重要研究热点。经过分析后发现，这一时段具体涉及到的信息检索内容包括检索模型、检索方法、检索行为、交互式信息检索、检索应用、检索策略等。

此外，"Internet"和"Web"这两个关键词的出现频次也比较高。由此可见，网络已经成为本时段国外情报学领域比较重要的研究内容[227]，具体包括网站质量、网站用户满意度评价、大学网站、网站比较、网站分类等研究内容。特别值得一提的是，随着计算机网络应用的普及化以及网络空间的扩大化，信息生态环境问题日益严峻，使得国外情报学研究人员对信息构建问题的关注和研究也逐渐增多。

6.3.4 2006—2010 年国外情报学发展轨迹分析

经过分析后可知，在原始数据集中，2006—2010 年期间原本共计包括 6592 条数据。笔者先对关键词进行了规范化处理，再选取共词网络（其中有 6653 个孤立节点），去除孤立节点后得到 5090 个节点。由于其中涉及的连线太多，所以笔者利用相关算法对其进行了合并，得到 63466 条连线，最大网络中包含 5042 个节点。最后，笔者利用 MST-pathfinder 算法来对网络进行缩减，最终得到 5075 条边（如图 6-4 所示）。

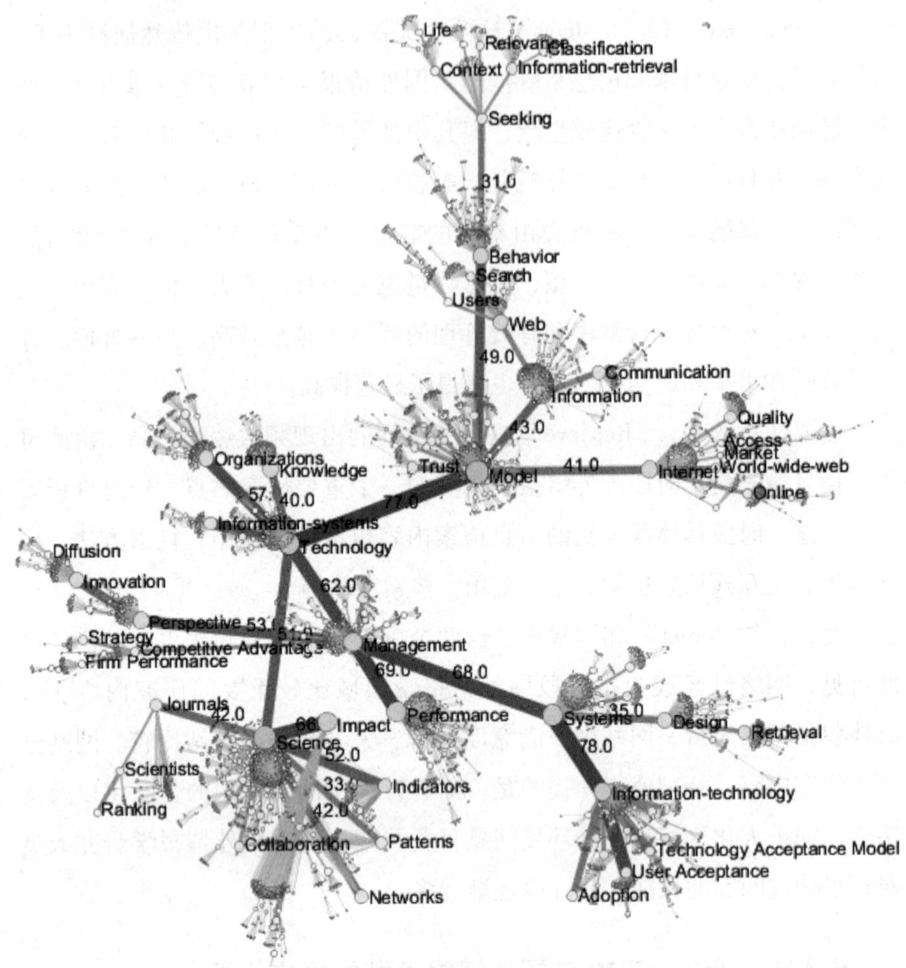

图 6-4　2006—2010 年共词分析图谱

各关键词节点的出现频次如下：Model（490）、Science（507）、Systems（410）、Technology（421）、Performance（368）、Management（345）、Internet（273）、Behavior（263）、Information Technology（311）、Perspective（258）。

从图 6-4 分析可知，“Internet”这个关键词的出现频次较高。因特网①的广泛应用使得情报学领域的业务操作、管理模式、服务方式等都产生了重大

① 因特网（Internet）是由许多小的网络（子网）互联而成的一个逻辑网，每个子网中连接着若干台计算机（主机）。Internet 以相互交流信息资源为主要目的，它建立在一些共同协议的基础之上，并且通过许多路由器互联而成，是一个共享的信息资源集合。

变化。考虑到全球信息化、信息网络化等时代趋势，国外情报学研究人员在本时段积极发挥情报学的学科优势，不断拓展网络化环境下有关信息资源管理、网络信息检索技术、信息资源共享等的理论与实践研究。学者们讨论的主题几乎涉及到因特网的各个方面，主要包括电子商务环境、基于网络的应用、在线学习、网络技术与学习支持等内容[228]。因特网技术的快速发展，还带动了社交网络的兴起和广泛应用。其中，Facebook（脸书）① 是由马克·艾略特·扎克伯格（Mark Elliot Zuckerberg）② 创立的，Twitter（推特）③ 是由杰克·多尔西（Jack Dorsey）④、埃文·威廉姆斯（Evan Williams）⑤ 和比

① Facebook（脸书）是美国的一个社交网络服务网站，创立于2004年2月4日，总部位于美国加利福尼亚州的门洛帕克（Menlo Park），其主要创始人是马克·扎克伯格（Mark Elliot Zuckerberg）。Facebook是世界排名领先的照片分享站点。在2017年《财富》美国500强排行榜中，Face book位居第九十八位。

② 马克·艾略特·扎克伯格（Mark Elliot Zuckerberg，1984—）出生于美国纽约州白原市，是社交网站Facebook（脸书）的创始人兼首席执行官，享有“第二盖茨”的美誉。他曾是美国哈佛大学计算机和心理学专业的辍学生。据《福布斯》杂志保守估计，马克·扎克伯格是历来全球最年轻的自行创业亿万富豪。在2017年美国《福布斯》发布的2017年度全球富豪榜中，扎克伯格以净资产667亿美元排名第六位。

③ Twitter（非官方汉语通称为推特）是一个深受欢迎的美国社交网络及微博客服务网站，也是全球互联网上访问量最大的十个网站之一。它可以允许用户更新不超过140个字符的消息，这些消息被称为“推文（Tweet）”。该网站是由杰克·多尔西等人在2006年3月创办并且在当年7月启动的。目前，Twitter在全世界非常流行，市值接近400亿美元，拥有数以亿计的活跃用户，被形容是“互联网上的短信服务”。

④ 杰克·多尔西（Jack Dorsey，1976—）是Twitter公司创始人之一，还是移动支付公司Square的首席执行官（CEO）。2006年，他和埃文·威廉姆斯（Evan Williams）以及比兹·斯通（Biz Stone）一起创立了Twitter公司。Twitter起初是Odeo公司的一个研究项目，主要由他和诺亚·格拉斯（Noah Glass）共同负责。2007年，Twitter获得South by Southwest的网络博客大奖。2008年，多尔西被麻省理工科技杂志评选为“35岁以下全球顶级的35位创新者”。最初，Twitter是使用Ruby on Rails编写的。后来，由于服务规模的扩大，Twitter转向使用Scala语言来进行改写。目前，Twitter公司市值接近400亿美元。

⑤ 埃文·威廉姆斯（Evan Williams，1972—）是美国著名企业家，他创建了数家互联网公司，曾任Twitter公司首席执行官（CEO），被誉为“Twitter教父”，并著有《埃文·威廉姆斯》一书。2004年，威廉姆斯和其他人一起创办了Odeo公司。2006年末，他伙同Odeo公司的老员工一起创办了Obvious公司，并将前公司Odeo全部收购。Twitter原来只是Odeo公司的一个项目。被Obvious公司收购以后，Twitter于2007年4月正式成为一家独立公司，它的母公司Odeo则由Sonic Mountain于2007年5月收购。此外，他曾与梅格·胡里安（Meg Hourihan）共同创办了Pyra实验室，主要从事项目管理软件的设计工作。该软件的一个功能后来演变成为Blogger，Blogger是互联网上的第一个博客系统。正是威廉姆斯创造了“Blogger”这个词，后来逐渐演变成为网络流行词汇“Blog（博客）”。2012年9月，他创建了一家出版平台Medium，并在2013年面向公众开放。

兹·斯通（Biz Stone）① 等三人在2006年开发的。经过几年的快速发展，社交网络不仅改变了人们的生活方式，而且引起了国外情报学研究人员的广泛关注，通过社交网络中用户发布的信息来预测判断用户行为，已逐渐成为国外情报学领域中组织行为学研究的一项重要内容[229]。

“System”这个关键词在本时段出现的频次也较高，说明信息系统依旧是国外情报学研究的一大热点，涉及的相关研究主题包括系统设计与系统建模、管理支持系统、企业资源规划（ERP）系统、协同工作系统、商务智能系统、决策支持系统、知识管理系统等[230]。

信息检索技术依然是本时段国外情报学领域的重要研究内容。国外学者较为关注的相关内容主要有检索效率、检索模型、商业文献检索、机器检索、检索词抽取、检索情境、检索策略与检索行为、图像检索、网络检索与搜索引擎等。其中，又以用户及其检索行为、网络检索与搜索引擎等主题最为热门，这充分体现了国外情报学研究以人为本、面向网络时代的特点和发展动向[231]。

笔者还注意到“Management”这个关键词在本时段的出现频次也居高不下。由此可见，管理学作为一门研究管理知识的科学，其中包含的相关管理理论、管理原则、管理方法以及管理制度对国外情报学研究有着深刻影响。在本时段，情报学与管理学的交叉点越来越多（比如，知识管理理论、情报服务业管理理论、社会情报系统管理理论等研究内容不断涌现）。知识管理已成为本时段国外情报学的一大研究热点。随着知识管理概念的

---

① 比兹·斯通（Biz Stone，1974—）是一位美国企业家，还是Twitter公司联合创始人。目前，他已经出版三本书，其自传中文版《一只小鸟告诉我的事》由中信出版社于2015年正式出版。1999年，他第一次创业，成立了Xanga公司。后来，他又和本·芬克尔（Ben Finkel）共同创建了Jelly公司，担任该公司的首席执行官，并于2014年正式发布了一款新的搜索引擎Jelly，它可以为用户提出的每一个问题提供答案。2003—2005年，他受雇于谷歌公司。2006年，他和杰克·多尔西（Jack Dorsey）以及埃文·威廉姆斯（Evan Williams）一起创立了Twitter公司。2017年5月16日，斯通宣布回归Twitter公司。作为一位天使投资人和投资顾问，他曾任Beyond Meat、Medium、Polaroid Swing、Workpop、Jelly等公司的董事，以及Polaroid Swing公司董事长。此外，他与朗·霍华德（Ron Howard）一起执导了一部纪录短片，并与美国演员娜塔莉·波特曼（Natalie Portman）一起担任纪录片、吃肉等题材的执行制片人。目前，他获得过多种荣誉和奖励。其中，新闻创新奖国际中心公司称他是最近十年最佳企业家，《时代》杂志将他列为世界上最有影响力的100人，《经济学家》杂志也授予他创新奖。2015年，他收获最负盛名的荣誉，因推特而赢得艾美奖。此外，他还是牛津大学研究员，并在2011年被巴布森学院授予荣誉法学博士学位。

引入以及国外情报学界对知识管理的认知逐步深入，情报学研究对象也开始由显性知识管理慢慢转移到隐形知识管理，情报学开始注重发挥“人”在有效管理隐性知识中的作用[176]。同时，情报学的基本功能也由情报组织管理逐渐转变为知识组织管理，运行机制也由传统的信息传播转变为知识传播。知识管理主要包括知识仓库、知识挖掘、知识产权保护、知识组织、知识变换、知识共享等内容。

此外，文献计量学也是本时段国外情报学研究的另一热点。尽管文献计量学最早产生于 20 世纪初，并在 20 世纪 20 年代至 40 年代逐渐形成了其理论框架中的若干经典定律（例如，布拉德福定律（Bradford' s Law）①、洛卡特定律（Lotka' s Law）②、齐普夫定律（Zipf' s Law）③ 等）。为了适应时代发展的需要，文献计量学在本时段开始向信息计量学、网络计量学等方向发展[232]，逐渐成为国外情报学领域中最活跃的一个分支学科，这在某种程度上契合了当代各个学科的定量化发展趋势。

---

① 布拉德福定律（Bradford' s Law）是由英国著名文献学家布拉德福（Samuel C. Bradford，1878—1948）于 20 世纪 30 年代率先提出来的一种用来描述文献分散规律的经验定律。布拉德福定律的文字表述如下：如果将科技期刊按其刊载某学科专业论文的数量多少，以递减顺序进行排列，则可将期刊分为专门面对这个学科的核心区、相关区以及非相关区。各个区的论文数量相等。此时，各区的期刊数成 $1: n: n^2 \cdots$。其中，n 为布拉德福常数，并且 n>1。布拉德福定律和洛特卡定律、Zipf 定律一起并称为文献计量学三大定律。

② 洛卡特定律（Lotka' s Law）是指用美国生物物理学家、物理化学家、数学家、统计学家阿弗雷德·洛特卡（Alfred James Lotka，1880—1949）的姓氏来命名的一种文献信息作者分布规律。卡特定律是揭示文献著者与数量关系的一种基本定律，可以用数学表达式将其表示为：f（n）= C/n^2。其中，n 为一位作者发表的论文数，f（n）为发表 n 篇文章的科学家占科学家总人数的百分比，C 为常数，约为 0. 6079。因此，发表 1 篇文献的作者数量约占作者总数的 60%。一般认为，在一定的统计条件下，洛特卡定律在大多数学科领域都是适用的，它能够描述科学文献作者分布规律以及科学家著述行为模式。如果从人类学角度来理解洛卡特定律，它可以表现为在人类发展过程中，具有不同个性的个体之间对人类进步所做出贡献的差异性。

③ 齐普夫定律（Zipf' s Law）亦称省力法则，是由美国哈佛大学语言学教授齐普夫（George Kingsley Zipf，1902—1950）于 1948 年提出的一种词频分布定律。齐普夫认为，如果将一篇较长文章中每个单词出现的频次统计起来，按照高频词在前、低频词在后的递减顺序来排列，并且用自然数给这些单词编上等级序号，即频次最高的词等级为 1，频次次之的等级为 2，……，频次最小的词等级为 D。如果用 f 来表示频次，用 r 来表示等级序号，则有 fr = C（C 为常数）。人们通常将该公式称为齐普夫定律。值得注意的是，齐普夫定律仅适宜于中频词情况，高频词和低频词的情况与该定律表述有较大偏差。于是，后人对词频分布规律又有许多补充和深入研究。研究词频分布规律对于编制词表、制定标引规则、进行词汇分析与控制、分析作者著述特征等来说都具有一定意义。此外，词频分布还是文献自动分类、自动标引的研究对象。

6.3.5 2011—2014 年国外情报学发展轨迹分析

经过分析后可知，在原始数据集中，2011—2014 年期间原本共计包括 5876 条数据。笔者先对关键词进行了规范化处理，再选取共词网络（其中有 5930 个孤立节点），去除孤立节点后得到 6165 个节点。由于其中涉及的连线太多，所以笔者利用相关算法对其进行了合并，得到 63466 条连线，最大网络中包含 5042 个节点。最后，笔者利用 MST-pathfinder 算法来对网络进行缩减，最终得到 5075 条边（如图 6-5 所示）。

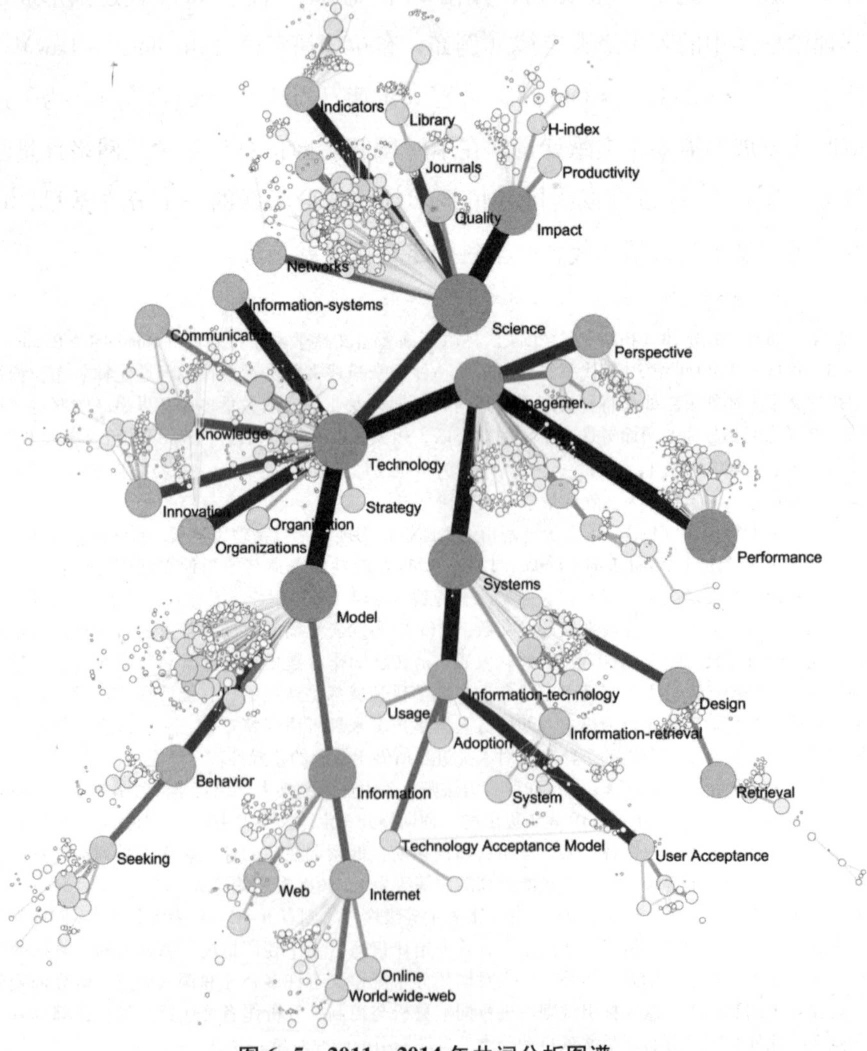

图 6-5 2011—2014 年共词分析图谱

各关键词节点的出现频次如下：Technology（387）、Model（369）、Science（392）、Systems（354）、Performance（343）、Management（365）、Impact（324）。

从图 6-5 中分析可知，信息计量学依然是本时段国外情报学领域最为活跃的一个分支学科，并且逐渐成为国外情报学研究的主流，这与当代学科定量化发展趋势相吻合。经过分析后可知，信息计量学相关研究论文主要集中在信息计量学的基本方法、理论基础、具体应用等方面的研究和探讨上。例如，引文分析（如作者共被引分析、作者自引分析、合著者分析等）、期刊影响因子分析、H 指数、G 指数的理论研究和应用研究，以及基于文献计量学方法探讨大学排名等都是本时段国外情报学领域的热门研究主题。2005 年，美国加利福尼亚大学圣地亚哥分校的物理学家乔治·赫希（Jorge Hirsch）提出了 H 指数①，其目的是量化科研人员的研究成果。此后，H 指数就变成信息计量学领域中不容忽视的热点研究主题，众多学者对 H 指数的基本理论和实际应用进行了深入研究（例如，利用 H 指数来对情报学家的影响力进行排名）。特别值得一提的是，比利时著名科学计量学家利奥·埃格赫（Leo Egghe）② 在分析 H 指数评价效果时，提出了基

---

① H 指数（H index）是一个混合量化指标，可以用来评估研究人员的学术产出数量与学术产出水平。H 指数最早是由美国加利福尼亚大学圣地亚哥分校物理学家乔治·赫希（Jorge Hirsch）于 2005 年提出来的。赫希给出的 H 指数定义如下：一名科学家的 h 指数是指其发表的 Np 篇论文中有 h 篇每篇至少被引 h 次、而其余 Np-h 篇论文每篇被引均小于或等于 h 次（A scientist has index h if h of his or her Np papers have at least h citationseach and the other（Np-h）papers have ≤ h citation each）。后来，世界著名科学计量学家、匈牙利杰出化学家布劳温·蒂波尔（Tibor Braun，1932—）教授等人将其扩展为期刊 H 指数。通过对科技核心期刊 h 指数的考察分析，认为 H 指数和期刊影响因子有着较强的相关性。期刊 H 指数可以在核心期刊评选以及期刊学术影响力评价中发挥一定的辅助作用。

② 利奥·埃格赫（Leo Egghe，1948—）是国际著名科学计量学家、普赖斯奖获得者、国际权威学术期刊《信息计量学杂志（Journal of Informetrics）》前执行主编、G 指数提出者。他曾兼任荷兰阿姆斯特丹大学（University of Amsterdam）教授、比利时安特卫普大学（Universiteit Antwerpen）教授、比利时皇家图书馆馆长、委员会成员、世界科学计量学与信息计量学委员会成员，荣获比利时安特卫普大学（Universitaier Instelling）数学专业博士学位，对 H 指数有精深研究，发文量和影响力在科学计量学领域均居于前列。埃格赫的研究领域主要包括信息理论、引文分析、信息检索、协作和合作理论、信息科学的数学模型。他和鲁索合著的《情报计量学引论（Introduction to Informetrics）》由中国科学技术文献出版社翻译出版，成为我国学术界了解国外科学计量学与信息计量学领域的重要文献。此外，埃格赫还将科学计量学研究领域拓展到更加宽广的信息计量学，堪称信息计量学奠基人。

于学者以往贡献的 G 指数，在国外情报学界引起了广泛关注，成为信息计量学领域的另一研究热点。

信息检索研究依旧是本时段国外情报学的一大研究热点，但其研究重点却在不断发生变化。例如，20 世纪 80 年代，它以研究检索算法、自动标引、分类为主；20 世纪 90 年代，它以检索技术为主；在本时段，它以语义检索、信息检索可视化、多媒体信息检索、数据搜索、智能检索等为主。值得注意的是，本次数据集中有关搜索引擎的研究论文所占的比例很高，表明搜索引擎也是本时段国外情报学领域值得关注的重要研究热点。

技术接受模型（Technology Acceptance Model，TAM）仍然受到国外情报学研究人员的广泛关注。尽管密歇根大学安娜堡分校计算机与信息系统学院的 Fred D. Davis 教授早在 1989 年就提出了技术接受模型，但此后 20 多年来累计发表了许多高质量的相关研究论文，已成为最成熟的热门研究领域之一。

随着网络时代的到来，有关网络方面的研究已成为国外情报学领域的一大研究热点。经过研究分析后发现，基于 Web 2.0 的研究从本时段开始，已成为国外情报学家关注的焦点。社交网络的发展就是 Web 2.0 最好的见证，Web 2.0 更加注重与用户的交互行为，不断刺激用户在互联网上主动创造并且分享信息。在本时段，国外情报学研究人员开始从网络科学、网络链接实体的分类系统等角度来对网络本身进行研究。此外，在网络环境下，情报学领域的传统研究热点也开始以各种新面貌出现（例如，网络环境下的用户行为研究、网络计量学研究、网络战略信息管理研究、网络引文数据影响评估等）。

6.3.6 1991—2014 年国外情报学发展轨迹小结

笔者利用 SCI^2 工具软件对 1991—2014 年期间的国外情报学领域期刊论文的关键词进行了共词分析，从中得出以下初步结论：

（1）SCI^2 在绘制共词图谱时有其独特的优势。一方面，它可以形象地将不同级别的关键词通过不同大小的节点和连线表示出来，让读者能够一目了然地看到其中的层级关系。一级关键词在图谱中的节点圆圈最大。另一方面，它还通过节点之间的连线，将不同级别的节点相互联系起来。

（2）通过将 1991—2014 年分为 5 个时段来进行数据分析，可以很直观地看出每个时段最重要的关键词及其所代表的研究热点，从而更好地了解各时段的国外情报学进展概况。

（3）20 世纪 90 年代初期，国外情报学研究对象开始从文献转向信息，其研究重点转为情报系统的开发和利用，同时也推动了情报系统理论的进一步发展。情报系统理论已经成为情报学的一个重要分支，它是运用系统论的观点和方法来研究情报组织并使之达到最佳管理的一门交叉学科。随着社会情报需求量的不断扩大，情报系统的环境要素要求不断地提高情报系统的服务效率。因此，迫切需要利用科学技术、信息技术、决策技术等来对其进行改良和优化。

（4）20 世纪 90 年代中期以后，随着网络技术兴起，人类社会进入信息社会。信息社会的种种变革使得国外情报学引入了一系列新方法和新技术。情报学与系统科学的融合逐渐加深，情报学研究重心开始转向自动化信息系统的开发与利用，国外情报学研究人员将信息系统开发与研制引入到情报学以后，各种商用信息系统、信息管理系统、决策支持系统的开发与应用逐渐成为情报学的核心研究内容。同时，情报学与管理学有了更加紧密的联系，管理学中的激励理论、决策理论、知识管理理论等与情报学研究相结合，尤其是知识管理概念的引入，使得情报学知识传播管理概念在本时段突显出来，研究技术变成了以人为中心的信息技术。

（5）进入 21 世纪，人类迈入信息时代，伴随着信息的种类由原来单一的数值文本型逐渐扩展为图形图像、音频、视频、文本等多种类型并存，信息也变得越来越庞大，信息需求呈现多样化和时空化等特征，对信息整序和有效管理的要求变得越来越高。另一方面，计算机软硬件水平和通信技术水平也获得了显著提高。从 2001 年开始，“Web”“Internet”“Information”等关键词出现的频次持续增长，尽管它们在概念上比较宽泛，但其涉及的主题内容既广泛又专深。

（6）信息技术是推动情报学快速发展的动力之一。基于计算机、通信、微电子等技术发展起来的现代信息技术，使得人们获取情报信息发生了革命性变化。其中，信息检索研究多年来一直是国外情报学领域的研究热点，但其研究重点却在不断发生变化，20 世纪 80 年代以研究检索算法、自动标引、分类为主，20 世纪 90 年代以研究检索技术为主，近年来则以研究语义检索、信息检索可视化、多媒体信息检索、数据搜索、智能检索等为主。

（7）信息计量学多年来一直是国外情报学领域非常活跃的一个分支学科，这与当代学科定量化发展趋势相吻合。国外情报学研究人员在理论、应用等多方面进行了深入研究（例如，引文分析、期刊影响因子分析、H 指数、网络计量学等）。

（8）随着网络时代的到来，国外情报学研究人员也开始从网络科学、网络链接实体的分类系统等多个角度来对网络自身进行研究。此外，在网络环境下，国外情报学领域的传统研究热点也开始以各种新面貌出现（比如，网络环境下的用户行为研究、网络计量学研究、网络战略信息管理研究、网络引文数据影响评估等）。

通过对上述各时段国外情报学研究论文中的关键词进行分析，可以清楚地看到国外情报学领域主要关键词的演变过程。另一方面，通过不同时段关键词的演变过程，又可以清晰地看到国外情报学的“学科演变”过程。

6.4 国外情报学研究领域知识图谱

为了更好地分析国外情报学研究领域的演变概况，笔者先将 1976—2014 年期间的国外情报学研究论文以 5 年作为一个时段，共计分成 8 个时段。然后，再利用 SCI^2 软件分别对这 8 个时段进行作者同被引知识分析，构建 8 个作者同被引知识图谱。

6.4.1 1976—1980 年国外情报学研究领域分析

经过分析后可知，在原始数据集中，1976—1980 年期间原本共计包括 827 条数据。笔者抽取作者同被引网络以后，最终得到 1976—1980 年作者同被引知识图谱（如图 6-6 所示）。其中，共有 1763 个节点（其中有 1242 个孤立节点）、527 条边，边的最大权重为 4，整个网络有 1431 个弱链网络，最大网络中包含 15 个节点。为了更好地显示重要节点以及权重较大的边，笔者采用 MST-pathfinder 算法来对网络的边进行缩减，最终得到 332 条边。

从图 6-6 可以看出，作者同被引次数较多的区域主要有以下 4 个区域。

1. 区域 1

区域 1 的关键作者主要有 F. Narin、G. Pinski 等人。

区域 1 的关键作者 F. Narin 的全名是“Francis Narin（弗朗西斯·纳林）[①]”，他是科学和技术研究领域的国际先导者之一，也是国外著名的科学计量学家，并在 1998 年获得科学计量奖最高奖——普赖斯奖。F. Narin

---

① 弗朗西斯·纳林（Francis Narin，1934—）是科学和技术研究领域的国际先导者之一，也是国际著名的科学计量学家。他首先从富兰克林与马歇尔学院（Franklin and Marshall College）获得化学学士学位，接着从北卡罗来纳州立学院（North Carolina State College）获得核能工程硕士学位，最后从威尔顿大学（Walden University）获得文献计量学博士学位，并在 1988 年获得科学计量学界最高奖——普赖斯奖（Derek de Solla Price Medal）。在成立自己的公司之前，纳林在 IIT 研究所工作，并且是那里的高级科学家和技术社会研究中心主任，还在洛斯阿拉莫斯（Los Alamos）国家实验室工作了 4 年时间，主要致力于开发评估科学活动的工具以及研究科学是如何影响技术进步的。1968 年，纳林在芝加哥建立了自己的公司 Computer Horizons（CHI Research，现在更名为 The Patent Board），并且在此期间发表了 60 多篇论文，涉及科技定量研究、儿童特殊教育、医学、化学、工业创新与科学的关系等多个领域。1968 年，他还在著名工程 TRACES（Technology in Retrospect And Critical Events in Science）担任重要角色。1976 年，他发表了报告：“文献计量学评价：将出版物和引文分析应用于科学活动评价（Evaluative bibliometric：The use of publication and citation analysis in the evaluation of scientific activity）”，将文献计量学用于科学计量活动中。1980 年，他与马克·卡朋特（Mark Carpenter）、马丁·库珀（Martin Cooper）合作发表了《基础研究文献与专利之间的链接（Linkage between basic research literature and patents）》一文，标志着纳林开始用专利和专利引文分析技术政策、研发管理、公司计划等方面的一系列研究。他不仅在科技研究领域有很大影响，而且在政府和产业的绩效怎样赶上快速发展的技术、国家或企业的科技实力评估等方面都做出了重要贡献。进入 20 世纪 90 年代以后，其学术成就达到最高点，主要致力于科学和技术之间的联系研究，成为科技管理和科技政策研究群体中的一位领军人物。

的主要研究方向是专利计量、科技评估、科技管理，他在科技管理、科技政策等方面的学术贡献尤其突出。

G. Pinski 和 F. Narin 于 1976 年合作完成的《Citation influence for journal aggregates of scientific publications - Theory, with application to literature of physics》[233]一文的被引频次高达 255 次。该论文首次提出了链接分析算法，即把知识图谱用矩阵的形式来进行表示，从而将其转化为特征值问题，并以此来了解知识图谱结构以及每个节点的相对重要性问题。

笔者对相关数据进行统计后发现，F. Narin 在本时段内发表了 13 篇论文，G. Pinski 在本时段内发表了 5 篇论文。其中，F. Narin 被引频次最高的论文是《Structure of biomedical literature》[234]，这也是 F. Narin 将引文分析引入到科学计量研究中影响最大的一篇论文，他通过分析大约 900 多种生物学期刊的引文，得出生物化学和生理学领域具有最高引文影响力的初步结论，并且提出了一个等级影响图，为此后开展的相关研究活动提供了一个很好的研究框架。

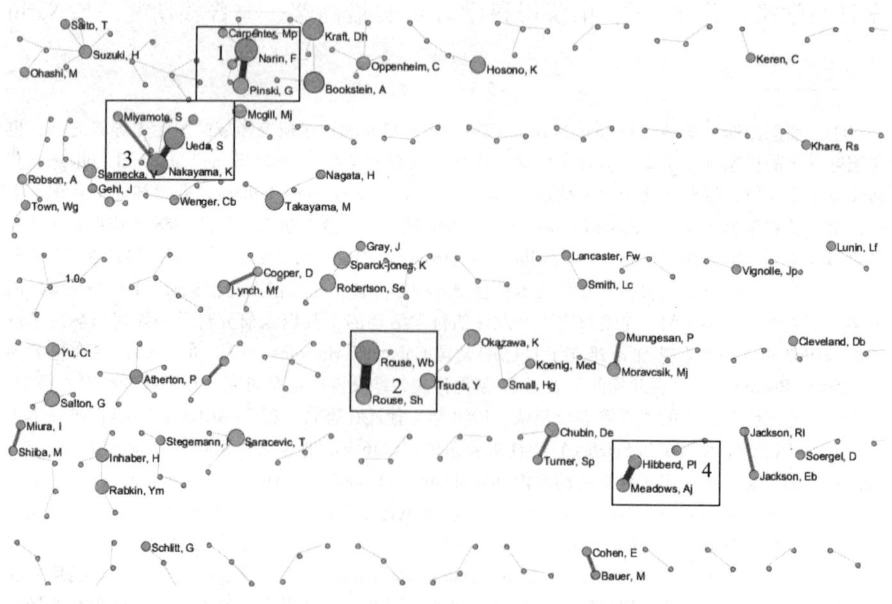

图 6-6　1976—1980 年作者同被引知识图谱

2. 区域 2

区域 2 的关键作者主要有 W. B. Rouse、S. H. Rouse 等人。

笔者对相关数据进行统计后发现，W. B. Rouse 有 24 篇论文，S. H. Rouse 有 7 篇论文，两人合作发表的论文有 5 篇，主要研究方向是人机交互[235]。

3. 区域 3

区域 3 的关键作者主要有 S. Ueda、K. Nakayama、S. Miyamoto 等人。

区域 3 的关键作者都是日本情报学家。笔者经过统计后发现，他们之间的合作关系非常紧密，主要研究引文分析方法及其应用。其中，K. Nakayama 的被引频次最高，处于核心位置，他在本时段发表的论文中有 3 篇是与 S. Ueda 共同完成的，其主要研究方向是基于引文的期刊分析与评价、信息推广等[187]。S. Ueda 是日本京都大学（Kyoto University）① 的制药学教授，其高被引论文大多是关于医药学方面的学术论文，但同时也与情报学有关内容进行了结合，他在基于引文分析的期刊分析与评价等方面发表了很多论文。S. Miyamoto 在本时段也发表了有关引文分析方法及其应用、基于平均引文多向性的论文聚类方法等方面的多篇论文。

4. 区域 4

区域 4 的关键作者主要有 P. L. Hibberd 和 A. J. Meadows 等人。

A. J. Meadows 与 P. L. Hibberd 都是医学信息领域的研究人员。笔者对相关数据进行统计后发现，P. L. Hibberd 在这 5 年中发表了以下 4 篇代表性论文，即《Information contained in clinical trial reports》、《The British drug information service》、《Use of drug information sources by hospital doctors》、

---

① 京都大学（Kyoto University，网址：http：//www. kyoto-u. ac. jp）简称京大，是一所本部位于日本京都市左京区的世界级顶尖研究型大学，在日本地位仅次于东京大学。该校是一所学科齐全、规模宏大的国立综合大学，并在全球享有很高的声望，其培育的人才和学术成果享誉世界，被誉为“科学家的摇篮”。京都大学创建于 1897 年，最初命名为“京都帝国大学”。二战以后，正式更名为“京都大学”。目前，京都大学共有 9 位诺贝尔奖得主、2 名菲尔兹奖得主、1 名沃尔夫奖得主、4 名拉斯克奖得主、4 名芥川奖得主、4 名京都奖得主、2 名日本国际奖得主、1 名达尔文-华莱士奖章得主，以及两位日本首相，可谓巨擘辈出。其毕业生在科研学术界乃至政界、商界都拥有举足轻重的地位。此外，京都大学还是亚太顶尖大学组织环太平洋大学联盟的成员校、日本文部科学省指定的“超级国际化大学计划” A 类顶尖校。该校在 2016 年 QS 世界大学排行榜中位列全球第三十七位，在 CWUR 大学排行榜中位列全球第二十位，在 ARWU 世界大学学术排行榜中位列全球第二十六位。

《Drug promotion-A source of information about drugs》。这 4 篇论文涉及到医学信息服务、药物信息源等方面的内容。A. J. Meadows 在本时段共计发表了 24 篇论文，其中有 3 篇论文是与 P. L. Hibberd 合作完成的。A. J. Meadows 在本时段主要研究药物信息源的利用、政府信息资源、学术专著出版、科学传播等方面的内容。

6.4.2 1981—1985 年国外情报学研究领域分析

经过分析后可知，在原始数据集中，1981—1985 年期间原本共计包括 1324 条数据。笔者抽取作者同被引网络以后，最终得到 1981—1985 年作者同被引知识图谱（如图 6-7 所示）。其中，共有 2796 个节点（其中有 1953 个孤立节点）、744 条边，边的最大权重为 6，整个网络有 2252 个弱链网络，最大网络中包含 26 个节点。为了更好地显示重要节点以及权重较大的边，笔者采用 MST-pathfinder 算法来对网络的边进行缩减，最终得到 544 条边。

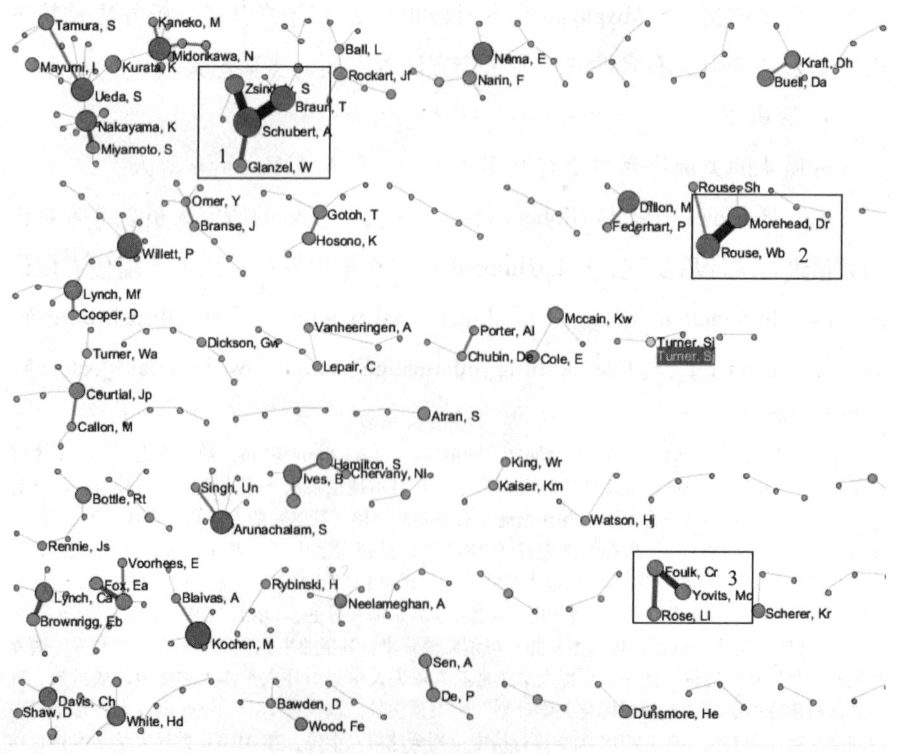

图 6-7 1981—1985 年作者同被引知识图谱

从图6-7可以看出，作者同被引次数较多的区域有以下3个区域。

1. 区域1

区域1的关键作者主要有T. Braun、A. Schubert、S. Zsindely等人。

区域1的3位关键作者都是来自匈牙利的研究人员。其中，匈牙利科学计量学家舒伯特（A. Schubert）来自罗兰大学（Eotvos Lorand University）①，其研究重点是科学计量学中的科研指标、不同国家之间的科学合作问题及其评价工作[236]。笔者经过分析后得知，A. Schubert在这5年期间在情报学领域共计发表了20篇论文，有9篇是与他人合著的论文。其中，有7篇是与匈牙利情报学家T. Braun和S. Zsindely合作完成的，可见他们之间存在着紧密的学术合作关系。事实上，这3位关键作者的确是欧洲科研指标与学术评价研究方面的代表性人物，他们引领了国际科学计量学的研究方向，其他学者的相关研究工作都是在其基础上进行拓展和完善的。

2. 区域2

区域2的关键作者主要有W. B. Rouse、D. R. Morehead等人。

区域2的两位关键作者均来自美国乔治亚理工学院（Georgia Institute of Technology）②，他们主要关注用户信息行为以及人机交互等内容。这两

---

① 厄特沃什·罗兰大学（Eotvos Lorand University，网址：https：//www. elte. hu）是由红衣主教帕茨玛尼·彼得（Pazmany Peter）于1635年建立的，1921年更名为皇家匈牙利帕兹马尼·彼得大学。1950年，该大学重组后正式更名为厄特沃什·罗兰大学，以世界著名物理家厄特沃什·罗兰命名。目前，该校已成为覆盖各类学科的综合性高等学府，是匈牙利规模最大、历史悠久的综合性科研大学。罗兰大学位于布达佩斯市，共拥有7个校区，新校区在风景如画的多瑙河畔。目前，该校共有8个学院，包括人文学院、法学院、信息学院、自然科学学院、社会学学院、教育和心理学学院、特殊教育学院、儿童和幼儿教师培训学院，在校学生32000人，教师及研究人员1800人。罗兰大学至今已经培养出5名诺贝尔奖得主以及众多世界级著名科学家，在QS世界大学排行榜中位居Top300，是获得中国教育部认证的公立大学。

② 乔治亚理工学院（Georgia Institute of Technology，GT，网址：http：//www. gatech. edu）也被译为"佐治亚理工学院"，1885年建校，坐落在美国东南部第一大城市亚特兰大，是一所享有世界声望的顶尖研究型大学。乔治亚理工学院是北美顶尖大学联盟美国大学协会的成员校，也是公立常春藤名校之一，在2017年《美国新闻与世界报道》综合大学排行榜中位列第三十四位，在2017年《泰晤士高等教育》世界大学排行榜中位列世界第三十三位。乔治亚理工学院在全球有着顶尖的学术声誉，其代表学科是工程。该校是美国最好的理工类大学之一，与麻省理工学院、加州理工学院并列为"三大理工学院"。此外，该校下属的航空系统设计实验室（Aerospace System Design Laboratory，ASDL）承担了美国政府的重大机密科研项目（例如，帮助航空制造公司攻克设计先进商用飞机的技术问题，为美国国会制定详细的登陆月球和火星的预算，以及为美国空军研发最先进战斗机等）。除了位于亚特兰大市的主校区以外，该校在乔治亚州沙瓦纳和法国洛林大区的首府梅斯也开设了分校。

位作者在本时段合作发表了 7 篇论文。其中，被引频次最高的是他们于 1983 年合作发表在权威期刊《Information Processing & Management》上的《Human-computer interaction in information seeking tasks》[237]一文。需要补充说明的是，W. B. Rouse 在用户信息检索行为研究方面颇有建树，他首次提出了心智模型理论。所谓心智模型，通常是指人们借以描述系统目标和形式、解释系统功能、观察系统状态以及预测系统未来状态的心理机制。心智模型的作用是对周围环境进行描述、解释和预测，其相关理论已经引起国外情报学领域多位学者的注意，并为此进行了广泛讨论和深入研究。

3. 区域 3

区域 3 的关键作者主要有 C. R. Foulk、M. C. Yovits 和 L. I. Rouse 等人。

区域 3 的关键都来自美国俄亥俄州立大学（The Ohio State University）①。其中，C. R. Foulk 在这 5 年期间共计发表了 5 篇论文。其中，有 3 篇论文发表于 1981 年，分为基本理论和概念发展、模拟案例及结论、初步实验和分析等 3 个部分，对信息流进行了分析和介绍，这 3 篇论文同时刊载在《Journal of the American Society for Information Science》杂志的第 32 期上，被引频次很高，受到国外情报学研究人员的普遍关注。

6.4.3 1986—1990 年国外情报学研究领域分析

经过分析后可知，在原始数据集中，1986—1990 年期间原本共计包括 1751 条数据。笔者抽取作者同被引网络以后，最终得到 1986—1990 年作者同被引知

① 俄亥俄州立大学（The Ohio State University，OSU，网址：https：//www. osu. edu）创建于 1870 年，是一所坐落于美国俄亥俄州首府哥伦布市（Columbus）北部的顶尖老牌公立研究型大学。该校不仅是国际顶尖的研究型大学联盟 Universitas 21 成员、北美州顶级学术联盟美国大学协会（AAU）成员以及十大联盟成员，而且是北美五大湖地区最顶尖的公立大学之一，被誉为“公立常春藤（Public Ivy）”。该校主校区占地面积 65 平方公里，是美国面积最大的校园之一。该校开设的专业几乎涵盖所有学术领域，其中社会学、政治学、经济学、天文学、新闻学等学科在全世界名列前茅。在大学排名方面，该校在 2016—2017 年 QS 世界排行榜中位居第八十八位，在泰晤士高等教育世界排行榜中位居第七十二位，在 ARWU 世界大学排行榜中位居第七十九位，在 US News 世界大学排行榜中位居第四十三位。目前，该校校友中包括 4 位诺贝尔奖得主、8 位普利策奖得主，以及多位菲尔兹奖得主和沃尔夫奖得主。此外，该校毕业生还有许多人对人类文明以及科技进步做出了重大贡献，包括著名发明家查尔斯·凯特林、发现聚四氟乙烯（“特氟龙”）的罗伊·普朗克特、发明霍夫曼编码的戴维·霍夫曼、维基百科联合创始人拉里·桑格等人。

识图谱（如图 6-8 所示）。其中，共有 3807 个节点（其中有 2497 个孤立节点）、1438 条边，边的最大权重为 17，整个网络有 2904 个弱链网络，最大网络中包含 86 个节点。为了更好地显示重要节点以及权重较大的边，笔者采用 MST-pathfinder 算法来对网络的边进行缩减，最终得到 903 条边。

图 6-8　1986—1990 年作者同被引知识图谱

从图 6-8 可以看出，作者同被引次数较多的只有一个区域，关键作者主要有 T. Braun、W. Glanzel、A. Schubert 等人。

由前文分析可知，这 3 位作者都是匈牙利著名科学计量学家。其中，A. Schubert 在本时段依然保持较高的发文量，总共发表了 23 篇情报学研究论文。笔者经过分析后还发现，这 3 位学者合作发表的论文中最经常使用的是“科学”（Science）、“引文”（Citation）等关键词。针对科学的计量与研究正是科学计量学的研究主旨所在，而引文研究又包括引文索引、共引、自引等具体研究内容。国际权威科学计量学家对引文分析的持续高度关注，从侧面印证了引文分析方法在科学计量学研究中处于主流位置。特别值得一提的是，同时身兼化学家和科学计量学家双重身份的匈牙利科学家 T. Braun 在化学领域的著述也颇丰。

6.4.4 1991—1995 年国外情报学研究领域分析

经过分析后可知，在原始数据集中，1991—1995 年期间原本共计包括 2395 条数据。笔者抽取作者同被引网络以后，最终得到 1991—1995 年作者同被引知识图谱（如图 6-9 所示）。其中，共有 5385 个节点（其中有 3268 个孤立节点）、2317 条边，边的最大权重为 9，整个网络有 3912 个弱链网络，最大网络中包含 36 个节点。为了更好地显示重要节点以及权重较大的边，笔者采用 MST-pathfinder 算法来对网络的边进行缩减，最终得到 1473 条边。

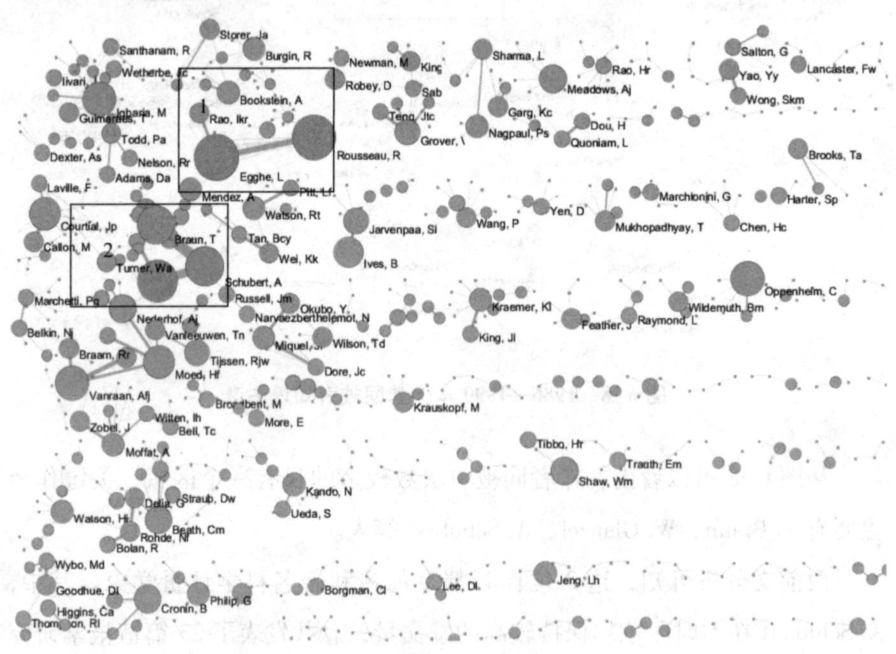

图 6-9 1991—1995 作者同被引知识图谱

从图 6-9 可以看出，作者同被引次数较多的区域有以下 2 个区域。

1. 区域 1

区域 1 的关键作者主要有 L. Egghe、I. K. R. Rao、Rousseau 等人。

区域 1 的关键作者都是科学计量学领域的重要学者。相对于文献计量学的其他领域来说，区域 1 的关键作者更倾向于研究文献增长与老化规律。例如，比利时文献计量学家 L. Egghe 在 1994 年指出离散计算公式对于连续函数并不适应，应该用连续速度来替代[238]，并且将其应用到有关增长与老化模型的 3 篇著名论文中，这 3 篇论文的引用频次都非常高，受到国外文献计量学领域众多研究人员的关注。其中，被引频次最高的是由 L. Egghe 与 I. K. R. Rao 于 1992 年在《Scientometrics》杂志上合作发表的《Classification of growth-models based on growth-rates and its applications》一文，以及他们于 1992 年在《Information Processing & Management》杂志上合作发表的《Citation age data and the obsolescence function：Fit and explanation》一文。

2. 区域 2

区域 2 的关键作者主要有 T. Braun、W. Glanzel 和 A. Schubert 等人。

由前文分析可知，这三位关键作者都是科学计量学领域的重要学者。自 1976 年以来，他们一直从事科学计量学方面的相关研究，并且成果斐然。在这 5 年期间，科学计量学已经成为国外情报学领域中最重要的研究主题之一。

6.4.5 1996—2000 年国外情报学研究领域分析

经过分析后可知，在原始数据集中，1996—2000 年期间原本共计包括 3310 条数据。笔者抽取作者同被引网络以后，最终得到 1996—2000 年作者同被引知识图谱（如图 6-10 所示）。其中，共有 7633 个节点（其中有 4264 个孤立节点）、3841 条边，边的最大权重为 10，整个网络有 5205 个弱链网络，最大网络中包含 113 个节点。为了更好地显示重要节点以及权重较大的边，笔者采用 MST-pathfinder 算法来对网络的边进行缩减，最终得到 2428 条边。

从图 6-10 分析可知，本时段内作者之间的合作关系非常紧密，区域 1 中以 T. S. H. Teo 为核心的作者群与区域 2、区域 3、区域 4 的作者群之间也都有间接的合作关系，都存在一定程度上的联系。区域 5 中以 I. Benbasat 为核心的作者群又与区域 6 中的众多作者存在着间接的合作关系。由于图 6-10 中的部分节点比较分散，有些节点的权重不高，对其进行分析的意义不太大。因此，笔者拟重点分析节点权重大、作者联系比较紧密的以下 3 个区域。

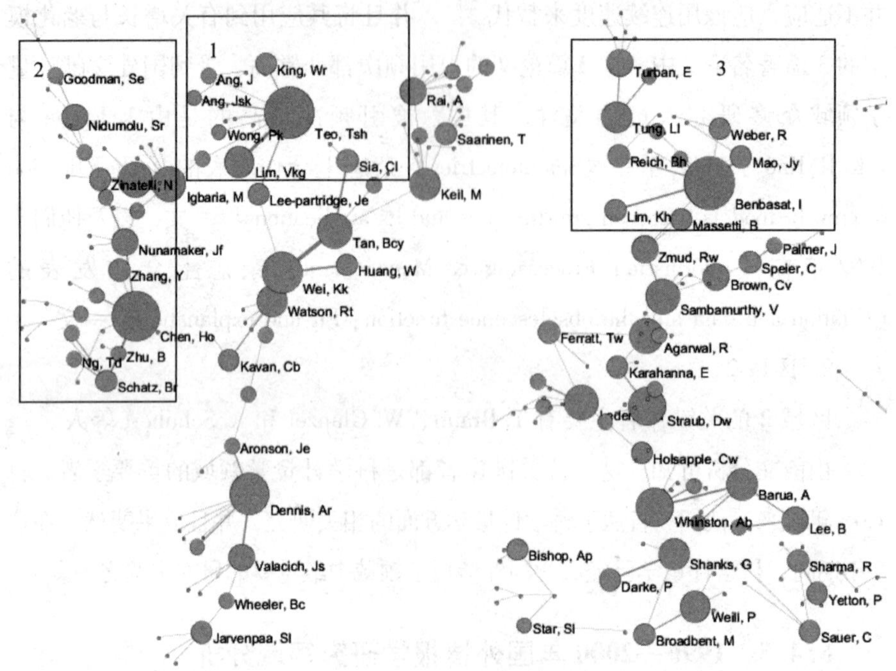

图 6-10　1996—2000 年作者同被引知识图谱

1. 区域 1

区域 1 的关键作者主要有 T. S. H. Teo、W. R. King、J. Ang、J. S. K. Ang、P. K. Wong、V. K. G. Lim 等人。

区域 1 的关键作者主要是来自新加坡的研究人员，他们主要关注知识管理与互联网竞争情报采集技术等内容[239]。从图 6-10 分析可知，这些作者大多与来自新加坡国立大学（National University of Singapore）① 的 T. S. H. Teo 教授合作紧密。T. S. H. Teo 教授在本时段内共计发表了 12 篇论文，他通过与

① 新加坡国立大学（National University of Singapore，NUS，网址：http：//www. nus. edu. sg）简称国大，是新加坡首屈一指的世界级顶尖大学。该校不仅是 AACSB 和 EQUIS 认证成员，而且是亚洲大学联盟、亚太国际教育协会、国际研究型大学联盟、Universitas 21 大学联盟、环太平洋大学协会成员，并且因其在工程、生命科学、生物医学、社会科学、自然科学等领域的研究而享有世界盛名。新加坡国立大学前身为 1905 年成立的海峡殖民地与马来亚联邦政府医学院。1980 年，新加坡大学和南洋大学合并以后，新校名定为新加坡国立大学。目前，该校有肯特岗、武吉知马、欧南园等 3 个校区，设有 16 所学院，有教学人员 2374 人，在校学生 37972 人（其中，本科生 27975 人，研究生 9997 人）。在大学排名方面，该校在 2017 年 QS 世界大学排行榜中位居第十五位，在 2017 年《泰晤士高等教育》世界大学排行榜中位居第二十四位。

W. R. King、J. Ang、J. S. K. Ang 等多位学者合作，探讨了互联网环境下竞争情报工作对企业组织的影响、新加坡互联网用户情况，并且完成了相关实证研究。

2. 区域 2

区域 2 的关键作者主要有 H. C. Chen、Y. Zhang、B. Zhu、J. F. Nunamaker、B. R. Schatz、N. Zinateli 等人。

从图 6-10 分析可知，美国亚利桑那大学（The University of Arizona）①的 H. C. Chen 教授是一位高产作者，他在本时段内共计发表了 90 篇论文，年均发文量是 18 篇，并且其论文质量都很高。他与多位学者合作紧密，主要关注文本分类技术、互联网技术及其应用等内容[240]。

3. 区域 3

区域 3 的关键作者主要有 I. Benbasat、J. Y. Mao、B. H. Reich、K. H. Lim 等人。

区域 3 的关键作者在本时段内主要关注信息系统、信息技术应用以及电子商务相关内容[241]。例如，哥伦比亚大学大学（Columbia University）②

---

① 亚利桑那大学（The University of Arizona，UA，网址：http：//www. arizona. edu）是世界知名高等学府，也是美国最负盛名的公立研究型大学之一，创建于 1885 年，坐落在亚利桑那州第二大城市图森市。该校的天文、地质、地理、土建等学科有着雄厚的科研实力，而其人类学、社会学、哲学、法学、工程学、生命科学在美国也名列前茅，被誉为“公立常春藤”大学之一，同时也是北美顶尖研究型大学联盟美国大学协会（AAU）的成员校之一。亚利桑那大学是亚利桑那州第一所综合性研究型大学，每年从美国国家科学基金会获得接近 7 亿美元的科研经费，在美国大学中位列第三十三位，被卡内基教育基金会列为特高研究密集型大学。该校的光学研究中心是美国三大光学中心之一，也是世界上最优秀的光学中心之一，商学院的管理信息系统学科与麻省理工学院和卡耐基梅隆大学并称为 MIS 三巨头。此外，该校还是美国国家航空航天局（NASA）的重要太空辅助基地。在大学排名方面，该校在 2017 年《美国新闻与世界报道》（US News）排行榜中位居第七十三位，在 2016—2017 泰晤士高等教育世界大学排行榜中位居第一百五十六位。

② 哥伦比亚大学（Columbia University，网址：http：//www. columbia. edu）简称为哥大（Columbia）。哥伦比亚大学是一所位于美国纽约曼哈顿的世界著名私立研究型大学，于 1754 年根据英国国王乔治二世颁布的《国王宪章》而成立，最初校名为国王学院，1896 年正式更名为哥伦比亚大学，并迁到目前所在的晨边高地（Morningside Heights）校园，属于常春藤盟校，还是美国大学协会创始成员。哥大是美国历史最悠久的五所大学之一，校友中共有 98 位诺贝尔奖得主，居世界第二位。哥大校园里还走出 5 位美国开国元勋、4 位美国总统、10 位美国最高法院大法官，以及 34 位各国元首或者首脑。哥大拥有世界一流的法学院、商学院、医学院、新闻学院等，其新闻学院颁发的普利策奖（Pulitzer Prize）是美国新闻界的最高荣誉。1767 年，哥大授予第一个医学博士学位，这也是美国历史上第一个专业博士学位。哥大是美国重要的研究机构之一，是北美第一个实现原子核裂变——曼哈顿计划的诞生地。在大学排名方面，哥大在 2017 年《美国新闻与世界报道（US News & World Report）》美国大学排行榜中位居第五位，在 2017 年 ARWU 世界大学学术排行榜中位居世界第八位。

的 I. Benbasat 教授在本时段内共计发表了 16 篇论文，尽管他发表的论文在数量上并不惊人，但其论文的被引频次都非常高，说明其在相关领域的研究影响力非常高。

6.4.6 2001—2005 年国外情报学研究领域分析

经过分析后可知，在原始数据集中，2001—2005 年期间原本共计包括 3910 条数据。笔者抽取作者同被引网络以后，最终得到 2001—2005 年作者同被引知识图谱（如图 6-11 所示）。其中，共有 9461 个节点（其中有 4741 个孤立节点）、6494 条边，边的最大权重为 12，整个网络有 5841 个弱链网络，最大网络中包含 499 个节点。为了更好地显示重要节点以及权重较大的边，笔者采用 MST-pathfinder 算法来对网络的边进行缩减，最终得到 3620 条边。

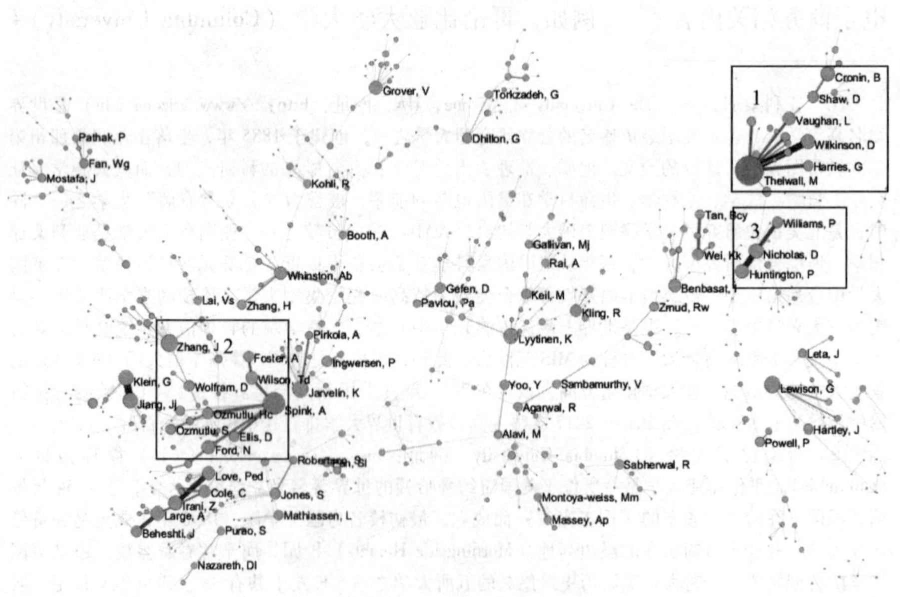

图 6-11 2001—2005 年作者同被引知识图谱

从图 6-11 可以看出，作者同被引次数较多的区域有以下 3 个区域。

1. 区域 1

区域 1 的关键作者主要有 M. Thelwall、D. Harries、G. Harries、

L. Vaughan、D. Shaw、B. Cronin 等人。

区域1的关键作者在网络计量学、大学网站评价、网络链接分析等领域颇有建树。其中，特别值得一提的是来自英国胡弗汉顿大学（University of Wolverhampton）的 M. Thelwall 教授，他在本时段内共计发表了76篇论文，年均发表15篇论文，而且论文质量特别高，被全世界图书情报领域的许多学者争相引用，对情报学研究的贡献较大。M. Thelwall 教授的研究重点集中在大学网站评价上。2002年，他在《Journal of Documentation》杂志上发表的《A comparison of sources of links for academic web impact factor calculations》[242]一文中，以英国96所大学的网站作为研究对象，探讨了网络影响因子（Web Impact Factor，WIF）与大学排名之间的关系，提出了一种新的 WIF 计算公式，这使得 WIF 应用对象由最初的"网站评价"延伸到"机构评价"，极大地拓展了 WIF 乃至整个网络计量学的应用范围。2003年，他在与加拿大安大略西部大学的 L. Vaughan 教授合作发表在《Journal of the American Society for Information Science and Technology》杂志上的论文中证实了期刊影响因子（Journal Impact Factor，JIF）与 WIF 具有统计学意义上的相关关系。

2. 区域2

区域2的关键作者主要有 A. Spink、T. D. Wilson、A. Forster、D. Ellis、N. Ford 等人。

区域2的关键作者主要关注信息搜寻方面的研究。例如，美国宾夕法尼亚州立大学（The Pennsylvania State University）① 的 A. Spink 教授、谢菲尔德大学（The University of Sheffield）的 T. D. Wilson 教授等在《Journal of

① 宾夕法尼亚州立大学（The Pennsylvania State University，PSU，网址：http：//www.psu.edu）是一所世界顶尖研究型大学。该校主校区 University Park 位于宾夕法尼亚中部的中央郡。此外，还有23个分校散布在该州内。该校主校区是一个典型的大学城，占地22平方公里，有超过500座建筑，在校学生有44817人。该校在美国公立大学排行榜中长期稳定在前十的位置，被誉为美国"公立常春藤"。宾夕法尼亚州立大学同时也是美国大学协会 AAU（Association of American Universities）成员。该校的学术科研能力走在世界前列，在工程、气象、地球科学、地理、传媒、管理学、特殊教育、农学等方面堪称世界顶尖水准，还是工业工程和英国文学在美国的发源地。在大学排名方面，该校在2016年《美国新闻与世界报道（US News & World Report）》世界大学排行榜中位居第五十七位，在2016年 Times 世界大学声誉排行榜中位居世界第四十四位。

the American Society for Information Science and Technology》杂志上合作发表了一系列论文，介绍了他们在信息搜寻方面的研究成果，从信息搜寻理论框架的设计、完善到具体实施，最后总结出用户搜集信息行为的特点[243]。

3. 区域3

区域3的关键作者主要有D. Nicholas、P. Williams、P. Huntington等人。

区域3的关键作者都是来自英国的情报学研究人员，他们主要关注电子信息系统与服务以及用户行为研究等问题。这三位关键作者之间的合作关系非常紧密。以伦敦大学学院（University College London）① 的D. Nicholas为例，他在本时段内共计发表了66篇论文，其中的50多篇论文都是与伦敦城市学院（City，University of London）② 的P. Williams、P. Huntington或是其中的某一位合作发表的。

---

① 伦敦大学学院（University College London，UCL，网址：https：//www. ucl. ac. uk）始建于1826年，位于英国首都伦敦，是一所世界著名的顶尖高等学府，还是享有顶级声誉的综合性研究型大学。它是伦敦大学联盟（University of London，UOL）的创校学院，与剑桥大学、牛津大学、帝国理工学院、伦敦政治经济学院并称为"G5超级精英大学"。该校校友中共有32位诺贝尔奖得主、3位菲尔兹奖得主，还有科学、政治、文化等多个领域的名人。其中，包括"光纤之父"高锟、"电话通讯之父"亚历山大·贝尔、DNA发现者"生物分子学之父"弗朗西斯·克里克、"建筑电讯派"核心彼得·库克、人工智能AlphaGo算法创建者戴密斯·哈萨比斯与大卫·席尔瓦、文学大师泰戈尔、印度国父圣雄甘地等。该校还拥有包括国家医学研究中心（NIMR）、欧洲顶尖太空探索实验室（MSSL）、盖茨比计算神经科学中心（GCNU）等在内的众多领先科研机构，其主校区邻近大英博物馆、大英图书馆、国王十字车站和摄政公园，坐落于伦敦市中心。在大学排名方面，该校在2018年QS世界大学排行榜中位居第七位，在2017年泰晤士高等教育排行榜中位居世界第十五位，在2017年上海交大世界大学学术排行榜（ARWU）中位列世界第十六位。该校不仅拥有全球领先的医学院、经济学院、建筑学院、工程科学学院，其理论物理、数学、空间科学、统计学、生命科学、计算神经科学、计算机科学、机器学习与人工智能、电子电气工程、化学与化学工程、土木工程、法学、地理学、教育学、社会学、人文科学等领域也名扬全世界。

② 伦敦大学城市学院（City，University of London，网址：http：//www. city. ac. uk）前身是始建于1848年的北安普敦技术学院（Northampton Institute），1966年升格为大学，2016年更名为伦敦大学城市学院。它是英国伦敦地区在校学生规模最大的综合性大学，也是全英国招生数量最多的大学之一。该校在伦敦市内有数个校区，主校区位于伊斯灵顿（Islington）的北安普顿广场。在大学排名方面，伦敦大学城市学院在2017年英国卫报大学排行榜中位居第十八位，在2016年QS世界大学排行榜中位居第三百一十四位。该校的商科、管理、金融、财会、艺术、传媒、计算机、建筑、法学、心理学、高分子材料等16个学科被英国高等教育质量保障局（QAA）评为"优秀"，还是首批通过中国教育部认证的国外大学之一。该校现有8个教学院系、9个研究院以及32个科研中心，在校生35000多人。其中，国际学生7000人，分别来自150多个国家和地区。

6.4.7 2006—2010 年国外情报学研究领域分析

经过分析后可知，在原始数据集中，2006—2010 年期间原本共计包括 6592 条数据。笔者抽取作者同被引网络以后，最终得到 2006—2010 年作者同被引知识图谱（如图 6-12 所示）。其中，共有 16355 个节点（其中有 7570 个孤立节点）、13595 条边，边的最大权重为 25，整个网络有 9264 个弱链网络，最大网络中包含 2925 个节点。为了更好地显示重要节点以及权重较大的边，笔者采用 MST-pathfinder 算法来对网络的边进行缩减，最终得到 7091 条边。但是，由于该网络太大，所以最终只是抽取权重>3 的节点进行分析。

从图 6-12 可以看出，作者同被引次数较多的区域有以下 3 个区域。

1. 区域 1

区域 1 的关键作者主要有 L. Bornmann、H. D. Daniel、L. Waltrinal、L. Leydesdorff、N. J. Van Eck、W. Glanzel、A. Schubert 等人。

笔者经过分析后发现，区域 1 的关键作者都是来自欧洲的情报学家。例如，来自瑞士的情报学家 L. Bornmann 在本时段共计发表了 37 篇论文，并且大多数论文都是与瑞士苏黎世大学（University of Zurich）① 的 H. D. Daniel 合作完成的，可见两人之间的合作关系是非常紧密的。他们共同关注的是信息计量学相关内容（比如，H 指数的评价和应用研究、引文分析研究以及同行评议研究等[244]）。此外，来自比利时鲁汶天主教大学的 W. Glanzel 是国际文献计量指标研究方面的重要人物。他主要利用数学模型等方法来对文献计量指标进行测算和改进，并且利用文献计量学指标对

① 苏黎世大学（University of Zurich，UZH，网址：http://www.uzh.ch）坐落在瑞士第一大城市苏黎世，是世界著名的州立研究型大学，还是欧洲研究型大学联盟成员。该校成立于 1833 年，现已发展成为瑞士规模最大、实力最强的综合性大学。该校校友中包括第一届诺贝尔物理学奖得主伦琴、“世纪伟人”爱因斯坦、干扰素的共同发现者让·林登曼等在内的 12 名诺贝尔奖得主。苏黎世大学是德语区乃至欧洲最具活力的大学之一。该校现有神学院、法学院、经济学院、医学院、兽医学院、文哲学院、数学-自然科学院等 7 个学院，在医学、免疫学、遗传学、神经科学、结构生物学、经济学等领域处于世界领先水平。在大学排名方面，该校在 2016 年 ARWU 世界大学排行榜中位居第五十四位，在 2016 年 QS 世界大学排行榜中位居第三百一十四位。

科学合作现象进行研究，他还是科学合作研究领域中的一位重要代表人物。值得一提的是，以 Glanzel、Schubert 等为代表的学术团体研究人员既是科学计量学领域的奠基者，也是科学合作研究领域的开创者，其研究成果一直引领着科学合作研究领域的主流方向。

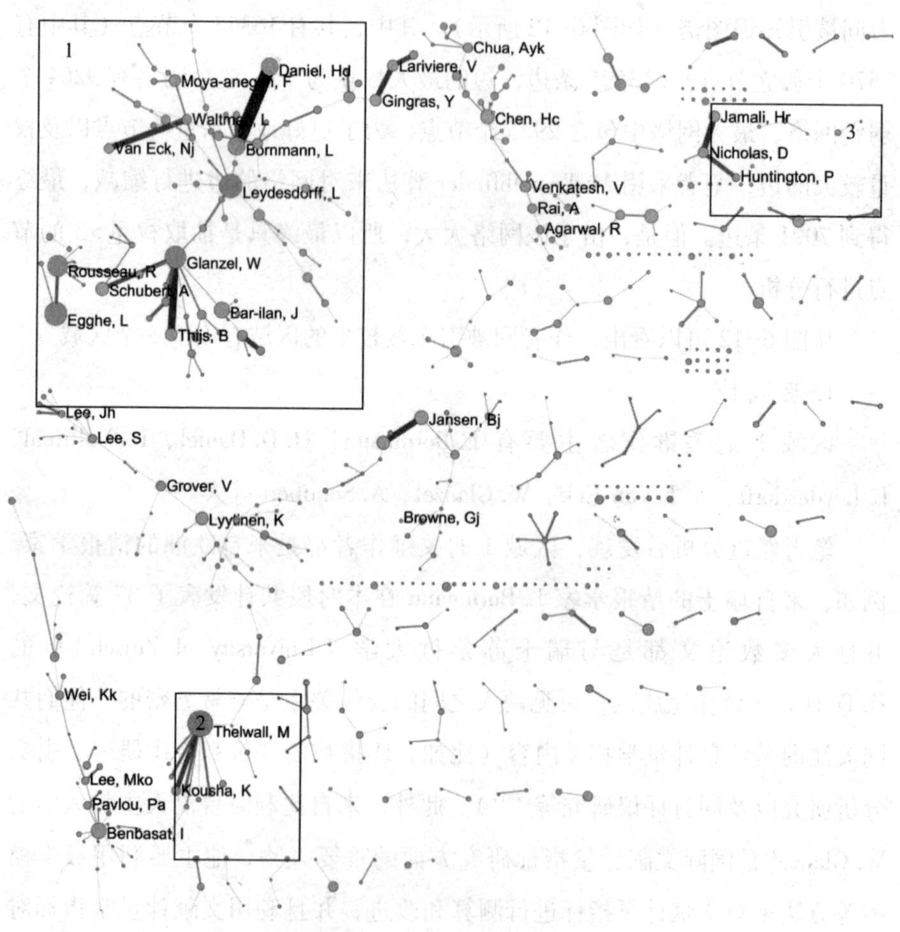

图 6-12　2006—2010 年作者同被引知识图谱

2. 区域 2

区域 2 的关键作者主要有 M. Thelwall、K. Kousha 等人。

从图 6-12 中分析可知，区域 2 的关键作者主要是以英国胡弗汉顿大学的 M. Thelwall 为中心的作者同被引研究团体。其中，M. Thelwall 一直保持着非常高的发文量，他在本时段内共计发表了 75 篇论文，年均发文量为

15 篇，是一位高产作者，并且其论文的质量也非常高，被引频次也很高。尽管他在本时段的研究重点是网络计量学、大学网站评价、网络链接分析，但他还完成了基于谷歌①的多学科探索性分析研究、社会网络分析研究等相关研究。

3. 区域 3

区域 3 的关键作者主要有 H. R. Jamali、D. Nicholas、P. Huntington 等人。

从图 6-12 中分析可知，区域 3 的关键作者主要是指 H. R. Jamali、D. Nicholas、P. Huntington 之间的作者同被引关系研究团队，其研究方向是网络环境下的用户信息行为。其中，Nicholas 等人于 2008 年发表了论文《Web robot detection in the scholarly information environment》[245]，对用户的电子期刊阅读行为进行了相关研究。该论文主要利用网络日志分析工具 Deep Log Analysis 调查了包括 OhioLink② 和 ScienceDirect③ 等在内的许多电子期刊日志。该论文研究结果表明，许多学者都喜欢阅读全文，但大多数阅读都是离线进行的粗略浏览。

---

① 谷歌公司（Google Inc.，网址：https://www.google.com）成立于 1998 年 9 月 4 日，由拉里·佩奇（Larry Page，1973—）和谢尔盖·米克哈伊洛维奇·布林（Sergey Brin，1973—）共同创建，被公认是全球最大的搜索引擎。谷歌是一家位于美国的跨国科技企业，其主要业务包括互联网搜索、云计算、广告技术等，同时还开发并且提供大量基于互联网的产品与服务，其主要利润来自 AdWords 等广告服务。该公司在 Brand Finance 公司发布的 2017 年度全球 500 强品牌榜单以及《2017 年 BrandZ 最具价值全球品牌 100 强》中均名列第一位。

② 俄亥俄图书馆与信息网络（The Ohio Library and Information Network）简称 OhioLink，是始建于 20 世纪 90 年代的美国州级图书馆联盟。其成员包括 17 所公立大学、23 所社区或者专科学院、43 所私立大学图书馆以及州图书馆。它通过一个综合性的地区图书馆目录和 OhioLink 中心目录、一个联机馆际互借系统、各个学科数据库以及 48 小时的文献配送系统，为 89 个成员机构的 60 万在校学生、教职员工提供服务。OhioLink 的经费来源于州政府的教育预算，每两年一次，主要用于职员的工资、办公室房租、中心计算机设备费用、远程通信费用、硬件和软件维持费用、数据库年度契约费等。

③ Elsevier（爱思唯尔）是荷兰一家全球著名的学术期刊出版商，每年出版大量的学术图书和期刊。其大部分期刊被 SCI、SSCI、EI 所收录，是世界上公认的高品质学术期刊。近年来，该公司将其出版的 2500 多种期刊和 11000 图书全部数字化，即创建了 ScienceDirect 全文数据库，并且通过网络为用户提供服务。该数据库涉及众多学科，主要包括计算机科学、工程技术、能源科学、环境科学、材料科学、数学、物理、化学、天文学、医学、生命科学、商业、经济管理、社会科学等学科。

6.4.8 2011—2014 年国外情报学研究领域分析

经过分析后可知，在原始数据集中，2011—2014 年期间原本共计包括 5876 条数据。笔者抽取作者同被引网络以后，最终得到的 2011—2014 年作者同被引知识图谱（如图 6-13 所示）中共计有 15755 个节点（其中有 6584 个孤立节点）、15171 条边，边的最大权重为 35，整个网络有 8272 个弱链网络，最大网络中包含 3178 个节点。为了更好地显示重要节点以及权重较大的边，笔者采用 MST-pathfinder 算法来对网络的边进行缩减，最终得到 6745 条边。但是，由于该网络太大，所以最终只是抽取权重>3 的节点进行分析。

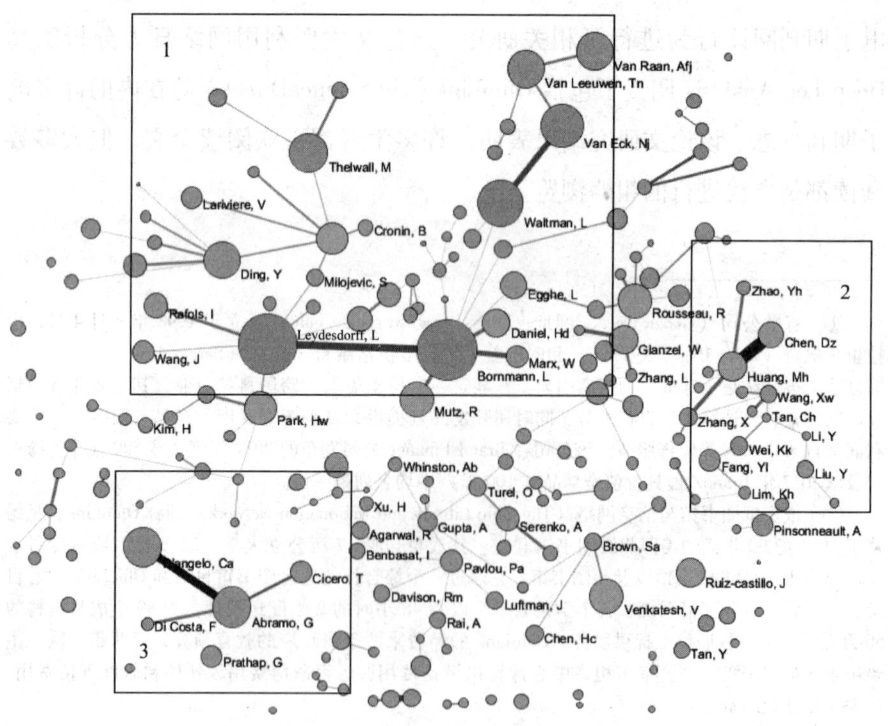

图 6-13　2011—2014 年作者同被引知识图谱

从图 6-13 中分析可知，国外情报学研究人员在本时段的联系比较紧密，并且是通过一位或者多位学者相互关联的。

1. 区域 1

区域 1 的关键作者主要有 L. Bornmann、L. Leydesdorff、H. D. Daniel、W. Marxist、L. Waltman 等人。

笔者经过分析后发现，区域 1 中两个最大节点分别是卢茨·博恩曼（L. Bornmann）[①] 和洛埃特·雷迭斯多夫（L. Leydesdorff），二人都是国外著名的信息计量学家。通过二者之间连线的颜色分析可知，这两位学者之间的联系非常紧密。事实上，从他们合作发表的论文数量上也可以证实这一点。Bornmann 等人于 2011 年在《Journal of Informetrics》杂志上发表的《Further steps towards an ideal method of measuring citation performance：The avoidance of citation（ratio）averages in field-normalization》一文中提出用百分位数指标取代相对引用指标，很快受到国际文献计量学界的广泛关注，并被逐渐用于研究绩效评价。Leydesdorff 与 L. Bornmann 于 2011 年在《Journal of the American Society for Information Science and Technology》杂志上合作发表的《Integrated impact indicators compared with impact factors：An alternative research design with policy implications》一文中，以科研机构发表论文集所属的期刊论文集作为参照标准，对百分位数指标的计算进行了实证研究。

2. 区域 2

区域 2 的关键作者主要有 D. Z. Chen、M. H. Huang、Y. H. Zhao、X. Zhang 等人。

---

① 卢茨·博恩曼（Lutz Bornmann）目前在位于德国慕尼黑的马克斯-普朗克学会行政总部的科学与创新研究部担任科学社会学家。自 20 世纪 90 年代后期以来，他一直致力于提升青年学者和科学家科研能力以及高等教育质量保证等方面的研究，其研究兴趣主要包括科研评价、同行评议、文献计量学以及替代计量学。他是爱思唯尔（Elsevier）出版集团下属的《信息计量学杂志（Journal of Informetrics）》、《PLoS One》、施普林格（Springer）出版社下属的《科学计量学（Scientometrics）》、威利（Wiley）出版公司下属的《美国信息科学与技术学会会刊（Journal of the American Society for Information Science and Technology）》等杂志的编委会成员。此外，他还是科萨尔（Kowsar）出版公司下属的《国际生物医学科学编辑杂志（International Journal of Biomedical Science Editing）》高级编辑，以及自然出版集团下属的《EMBO 报告》顾问编委。从 2004 年以来，他已经在科睿唯安（Clarivate Analytics）（原汤森路透旗下知识产权与科技事业部）收录的 Web of Science 期刊上发表了 260 多篇论文，总引用次数为 4200 次。

区域2的关键作者来自中国宝岛台湾省的台湾大学①以及国内的中国科学技术信息研究所②，其主要研究方向为专利分析、科学评价、信息计量学等。来自台湾大学的陈达仁（D. Z. Chen）③ 在本时段共计发表了30篇论文。其中，有20多篇论文都是与台湾大学的黄慕萱（M. H. Huang）一起合作发表的，可见二人在研究方向上高度一致。又如，中国科学技术信息研究所的雷小平（Xiao Ping Lei）、赵志耘（Zhiyun Zhao）④、张旭

---

① 台湾大学（National Taiwan University，NTU，网址：http：//www. ntu. edu. tw）简称台大，成立于1928年，是坐落在台湾省台北市的一所研究型公立综合性大学，素有“台湾第一学府”之称。其前身是日本统治时期建立的“台北帝国大学”，为当时日本建立的九所帝国大学之一。1945年以后，该校改名为“国立台湾大学”。1949年蒋介石政府迁往台湾以后，台大成为台湾地区教育主管部门资助经费最多的一所大学，其大批毕业生担任了台湾各大行业的领军人物，其中包括知名校友诺贝尔奖得主李远哲。台大是台湾“迈向顶尖大学计划”的12所成员校之一，并在2016年英国QS大学排行榜中位居全球第六十八位，是一所在国际上享有较高学术声誉的大学。目前，台大校区分布在台北、宜兰、新竹、云林以及中部高山地区，校园面积大约34000公顷，现有11个学院以及3个专业学院、54个系、109个研究所、30多个学术研究中心。台大是台湾地区规模最大的顶尖综合性大学，学生总数达33000多人（其中，本科生18000人，研究生15000余人），专任教师2044人，兼任教师1911人。

② 中国科学技术信息研究所（Institute of Scientific and Technical Information of China，ISTIC，网址：http：//www. istic. ac. cn）简称中信所，成立于1956年10月，是科技部直属的国家级公益类科技信息研究机构。中信所定位于“为科技部等政府部门提供决策支持，为科技创新主体（企业、高等院校、科研院所和科研人员）提供全方位的信息服务，成为全国科技信息领域的共享管理与服务中心、学术中心、人才培养中心和网络技术研究推广中心，成为国家科技创新体系的重要支撑，并在全国科技信息系统中发挥指导和示范作用”。据中信所官网显示，中信所下设7个职能处室、8个公益部门、3个企业集团、4个学会团体，拥有1个博士后科研工作站、1个一级学科硕士点、2个二级学科硕士点。

③ 陈达仁（Dar-Zen Chen）博士毕业于美国马里兰大学机械工程学系，现为台湾大学机械工程学系教授，其研究领域为智慧资产分析、智权管理、科技竞争力分析等。他是台湾地区最有影响力的企业专利信息分析专家，发表SSCI/SCI论文90余篇，兼任台湾大学专利及技术移转权益委员会委员、政治大学科技政策与法律研究中心研究员、工业技术研究院机械工业研究所顾问、工业技术研究院显示科技研究中心顾问、经济部标准检验局标准技术委员会委员、国科会科技权益委员会委员、证券柜台买卖中心上柜审议委员会外部审议委员、财团法人高等教育评鉴中心基金会研究员等职，曾任台湾大学工业知识科技研究中心主任、研发会技术移转组组长，曾获得第十一届和第九届台湾机械与机器设计学术研讨会最佳论文奖、台湾大学傅斯年奖等学术奖项。

④ 赵志耘（1966—）现为中国科学技术信息研究所研究员、博士生导师、“新世纪百千万人才工程”国家级人选、享受国务院特殊津贴专家、中国科学技术信息研究所副所长。主要研究领域有宏观经济理论与政策、财政税收理论与政策、科技管理与政策，已出版学术专著17部、译著4部，发表学术论文120余篇。曾主持国家社科基金、中国社会科学院重大项目、国家软科学重大项目、国际合作项目以及省部级以上项目20多项。

(Xu Zhang)① 与台湾大学的陈达仁（D. Z. Chen)、黄慕萱（M. H. Huang)②等人在权威期刊《Scientometrics》上合作发表了《The inventive activities and collaboration pattern of university-industry-government in China based on patent analysis》[246]一文，主要从专利分析角度对中国的高校-产业-政府三螺旋创新模式进行了探讨，受到许多学者的高度关注。

3. 区域3

区域3的核心作者主要有G. Abramo、C. A. D'Angelo、F. Di Costa等人。

笔者经过分析后得知，区域3的核心作者主要来自欧洲国家，其主要研究领域包括科学评价、信息计量学等。特别值得一提的是，他们在产学研合作创新、知识管理等方面都发表了许多高水平的研究论文。其中，来自意大利罗马第二大学（Università degli Studi di ROMA "Tor Vergata"）③的G. Abramo等人在2011年发表的论文中指出了产学研合作创新市场中信息不对称作用，他们通过对特定国际科学刊物中包含的意大利合作创新组

① 张旭（1968—）现为中国科学技术信息研究所副局级调研员、研究员，主要研究领域包括重点科技领域研究、专利分析、科技政策与管理研究、开放存取出版研究、技术竞争情报研究等，目前承担的课题主要有"主要国家科技发展宏观战略研究""国家科技重大专项管理体制研究""电动汽车国际创新资源调查""主要国家重点研发领域及主要科技计划和重大专项发展现状的调查与监测平台建设"等，近年来在国内外学术刊物上发表论文10余篇，代表性作品有"开放获取运动对科技期刊业影响的探讨""DOI在学术出版产业链中的应用研究""基于双边市场模型的开放获取期刊与传统期刊竞争分析""中德风电技术专利比较研究"。2005年，他曾获得北京市科学技术奖三等奖。

② 黄慕萱（Mu-Hsuan Huang）博士毕业于美国马里兰大学，现为台湾大学讲座教授、特聘教授、文学院院长、图书信息学系教授、《图书信息学刊》主编，曾任台湾大学图书资讯学系系主任、文学院副院长、《文史哲学报》主编、国立政治大学智慧财产研究所兼任教授，其研究领域为信息计量学、科技政策、信息检索、用户行为、知识管理、数字图书馆等，发表SSCI/SCI论文近70篇，曾荣获台湾地区"国科会"年度杰出研究奖、国际科学计量学与信息计量学杰出论文奖、台湾"科技部"研究杰出奖、台湾大学傅斯年人文社会科学研究贡献奖等学术奖项。

③ 罗马第二大学（Università degli Studi di ROMA "Tor Vergata"，网址：http://web.uniroma2.it）创办于1979年，占地面积600公顷，拥有完善的教学设施以及人性化的教学管理风格，因而吸引着来自世界各地的留学生来该校学习，并多次入选意大利知名院校。目前，罗马第二大学拥有经济学院、法学院、工程学院、文学与哲学学院、医学与外科学院、数学物理与自然科学学院等6大学院，校内注册学生有41000人，现有教师1434人，共计开设113门本科课程和138门硕士研究生课程以及5个本硕连读项目。此外，该校还设有492个实验室和6个图书馆。

织的调查结果表明，合作伙伴的选择更多地会受到地理因素的影响，企业会就近选择合作伙伴，这样更容易进行信息沟通。

6.4.9　1976—2014年国外情报学研究领域小结

笔者对上文提及的8个不同时段的国外情报学研究概况进行分析后，得到以下初步结论：

（1）研究工作应有一定的连续性。例如，I. Benbasat一直致力于信息系统理论方面的研究，罗纳德·鲁索（Ronald Rousseau）①、洛埃特·雷迭斯多夫（Loet Leydesdorff）、埃格赫（Leo Egghe）等人多年来一直致力于信息计量学方面的研究。

（2）从整体上来看，1991年之前（即1976—1980、1981—1985、1986—1990这3个时段）的知识图谱中呈现出来的整个网络之间的关联不是很紧密，存在着很多弱链节点，节点的数量普遍较少，即使是在知识图谱中的最核心区域，真正强关联的链接也很少，说明部分学者之间的联系仍然不够密切，很多作者还是局限在自己的研究领域内，与其他研究领域的人员之间交流较少，学术壁垒现象很严重。

（3）随着时间的推移，研究的深入和扩展，作者之间的联系渐渐变得更加紧密一些，以前与其他作者没有同被引关系的那些人员之间的交流开

---

① 罗纳德·鲁索（Ronald Rousseau，1949—）出生在比利时北部的港口城市安特卫普，他是世界著名的信息计量学家、数学家，现为比利时著名高等学府鲁汶大学教授。1977年，鲁索获得鲁汶大学数学博士学位，1979获得比利时科学院奖章，1981年获得北大西洋公约组织奖学金和富布莱特奖学金，1992年获得安特卫普大学图书馆与信息科学博士学位，2001年获得普赖斯奖章，2008年被聘为鲁汶大学奥斯坦德学院教授。2007年，他担任国际科学计量学与信息计量学学会（ISSI）会长，2011年重新当选。此外，他还是许多国际重要杂志的编委成员，包括《信息计量学杂志（Journal of Informetrics）》《美国信息科学技术杂志（American Society of Information Science & Technology）》《网络计量学（Cybermetrics）》《当代信息科学前沿丛书（Frontiers of contemporary information science，ISTIC）》、中国《评价与管理（Evaluation and Management）》、中国《情报学报》等杂志。鲁索还担任《科学计量学（Scientometrics）》《赞比亚图书馆协会杂志（Zambia Library Association Journal）》等杂志的咨询顾问。2007年4月，他成为中国科学学与科技政策研究会的外籍学者和研究会的名誉会员。此外，鲁索还与中国高校保持着密切的学术联系。自2001年起，他先后被聘为河南师范大学、中国科学院国家科学图书馆、大连理工大学的客座教授，并与梁立明、金碧辉等中国学者有着广泛的合作关系。

始变得越来越密切了。例如，A. Spring 和 V. Venkatesh、R. Rousseau 和 W. Glanzel 之间，从没有交集到联系越来越紧密。这在一定程度上说明，随着学科的不断发展，学科内部以及学科之间的渗透性正在不断加强。

（4）整个图谱细分的小区域随着时间的变化而呈现递减趋势，区域内的节点数则呈现增长趋势，说明研究人员在同一领域内的合作越来越密切。

6.5 国外情报学研究前沿知识图谱

随着学科之间的交叉、融合在科研活动中越来越普遍，新兴学科主题也在不断出现，这些新兴的学科主题被称为“研究前沿”。

为了更好地分析国外情报学研究前沿概况，笔者先将 1976—2014 年期间的国外情报学学研究论文以 5 年作为一个时段，共计分成 8 个时段。然后，利用 CiteSpace 软件对这 8 个时段进行共词分析，对主题词中的突现词进行检测。

6.5.1 1976—1980 年国外情报学研究前沿分析

在本时段，笔者以主题词为对象进行分析，利用 CiteSpace 软件的突现词检测功能，发现突现词数量为零。因此，将主题词来源改为标题（Title）、摘要（Abstract）、作者给出的关键词（Author Keywords）、数据库附加关键词（Keywords Plus）。然后，进行共词分析和突现词检测，最终得到 2 个突现词（如表 6-8 所示）。

表 6-8 1976—1980 年国外情报学突现词分析结果

突现检测	频次（次数）	中心度	关键词	年份
1.93	3	0.00	Social Science	1978
1.86	9	0.00	Information Retrieval System	1976—1977

从表6-8可以看出，“社会科学（SocialScience）”和“信息检索系统（Information Retrieval System）”的变动趋势最大，是本时段国外情报学领域的研究前沿。但从根源来看，情报学隶属于社会科学。

笔者对原始数据进行处理，检索出在本时段与“社会科学（SocialScience）”相关的论文有521篇。其中，被引频率最高的《American social science：International relations》[247]一文的被引频次为155次，但该论文并不属于情报学领域。重新调整检索条件，则情报学领域与社会科学这一主题相关的论文共计有83篇，被引频次最高的《Specialties and disciplines in science and social science-Examination of their structure using citation indexes》[248]一文的被引频次为79次。这篇论文是由H. G. Small和D. Crane合作完成的，主要介绍引文分析技术应用于社会科学引文索引领域的特殊三年（1972—1974年）概况，设计了一个识别聚类的算法，并且在经济学、社会学、心理学等三个学科中运用该算法进行了聚类，最终确定社会科学和自然科学群的共同结构特征，表明社会科学的学科知识正朝着自然科学的方向发展[248]。

排名第二位的主题词是“信息检索（Information Retrieval）”，本时段与信息检索主题相关的论文有78篇，被引频次最高的论文是《Mathematical model of information retrieval system based on concept of Fuzzy thesaurus》[249]，被引频次为48次。被引频次排名第三位的论文是《General mathematical model for information retrieval systems》[250]，频次为43次。这两篇论文主要研究信息检索系统的数学模型。在第一篇论文中，作者主要介绍基于模糊词库概念的信息检索系统数学模型。在此过程中，作者使用了基于模糊词库数学模型。该检索系统具有两大特点：①能够考虑特殊词在特定文档模型中的重要程度，并且信息请求是一个持续特征；②在描述文档的词与信息请求之间形成某种关系[249]。

6.5.2 1981—1985年国外情报学研究前沿分析

笔者进行共词分析和突现词探测，最终得到本时段的突现词有3个（如表6-9所示）。

表 6-9 1981—1985 年国外情报学突现词分析结果

突现检测	频次（次数）	中心度	关键词	年份
1.90	4	0.00	Information Utilization	1981
1.90	4	0.00	Fixed Point Theorems	1981
1.90	4	0.00	Accurate Predictions	1981

从表 6-9 可以看出，“信息利用（Information Utilization）”“不动点定理（Fixed Point Theorem）”“精确预测（Accurate Predictions）”的变动趋势最大，它们共同构成了本时段国外情报学领域的研究前沿。

在检索结果中，与“信息利用（Information Utilization）”这一主题相关的论文共计有 51 篇，其中属于情报学领域的有 14 篇。按被引频次进行降序排列，被引频次最高的论文是《Knowledge utilization among MIS researchers》[251]，被引频次为 47 次。这篇论文主要采用量化分析方法，介绍了管理人员的信息利用率问题。被引频次排名第二位的论文是《Information utilization by policy-makers in Nigeria, Part I: Assessing degrees of information consciousness》[252]，主要探讨的是决策者的信息利用以及信息意识的评估程度问题。被引频次排名第三位的论文是《Information utilization by policy-makers in Nigeria, Part II: Characteristics of information sources used》[253]，该论文承接第二篇论文，主要介绍决策者的信息利用和信息源利用特点。

本时段情报学领域中与“不动点定理（Fixed Point Theorems）”主题相关的论文只有 4 篇。与“精确预测（Accurate Predictions）”主题相关的论文有 36 篇，但属于情报学领域的论文只有 4 篇。笔者发现这 4 篇论文都将不动点定理和精确预测综合起来开展研究，并且有回复和评论等方面的内容。遗憾的是，这 4 篇论文的被引频次都不高。

总之，本时段国外情报学领域并没有形成相对成熟、完善的研究前沿。从表 6-9 可以看出，上述三个突现词的被引频次和突现值均相同，而且论文都发表在 1984 年，中心度也都是 0。主要原因很可能是因为情报学在本时段还处于初级发展阶段，重要的情报学理论尚未形成，研究人员还在不断地探索情报学相关理论，导致本时段形成的研究前沿都是不成熟的。

6.5.3 1986—1990年国外情报学研究前沿分析

笔者将原始数据导入到CiteSpace软件中，进行共词分析和突现词检测，最终得到1个突现词（如表6-10所示）。

表6-10 1986—1990年国外情报学领域突现词分析结果

突现检测	频次（次数）	中心度	关键词	年份
2.00	6	0.00	Decision Support System	1986—1987

从突现词检测结果可以看出，“决策支持系统（Decision Support System，DSS）”的变动趋势最大，所以本时段国外情报学领域的研究前沿就是“决策支持系统”。

对原始数据进一步处理，检索出国外情报学领域中与“决策支持系统”相关的论文共计有46篇。如果按被引频次进行降序排列，得到排名最高的论文是《Decision support systems：Directed and nondirected change》[254]，其被引频次为103次。该论文介绍了决策支持系统概况，但并未对DSS问题达成共识。研究人员从两个不同的前提出发，得出了不同的结论。该论文认为在考察不同设计师的态度是如何改变机构时，应该关注的是他们所利用的DSS功能清单。该论文还指出，有两个因素（即“系统严格性”和“决策指导”）是从设计师态度的差异变化角度去理解DSS差异的基础。利用这两个属性，最终会得出4个直接改变DSS的策略以及5个间接改变DSS的策略[254]。

总之，本时段国外情报学领域的突现词较少，被引次数不高，突现词的突现检测值也不高，而且突现词属于早期年代，再次表明本时段国外情报学领域的研究前沿仍然不够成熟。国外早期的情报学研究论文只所以很难成为高被引论文，是因为本时段尚未形成成熟的情报学理论和前沿研究，所以后续的研究人员很少会有人去利用不成熟的论文进行研究。尽管如此，本时段国外情报学领域的突现词在一定程度上代表了这一时段的研究前沿，是国外情报学研究人员早期研究的基础，为后续研究奠定了一定基础。

6.5.4 1991—1995 年国外情报学研究前沿分析

笔者将原始数据导入到 CiteSpace 软件中，进行共词分析和突现词检测，最终得到 42 个突现词，以突现率高的词作为国外情报学本时段的研究前沿代表（如表 6-11 所示）。

表 6-11 1991—1995 年国外情报学研究前沿突现词分布表

突现检测	频次（次数）	中心度	关键词	年份
8.53	18	0.00	Retrieval System	1991
5.24	11	0.00	End Users	1993
4.63	10	0.00	Information Retrieval System	1991
4.61	10	0.00	Decision Support Systems	1994—1995
4.26	9	0.00	Information Professionals	1993
3.78	9	0.00	Scientific Production	1992
3.78	9	0.00	Public Libraries	1992
3.67	8	0.00	Computer Supported	1994—1995
3.20	7	0.00	Social Sciences	1994—1995
3.20	7	0.00	Electronic Publishing	1994—1995
3.20	7	0.00	Database Management	1994—1995
3.20	7	0.00	Data Analysis	1994—1995
2.92	7	0.00	Melvyl System	1992
2.92	7	0.00	10 years	1992
2.75	6	0.00	Online Catalog	1991
2.74	6	0.00	Information Access	1994—1995

从表 6-11 分析可知，排名靠前的突现词是“检索系统（Retrieval System）”“终端用户（End Users）”“信息检索系统（Information Retrieval System）”“决策支持系统（Decision Support Systems）”“信息专业（Information Professionals）”。这 5 个词构成了本时段国外情报学领域的研究前沿。

与“检索系统（Retrieval System）”主题相关的情报学论文有 426 篇，这些论文主要研究的是信息检索系统。与“信息检索系统（Information Retrieval System）”主题相关的论文有 330 篇。决策支持系统研究主题也是本时段国外情报学领域的研究前沿，但在上一时段已经进行过详细介绍，故在此处不再赘述。本时段新出现的国外情报学研究前沿是“信息专业（Information Professionals）”，相关论文有 67 篇，主要介绍的是对信息专业人才的培养和研究情况。

总之，突现检测值高的那些突现词，其相应的被引频次也高，二者之间成正比。高被引的论文大多分布本时段的早期，因为越接近所选取时间段末期的论文，越难进入高被引论文行列，国外情报学领域也呈现出类似的特征，但也有例外发生。例如，越是早期的经典论文，越容易成为高被引论文。

6.5.5 1996—2000 年国外情报学研究前沿分析

笔者将原始数据导入到 CiteSpace 软件中，进行共词分析和突现词检测，得到 32 个突现词（如表 6-12 所示）。从表 6-12 中可以清晰地看到那些突现词检测值较大的突现词。其中，“检索系统（Retrieval System）”是本时段节点最大的突现词。

表 6-12　1996—2000 年国外情报学研究前沿突现词分布表

突现检测	频次（次数）	中心度	关键词	年份
7.32	15	0.00	Retrieval System	1998
6.76	13	0.00	Electronic Commerce	1999—2000
4.40	8	0.00	Public Access	1997
4.20	11	0.00	Bibliometric Indicators	1996
3.82	7	0.00	Information Center	1997
3.69	8	0.00	Neural Network	1998
3.69	8	0.00	Cluster Analysis	1998
3.38	9	0.00	Expert System	1996
3.38	9	0.00	Online Catalogs	1996
3.25	6	0.00	North America	1997
2.95	6	0.00	Search Engine	1999—2000
2.68	5	0.00	Central Role	1997
2.59	7	0.00	Distance Education	1996
2.59	7	0.00	Advanced Information Technology	1996
2.59	7	0.00	National Information Infrastructure	1996
2.44	5	0.00	Informatio System Design	1999—2000

从表 6-12 可以看出，排名靠前的突现词分别是“检索系统（Retrieval System）”“电子商务（Electronic Commerce）”“公共访问（Public Access）”“文献计量学指标（Bibliometric Indicators）”“信息中心（Information Center）”“神经网络（Neural Network）”“聚类分析（Cluster Analysis）”。这些词共同构成了本时段国外情报学领域的研究前沿。

根据以上分析结果，检索系统仍然是本时段国外情报学领域的研究前沿，论文总数为 177 篇，与之前的时段相比有所减少。与这一时段新出现的研究前沿主题词“电子商务”相关的论文有 63 篇。按被引频次进行降序排列，则被引频次最高的论文是《Exploring the factors associated with web site success in the context of electronic commerce》[255]，其被引频次为 297 次，主要探索电子商务背景下网站成功的相关因素。被引频次排名第二位的论文则介绍了针对中小型企业电子商务问题的探索性研究情况。

与“公共访问”这个研究前沿主题词相关的论文有 73 篇，主要研究在线目录、用户搜索行为、基于用户目标的联机公共检索目录、公共访问互联网和数字鸿沟、联机公共目录查询系统（Online Public Access Catalogue, OPAC）① 等内容。

此外，需要补充说明的是，与“文献计量学指标”这个研究前沿主题词相关的论文有 31 篇，主要阐述研究人员对国外情报学中的文献计量学研究成果。与“信息中心”研究主题这个研究前沿主题词相关的论文有 74 篇；与“神经网络”这个研究前沿主题词相关的论文有 47 篇，与“聚类分析”这个研究前沿主题词相关的论文有 23 篇。

6.5.6 2001—2005 年国外情报学研究前沿分析

笔者将原始数据导入到 CiteSpace 软件中，进行共词分析和突现词检测，最终得到 18 个突现词（如表 6-13 所示）。

① 联机公共目录查询系统（Online Public Access Catalogue, OPAC）是指传统读者目录查询的自动化。它是一种通过网络查询馆藏信息资源的联机检索系统，用户可以不受空间地点的限制，查询各图书馆的 OPAC 资源。

表 6-13 2001—2005 年国外情报学领域突现词分析结果

突现检测	频次（次数）	中心度	关键词	年份
4.46	10	0.00	Social Representation	2002
3.38	16	0.00	Information Architecture	2002
2.67	55	0.11	Web Pages	2004—2005
2.58	11	0.00	Test Collection	2003—2005
2.57	36	0.06	Empirical Evidence	2002
2.53	8	0.07	Developed Countries	2004—2005
2.45	10	0.00	Library Science	2001
2.45	5	0.00	Smart Business Network	2004—2005
2.44	9	0.09	System Design	2003
2.39	10	0.00	Government Agencies	2004—2005
2.37	19	0.00	Information Systems Research	2004—2005
2.37	10	0.00	Open Source Software	2002
2.27	7	0.00	Internet Usage	2001
2.21	7	0.00	Cognitive Styles	2002
2.12	10	0.04	Response Rates	2004—2005
1.86	12	0.00	Software Development	2003
1.80	42	0.08	Competitive Advantage	2001
1.80	17	0.01	European Union	2002

从表 6-13 中分析可知，社会表征（Social Representation）、信息架构（Information Architecture）①、网页（Web Pages）、测试集（Test Collection）、经验性事例（Empirical Evidence）是比较靠前的突现词。因此，这 5 个词在本时段的变动趋势最大，它们构成了本时段国外情报学领域的研究前沿。

笔者对原始数据进一步处理后发现，与“社会表征”这个研究前沿主题词相关的论文有 35 篇。社会表征理论是由法国社会心理学家莫斯科维奇

① 信息架构（Information Architecture，IA）是 20 世纪 70 年代中期兴起、90 年代末期得到广泛推崇和快速发展的一种信息组织和管理理论。该名词最早是由理查德·所罗·乌曼（Richard Saul Wurman）创造出来的。后来，路易斯·罗森菲尔德（Louis Rosenfeld）和彼得·默非（Peter Morville）两位图书馆学者将其发扬光大！信息架构的主体对象是信息，一般是指由信息建筑师来加以设计结构、决定组织方式以及归类，以便让使用者与用户容易寻找与管理的一种艺术与科学。信息架构的主要任务是为信息与用户认知之间搭建一座畅通的桥梁。

（S. Moscovici）率先提出的，它是对共享实在的一种解释[256]。目前，人类社会已经进入到知识经济时代。知识经济是信息社会的表征，对知识和信息的拥有以及知识创新的能力是时代成功的要素[257]。尽管社会表征一词来源于心理学，但国外情报学研究人员在本时段也开始对它进行了初步研究。

排名第二位的突现词是“信息架构”，与该主题相关的论文有 124 篇，这些论文主要研究信息交互、信息技术安全体系结构、网站信息架构、信息网络的信息构架、高校图书馆网络信息构架、信息构架理论等内容，大多数论文是基于网站来探讨国外情报学领域的信息构架问题。

排名第三位的突现词是“网页”，与该主题相关的论文有 269 篇，这些论文主要研究用户对网页的搜索、根据网页链接来抓取信息、网页上的概念化文档、统计大学网站之间的链接等内容。

此外，需要补充说明的是，与“测试集”这个主题相关的论文有 84 篇，与“经验性事例”这个主题相关的论文有 11 篇。

6.5.7 2006—2010 年国外情报学研究前沿分析

笔者将原始数据导入到 CiteSpace 软件中，进行共词分析和突现词检测，最终得到 18 个突现词（如表 6-14 所示）。

表 6-14 2006—2010 年国外情报学领域突现词分析结果

突现检测	频次（次数）	中心度	关键词	年份
43.35	99	0.00	Practical Implications	2009—2010
16.95	39	0.00	Open Access	2008
18.49	31	0.00	Knowledge Management Research	2007
10.90	28	0.00	European Journal	2009—2010
11.96	28	0.00	Search Engine	2007
11.42	26	0.07	Information Needs	2006
8.00	19	0.00	Information Behaviour	2007
6.90	18	0.00	Natural Language	2009—2010
7.57	18	0.09	Scientific Research	2007
6.90	18	0.00	Research Output	2009—2010

续表

突现检测	频次（次数）	中心度	关键词	年份
6.92	16	0.00	Technology Acceptance Model	2006
5.85	14	0.00	Public Library	2007
5.33	14	0.00	Hirsch Index	2009—2010
5.60	13	0.00	Information Professionals	2006
5.43	13	0.00	Retrieval System	2004—2005
5.16	12	0.00	Online Information	2006
6.95	12	0.00	Paper Addresses	2008
5.00	12	0.00	Positive Effect	2007

从表6-14可以看出，“社会表征（Practical Implications）”“知识管理研究（Knowledge Management Research）”“开放存取（Open Access）”“搜索引擎（Search Engine）”“信息需求（Information Needs）”的变动趋势最大，所以它们就构成了本时段国外情报学领域的研究前沿。

突现检测值排名第一位的突现词是“社会表征”，检索结果中与该主题相关的论文为724篇，突现检测值上升到43.35。说明“社会表征”是本时段国外情报学领域的研究前沿。

突现检测值排名第二位的突现词是“知识管理研究”，检索结果中与该主题相关的论文有95篇，主要研究内容有基于知识管理和知识资本的学术期刊全球排名、管理知识和知识管理的比较、知识管理的应用、当代知识管理的研究范式等。

突现检测值排名第三位的是“开放存取”，检索结果中与该主题相关的论文有276篇，主要研究开放存取论文的优势、开放存取对引文影响力的影响、开放存取对学术出版和医学图书馆的影响、URL引文的目的、从引文分析角度来看开放存取等内容。

突现检测值排名第四位的是“搜索引擎”，检索结果中与该主题相关的论文有426篇，主要研究基于计算机领域的搜索引擎技术、基于Web 2.0的搜索引擎、万维网搜索引擎比较、基于Web 2.0的社交软件、利用搜索引擎对多学科进行探索性分析等内容。

突现检测值排名第五位的突现词是“信息需求”，检索结果中与该主题相关的论文有 311 篇，主要研究信息需求获取、针对城市特定人群的信息需求等内容，目的是最大限度地满足用户需求。

6.5.8 2011—2014 年国外情报学研究前沿分析

笔者将原始数据导入到 CiteSpacc 软件中，进行共词分析和突现词检测，得到 3 个突现词。经过手工处理一些无意义的词以后，最终得到 2 个突现词（如表 6-15 所示）。

表 6-15 2011—2014 年国外情报学领域突现词分析结果

突现检测	频次（次数）	中心度	关键词	年份
3.33	110	0.00	Social Media	2013—2014
3.18	75	0.03	Journal Impact Factor	2012

从表 6-15 可以看出，“社会媒体（Social Media）①”和“期刊影响因子（Journal Impact Factor）”在本时段的变动趋势最大，所以它们就构成了本时段国外情报学领域的研究前沿。

突现检测值排名第一位的突现词是“社会媒体”，检索结果中与该主题相关的论文有 521 篇，主要研究社会媒体实践、社会媒体的风险与好处、社会媒体影响力的类型与来源等内容。随着信息技术的不断发展，国外情报学研究人员开始转向社会媒体研究，使得社会媒体成为这一时段的一个研究前沿。

突现检测值排名第二位的突现词是“期刊影响因子”，检索结果中与该主题相关的论文有 286 篇，主要研究期刊评价、期刊影响因子计算等内容。其中，研究最多的还是期刊评价。

① 社会媒体（Social Media）是指人们彼此之间用来分享意见、见解、经验和观点的工具和平台。如果从其基本形式来看，社会媒体主要有博客（包括微博客）、维基、播客、论坛、社交网络、内容社区等多种形式。作为一种能够给用户极大参与空间的新型在线媒体，社会媒体具有参与性、共享性、交流性、社区性、连通性等基本特征。几乎所有可以想象得到的每一种社会活动都会有社会化的用户产生内容的网站。

总之，本时段国外情报学领域的研究前沿主要有社会媒体研究和期刊影响因子研究。

6.5.9 1976—2014 年国外情报学研究前沿小结

笔者通过对 8 个时段的研究前沿进行分析后发现，在 1976—2014 年期间，国外情报学领域的研究前沿主要集中在各个时段的突现词中。其中，第 1 个时段的研究前沿主要是“社会科学”和“信息检索系统”，第 2 个时段的研究前沿主要是“信息利用”“不动点定理”“精确预测”，第 3 个时段的研究前沿主要是“决策支持系统”，第 4 个时段的研究前沿主要是“检索系统”“终端用户”“信息检索系统”“决策支持系统”“信息专业”，第 5 个时段的研究前沿主要是“检索系统”“电子商务”“公共访问”“文献计量学指标”“信息中心”“神经网络”“聚类分析”，第 6 个时段的研究前沿主要是“社会表征”“信息架构”“网页”“测试集”“经验性事例”，第 7 个时段的研究前沿主要是“社会表征”“知识管理研究”“开放存取”“搜索引擎”“信息需求”，第 8 个时段的研究前沿主要是“社会媒体”和“期刊影响因子”。

6.6 国外情报学科研合作网络知识图谱

国外情报学科研合作网络是通过国外情报学论文的合著关系来进行描述的。为了更好地更好地绘制国外情报学科研合作网络知识图谱，笔者先将 1976—2014 年期间的国外情报学研究论文以 5 年作为一个时段，共计分成 8 个时段。然后，利用 CiteSpace 软件构建 8 个时段的国外情报学科研合作网络知识图谱。

6.6.1 1976—1980 年国外情报学科研合作网络分析

笔者将原始数据导入到 CiteSpace 软件中，对 1976—1980 年间的数据进行预处理后，进行作者合作共引分析，调节合适的阈值，最终得到 1976—

1980 年国外情报学科研合作网络知识图谱（如图 6-14 所示）。

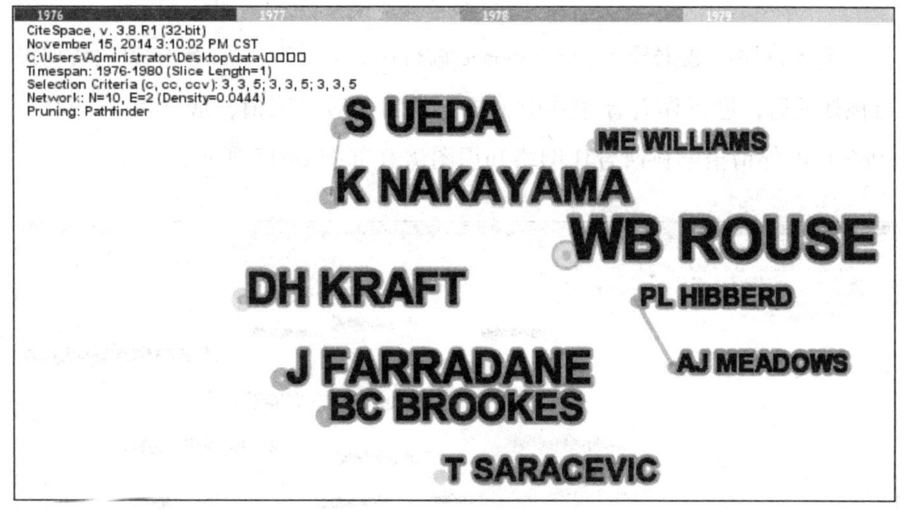

图 6-14　1976—1980 年国外情报学科研合作网络知识图谱

从图 6-14 可以看出，作者之间分布比较简洁，表明 1976—1980 年期间国外情报学领域的科研合作网络是一个高度不连通的网络图。换言之，在本时段，作者之间的合作关系较弱。最大的子网络仅链接两个节点，说明只有两对作者之间有合作关系，该网络的合作关系只是表面上的合作，其实只能算作是学术研究上的“临时组合”。

从图 6-14 还可以看出，这一时段的“独立型”作者占大多数。作者合作度不高，仅有少数作者之间是合作关系。进一步分析后发现，S. Ueda 和 K. Nakayama 均为日本学者，尽管他们之间的合作论文有 3 篇，但其研究领域并不相同，前者主要研究信息科学，后者主要研究生物化学，故二者只是学术上的合作关系，且属于跨学科合作。检索结果还显示，P. L. Hibberd 和 A. J. Meadows 之间的合作论文有 3 篇，尽管他们的研究方向均为医学信息研究，但不属于同一机构，所以他们之间的合作属于跨机构合作。

总之，这一时段的作者合作关系很弱，研究人员的合作意识并不强，大多数人都是独立作者。

6.6.2 1981—1985 年国外情报学科研合作网络分析

笔者将原始数据导入到 CiteSpace 软件中，对 1981—1985 年间的数据进行预处理后，进行作者合作共引分析，调节合适的阈值，最终得到 1981—1985 年国外情报学科研合作网络知识图谱（如图 6-15 所示）。

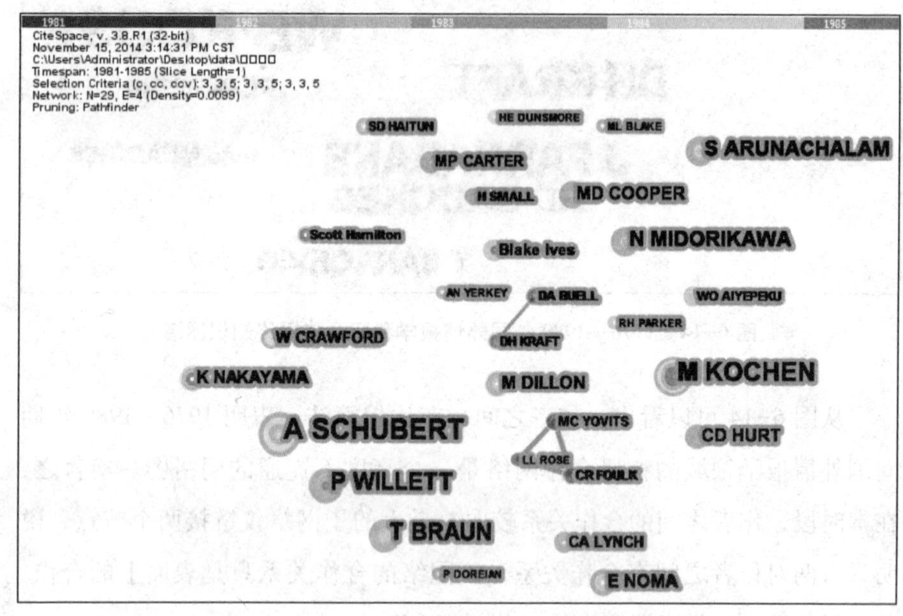

图 6-15 1981—1985 年国外情报学科研合作网络知识图谱

与 1976—1980 年国外情报学科研合作网络知识图谱相比，1981—1985 年国外情报学科研合作网络知识图谱的复杂度略有增强，开始出现三人合作的新型关系。但从整体上来看，网络的连通性仍然不是很好，主要有两组合作者，即 D. A. Buell 和 D. H. Kraft 之间的两人合作，以及 M. C. Yovits、L. L. Rose、C. R. Foulk 等三人之间的合作。但是，影响力较大的作者之间没有合作关系，他们都是独立进行研究的。

从检索结果中还发现，D. A. Buell 和 D. H. Kraft 之间的合作论文有 5 篇，主要研究模糊集与广义布尔检索系统、阈值与布尔检索系统、加权检索系统模型、软件环境测试方法与策略、模糊检索系统评价等内容。两人均来自美国路易斯安那州立大学（Louisiana State University）① 的同一部门，即来源于同一个团队，故可称之为“团队型”合作者。

此外，M. C. Yovits、L. L. Rose、C. R. Foulk 三人之间的合作论文共有 3 篇，分 3 个时段来研究信息流及分析等内容，从初步试验分析与模拟，到基本理论的形成、相关概念的发展。这三位作者来自不同的科研机构，但他们属于同一个研究团队，专门合作进行同一基金项目研究，所以三人之间的合作属于“跨机构团队型”合作。

总之，本时段作者之间的合作强度依然较弱，这或许可以解释为什么本时段国外情报学领域没有产生有重要意义的重大科研成果。

6.6.3 1986—1990 年国外情报学科研合作网络分析

笔者将原始数据导入到 CiteSpace 软件中，对 1986—1990 年间的数据进行预处理后，进行作者合作共引分析，调节合适的阈值，最终得到 1986—1990 年国外情报学科研合作网络知识图谱（如图 6-16 所示）。

从图 6-16 可以看出，与此前 10 年的科研合作网络知识图谱相比，这一时段的科研合作网络密度更高，网络中的子连通图开始增多。这一时段的主要合作者有：①T. Braun、A. Schubert 和 W. Glanzel 三人之间的合作；②I. Gagliardi、D. Merelli、F. Naldi、M. Padula、G. Bordogna、P. Carrara 六位作者之间的合作；③ J. C. Bezdek、M. Marques、V. Subramanian、G. Biswas 四位作者之间的合作；④ R. Rada 和 W. B. Croft 分别与

① 路易斯安那州立大学（Louisiana State University，Baton Rouge，LSU，网址：http：//www. lsu. edu）系统由八所成员大学组成，最早创办于 1860 年，是美国著名的公立大学之一，坐落在路易斯安那州州府巴吞鲁日（Baton Rouge）市南城。该校占地面积 800 多万平方米，被公认为是全美国最美丽的 20 所大学校园之一。路易斯安那州立大学是路易斯安那人最自豪、最钟爱的大学，也是美国南部地区的名校，在 2017 年《美国新闻与世界报道》全美综合大学排名榜中位居第一百三十五位。该校设有 235 个学科和专业，其景观建筑、陶艺、商科、法学、化学、土木工程、环境工程、公共事务等专业位列全美国 Top50 或 Top100。路易斯安那州立大学现有教职员工 4700 人，其中包括 1300 名全职和兼职教师。该校在校生多达 31000 人，来自全世界 120 多个国家和地区。该校毕业生人数居美国大学 Top10，为社会培养了大批政治、科学、艺术、农业、商业、教育、工程、体育、娱乐等行业的杰出人才。路易斯安那州立大学图书馆及博物馆收藏颇丰，主要是路易斯安那州的文学、历史、科技、艺术方面的典籍及藏品。其中，包括图书近 400 万册、缩微图书 350 多万部、手稿 1200 多万件。

S. Deerwester、H. M. Brooks 三位作者之间的合作；⑤其余大部分节点都是孤立存在的，彼此之间没有连线，即它们之间没有合作关系。

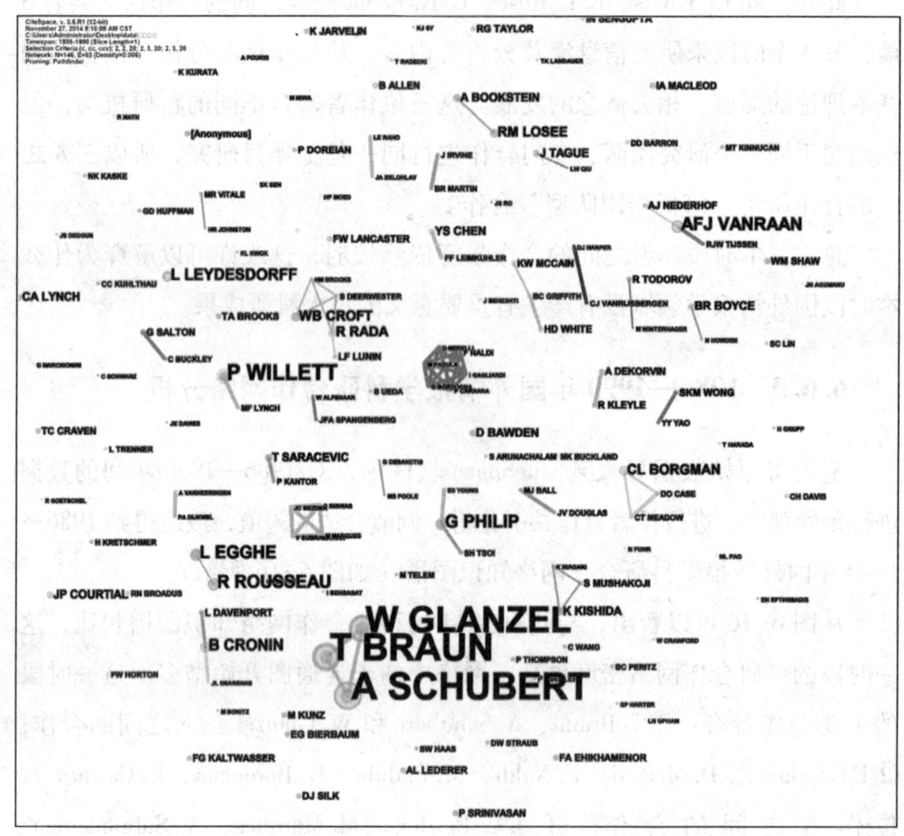

图 6-16　1986—1990 年国外情报学科研合作网络知识图谱

从检索结果中发现，T. Braun、A. Schubert 和 W. Glanzel 三人之间的合作论文有 18 篇，主要研究科学计量数据文件、主题字段引用分数、评估研究尺度的性能特征等内容。三人均来自同一个机构，故他们之间的合作属于“团队型合作”。

合作关系最为复杂的是 I. Gagliardi、D. Merelli、F. Naldi、M. Padula、G. Bordogna、P. Carrara 之间的六人合作，属于“跨机构团队型合作”。他们之间的合作论文有 2 篇，主要研究多媒体信息检索系统构架、集成的图形和文本索引环境等内容。需要补充说明的是，G. Bordogna、P. Carrara、I. Gagliardi 三人之间的合作属于同一机构合作，另外三位作者之间的合作是跨机构合作。

在图 6－16 中，还存在 J. C. Bezdek、M. Marques、V. Subramanian、G. Biswas 之间的四人合作，他们合作发表的论文有 2 篇，以 J. C. Bezdek 和 M. Marques 为核心，合作研究“基于知识辅助的文档检索”。他们均来自同一个机构，所以也属于“团队型合作”。

在图 6-16 中，还存在以 R. Rada 和 W. B. Croft 为中心的两个合作团队。其中，R. Rada、W. B. Croft、S. Deerwester 之间合作发表了 1 篇论文，R. Rada、W. B. Croft、H. M. Brooks 之间也合作发表了 1 篇论文。

总之，这一时段作者之间的合作意识增强，网络复杂度增大。但从整体来看，孤立点很多，表明独立型作者仍然占大多数。

6.6.4 1991—1995 年国外情报学科研合作网络分析

笔者将原始数据导入到 CiteSpace 软件中，对 1991—1995 年间的数据进行预处理后，进行作者合作共引分析，调节合适的阈值，最终得到 1991—1995 年国外情报学科研合作网络知识图谱（如图 6-17 所示）。

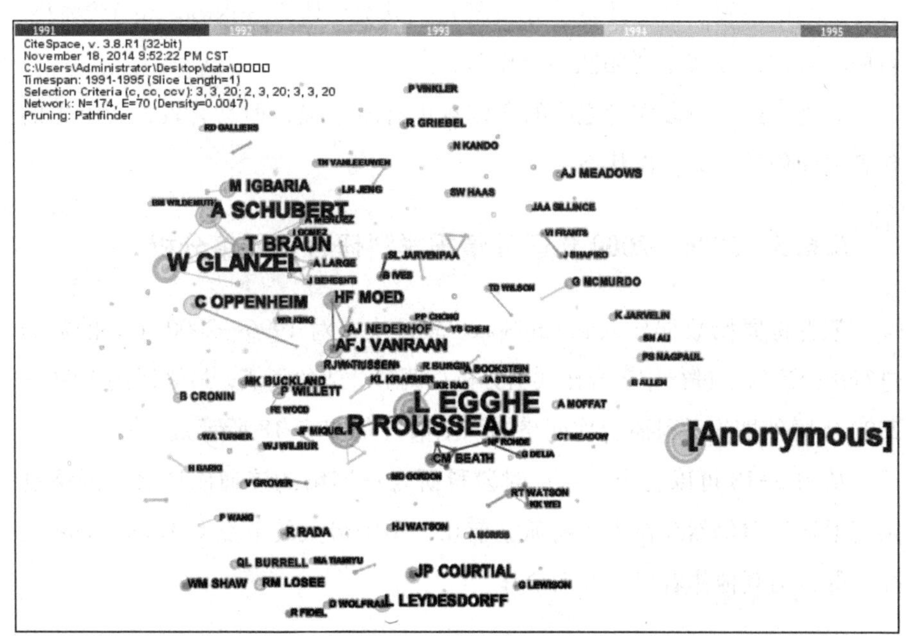

图 6-17　1991—1995 年国外情报学科研合作网络知识图谱

从图 6-17 可以看出，网络复杂度开始变强，但最大节点却是孤立节点。按作者出现的频次进行排序，主要连通图有：①T. Braun、W. Glanzel、A. Schubert 之间的三人合作；②H. F. Moed、A. J. Nederhof、A. F. J. Vanraan 之间的三人合作；③L. Egghe 和 R. Rousseau 之间的两人合作。尽管图 6-17 中还包括其他作者之间的合作，但由于他们的连通性和合作关系均较弱，所以可以忽略不计。

笔者通过调研后发现，T. Braun、W. Glanzel、A. Schubert 三人之间合作发表的论文有 5 篇，主要研究世界科学出版物产出和引用情况、应用评估性能、科学计量指标数据等内容。需要补充说明的是，这三位作者之间是以 T. Braun 为核心进行合作的。由于前文中已经介绍过他们之间的关系，故在此处不再赘述。

在图 6-17 中，H. F. Moed、A. J. Nederhof、A. F. J. Vanraan 之间的合作论文只有 1 篇，主要研究内容是“大学部门绩效指标研究”。因此，他们之间的合作只能算是临时性合作，并没有形成固定的团队合作关系。

L. Egghe 和 R. Rousseau 之间的合作论文共有 5 篇，主要研究转移原则和分类集中措施、信息计量学分布研究、灵敏度研究等内容。由于他们来自同一机构，故属于“团队型合作”。

总之，这一时段作者之间的合作意识有所增强，但具有较大影响力的作者之间仍处于无合作状态。

6.6.5 1996—2000 年国外情报学科研合作网络分析

笔者将原始数据导入到 CiteSpace 软件中，对 1996—2000 年间的数据进行预处理后，进行作者合作共引分析，调节合适的阈值，最终得到 1996—2000 年国外情报学科研合作网络知识图谱（如图 6-18 所示）。

从图 6-18 可以看出，这一时段科研合作网络的连通图增多，网络复杂度增强，但仍然存在重要的孤立节点，图中最大的节点 C. Oppenheim 是孤立的，与其他作者之间并无合作。

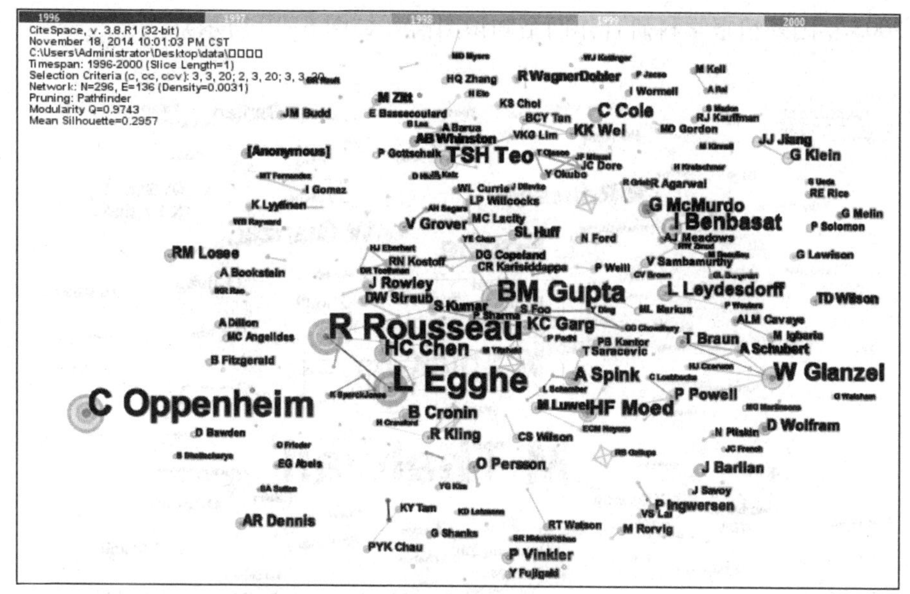

图 6-18　1996—2000 年国外情报学科研合作网络知识图谱

在本时段，C. Oppenheim 的出现频次是 21 次，共计发表了 37 篇论文。C. Oppenheim 来自德蒙特福德大学，其研究方向主要包括搜索引擎评价、混合图书馆、专利引文计量等。

这一时段合作关系较强的是 R. Rousseau 和 L. Egghe 之间的合作，属于“团队型合作”。T. Braun、A. Schubert、W. Glanzel 三人在本时段合作发表了 2 篇论文。此外，还出现了一些新的合作关系连通图。例如，S. Foo、Y. Ding、G. G. Chowdhury 三人合作发表了 3 篇论文，由于他们来自同一机构，故属于“团队型合作”关系。D. R. Toothman 和 H. J. Ebarhart 之间的合作只能算是临时性合作，并没有形成固定的团队合作关系。

总之，这一时段的合作关系进一步增强，但仍然存在着具有一定影响力的作者之间并无合作这种现象。

6.6.6　2001—2005 年国外情报学科研合作网络分析

笔者将原始数据导入到 CiteSpace 软件中，对 2001—2005 年间的数据进行预处理后，进行作者合作共引分析，调节合适的阈值，最终得到 2001—

2005 年国外情报学科研合作网络知识图谱（如图 6-19 所示）。

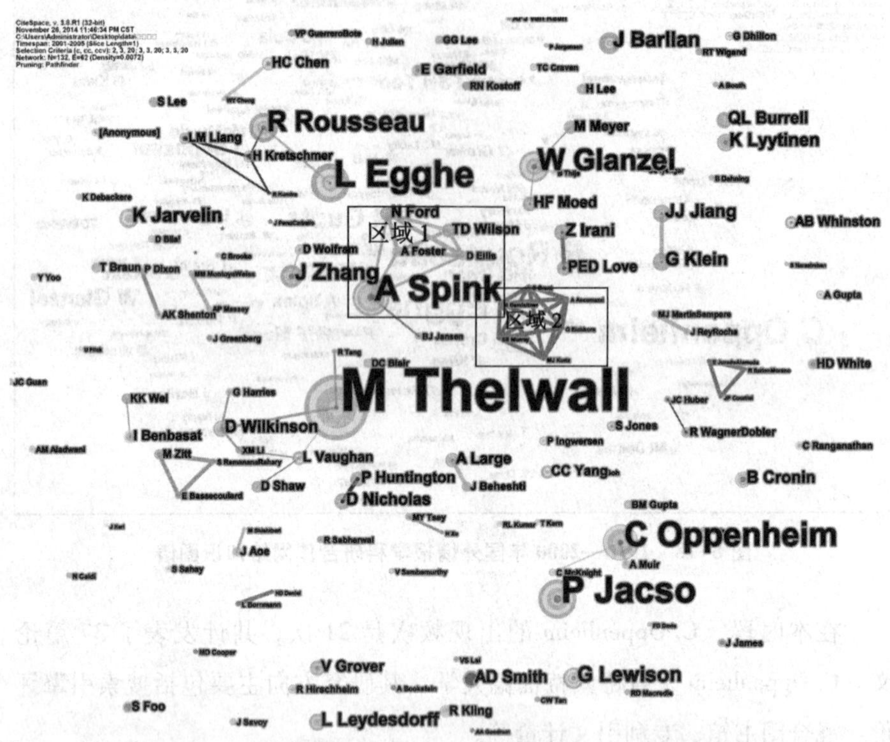

图 6-19　2001—2005 年国外情报学科研合作网络知识图谱

从图 6-19 可以看出，这一时段的网络复杂度并不高，孤立节点仍然较多，孤立型作者也有很多，主要合作关系有：①以 M. Thelwall 为核心，他与 D. Willkinson、R. Tang、X. M. Li、L. Vaughan 之间的复杂合作关系；②以 C. Oppenheim 为核心，他与 C. McKnight、A. Muir 之间的合作。这些作者之间主要是以某个有影响力的作者为核心来开展合作研究的，他们之间并不是固定的团队合作关系，只是作者之间的学习型或者临时性的合作关系。

从图 6-19 中还可以看出，存在两个复杂度很强的科研合作网络（即区域 1 和区域 2）。在区域 1 中，A. Spink 的出现频次最高，以他为核心来进行合作。区域 1 中作者之间的合作论文有 6 篇，属于团队之间的合作关系。在区域 2 中，作者之间的复杂度最强，由于他们来自一个固定的团体，故属于“团队型合作”关系。

总之，本时段出现了复杂度更强的网络，意味着作者之间的合作关系有所加强。但从整体上来看，孤立点仍然占大多数。

6.6.7　2006—2010 年国外情报学科研合作网络分析

笔者将原始数据导入到 CiteSpace 软件中，对 2006—2010 年间的数据进行预处理后，进行作者合作共引分析，调节合适的阈值，最终得到 2006—2010 年国外情报学科研合作网络知识图谱（如图 6-20 所示）。

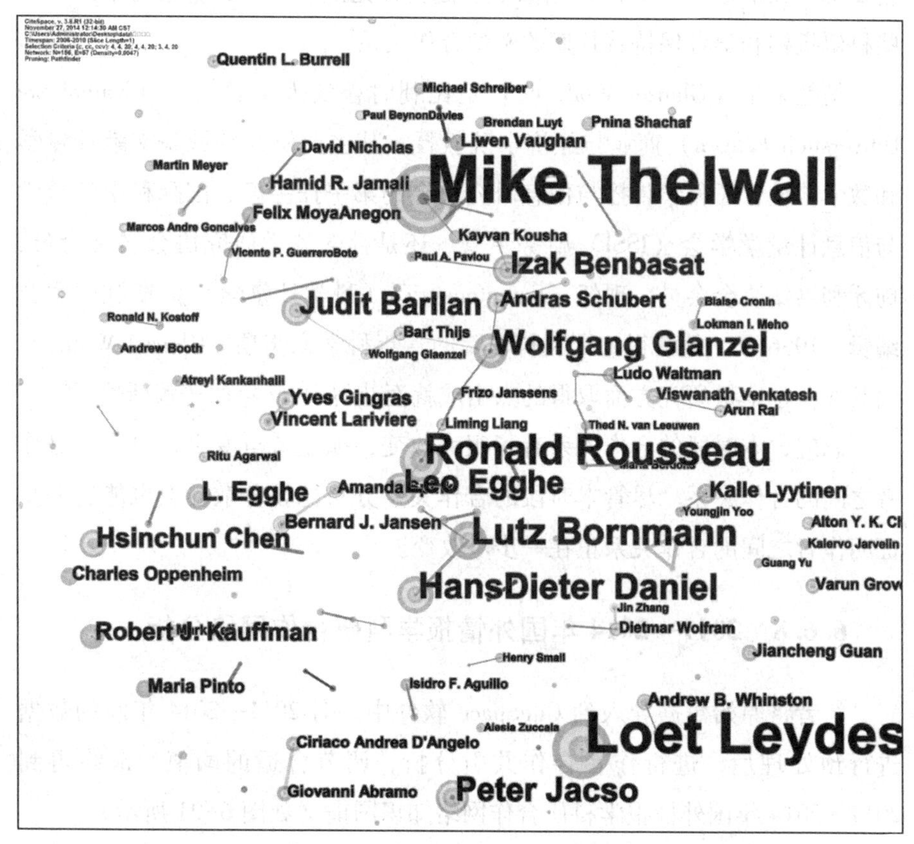

图 6-20　2006—2010 年国外情报学科研合作网络知识图谱

从图 6-20 可以看出，存在一个非常明显的孤立节点——Loet Leydes，尽管他的出现频次较高，但他与其他作者之间不存在合作关系。从图 6-20 中还可以看出，合作关系连通图分布比较分散，大多是两位作者之间的合作。其中，最具影响力的作者（即最大节点 Mike Thelwall），也与其他作者进行过合作。

图 6-20 中还存在着一条“直线型”合作关系，即 Ronald Rousseau、Linming Liang、Frizo Janssenss、Wolfgang Glanzel、Andras Schubert 之间的合作关系，以 Ronald Rousseau 和 Wolfgang Glanzel 为核心。其中，鲁索（Ronald Rousseau）是世界著名的信息计量学家和数学家，他于 2001 年获得信息计量学和科学计量学领域的最高奖——普赖斯奖。鲁索的研究方向主要集中在情报计量学和 H 指数上。需要补充说明的是，鲁索与中国的一些科研机构和学者保持着长期的密切合作关系[258]。

格兰采尔（Glanzel Wolfgang）是比利时鲁汶天主教大学（Katholieke Universiteit Leuven）商业与经济学院教授，其主要研究领域是文献计量学和数学。他曾任科学传播与信息研究协会的第一任主席、国际科学计量学与信息计量学学会（ISSI）财务主管，还是社会科学研究协会名誉会员、匈牙利洪堡协会会员，现任《Scientometrics（科学计量学）》期刊的联合编辑。1986 年，他获得匈牙利科学院的青年科学家奖项。Glanzel Wolfgang 因其在科学定量研究方面取得的杰出成就而获得 1999 年的普赖斯奖[259]。

总之，本时段的合作关系有了很大改变，孤立节点变少，更多的是作者之间的合作关系。尽管本时段的合作关系分布比较分散，但也能进一步证明作者之间的合作关系正在一步步改变。

6.6.8 2011—2014 年国外情报学科研合作网络分析

笔者将原始数据导入到 CiteSpace 软件中，对 2011—2014 年间的数据进行预处理后，进行作者合作共引分析，调节合适的阈值，最终得到 2011—2014 年国外情报学科研合作网络知识图谱（如图 6-21 所示）。

从图 6-21 可以看出，在本时段内，频次较高的作者之间合作关系增多，主要有：①Loet Leydesdorff、Lutz Bornmann、HansDieter Daniel 之间的合作；②Ciriaco Aandrea D'Angelo、Giovanni Abramo 之间的合作；③MuH-suan Huang 与 DarZen Chen 之间的合作。

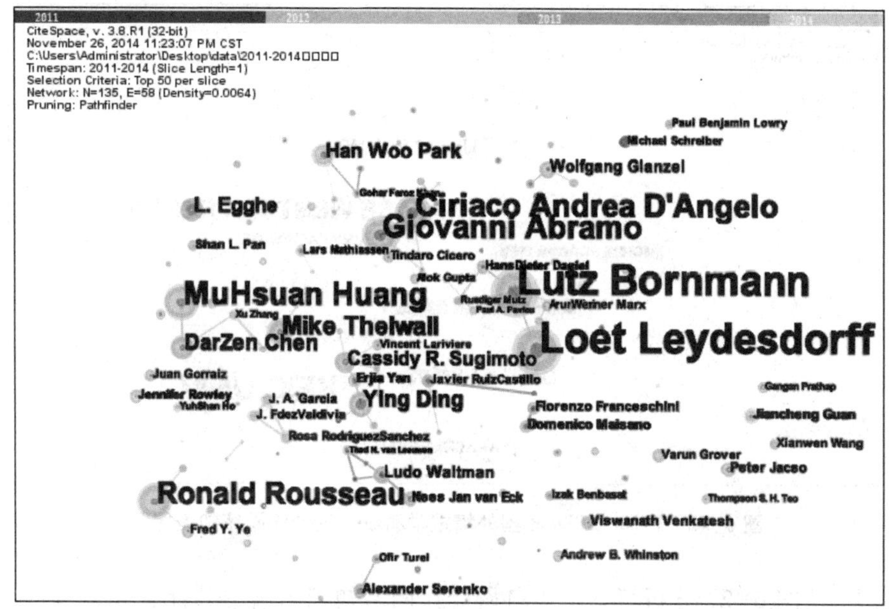

图 6-21　2011—2014 年国外情报学科研合作网络知识图谱

其中，慕尼黑 Max Planck Society 的 Lutz Bornmann 和阿姆斯特丹大学的 Loet Leydesdorff 通过统计某个城市科学家引用的全部论文数量提出了一个新观念，即可以用它来衡量一个城市的科学表现。Loet Leydesdorff、Lutz Bornmann、HansDieter Daniel 三人之间的合作属于跨机构合作。

此外，Ciriaco Aandrea D' Angelo 和 Giovanni Abramo 在本时段的出现频次较高（35 次），二人属于重要合作关系。MuHsuan Huang 与 DarZen Chen 之间的合作属于固定的团队合作关系。

总之，与此前的几个时段相比，本时段核心作者之间开始出现多种合作关系。

6.6.9　国外情报学科研机构合作网络特征及其演变

1. 1976—1980 年国外情报学科研机构合作网络知识图谱

笔者将 1976—1980 年间的原始数据导入到 CiteSpace 软件中进行处理后，最终得到 1976—1980 年国外情报学科研机构合作网络知识图谱（如图 6-22 所示）。

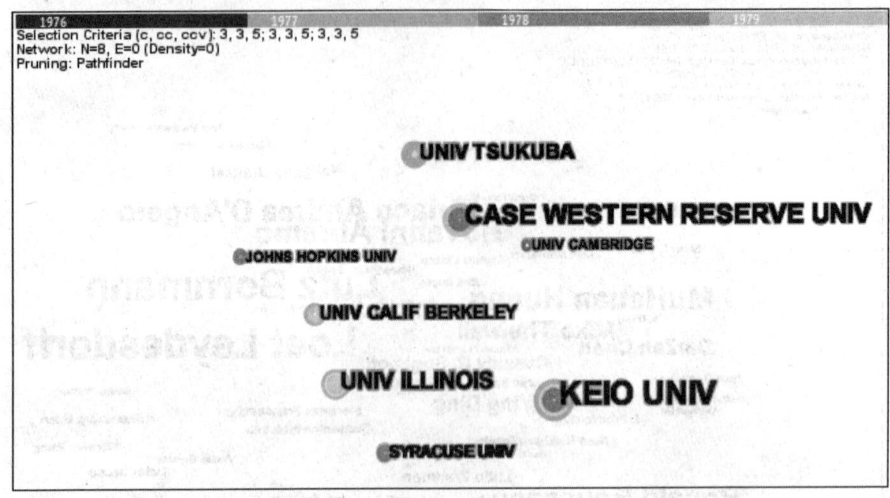

图 6-22　1976—1980 年国外情报学科研机构合作网络知识图谱

从图 6-22 分析可知，该科研合作网络知识图谱中共计有 8 个节点，但均为孤立节点，整体网络密度为零。从表 6-16 中还可以看出，本时段国外情报学领域发文量最高的两个科研机构是日本的庆应义塾大学（Keio University）和美国的凯斯西储大学（Case Western Reserve University）①。国外情报学科研机构的中心度均为 0.00，说明它们在本时段内几乎没有合作关系。

表 6-16　1976—1980 年国外情报学科研机构合作发文的排序

频次	中心度	年份	情报学科研机构名称
11	0.00	1976	Keio Univ（庆应义塾大学）
9	0.00	1976	Case Western Reserve Univ（凯斯西储大学）

① 凯斯西储大学（Case Western Reserve University，CWRU，网址：https：//case. edu）又译为“凯斯西部保留地大学”，位于俄亥俄州的克里夫兰，是一所以独立研究闻名的世界顶级私立大学。凯斯西储大学还是美国大学协会（The Association of American Universities，AAU）的 62 所顶尖研究型大学中较早期的成员之一，在北美乃至世界范围都享有很高声望。凯斯西储大学的历史可以追溯至 1826 年。1967 年，凯斯理工学院和西储大学合并成今天的凯斯西储大学。该校历年来以极度严谨的学风、极度严苛的课程以及杰出闻名的研究成果闻名，是俄亥俄州名副其实的第一学府。该校的诺贝尔奖得主有 16 位，包括美国第一位本土诺贝尔奖获得者。凯斯西储大学是获得联邦研究基金最多的 15 所私立大学之一，常年稳居 US News 大学排行榜 Top40，其法律、管理、医学、护理等专业在业界都享有很高的学术声誉和认可度。

续表

频次	中心度	年份	情报学科研机构名称
8	0.00	1977	Univ Illinois（伊利诺伊大学）
7	0.00	1980	Univ Tsukuba（筑波大学）
6	0.00	1977	Univ Calif Berkeley（加利福尼亚大学伯克利分校）
5	0.00	1976	Syracuse Univ（雪城大学）
4	0.00	1976	Juhns Hopkins Univ（约翰·霍普金斯大学）
4	0.00	1976	Univ Cambridge（剑桥大学）

2. 1981—1985 年国外情报学科研机构合作网络知识图谱

笔者将 1981—1985 年间的原始数据导入到 CiteSpace 软件中进行处理后，最终得到 1981—1985 年国外情报学科研机构合作网络知识图谱（如图 6-23 所示）。

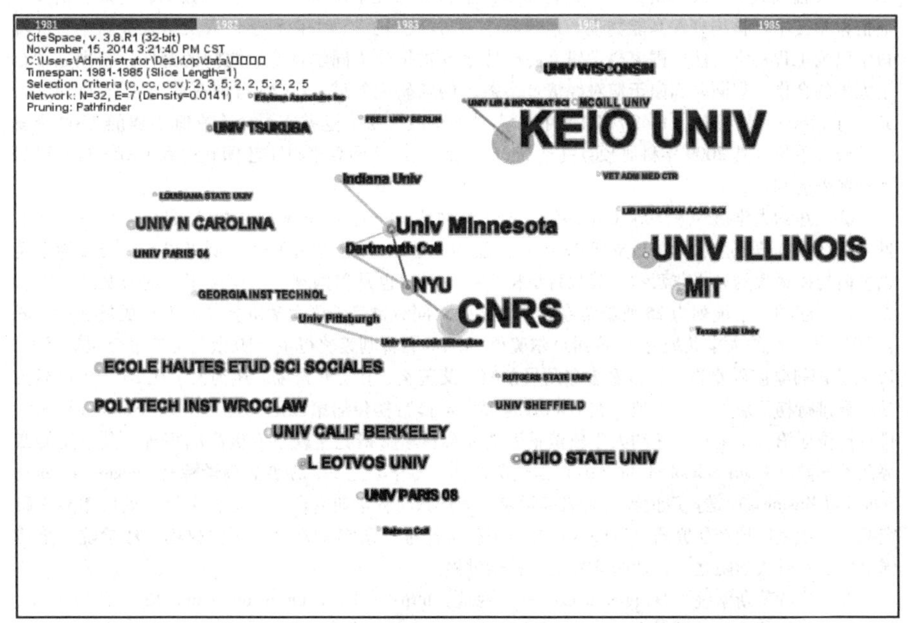

图 6-23　1981—1985 年国外情报学科研机构合作网络知识图谱

从图 6-23 分析可知，本时段科研机构合作网络共有 31 个节点，6 条连线，网络密度为 0.0141。其中，法国国家科学研究院（Centre National

De La Recherche Scientifique，CNRS)①、纽约大学（New York University，NYU)②、达特茅斯学院（Dartmouth College)③、明尼苏达大学（University of Minnesota)、印第安纳大学（University of Indiana）是整个科研机构合作网络中心度较大的几个节点。

从表6-17可以看出，明尼苏达大学和纽约大学的中心度均为0.01，表明它们在国外情报学科研机构合作网络中发挥着重要作用。尽管本时段的孤立节点仍然很多，但与此前的时段相比，孤立节点的比例相对较少，而且图中最大连通分量的规模也较大，说明国外情报学科研机构之间开始合作，但每年的合作机构不完全相同。

---

① 法国国家科学研究院（Centre National De La Recherche Scientifique，CNRS，网址：http：//www.cnrs.fr）成立于1939年，是法国同时也是欧洲最大的基础研究机构（职能类似于中国科学院），其主要任务是进行学术研究并将研究成果回馈社会。法国国家科学研究院在科学、技术与社会各领域中开展其研究工作，它涵盖科学领域的几乎所有方面，包括数学、物理、信息与通信科学技术、核物理和高能物理、地球和宇宙科学、化学、生命科学、人文与社会科学、环境科学以及工程科学。法国国家科学研究院以特定方式拓展不同学科专家之间的合作，特别是来自于大学的合作，它同时面向于应对经济社会需求的新研究领域。CNRS目前在职员工有32000名，其中有11600名研究员、14400名工程技术人员和行政人员。这些人员分布在其下属的1200个研究及服务单位，其2009年科研预算高达33.67亿欧元，该预算来自于法国政府和CNRS自身科研活动带来的利润。

② 纽约大学（New York University，NYU，网址：http：//www.nyu.edu）是一所位于纽约的世界著名私立研究型大学，成立于1831年。纽约大学由18个学院和研究所组成，已经成为全美国境内规模最大的私立非营利高等教育机构之一，同时也是美国唯一一座位于纽约心脏地带的私立名校。纽约大学被列为25所新常春藤名校之一，同时也是美国大学协会（AAU）成员之一。截止2016年，纽约大学共拥有36位诺贝尔奖得主、30名普利策奖得主、30余名奥斯卡金像奖得主、19名美国科学院勋章得主，以及多名阿贝尔奖、艾美奖、托尼奖得主。纽约大学在2017年世界大学声誉排行榜位居第二十六位，在CWUR世界大学排行榜位居第二十二位，在US News世界大学排行榜位居第二十七位。纽约大学较偏重人文社会科学，研究生院享有极高的声誉。其下属的帝势艺术学院（Tisch School of the Arts）是全美最佳艺术学院之一，斯特恩商学院（Leonard N. Stern School of Business）是蜚声世界的著名商学院，柯朗数学科学研究所是美国排名第一的应用数学研究机构，沙克房地产研究所（Schack）是美国房地产业界著名的高水平研究机构，法学院是全美国最好的6所法学院之一，牙医学院也享誉全世界。

③ 达特茅斯学院（Dartmouth College，网址：http：//home.dartmouth.edu）成立于1769年，是美国历史最悠久的世界顶尖学府，也是闻名遐迩的私立八大常春藤联盟之一，坐落在新罕布什尔州的汉诺佛（Hanover）小镇。依照利扎维洛克牧师当初成立这个学校的目的，是为了培养当地印第安部落的年轻人和年轻白人。该校最大的特征之一是小而精，以小班教学闻名，其师生比为7∶1，63.8%的课规模都在20人以下。在当今大学人数不断增长的环境下，达特茅斯学院保持着严格的招生制度和极高的入学门槛，堪称小型优质私立研究型大学。目前，该校本科生大约有4200人，研究生大约有2000人，教授有1081人。此外，共有3位诺贝尔奖得主曾在这里求学。达特茅斯学院在《福布斯》2017年美国大学排行榜上位列第十二位。

表 6-17 1981—1985 年国外情报学科研机构合作发文的排序（部分）

频次	中心度	年份	情报学科研机构名称
17	0.00	1983	Keio Univ（庆应义塾大学）
13	0.00	1982	CNRS（法国国家科学研究院）
11	0.00	1981	Univ Illinois（伊利诺伊大学）
8	0.00	1983	MIT（麻省理工学院）
7	0.01	1981	Univ Minnesota（明尼苏达大学）
6	0.01	1981	NYU（纽约大学）
5	0.00	1981	Ohio State Univ（俄亥俄州立大学）
5	0.00	1981	L Eotvos Univ（罗兰大学）
5	0.00	1984	Univ Calif Berkeley（加利福尼亚大学伯克利分校）
5	0.00	1982	Polytech Inst Wroclaw（伍斯特理工学院）
5	0.00	1982	Ecole Hautes Etud Sci Sociales（法国社会科学高等研究院）
5	0.00	1982	Univ N Carolina（北卡罗来那大学）
4	0.00	1984	Univ Paris 08（巴黎第八大学）
4	0.00	1984	Univ Wisconsin（威斯康辛大学）
4	0.00	1982	Indiana Univ（印第安纳大学）
4	0.00	1982	Dartmouth Coll（达特茅斯学院）
4	0.00	1981	Univ Tsukuba（筑波大学）
3	0.00	1985	Mcgill Univ（麦吉尔大学）
3	0.00	1984	Univ Paris 04（巴黎第四大学）
3	0.00	1984	Georgia Inst Technol（乔治亚理工学院）
3	0.00	1982	Univ Pittsburgh（匹兹堡大学）
3	0.00	1983	Univ Sheffield（谢菲尔德大学）

3. 1986—1990 年国外情报学科研机构合作网络知识图谱

笔者将 1986—1990 年间的原始数据导入到 CiteSpace 软件中进行处理后，最终得到 1986—1990 年国外情报学科研机构合作网络知识图谱（如图 6-24 所示）。

从图 6-24 分析可知，该科研机构合作网络共计有 191 个节点、28 条连线，网络密度为 0.0015。对各个科研机构的发文量排序后发现，国外情报学科研机构之间的合作程度依然较低。但与此前的时段相比，该科研机构合作网络的节点数、节点之间的连线、节点之间的连通分量都增多了，但孤立节点所占的比例也增大了，表明该科研机构合作网络开始向全网演化。

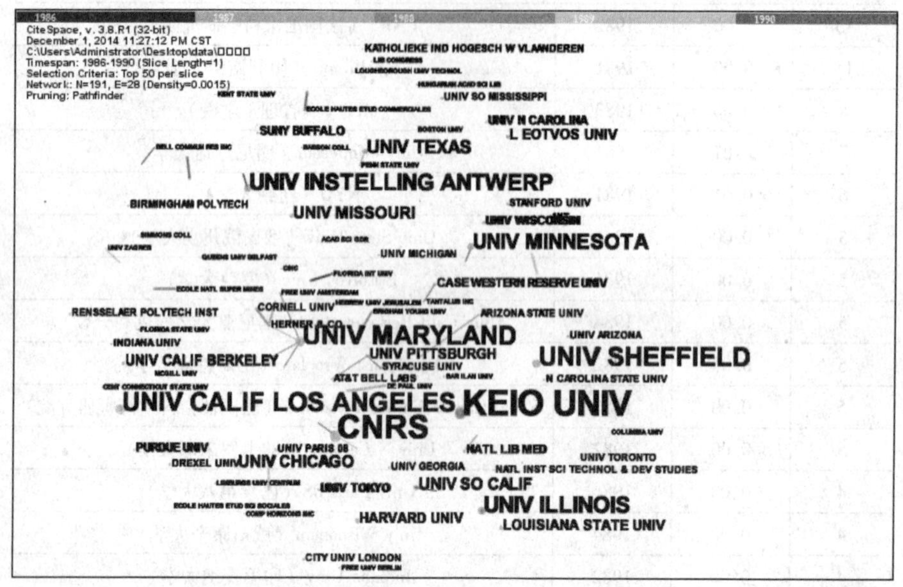

图 6-24　1986—1990 年国外情报学科研机构合作网络知识图谱

笔者进一步调研后得知，所有节点的中心度依然均为零，但合作频次有了很大提高，增加了 6 倍。这说明，在整个网络中科研机构总量呈现上升趋势，科研机构之间的紧密度已经提升了近 5 倍。本时段的主要合作科研机构有庆应义塾大学（Keio University）、马里兰大学（University of Maryland）、加利福尼亚大学洛杉矶分校（University of California，Los Angeles）①、谢菲尔德大学（University of Sheffield）等。科研机构之间的合作

① 加利福尼亚大学洛杉矶分校（University of California，Los Angeles，UCLA，网址：http://www.ucla.edu）是位于美国加利福尼亚州洛杉矶市的一所公立研究型大学，是美国一流的综合大学。UCLA 是美国商业金融、高科技产业、电影艺术等专业人才的摇篮，提供 337 个不同学科的学位，是全美培养尖端人才领域最广的大学之一。UCLA 校园面积 419 英亩，共有 163 个建筑，约有 29000 名本科生和 13000 名研究生。作为美国申请人数最多的大学，UCLA 是全美国高中生梦寐以求的名校之一。UCLA 成立于 1919 年，是加利福尼亚大学系统中第三古老的分校，近年来在美国公立大学排名中高居第二位，仅次于加州大学伯克利分校（University of California，Berkeley）。UCLA 常年稳坐泰晤士报全球大学排行榜前十五位，并且在 2017 年 US News 全球大学排行榜中位列第十位。目前，UCLA 共有 16 位教授和毕业生获得过诺贝尔奖。UCLA 学生参加了自 1928 年以来的历届奥运会，并获得 233 枚奥运会奖牌，总奖牌数位列全美国第三位。

频次也有了明显提高。其中，合作频次最高的科研机构是庆应义塾大学（Keio University），合作频次为 14 次，相当于 1976—1980 年时段最高合作频次的近两倍。

4. 1991—1995 年国外情报学科研机构合作网络知识图谱

笔者将 1991—1995 年间的原始数据导入到 CiteSpace 软件中进行处理后，最终得到 1991—1995 年国外情报学科研机构合作网络知识图谱（如图 6-25 所示）。

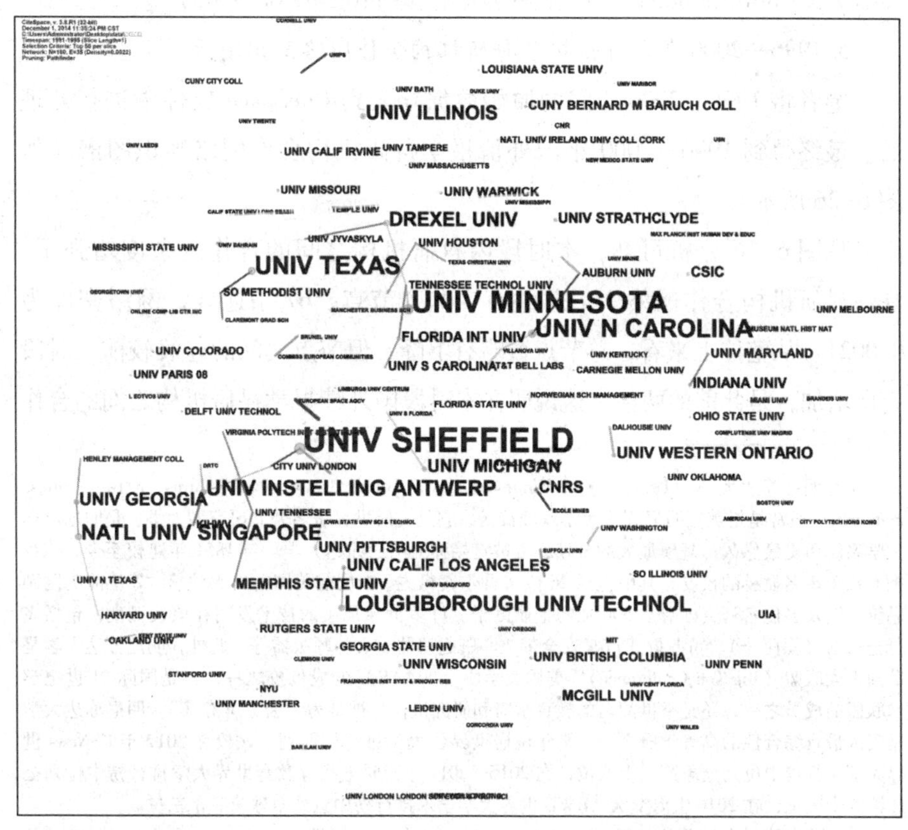

图 6-25　1991—1995 年国外情报学科研机构合作网络知识图谱

从图 6-25 中分析可知，该科研机构合作网络中共计有 180 个节点，节点之间的连线是 35 条，网络密度为 0. 0022。国外情报学科研机构在本时段的合作程度依然不高，所有节点的中心度都为零，说明国外情报学科研机构合作还未演化成局部的合作中心。与此前的1986—1900年时段相比，总节点数有所下降，但节点之间的连线数增加了，也就意味着科研机构之间的合作比例增加了。笔者进一步调研后得知，科研机构之间的合作频次也有所提高。从科研机构的发文量来看，发文量最高的科研机构是谢菲尔德大学（University of Sheffield），其发文量为18次，与1986—1990年时段的数据差不多。本时段的主要合作科研机构有谢菲尔德大学（University of Sheffield）、明尼苏达大学（University of Minnesota）①、北卡罗来纳大学（University of North Carolina）、德克萨斯大学（University of Texas）②。

5. 1996—2000年国外情报学科研机构合作网络知识图谱

笔者将1996—2000年间的原始数据导入到CiteSpace软件中进行处理后，最终得到1996—2000年国外情报学科研机构合作网络知识图谱（如图6-26所示）。

从图6-26分析可知，本时段内科研机构之间的合作复杂度增强了。在该科研机构合作网络中，总共有178个节点、67条连线，网络密度为0.0021。从整体上来看，总节点数略有下降，但节点之间的连线较前一时段有所增加，是此前的两倍。这说明在本时段国外情报学科研机构之间的合作

① 明尼苏达大学（University of Minnesota，Twin Cities，UMN，网址：https：//twin-cities.umn.edu）通常是指美国明尼苏达大学双城校区，它是一所世界著名公立研究型大学，是明尼苏达大学系统历史最悠久、规模最大的分校，常被直接称为明尼苏达大学。自1851年建校至今，该校拥有众多声名显赫的校友，其中包括26位诺贝尔奖得主、1位前美国首席大法官、2位前美国副总统，以及多位名列美国财富500强的企业巨子。许多世界顶尖的技术发明在该校诞生，包括飞行记录器（黑匣子）、可收取式汽车安全带、心脏起搏器、心肺呼吸器等。此外，明尼苏达大学是美国十大联盟（Big Ten Conference）、美国大学协会（AAU）的成员校之一，也是国际21世纪学术联盟的成员之一，还是举世闻名的教育学府和研究机构，被誉为“公立常春藤”。明尼苏达大学是美国最具综合性的高等学府之一，常年位居世界各大学排行榜前列。该校在2017年USNews世界大学排行榜中位列全球第三十八位，在2016—2017年泰晤士高等教育世界大学排行榜中位列全球第五十三位，在2016上海交大ARWU世界大学学术排行榜中位列全球第三十三位。

② 德克萨斯大学系统（The University of Texas System，网址：https：//www.utexas.edu）又称德州大学系统，是一个位于美国德克萨斯州的著名公立大学系统，成立于1876年，包括奥斯丁分校、达拉斯分校等15个校区、6所医学中心，拥有学生近22万人，教职工87000多人。该大学系统的旗舰学校是德克萨斯大学奥斯汀分校，成立于1883年，是该系统下最早成立也是最知名的大学，是美国著名的“公立常青藤”之一。德克萨斯大学系统是美国高教体系的重要组成部分。该校总资产240亿美元，每年经费高达60亿美元。目前，该校培养了一大批各行业杰出人才，其中包括7位诺贝尔奖得主、33位国家科学院院士、44位国家工程院院士、22位医学院院士、22位法学院院士以及39位文理学院院士。

关系更加紧密了，且随着时间的推移国外情报学科研机构之间的合作程度也在不断提高。整个网络中所有科研机构的中心度仍为零，表明仍未形成局部合作中心。但是，科研机构之间的合作比例有明显上升，科研机构之间的发文频次也明显增多了，具有代表性的合作科研机构有印第安纳大学（University of Indiana）、北卡罗来纳大学（University of North Carolina）、国立科学技术与发展研究所（National Institute of Science Technology and Development Studies）①、伊利诺伊大学（University of Illinois）等。其中，发文量最高的科研机构是印第安纳大学，其发文量为 39 篇，是 1991—1995 年时段的 2 倍多。

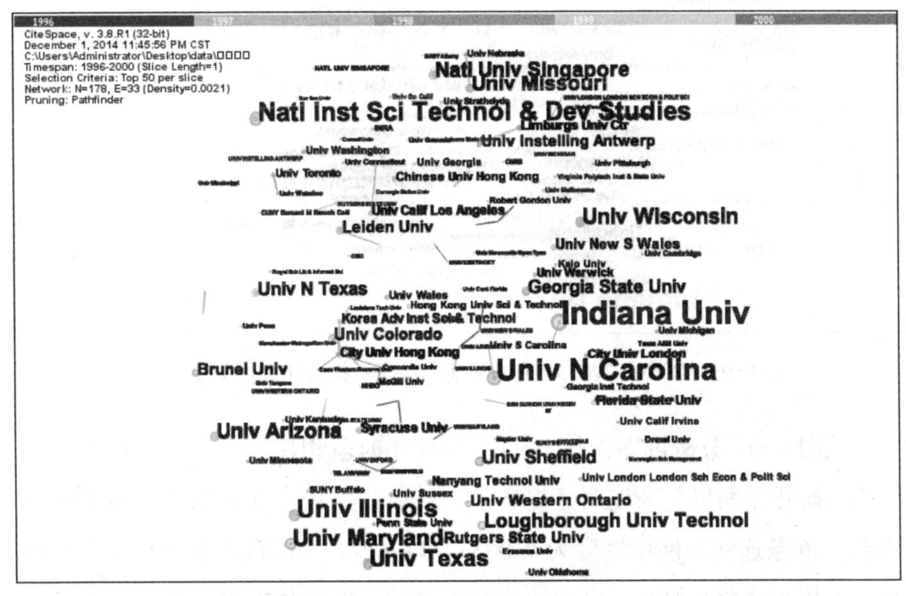

图 6-26　1996—2000 年国外情报学科研机构合作网络知识图谱

---

① 国立科学技术与发展研究所（National Institute of Science Technology and Development Studies，NISTADS，网址：http://www.nistads.res.in）的历史可以上溯至印度科学与工业研究中心（CSIR）于 1973 年 8 月建立的科技开发研究中心。1980 年 9 月 30 日，正式成立国立科学技术与发展研究所，它是印度科学与工业研究中心下属的 38 家机构之一，主要致力于探究科学、社会与国家之间的相互作用，主要研究领域包括科技的应用评估与规划、未来适用的科学技术、科技的社会经济学、群体动力学与社会工程、科技前沿创新与研究、气候变化与可持续性。NISTADS 现有 45 名研究人员，其中包括 14 名女性研究人员。此外，有 35 位研究人员拥有科学或者工程方面的学位，其余 10 位研究人员拥有社会科学方面的学位。

6. 2001—2005 年国外情报学科研机构合作网络知识图谱

笔者将 2001—2005 年间的原始数据导入到 CiteSpace 软件中进行处理后，最终得到 2001—2005 年国外情报学科研机构合作网络知识图谱（如图 6-27 所示）。

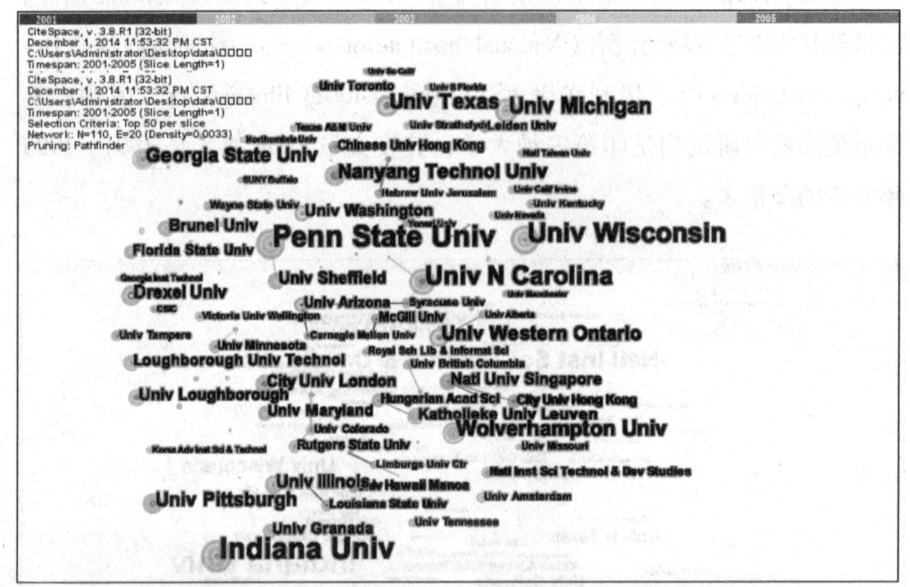

图 6-27　2001—2005 年国外情报学科研机构合作网络知识图谱

从图 6-27 分析可知，与 1996—2000 年时段相比，本时段科研机构之间的科研合作网络复杂度明显提高了。该科研机构合作网络中共有 110 个节点、86 条连线，网络密度为 0.0033。与此前各个时段的数据相比，尽管总节点数在减少，但节点之间的连线所占的比例明显增多，远远多于孤立节点的数量，科研机构之间的合作紧密程度也开始超过科研机构的增加速度。如果对本时段的科研机构发文量进行排序，则发文量较高的科研机构主要有印第安纳大学（University of Indiana）、宾夕法尼亚州立大学（Pennsylvania State University）、威斯康辛大学（University of Wisconsin）、北卡罗来纳大学（University of North Carolina）等，科研机构的合作频次也有了明显提高。其中，合作频次最高的科研机构是印第安纳大学，其发文量为 58 篇，与此前 1996—2000 年时段相比多出 1.5 倍。但是，科研机构之间的中心度仍然均为零，表明仍未形成局部的合作中心。从总体来看，国外情报学科研机构合作网络在本时段仍然朝着全网合作关系的方向继续发展。

7. 2006—2010 年国外情报学科研机构合作网络知识图谱

笔者将 2006—2010 年间的原始数据导入到 CiteSpace 软件中进行处理后，最终得到 2006—2010 年国外情报学科研机构合作网络知识图谱（如图 6-28 所示）。

图 6-28　2006—2010 年国外情报学科研机构合作网络知识图谱

从图 6-28 分析可知，本时段国外情报学科研机构合作网络图与前一时段的网络图复杂度类似。在本时段的科研机构合作网络图中，共有 100 个节点、76 条连线，网络密度为 0. 0022。随着年份的增长，总节点数量却在减少，且科研机构之间的合作也有所降低，但合作所占的比例仍然较高，孤立节点占少数，大多数科研机构之间都有合作关系。如果按科研机构发文量来进行排序，则每个科研机构的发文量与前一时段相比都有明显提高。尽管本时段各科研机构的中心度仍然为零，但合作频次有了大幅度提高。合作频次排名靠前的科研机构主要有马里兰大学（University of Maryland）、印第安纳大学（University of Indiana）、威斯康辛大学（University of Wisconsin)、北卡罗来纳大学（University of North Carolina）等。其中，合作频次最高的科研机构是马里兰大学（University of Maryland），其合作频次为 84 次，是前一时段的 1.5 倍多。随着时间的推移，国外情报学科研机构之间的合作紧密度正在不断提高。

8. 2011—2014 年国外情报学科研机构合作网络知识图谱

笔者将 2011—2014 年间的原始数据导入到 CiteSpace 软件中进行处理后，最终得到 2011—2014 年国外情报学科研机构合作网络知识图谱（如图 6-29 所示）。

图 6-29　2011—2014 年国外情报学科研机构合作网络知识图谱

从图 6-29 分析可知，本时段国外情报学科研机构的科研合作网络复杂度与前一时段相比变化不大。在本时段的科研机构合作网络图中，共有 113 个节点、63 条连线，整体密度为 0.0017。大多数科研机构之间仍然有合作关系。每个科研机构的中心度仍然均为零，说明尚未形成固定的局部合作中心。科研机构的合作频次与前一时段相似，影响力较大的合作科研机构主要有印第安纳大学（University of Indiana）、国立台湾大学（National Taiwan University）、阿姆斯特丹大学（University of Amsterdam）、香港城市大学（City University of Hong Kong）①、新加坡南洋理工大学（Nanyang Technological University）②、武汉大学（Wuhan University）等。其中，合作频次最高的科研机构是印第安纳大学，合作发文频次为86次。值得注意的是，来自中国的武汉大学的合作发文频次是53次，排名第6位。

总之，自2000年以来，科研合作网络知识图谱中科研机构之间的合作关系越来越紧密，节点之间的连线较多。整个网络随着时间的推移趋于全网合作化，科研机构发文量也在不断增多。

6.7 本章小结

为了更加全面地探究国外情报学研究进展及其演变过程，笔者选择1976—2014年的情报学研究论文作为基础数据来源进行分析。尽管取得了一些有价值的研究成果，但笔者发现其中存在着一些不足之处：①本章仅选择Article类型的论文，摒弃了其他论文类型，这在无形中会忽略一些重要信息；②本章仅选择国外情报学领域中期刊影响因子较高的刊物作为数据源，研究结论可能存在偏差；③本章主要采用基于共词分析方法来探究

① 香港城市大学（City University of Hong Kong，CityU，网址：http：//www.cityu.edu.hk）简称城大，是一所坐落在香港九龙塘的公立研究型大学，是香港特别行政区政府资助的八所大专院校之一，已被教育部列入国家重点高校名单，它还是中俄工科大学联盟成员高校。该校前身是1984年在九龙旺角建立的香港城市理工学院，1995年更名为香港城市大学，1997年在原威灵顿中学旧址设立九龙湾分校。在大学排名方面，该校在2016年英国QS大学排行榜中位居全球第五十五位，在2016年上海交大ARWU世界大学学术排行榜中位居全球二十四位。目前，该校位于九龙塘的校园总面积为15.6公顷，共有7个学院、130多个专业以及1个研究生院，在校学生约为20000人（其中，6500人是研究生），教职员工逾4000人。

② 南洋理工大学（Nanyang Technological University，NTU，网址：http：//www.ntu.edu.sg）简称南大，是国际科技大学联盟（Global Alliance of Technological Universities）发起成员、AACSB认证成员、国际事务专业学院协会（APSIA）成员，还是新加坡一所科研密集型大学，在纳米材料、生物材料、功能性陶瓷、高分子材料等许多领域的研究享有世界盛名，是一所工科与商科并重的综合性大学。南洋理工大学前身为陈六使先生于1955年创办的南洋大学。1981年，新加坡政府在南洋大学校址成立南洋理工学院，为新加坡经济培育工程专才。1991年，南洋理工学院进行重组，将国立教育学院纳入旗下，更名为南洋理工大学。2006年4月，南洋理工大学正式企业化。目前，南洋理工大学建有云南园、卫星2个校区，其中云南园校区占地200公顷。该校现有专任教师5546人，各类学生33500人。

国外情报学研究前沿，最终结论可能会带有一定的主观性。

目前，针对知识图谱的研究大多数还局限在针对某个特定主题的分析和解读上，针对学科和领域的研究尚不多见。在知识经济发展的大环境下，知识图谱将会获得越来越多的关注和应用。图书馆学、情报学之外的其他学科在审视自身发展的同时，也可以借助学科知识图谱的分析和解读，可视化地显示其学科发展态势和未来走向，为确立其学科研究方向提供参考。

参考文献

［1］曹冰．基于网络科学的国内图书情报学知识图谱构建及解读［D］．北京师范大学，2012.

［2］汤建民．基于中文数据库的知识图谱绘制方法及应用［M］．杭州：浙江大学出版社，2010.

［3］陈悦，刘则渊．悄然兴起的科学知识图谱［J］．科学学研究，2005，23（02）：149-154.

［4］Price，Derek de Solla. Science since Babylon. New Haven：Yale University Press，1961：23-44.

［5］Kretschmer H. Coauthorship networks of invisible colleges and institutionalized communities［J］. *Scientometrics*，1994，30（1）：363-369.

［6］Kretschmer H. A new model of scientific colloboration part 1. Theoretical approach［J］. *Scientometrics*，1999，46（3）：501-518.

［7］Cottrill C A，Rogers E M，Mills T. Co-citationanalysis of the scientific literature of innovation research traditions：Diffusion of innovations and technology transfer［J］. *Science Communication*，1989，11（2）：181-208.

［8］González F J，Castro C B，Bueno J C C，et al. Dominant approaches in the field of management［J］. *International Journal of Organizational Analysis*，2001，9（4）：327-353.

［9］Casillas J C，Moreno A M，Acedo F J，et al. An integrative model of the role of knowledge in the internationalization process［J］. *Journal of World Business*，2009，44（3）：311-322.

［10］刘昆．中国教育经济学研究前沿的知识图谱分析（1980—2010）［D］．长沙理工大学，2012.

[11] Ramos-Rodríguez A R, Ruíz-Navarro J. Changes in the intellectual structure of strategic management research: A bibliometric study of the strategic management journal, 1980—2000 [J] . *Strategic Management Journal*, 2004, 25 (10): 981-1004.

[12] Fafchamps M, Leij M J, Goyal S. Matching and network effects [J] . *Working papers=Documentos de trabajo: Serie AD*, 2009, 8 (1): 203-231.

[13] Garfield E. Citationindexes for science: A new dimension in documentation through association of ideas [J] . *Science*, 1955, 122 (3159): 108-111.

[14] Price DJ. Networks of scientific papers [J] . *Science*, 1965 (149): 510-515.

[15] White HD, Griffith BC. Author cocitation: A literature measure of intellectual structure [J] . *Journal of the American Society for Information Science*, 1981, 32 (3): 163-171.

[16] Persson O. The intellectual base and research fronts of JASIS 1986—1990 [J] . *Journal of the American Society for Information Science*, 1994, 45 (1): 31-38.

[17] White HD, McCain KW. Visualizing a discipline: An author co-citation analysis of information science, 1972—1995 [J] . *Journal of the American Society for Information Science*, 1998, 49 (4): 327-355.

[18] Zhao DZ, Strotmann A. Information science during the first decade of the web: An enriched author co-citation analysis [J] . *Journal of the American Society for Information Science and Technology*, 2008, 59 (6): 916-937.

[19] Zhao DZ, Strotmann A. Evolution of research activities and intellectual influences in information science 1996—2005: Introducing author bibliographic-coupling analysis [J] . *Journal of the American Society for Information Science and Technology*, 2008, 59 (13): 2070-2086.

[20] Åström. Changes in the LIS research fronts: Time-sliced co-citation analyses of LIS journal articles, 1990—2004 [J] . *Journal of the American Soci-*

ety for Information Science and Technology, 2007, 58 (7): 947-957.

[21] Chen CM, SanJuan FI, Hou JH. The structure and dynamics of co-citation clusters: A multiple-perspective co-citation analysis [J]. *Journal of the American Society for Information Science and Technology*, 2010, 61 (7): 1386-1409.

[22] Chen CM. CiteSpace Ⅱ: Detecting and visualizing emerging trends and transient patterns in scientific literature [J]. *Journal of the American Society for Information Science and Technology*, 2006, 57 (3): 359-377.

[23] 刘则渊等. 科学知识图谱: 方法与应用 [M]. 北京: 人民出版社, 2007.

[24] 汤建民. 基于中文数据库的知识图谱绘制方法及应用 [M]. 杭州: 浙江大学出版社, 2010.

[25] 魏瑞斌. 国内知识图谱研究的可视化分析 [J]. 图书情报工作, 2011, 55 (08): 126-130.

[26] 陈祖香. 面向科学计量分析的知识图谱构建与应用研究 [D]. 南京: 南京理工大学, 2010.

[27] 秦长江. 基于科学计量学共现分析法的中国农史学科知识图谱构建研究 [D]. 南京: 南京农业大学, 2009.

[28] 黄维, 陈勇. 中国教育经济学研究者合作网络的社会网络分析 [J]. 现代大学教育, 2010 (02): 14-19.

[29] 黄维, 陈勇. 中国教育经济学发展轨迹的知识图谱研究——基于《教育与经济》所载论文的关键词共词分析 [J]. 教育与经济, 2010 (03): 68-72.

[30] 黄维, 陈勇. 我国教育经济学研究的知识图谱——基于2000—2008年文献共被引分析 [J]. 高教发展与评估, 2010, 26 (6): 87-95.

[31] 黄维, 陈勇. 中国教育经济学研究热点的可视化研究: 基于关键词的共词分析 [J]. 长沙理工大学学报: 社会科学版, 2011, 26 (1): 47-51.

[32] 黄维, 陈勇. 中国教育经济学合作网络的社会网络分析 [C] //

中国教育经济学学术年会．2009.

［33］姜春林，杜维滨，李江波．经济学研究热点领域知识图谱：共词分析视角［J］．情报杂志，2008，27（9）：78-80.

［34］王琪，胡志刚．国际体育科学研究前沿探讨——3种体育科学国际著名综合性期刊关键词共词分析［J］．体育学刊，2010，17（5）：110-114.

［35］陈立新．国际力学论文关键词的共现分析［J］．现代情报，2009，29（10）：196-200.

［36］潘黎，王素．近十年来中国教育研究热点主线的计量研究——基于八种CSSCI教育学期刊文献关键词共现知识图谱的分析［J］．教育研究与实验，2011（6）：20-24.

［37］蔡建东．我国教育技术学主干理论演进的关键路径——基于科学知识图谱的分析［J］．现代远程教育研究，2011（1）：38-44.

［38］宋丽萍．从两次ACA分析看情报科学的发展［J］．图书情报工作，2004（10）：35-37，44.

［39］马瑞敏，邱均平．基于CSSCI的论文同被引实证计量研究——以图书馆学、情报学为例［J］．图书情报知识，2005（5）：77-79，98.

［40］马费成，宋恩梅．我国情报学研究分析：以ACA为方法［J］．情报学报，2006，25（3）：259-268.

［41］赵蓉英，许丽敏．文献计量学发展演进与研究前沿的知识图谱探析［J］．中国图书馆学报，2010，36（5）：60-68.

［42］邱均平，吴慧．基于SNA的国际科学计量学作者共被引关系研究——以Scientometrics期刊2000—2010年数据为例［J］．情报科学，2012，30（2）：166-172.

［43］邱均平，柴雯．国际科学计量学研究的进展与趋势［C］//中国科技政策与管理学术年会．2014：1-8.

［44］［美］乔治·萨顿．科学的生命［M］．上海：上海交通大学出版社，2007.

［45］［美］戴维·林德伯格．西方科学的起源［M］．北京：中国对外翻译出版公司，2001.

[46] 关增建．关注科学史教材编著［N］．光明日报，2000-8-23（1）．

[47] W. I. B. 贝弗里奇．科学研究的艺术［M］．北京：科学出版社，1979.

[48] 黄维．基于多方法融合的中国教育经济学知识图谱［M］．北京：经济科学出版社，2012.

[49] 肖明．信息计量学［M］．中国铁道出版社，2014.

[50] 陈琦．当代教育心理学［M］．北京：北京师范大学出版社，2007.

[51] Beckmann M J. Economic models of knowledge networks［M］// Networks in Action. Springer Berlin Heidelberg, 1995：159-174.

[52] 郭其旭．漫谈知识网络——例举杜甫研究图书资料在《中图法》中的分布状况［J］．福建图书馆学刊，1989（1）：14-17.

[53] 李丹，俞竹超，樊治平．知识网络的构建过程分析［J］．科学学研究，2002，20（06）：620-623.

[54] 李姝兰．知识网络与哈耶克的知识观［J］．农业图书情报学刊，2005，17（1）：87-88.

[55] 马费成，刘向．知识网络的演化（Ⅰ）：增长与老化动态［J］．情报学报，2011，30（8）：787-795.

[56] 姜永常．知识网络链接的理论基础与基本原则［J］．图书馆，2012（02）：31-34.

[57] 王斌．基于网络结构的集群知识网络共生演化模型的实证研究［J］．管理评论，2014，26（09）：128-138.

[58] Seufert A, Krogh G V, Back A. Towards knowledge networking［M］// Business Engineering — Die ersten 15 Jahre. Springer Berlin Heidelberg, 1999：180-190.

[59] Büchel B, Raub S. Building knowledge-creating value networks［J］. *European Management Journal*, 2002, 20（6）：587-596.

[60] 陈云伟，Katy Börner. 论科学地图的科学价值［J］．图书情报

知识，2009，(6)：27-33，74.

[61] 陈悦，刘则渊．悄然兴起的科学知识图谱［J］．科学学研究，2005，23（02）：149-154.

[62] 廖胜姣，肖仙桃．科学知识图谱应用研究概述［J］．情报理论与实践，2009，32（01）：122-125.

[63] Sindiy O，Litomisky K，Davidoff S，et al. Introduction to information visualization（InfoVis）techniques for model-based systems engineering［J］. *Procedia Computer Science*，2013，16：49-58.

[64] Robertson G，Card S K，Mackinlay J D. The cognitive coprocessor architecture for interactive user interfaces［C］// ACM Symposium on User Interface Software and Technology，UIST 1989，Williamsburg，West Virginia，USA，November. 1989：10-18.

[65] Chen C，Carr L. A semantic-centric approach to information visualization［C］// International Conference on Information Visualisation. IEEE，1999：18-23.

[66] 刘永胜．国内情报学文献的引文分析［J］．晋图学刊，1986（2）：38-43.

[67] 邱均平．信息计量学（九）第九讲 文献信息引证规律和引文分析法［J］．情报理论与实践，2001（3）：237.

[68] 庞龙，张培富，杨立英．引文分析方法在国内外应用的比较研究［J］．山西大学学报：哲学社会科学版，2006，29（3）：134-137.

[69] 陈关荣．复杂网络及其新近研究进展简介［J］．力学进展，2008，38（06）：653-662.

[70] 董月红．“六度分离”理论在语文教学中的应用［J］．语文教学通讯，2015（2）：78-79.

[71] Watts D J，Strogatz S H. Collective dynamics of “small-world” networks［J］. *Nature*，1998，393（6684）：440-402.

[72] White H D，McCain K W. Visualization of literatures［J］. *Annual Review of Information Science and Technology*，1997，(32)：99-168.

［73］ Börner K，Chen C，Boyack KW. Visualizing knowledge domains ［J］. *Annual Review of Information Science and Technology*，2002，37（1）：179-255.

［74］ Cobo M J，López-Herrera A G.，Herrera-Viedma E. Science mapping software tools：Review，analysis，and cooperative study among tools ［J］. *Journal of the American Society for Information Science and Technology*，2011，62（7）：1382-1402.

［75］ 杨思洛，韩瑞珍．国外知识图谱绘制的方法与工具分析［J］．图书情报知识，2012，6（6）：101-109.

［76］ 肖明，邱小花，黄界，李国俊，冯召辉．知识图谱工具比较研究［J］．图书馆杂志，2013，32（03）：61-69.

［77］ E. Falagas Matthew，I. Pitsouni Eleni，A. Malietzis George et al. Comparison of Pubmed，Scopus，Web of Science，and Google Scholar：Strengths and weaknesses ［J］. *The Journal of the Federation of American Societies for Experimental Biology*，2008，22（2）：338-342.

［78］ White H D，McCain K W. Visualizing a discipline：An author co-citation analysis of information science，1972—1995 ［J］. *Journal of the American Society for Information Science*，1998，49（4）：327-355.

［79］ Zitt M，Lelu A，Bassecoulard E. Hybrid citation-word representations in science mapping：Portolan charts of research fields? ［J］. *Journal of the American Society for Information Science*，2011，62（1）：19-39.

［80］ 科学知识图谱绘制方法、步骤及工具［EB/OL］. http：//www.360doc.com/content/15/0403/15/13987479_ 460345596. shtml.

［81］ 黄维．基于多方法融合的中国教育经济学知识图谱［M］．北京：经济科学出版社，2012.

［82］ Park H W. Mapping the E-science landscape in South Korea using the webometrics method ［J］. *Journal of Computer-Mediated Communication*，2010，15（2）：211-229.

［83］ Waltman L，Van Eck N J，Noyons E C M. A unified approach to mapping and clustering of bibliometric networks ［J］. *Journal of Informetrics*，

2010，4（4）：629-635.

［84］Khan G F, Moon J, Park H W. Network of the core: Mapping and visualizing the core of scientific domains［J］. *Scientometrics*, 2011, 89: 759-779.

［85］梁永霞. 引文分析学知识图谱［M］. 大连：大连理工大学出版社，2012.

［86］李星星. 台湾人文社会科学引文数据库来源期刊遴选评析［J］. 图书馆论坛，2010（4）：38-40.

［87］孙建军，李江. 网络信息计量理论、工具与应用［M］. 北京：科学出版社，2009.

［88］李运景. 基于引文分析可视化的知识图谱构建研究［M］. 南京：东南大学出版社，2009.

［89］邱均平，王曰芬. 文献计量内容分析法［M］. 北京：国家图书馆出版社，2008.

［90］方勇. 科学计量学的方法论研究［M］. 重庆：西南师范大学出版社，2006：180.

［91］张建勇. 中国科学计量指标. 期刊引证报告［M］. 北京：中国科学院文献情报中心，2005.

［92］加菲尔德，侯汉清，陆宝树，等. 引文索引法的理论及应用［M］. 北京：北京图书馆出版社，2004.

［93］邵传芳. 科学引文索引（SCI）期刊源指南［M］. 上海：上海交通大学出版社，2002.

［94］周霞.《中国人文社会科学引文数据库（CHSSCD）》的建设、应用与发展［J］. 情报资料工作，2002（4）：30-32.

［95］庞景安. 科学计量研究方法论［M］. 北京：科学技术文献出版社，1999：540.

［96］娄策群. 社会科学评价的文献计量理论与方法［M］. 武汉：华中师范大学出版社，1999.

［97］朱献有，张建勇. 中国科学计量指标. 论文与引文统计［M］. 北京：中国科学院文献情报中心，1998.

［98］刘瑞兴．期刊引文分析［M］．北京：中国统计出版社，1995.

［99］马尔沙科娃，赵云龙，姜洪礼．科学引文索引与科学前沿预测［M］．北京：兵器工业出版社，1992.

［100］《科学引文索引》（SCI）选用刊物目录［M］．成都：四川大学科研处，1989.

［101］布劳温，格兰采尔，舒伯特，等．科学计量学指标：32 国自然科学文献与引文影响的比较分析［M］．北京：科学出版社，1989.

［102］Web of Knowledge（SCI、SSCI、A&HCI 等）［EB/OL］. http：//apps. webofknowledge. com/WOS_GeneralSearch_input. do？ highlighted_tab = WOS&product = WOS&last_ prod = WOS&SID = 1FAkAaG6H2HC578jIOk&search_mode = GeneralSearch.

［103］EI Engineering Village［EB/OL］. http：//www. engineeringvillage. com/controller/servlet/Controller？ CID = quickSearch&database = 1.

［104］CSCD 中国科学引文数据库（ScienceChina 中国科学文献服务系统）［EB/OL］. http：//sdb. csdl. ac. cn/search_ sou. jsp.

［105］中文社会科学引文索引（CSSCI）. http：//cssci. nju. edu. cn/.

［106］中国知网引文数据库. http：//ref. cnki. net/knsref/index. aspx.

［107］中文科技期刊数据库（引文版）. http：//lib. cqvip. com/productor/pro_ zkyw. shtml.

［108］林志垣，郭建明．台湾科学引文索引系统之设计与实作［EB/OL］. http：//eshare. stut. edu. tw/View/4150，2013-02-18.

［109］台湾人文社会科学引文数据库（TSSCI）［EB/OL］. http：//db1n. sinica. edu. tw/textdb/tssci/searchindex. php.

［110］陈光华，刘书砚．台湾人文学引文索引与其核心期刊［EB/OL］. http：//www. lis. ntu. edu. tw/~ khchen/writtings/pdf/200805THCICore. pdf，2013-02-18.

［111］CiteSeerX［EB/OL］. http：//citeseerx. ist. psu. edu/index.

［112］陈光华. THCI——台湾人文学引文索引［EB/OL］. http：//www. lis. ntu. edu. tw/~khchen/writtings/pdf/cara2004. pdf，2013-02-18.

[113] Scopus [EB/OL]. http://www.info.sciverse.com/scopus.

[114] 张文彤. IBM SPSS 数据分析与挖掘实战案例精粹 [M]. 北京: 清华大学出版社, 2013.

[115] 吴广, 刘荣, 丁维岱, 等. SPSS 统计分析与应用(修订版)[M]. 北京: 电子工业出版社, 2013.

[116] 张红坡, 张海锋, 等. SPSS 统计分析实用宝典 [M]. 北京: 清华大学出版社, 2012.

[117] 肖明. 知识图谱工具使用指南 [M]. 北京: 中国铁道出版社, 2014.

[118] 汪海波. SAS 统计分析与应用从入门到精通 [M]. 北京: 人民邮电出版社, 2010.

[119] 洪楠, 侯军. SAS for Windiws (v8) 统计分析系统教程新编 [M]. 北京: 北京交通大学出版社, 2004.

[120] Grewal M S, Andrews A P. Kalmanfiltering: Theory and practice using MATLAB [M]. Wiley-IEEE Press, 2001: 46-47.

[121] 吕兰兰, 刘忠. MATLAB 软件的功能特点 [J]. 中国电化教育, 2003 (02): 86-87.

[122] 开源中国. R 语言 [EB/OL]. http://www.oschina.net/p/r-language [引用日期 2016-8-10].

[123] Michael Zhu. R 语言简介 [EB/OL]. http://blog.csdn.net/michael_zhu_2004/article/details/8126859 [引用日期 2016-8-10].

[124] Peter Dalgaard (丹麦). R 语言统计入门 [M]. 北京: 人民邮电出版社, 2014.

[125] Vladimir Batagelj. Pajek——Program forlarge network analysis [EB/OL]. http://vlado.fmf.uni-lj.si/pub/networks/doc/pajek.pdf.

[126] 孟微, 庞景安. Pajek 在情报学合著网络可视化研究中的应用 [J]. 情报理论与实践, 2008, 31 (04): 573-575.

[127] 刘军. 整体网分析讲义——Ucinet 软件实用指南 [M]. 上海: 汉语大词典出版社, 2009.

［128］邓君，马晓君，毕强．社会网络分析工具 Ucinet 和 Gephi 的比较研究［J］．情报理论与实践，2014，37（08）：133-138.

［129］李运景，侯汉清，裴新涌．引文编年可视化软件 HistCite 介绍与评价［J］．图书情报工作，2006，50（12）：135-138.

［130］Garfield E. Historiographic mapping of knowledge domains literature［J］. *Journal of Information Science*，2004，30（2）：119-145.

［131］陈超美．CiteSpace Ⅱ：科学文献中新趋势与新动态的识别与可视化［J］．陈悦，侯剑华，等，译．情报学报，2009，28（3）：401-421.

［132］赵建保．CiteSpace 可视化流程与分析范式研究［J］．知识经济，2014（16）：105-107.

［133］Van Eck N J，Waltman L. VOSviewer：A computer program for bibliometric mapping［J］. *Social Science Electronic Publishing*，2009，84（2）：523-538.

［134］廖胜姣．科学知识图谱绘制工具 VOSviewer 与 CiteSpace 的比较研究［J］．科技情报开发与经济，2011，21（7）：137-139.

［135］宗乾进，袁勤俭，沈洪洲．基于 VOSviewer 的 2010 年中国图书馆学研究热点分析［J］．图书馆，2012（04）：88-90.

［136］李杰．安全科学知识图谱导论［M］．北京：化学工业出版社，2015.

［137］邱小花，李国俊，肖明．SCI^2——一款新的知识图谱分析软件介绍与评价［J］．图书馆杂志，2013，32（09）：79-87.

［138］肖明，李国俊，杨皓东．国内信息资源管理研究热点分析［J］．情报科学，2011（04）：534-538.

［139］黄莉，李江．网络信息计量学研究主题分析——基于共词可视化方法［J］．中国科技资源导刊，2008，40（5）：9-14.

［140］何南洋．图书情报学知识图谱的构建及解读［D］．上海：上海交通大学，2011.

［141］邱均平，赵月华，赵蓉英．国外图书情报领域可视化研究之分析［J］．情报理论与实践，2013，36（1）：124-128.

［142］赵蓉英，王菊．图书馆学知识图谱分析［J］．中国图书馆学报，2011，37（192）：40-50.

［143］HistCite［EB/OL］．http：//thomsonreuters. com/products_ services/science/science_ products/a-z/HistCite/.

［144］SCI^2 Tool［EB/OL］．https：//sci2. cns. iu. edu/user/index. php.

［145］CiteSpace［EB/OL］．http：//cluster. cis. drexel. edu/~cchen/CiteSpace.

［146］Garfield E. Citation indexes for science. A new dimension in documentation through association of ideas［J］．*Science*，1955，122（3159）：108-111.

［147］Belkin N J, Oddy R N, Brooks H M. ASK for information retrieval：Part I. Background and theory［J］．*Journal of Documentation*，1982，38（2）：61-71.

［148］Belkin N J, Oddy R N, Brooks H M. ASK for information retrieval：Part II. Results of a design study［J］．*Journal of Documentation*，1982，38（3）：145-164.

［149］Wilson T D. Models in information behaviour research［J］．*Journal of Documentation*，1999，55（3）：249-270.

［150］Ingwersen P. Cognitive perspectives of information retrieval interaction：Elements of a cognitive IR theory［J］．*Journal of Documentation*，1996，52（1）：3-50.

［151］Ingwersen P. The calculation of web impact factors［J］．*Journal of Documentation*，1998，54（2）：236-243.

［152］Selected works of Carol Tenopir［EB/OL］．http：//works. bepress. com/carol_ tenopir/.

［153］Charles R. McClure, PhD［EB/OL］．http：//mcclure. ii. fsu. edu.

［154］Peter Hernon［EB/OL］．http：//simmons. edu/slis/programs/masters/mslis/faculty/hernon. php.

［155］Simmons School of Library and Information Science（SLIS［EB/

OL]. http://www. simmons. edu/slis/.

[156] Faculty [EB/OL]. http://www. iu. edu/initiatives/faculty－excellence. shtml.

[157] John M. Budd [EB/OL]. http://sislt. missouri. edu/author/buddj/.

[158] Bertot JC [EB/OL]. http://www. fsu. edu/faculty.

[159] 安璐，余传明．中美图情科研机构研究领域比较研究［J］．中国图书馆学报，2014，03：64-77.

[160] Graduate School of Library and Information Science [EB/OL]. http://www. lis. illinois. edu.

[161] Department of Library and Information Science [EB/OL]. http://soic. iupui. edu/lis.

[162] School of Education Library and Information Studies [EB/OL]. http://lis. uncg. edu.

[163] University of Wisconsin [EB/OL]. https://www. wisconsin. edu/offices.

[164] University of Michigan School of Information [EB/OL]. https://www. si. umich. edu.

[165] Faculty of Information &Media Studies at Western University [EB/OL]. http://www. fims. uwo. ca.

[166] Larsgaard M L, Carver L. Accessing spatial data online: Project Alexandria [J]. *Information Technology & Libraries*, 1995, 14 (2): 93-97.

[167] Lotts J, Sellan M. OCLC's EPIC service and firstsearch catalog [J]. *Journal Database Archive*, 1993, 16 (1): 105-106.

[168] Kohl D F. Ohiolink-Plugging into progress [J]. *Library Journal*, 1993, 118 (16): 42-46.

[169] Johnston C. Electronic technology and its impact on libraries [J]. *Journal of Librarianship and Information Science*, 1998, 30 (1): 7-24.

[170] Meyyappan N, Chowdhury G G, Foo S. A review of the status of

twenty digital libraries [J] . *Journal of Information Science*, 2000, 26 (5): 337-355.

[171] Griffiths J M. Deconstructing earth′s largest library [J] . *Library Journal*, 2000, 125 (13): 44-47.

[172] Wade M, Hulland J. Review: The resource-based view and information systems research: Review, extension, and suggestions for future research [J] . *MIS Quarterly*, 2004, 28 (1): 107-142.

[173] Renda M E, Straccia U. A personalized collaborative digital library environment: A model and an application [J] . *Information Processing & Management*, 2005, 41 (1): 5-21.

[174] Vakkari P. A theory of the task-based information retrieval process: A summary and generalisation of a longitudinal study [J] . *Journal of Documentation*, 2001, 57 (1): 44-60.

[175] Ross S. Purves, Paul Clough, Christopher B. Jones, et al. The design and implementation of SPIRIT: A spatially aware search engine for information retrieval on the Internet [J] . *International Journal of Geographical Information Science*, 2007, 21 (7): 717-745.

[176] Kulkarni U, Ravindran S, Freeze R. A knowledge management success model: Theoretical development and empirical validation [J] . *Journal of Management Information Systems*, 2006, 23 (3): 309-347.

[177] Termens M. Looking below the surface: The use of electronic journals by the members of a library consortium [J] . *Library Collections Acquisitions & Technical Services*, 2008, 32 (2): 76-85.

[178] Sasaki H. Copyright, patent and trade secret on digital libraries: Current issues and future trends [M] // Asian Digital Libraries. Looking back 10 years and forging new frontiers. Springer Berlin Heidelberg, 2007: 206-215.

[179] Sahib N G, Tombros A, Stockman T. A comparative analysis of the information-seeking behavior of visually impaired and sighted searchers [J]. *Journal of the American Society for Information Science & Technology*, 2012, 63

(2): 377-391.

[180] Gnoli C. Metadata about what? Distinguishing between ontic, epistemic, and documental dimensions in knowledge organization [J] . *Knowledge Organization*, 2012, 39 (4): 268-275.

[181] Fain M. Assessing information literacy skills development in first year students: A multi-year study [J] . *Journal of Acadcmic Librarianship*, 2011, 37 (2): 109-119.

[182] Small H G. Relationship between citation indexing and word indexing-Study of co-occurrences of title words and cited references [C]. Proceedings of the American Society for Information Science, 1973, 10: 217-218.

[183] Small H G. Multiple citation patterns in scientific literature: The circle and hill models [J] . *Information Storage & Retrieval*, 1974, 10 (11): 393-402.

[184] White H D, Griffith B C. Author cocitation: A literature measure of intellectual structure [J] . *Journal of the Association for Information Science & Technology*, 1981, 32 (3): 163-171.

[185] Berry J. Open questions in Dallas-98th annual conference of ALA [J] . *Library Journal*, 1979, 104 (14): 1517-1536.

[186] Livingston B, Fox B L. Academic-library buildings in 1980 [J]. *Library Journal*, 1980, 105 (21): 2468-2468.

[187] Miwa M, Ueda S, Nakayama K. Characteristics of journal citations in the social sciences-Comparison of SSCI data of 1972 and 1977 [J] . *Library and Information Science*, 1980, 18: 141-155.

[188] Midorikawa N, Kaneko M, Ogawa H, Itsumura H, Saito K I. Structures of scientific and technical journals [J] . *Library and Information Science*, 1982, 20: 63-80.

[189] Saito K I, Ogawa H, Itsumura H, Yoshikawa C, Kaneko M, Midorikawa N. Characteristics of citing behavior in science and engineering [J]. *Library and Information Science*, 1985, 23: 125-135.

[190] Fox B L, Burns A, Waithe D. Library buildings in 1982 [J]. *Library Journal*, 1982, 107 (21): 2219-2229.

[191] Hardy M C, Yeoh J W, Crawford S. Evaluating the impact of library services on the quality and cost of medical care [J] . *Bulletin of the Medical Library Association*, 1985, 73 (1): 43-46.

[192] Crawford S, Johnson M F, Kelly E A. Technology at Washington University School of Medicine Library : BACS, PHILSOM, and OCTANET [J]. *Bulletin of the Medical Library Association*, 1983, 71 (3): 324-327.

[193] Berry III J N, Rawlinson N, Decandido G A A, Hoffert B. So many programs, So little time [J] . *Library Journal*, 1990, 115 (13): 34-34.

[194] Fox B L, Rogers M, Burns A, et al. Service to the people [J]. *Library Journal*, 1990, 115 (21): 56-81.

[195] Epstein S B. Automated authority control: A hidden timebomb? Part II [J] . *Library Journal*, 1986, 111 (1): 55-56.

[196] Kando-Matsuyama N, Kishida K, Mushakoji S, et al. A comparative-evaluation of thesauri concerning "conceptual representability" through an indexing experiment of the documents on library and information science [J]. *Library and Information Science* , 1988, 26: 103-114.

[197] Annichiarico M, Others A. Public libraries: Responding to demand [J] . *Library Journal*, 1993, 118 (3): 129-135.

[198] Miller P L, Paton J A, Clyman J I, et al. Prototyping an institutional IAIMS/UMLS information environment for an academic medical center [J]. *Bulletin of the Medical Library Association*, 1992, 80 (3): 281.

[199] Oder N. Cataloging the net: Can we do it? [J] . *Library Journal*, 1998, 123 (16): 47-51.

[200] Hoffert B, Kuebler C, Mccormack H, et al. Best books of 2003 [J] . *Library Journal*, 2004, 129 (1): 48-51.

[201] Nicholas D, Huntington P, Watkinson A. Scholarly journal usage: The results of deep log analysis [J] . *Journal of Documentation*, 2005, 61

(2): 248-280.

[202] Albanese A, Bardales A, Berry J N I, et al. Making our presence felt: Librarians come to washington and get their concerns on the agenda [J]. *Library Journal*, 2007, 132: 36-43.

[203] Kurata K. Reading and information seeking behavior of Japanese medical researchers in the era of the electronic journal and open access [J]. *Library and Information Science*, 2009, 61: 59-60.

[204] Kelley M, Fialkoff F, Miller R, et al. The ebook opportunity [J]. *Library Journal*, 2011, 136 (19): 36-37.

[205] Jaeger P T, Greene N N, Bertot J C, et al. The co-evolution of e-government and public libraries: Technologies, access, education, and partnerships [J]. *Library & Information Science Research*, 2012, 34 (4): 271-281.

[206] 袁静，王慧．基于社会网络分析的图书馆学论文合著现象研究[J]．图书情报研究，2010 (3): 37-40.

[207] Davis F D, Bagozzi R P, Warshaw P R. User acceptance of computer technology: A comparison of two theoretical models [J]. *Management Science*, 1989, 35 (8): 982-1003.

[208] Venkatesh V, Davis F D. A theoretical extension of the technology acceptance model: Four longitudinal field studies [J]. *Management Science*, 2000, 46 (2): 186-204.

[209] Venkatesh V, Morris M G, Davis G B, Davis F D. User acceptance of information technology: Toward a unified view [J]. *MIS Quarterly*, 2003, 27 (3): 425-478.

[210] Venkatesh V. Determinants of perceived ease of use: Integrating control, intrinsic motivation, and emotion into the technology acceptance model [J]. *Information Systems Research*, 2000, 11 (4): 342-365.

[211] Deerwester S, Dumais S T, Furnas G W, et al. Indexing by latent semantic analysis [J]. *Journal of the Association for Information Science & Tech-*

nology, 1990, 41 (6): 391-407.

[212] Salton G, Buckley C. Term-weighting approaches in automatic text retrieval [J]. *Information Processing & Management*, 1988, 24 (5): 513-523.

[213] Salton G, Mcgill M J. Introduction to modern information retrieval [M]. McGraw-Hill, New York, USA, 1983.

[214] Wasko M L, Faraj S. Why should I share? Examining social capital and knowledge contribution in electronic networks of practice [J]. *MIS Quarterly*, 2005, 29 (1): 35-57.

[215] http://www.ils.indiana.edu.

[216] http://ischool.umd.edu/content/about-ischool.

[217] http://sils.unc.edu.

[218] http://robinson.gsu.edu/faculty-research.

[219] Pitt L F, Watson R T, Kavan C B. Service quality: A measure of information systems effectiveness [J]. *MIS Quarterly*, 1995, 19(2):173-187.

[220] Leidner D E, Jarvenpaa S L. The use of information technology to enhance management school education-A theoretical view [J]. *MIS Quarterly*, 1995, 19 (3): 265-291.

[221] Taylor S, Todd P A. Understanding information technology usage-A test of competing models [J]. *Information Systems Research*, 1995, 6 (2): 144-176.

[222] Berry III J N. ASIST: ASIS born again [J]. *Library Journal*, 2000, 125 (20): 6.

[223] Thong J Y L, Yap C S, Raman K S. Top management support, external expertise and information systems implementation in small businesses [J]. *Information Systems Research*, 1996, 7 (2): 248-267.

[224] Gray P H. The effects of knowledge management systems on emergent teams: Towards a research model [J]. *Journal of Strategic Information Systems*, 2000, 9 (2): 175-191.

[225] Koufaris M. Applying the technology acceptance model and flow the-

ory to online consumer behavior [J] . *Information Systems Research*, 2002, 13 (2): 205-223.

[226] Tai X, Ren F, Kita K. An information retrieval model based on vector space method by supervised learning [J] . *Information Processing & Management*, 2002, 38 (6): 749-764.

[227] Moon J W, Kim Y G. Extending the TAM for a world-wide-web context [J] . *Information & Management*, 2001, 38 (4): 217-230.

[228] Limayem M, Cheung C M K. Understanding information systems continuance: The case of Internet-based learning technologies [J] . *Information & Management*, 2008, 45 (4): 227-232.

[229] Valenzuela S, Park N, Kee K F. Is there social capital in a social network site? Facebook use and college students' life satisfaction, trust, and participation [J] . *Journal of Computer - Mediated Communication*, 2009, 14 (4): 875-901.

[230] Gregor S. The nature of theory in information systems [J] . *MIS Quarterly*, 2006, 30 (3): 611-642.

[231] Burianova H, Grady C L. Common and unique neural activations in autobiographical, episodic, and semantic retrieval [J] . *Journal of Cognitive Neuroscience*, 2007, 19 (9): 1520-1534.

[232] Thelwall M. Bibliometrics to webometrics [J] . *Journal of Information Science*, 2008, 34 (4): 605-621.

[233] Pinski G, Narin F. Citation influence for journal aggregates of scientific publications: Theory, with application to the literature of physics [J]. *Information Processing & Management*, 1976, 12 (5): 297-312.

[234] Narin F, Pinski G, Gee H H. Structure of biomedical literature [J] . *Journal of the Association for Information Science & Technology*, 1976, 27 (1): 25-45.

[235] Rouse W B, Rouse S H, Pellegrino S J. A rule-based model of human problem-solving performance in fault-diagnosis tasks [J] . *IEEE Transac-*

tions on Systems Man & Cybernetics, 1980, 10 (7): 366-376.

[236] Schubert A, Glänzel W. Statistical reliability of comparisons based on the citation impact of scientific publications [J]. *Scientometrics*, 1983, 5 (1): 59-73.

[237] Morehead D R, Rouse W B. Human-computer interaction in information seeking tasks [J]. *Information Processing & Management*, 1983, 19 (4): 243-253.

[238] Egghe L. A theory of continuous rates and applications to the theory of growth and obsolescence rates [J]. *Information Processing & Management*, 1994, 30 (2): 279-292.

[239] Teo T S H, Lim V K G, Lai R Y C. Users and uses of the Internet: The case of Singapore [J]. *Information Processing & Management*, 1997, 17 (5): 325-336.

[240] Chen H C, Zhang Y, Houston A L. Semantic indexing and searching using a hopfield net [J]. *Journal of Information Science*, 1998, 24 (1): 3-18.

[241] Reich B H, Benbasat I. Factors that influence the social dimension of alignment between business and information technology objectives [J]. *MIS Quarterly*, 2000, 24 (1): 81-113.

[242] Thelwall M. A comparison of sources of links for academic web impact factor calculations [J]. *Journal of Documentation*, 2002, 58 (1): 66-78.

[243] Spink A, Wilson T D, Ford N, et al. Information-seeking and mediated searching. Part 1. Theoretical framework and research design [J]. *Journal of the American Society for Information Science & Technology*, 2002, 53 (9): 695-703.

[244] Bornmann L, Daniel H D. What do we know about the H index? [J]. *Journal of the American Society for Information Science and Technology*, 2007, 58 (9): 1381-1385.

[245] Huntington P, Nicholas D, Jamali H R. Web robot detection in the scholarly information environment [M] . Sage Publications, Inc. 2008.

[246] Lei X P, Zhao Z Y, Zhang X, et al. The inventive activities and collaboration pattern of university-industry-government in China based on patent analysis [J] . *Scientometrics*, 2012, 90 (1): 231-251.

[247] Hoffmann S. American social science: International relations [J] . *Daedalus*, 1977, 106 (3): 41-60.

[248] Small H G, Crane D. Specialties and disciplines in science and social science: An examination of their structure using citation indexes [J]. *Scientometrics*, 1979, 1 (5-6): 445-461.

[249] Radecki T. Mathematical model of information retrieval system based on the concept of fuzzy thesaurus [J] . *Information Processing & Management*, 1976, 12 (5): 313-318.

[250] Bookstein A, Cooper W. General mathematical-model for information-retrieval systems [J] . *Library Quarterly*, 1976, 46 (2): 153-167.

[251] Hamilton S, Ives B. Knowledge utilization among MIS researchers [J] . *MIS Quarterly*, 1982, 6 (4): 61-77.

[252] Aiyepeku W O. Information utilization by policy-makers in Nigeria, Part I: Assessing degrees of information consciousness [J] . *Journal of Information Science*, 1982, 4 (5): 203-210.

[253] Aiyepeku W O. Information utilization by policy-makers in Nigeria, Part II: Characteristics of information sources used [J] . *Journal of Information Science*, 1982, 5 (1): 19-24.

[254] Silver M S. Decision support systems: Directed and nondirected change [J] . *Information System Research*, 1990, 1 (1): 47-70.

[255] Liu C, Arnett K P. Exploring the factors associated with web site success in the context of electronic commerce [J] . *Information & Management*, 2000, 38 (1): 23-33.

[256] 管健，乐国安．社会表征理论及其发展 [J] ．南京师大学报

(社会科学版), 2007 (1): 92-98.

[257] 吕欧. 信息导航员——为科技创新提供知识服务 [C] // 中国科协2003年学术年会. 2003.

[258] 孙军卫, 姜春林. Ronald Rousseau的学术思想及其与中国的学术交往 [J]. 现代情报, 2012, 32 (3): 3-9.

[259] 姜春林, 李瑛, 陈悦. 从科学计量学视角解读Glanzel Wolfgang的学术成就 [J]. 图书馆理论与实践, 2013 (6): 26-27, 41.

重要术语索引表

后 记

科学知识图谱是以科学知识为对象，显示学科的发展进程与结构关系的一种图形，具有图和谱的双重特性。通过知识图谱，可以直观、形象地展示某个学科或特定领域的内容结构、发展历程、演化与趋势，为科学研究提供方向和指南。因此，如何从知识图谱出发，通过对学科结构和科研前沿的把握来推动科学研究的进展，是政府管理部门和学术界十分关注的一项重要课题。

本书是作者在从事国家社科基金项目“基于语义识别的引文分析理论、方法与应用研究（项目编号：16BTQ073）”“基于多方法融合的中外图书馆学情报学知识图谱实证研究（项目编号：11BTQ019）”“北京师范大学 MOOC 课程建设项目‘网络信息计量与评价’（项目编号：02200-3122121J1）”以及讲授“信息计量学”“网络信息计量与评价”等课程的基础上写成的。全书分为六章，分别从理论、方法、实证等三个维度出发，系统地阐述了科学知识图谱的理论、方法及其在国外图书馆学、情报学领域中的实际应用，为科学知识图谱研究的完善以及图书馆学、情报学学科的发展提供科学依据和研究实例。

本书结构合理、内容新颖、方法得当、应用面广，具有较强的系统性、科学性和实用性，既可作为国内高等院校信息管理与信息系统、管理科学与工程、信息资源管理、图书馆学、情报学、科学学与科技管理、科学评价与预测等专业的参考书，也可供广大图书情报档案工作者、科研人员以及管理者阅读和使用。

本书之所以能够顺利出版，首先应该感谢北京师范大学政府管理学院学科建设基金、北京师范大学研究生院以及国家哲学社会科学规划办公室等的支持和资助。

其次，应该感谢中国经济出版社的赵静宜老师在成书过程中给予我的耐心解答和细心帮助，以及出色的编辑工作。

最后，还应该特别感谢我的项目团队成员，包括邱小花、李国俊、于佳、尹亚丽等人。我们共同完成了项目的许多工作，同时也建立了良好的合作关系。

此外，本书在编写过程中还参考了国外许多著作和论文，在此对所有原作者表示衷心的感谢！

由于作者水平有限，不足和错误之处在所难免，恳请读者不吝批评指正。

感谢曾经帮助、支持过我的所有人！

肖　明

2017 年 11 月